KB057296

신비 섬 제주 유산

신비 섬 제주 유산

아는 만큼 보이는 제주의 역사·문화·자연 이야기

고진숙 지음

블랙피쉬

이제까지 제주를 배경으로 한 드라마는 많았다. 그러나 제주어를 고스란히 보여 줘서 자막이 필요했던 드라마는 없었다. 드라마 〈우리들의 블루스〉(2022)는 작가가 작심하고 드라마의 세계를 제주라는 곳으로 이동시켰다. 이 드라마를 통해 비로소 제주어와 제주의 문화를 제주 사람이 아닌 사람들도 만날 수 있게 됐다. 제주를 찾은 사람들은 이 드라마를 통해 배운 서툰 말을 건네기도 한다. "아꼽다(귀엽다)는 말 너무 예뻐요"라고.

사실 외지인들의 귀에 제주어는 말이 짧고 톤이 높아서, 싸우는 것처럼 들리기도 하고 퉁명스럽게 느껴지기도 한다. 얼마 전 장례식을 치르러 왔던 서울의 한 학생이 집으로 돌아가서 제주 출신의 엄마에게 이렇게 말했다고 한다. "엄마, 제주 사람들은 말을 이렇게 해. '강양광맹상.'"

어쩔 수 없었다. 어느 시인은 자신을 키운 것의 8할이 바람이라고 했는데, 제주어를 만든 것도 8할이 바람이다. 그래서 제주어는 말이 짧고(바람이 거세서 길게 하면 바람이 다 잘라 먹는다) 톤이 높다(바람에 이기려면 악을 써야 한다).

이런 언어를 쓰는 제주인의 삶을 고스란히 보여 주려면 귀가 녹는 서울 사투리로는 불가능하단 걸 영민한 작가는 알았다. 그래서 〈우리들의 블루스〉는 통으로 제주어를 여과 없이 방송하는 모험을 강행했고 성공했다. 드라마가 방영되는 동안 모 포털사이트 실시간 게시판에는 못 알아듣겠다는 아우성과 이제 알아들을 수 있게 되었다는 환호성이 가득했으니, 태어날 때부터 바이링구얼로 살아야 했던 제주 사람으로서 통쾌하기도 했다.

나는 제주에서 태어났지만 제주에 대해 전혀 모른 채 성장했다. 쉴 새 없이 몰아치는 바람, 습한 기후, 가끔씩 찾아오는 공포의 태풍 등 어린 시절 제주에 대한 기억은 그다지 유쾌한 것만은 아니었다. 제주를 찾아오는 관광객은 신혼부부가 대부분이었고, 사람들이 똥돼지를 보고 놀리면 부끄럽기도 했다. 학교 교육은 서구 중심 가치와 서울 중심 역사를 강요했고, 나는 제주에 대해 알 기회를 갖지 못한 채 서울로 떠났다. 서울에서 대학을 다닐 때는 의성어, 의태어를 머릿속에서 표준어로 '번역'해야 하는, 모태 제주어 사용자로서의 불편함 때문에 감정 표현에 서툴기도 했다.

언제부터인가 제주에 대한 사람들의 시선이 바뀐 걸 느꼈다. 렌터카와 SNS는 제주 구석구석으로 외지인을 안내했고, 도시 문명에 지친 사람들이 제주로 이주해 오기 시작했다. 유명 연예인이 제주 생활에 대한 환상을 북돋웠고, 맛집이 줄줄이 들어섰다. 고향에 내려오면 나도 그런 행렬에 끼어서 올레를 걷고 오름을 오르고 맛집을 찾았다. 하지만 제주에 대해 전혀 모르기 때문에 겉돌다 가게 되었고, 제주에 뭔가 가치가 있는 것 같긴 하지만 그게 뭔지 설명할 수 없어 답답했다.

10년 전쯤, 어른들의 침묵 속에 꽁꽁 봉인되었던 제주 4.3의 비극을 알게 되었다. 왜 그런 일이 제주에서 벌어졌는지에 대한 물음이 나를 사로 잡기 시작했다. 그리고 제주가 제주에 의해서가 아닌, '중앙'의 논리에 의해 개발되기 시작하는 모습을 보았다. 오히려 제주 사람보다 이주민들이 더 제주의 가치를 새록새록 찾아내는 모습에는 부끄러움마저 느꼈다. 그것이 내가 제주의 역사, 문화, 자연을 탐구하게 된 이유였다.

제주는 단순한 지역 이름이 아니라 그 자체로 콘텐츠다. 제주 올레, 삼다수, 해녀, 한라산과 오름, 용암 동굴, 습지와 곶자왈, 제주어, 제주 신화…. 무궁무진한 인문학 가치를 가진 보물섬이 제주다. 아는 만큼 보이고, 자세히 보아야 아름답다는 말처럼 제주는 알면 알수록 그 가치가 더 크게 보이고 더 아름다운 섬이다. 한반도 본토와 다른 역사, 문화, 자연을 가졌고 심지어 제주의 동서남북도 다른 역사, 문화, 자연을 가졌다. 그런 차이가 제주의 가치를 만들어 냈다. 제주 사람만이 볼 수 있는 것과 제주 사람이 아니었을 때 보이는 것들을 동시에 볼 수 있게 된 것은 반서반제인 (반은 서울, 반은 제주인)으로 살아가는 나의 행운이었다.

이제는 제주를 '관광'하기보다 '여행'하는 사람이 많아졌다. 낯선 이와 낯선 풍경에 거리를 두고 관찰하는 관광보다 제주의 가치를 느낌으로써 삶과 인간에 대해 성찰하고 자연에게 치유받는 여행이 가능한 곳이 제주 이기 때문이다. 그들은 제주에서 한국의 원형, 원초적 지구에 대한 인문학

탐구를 통해 새로운 여행 트렌드를 만들어 내고 있다. 사시사철 모든 게 다 좋은 제주이지만, 이 좋은 곳을 시간과 공간으로 나눠서 속속들이 들여다 보면 입체성이 구현된 제주를 만나 볼 수 있다. 내가 열두 달 52주에 걸쳐 제주의 이야기를 담아낸 것도 이런 이유에서다. 제주로 들어가는 입문서로서 이 책이 기능할 수만 있다면 제주 출신의 글꾼으로서 더할 나위 없이 기쁠 것이다.

나를 제주의 자식으로 낳아 주시고 제주의 진짜 모습을 얘기해 주신 어머니께 감사드린다. 영화 〈쓰리 빌보드〉에서 우디 해럴슨(윌러비 역)이 말했듯 신이 있다면 천국에서 만날 것이고, 없다면 어머니와 함께했던 이곳이 천국이었으리라.

고진숙.

제주 역사 짚고 가기

1. 주호국 시대(탐라 초기)

제주가 역사 무대에 처음으로 등장한 것은 3세기 무렵이다. 중국의 역사가 진수는 위, 촉, 오의 역사를 《삼국지》에 담았고, 여기에 위나라 편의 〈동이열전〉에서 제주를 '주호' 라고 불렀다. 주호가 '바다 건너 오랑캐'를 뜻하는 만큼 나라 이름이나 민족 이름이라기 보다는 중국인이 붙인 별명으로 볼 수 있다. 대략 기원후 무렵부터 제주의 주호국은 삼 한 사회와 일본, 중국을 비롯해 동북아 일대를 누비며 성장했다. 탐라 건국 신화에 의 하면 고을나, 양을나, 부을나가 탐라국을 건국하였다고 한다. 주호는 세 개의 부족 연 합으로 만들어진 탐라국을 말하며 대략 1세기 무렵이다.

2. 탐라국 시대(탐라 후기)

'탐라'라는 이름이 처음으로 등장한 것은 5세기이다.

> "여름 4월 탐라국에서 토산물을 바쳐 오자 왕이 기뻐하여 그 사신을 은솔로 임
> 명하였다."
>
> - 《삼국사기》〈백제본기〉 476년(문주왕2)

탐라는 백제의 제후국으로서 백제 부흥군으로도 참여했지만, 백제가 멸망하자 통일신 라와 외교 관계를 맺는다. 그리하여 680년에 신라 왕국으로부터 정식으로 '탐라'라는 국호를 받는다. 탐라의 지배자에 대한 칭호인 '성주', '왕자'도 일종의 귀족 작위로서 인 정받는다. 제주의 고씨 가문이 성주직을 세습하기 시작한다.

3. 고려 시대(탐라에서 제주로)

고려가 후삼국을 통일하자 탐라국은 조공을 보내고 번국(제후국)의 지위를 얻는다. 1105년 고려 숙종은 탐라국을 폐지하고 고려의 행정구역인 탐라군으로 바꾼다. 천 년 독립 왕국 탐라 시대가 이로써 막을 내렸다. 이때부터 탐라군에는 지방관이 파견되어 세금을 걷어 갔으나 성주, 왕자의 지위와 이름은 인정한다. 그러나 지방관의 가렴주구가 심해서 '양수의 난(1168년)'이 일어났고, 무신정권 시대에는 전국적인 민란의 영향을 받아 '번석·번수의 난'이 일어났다. 이 영향으로 고씨 가문이 독점하던 왕자직은 양씨 가문에게 넘어간다.

1223년에는 탐라군을 '바다 건너 고을'이란 이름의 '제주'로 승격시켰다. 이로써 지방관과 제주 토호에 의한 이중권력, 이중수탈 구조가 완성되었다. 지방관이 바뀌면 제주 사람들은 "전에는 작은 도둑을 만났더니 이제 더 큰 도둑을 만났다"라고 말하기도 했다. 토호의 횡포로부터 백성을 보호하기 위해 판관 김구가 돌담을 쌓기도 했다.

4. 고려 시대(삼별초의 난과 목호의 난)

1270년에 삼별초의 대몽항쟁이 시작되었고, 삼별초는 진도를 거쳐 제주에 들어왔으나 1273년 김방경 등이 이끄는 여몽연합군에 의해 패망하였다. 원과의 직접적인 외교를 통해 탐라국 복원을 꿈꿨던 양씨 가문은 삼별초에 의해 몰락하고, 고려에서 온 문벌귀족인 문씨 가문이 고려 정부의 힘을 등에 업고 고씨 가문과 결혼동맹을 통해 왕자 가문으로 등극한다.

그 직후 몽골(원)은 제주에 탐라총관부를 설치해서 직할 구역으로 삼고, 말 목장을 설치했다. 몽골인들은 말 목장 구역인 동아막, 서아막과 몽골인 거주지를 중심으로 치외법권적 지위를 누렸고 일종의 조선총독부 총독과 같은 다루가치를 통해 탐라를 직접 지배했다. 1295년 고려 정부와 탐라 성주, 왕자의 요청으로 탐라총관부는 폐지되고 국방과 치안을 담당하는 탐라만호부로 바뀐다. 이로써 간접 지배 방식이 되며 제주에는 고려 정부, 성주와 왕자 등의 제주 토호, 그리고 원이라는 삼중권력 시대가 도래한다.

고려 정부가 성주와 왕자에게 세금징수권을 줌으로써 제주 사람들은 삼중수탈을 당했고, 이를 견디다 못해 사용과 엄복이 성주와 왕자를 내쫓으며 반란을 일으켰으나 곧 제압당한다.

중국에서 명이 일어나 원의 세력이 약화되자 고려의 공민왕은 반원정책을 펼치는 한편 1370년에는 제주에 대한 지배권을 인정받기 위한 《탐라계품표》를 명나라로 보낸다. 그러자 제주에서는 원의 철수에 반기를 든 목호들이 고려 정부에 대항하기 시작한다. 목호는 원에서 파견한 말 목장 운영관리이다. 결국 1374년에 '목호의 난'이 벌어졌고, 고려 정부는 최영이 이끄는 진압군을 보내서 목호들을 완전히 진압한다.

5. 조선 시대(탐라 시대의 완전한 종말)

1392년에 조선이 고려를 멸망시키고 건국된 후 태종은 중앙집권 체제를 강화하기 시작한다. 1404년(태종4)에 성주를 좌도지관, 왕자를 우도지관으로 이름을 바꾸었으며 제주를 제주목, 정의현, 대정현이라는 세 개의 행정구역으로 나누었다. 1445년(세종27)에는 좌도지관, 우도지관마저 폐지됨으로써 탐라국의 모든 기득권이 사라지게 된다. 대신에 제주는 군사, 행정, 사법권을 손에 쥔 제주목사에 의해 명실상부한 조선의 직접 지배지가 된다. 토지세가 없는 대신에 왕실용 물품을 바치는 진상이 있었고, 군사 요충지로서 제주 방위를 위해서 역이 부과되었다. 1인 10역이라 할 정도로 과도한 부담을 견디지 못한 제주 사람들이 섬을 벗어나기 시작했고, 인구가 급감한다. 이에 대응하여 1629년(인조7)부터 약 200년간 제주도민이 제주섬을 떠나는 것을 금지하는 정책인 출륙 금지령이 시행되었다.

6. 조선 시대(갇힌 섬 제주에 유교 이념의 착종)

출륙 금지령 이후부터 조선은 극심한 기후변화에 시달렸다. 엄청난 자연재해로 인해 제주섬은 굶주리기 시작했다. 그러나 제주 사람은 출륙 금지령 때문에 제주를 떠날 수도 없고 진휼(흉년을 당하여 가난한 백성을 도와주는 정책)에 의존해야 했다. 제주가 죽음의 섬으로 변해 가자 조선 정부는 뒤늦게 상업을 허용한다. 정조는 진상을 줄이고 제주의 상공업을 진흥시킴으로써 김만덕이란 거부가 출현할 수 있는 배경을 마련해 주었다.

제주는 고려 말부터 각광받는 유배지였는데, 조선 후기 당쟁의 격화로 이름난 유학자나 왕족이 대거 유배를 왔다. 그들은 조선 중심의 유학 이념을 제주에 전하기도 했고, 김정희처럼 새로운 예술적 경지를 이루고 나가기도 했다. 그들에 의해 제주의 전통 가치에 유교적 가치가 접목되며 제주는 지적 상승을 이루기도 했지만, 가부장적 이데올로기로 인해 노동의 중심인 여성들이 제사권과 재산권에서 배척당하면서 남아선호 사상이나 독특한 축첩 문화가 생기기도 했다.

지방관과 토호 세력의 횡포, 잦은 천재지변으로 인해 조선 전기 5만 명이었던 제주 인구는 500년간 제자리걸음을 했다. 조선 후기, 민중의 자의식이 자라고 '홍경래의 난'을 비롯해서 민란의 시대로 접어들자 제주에서도 강제검의 난, 방성칠의 난, 신축민란(이재수의 난)이 일어나 제주도민 전체가 항거하기도 했다.

진상을 위해 바다를 건너가다 남자들이 많이 죽으면서 제주에선 남자와 여자의 성비가 무너졌고 여성 노동력에 의존하기 시작했다. 육아와 집안일은 물론 밭일, 물질까지 여성의 몫이 되었다. 해방 후 제주 4.3을 거치면서 남녀 성비는 더욱 떨어져서 1대 2에 육박했다. 결국 자식을 공부시키고 제주를 되살리는 데 여성들이 결정적인 역할을 하였다.

7. 근현대 (외세로부터 자유로운 평등 국가를 꿈꾸는 제주인)

제주 사람들은 외세의 지배에 오랜 시간 시달려 왔지만 이를 강인한 생활력으로 극복했고, 일제강점기에는 항일운동으로 승화시켰다. 그러나 압도적인 힘을 갖춘 제2차 세계대전의 승자 미국과 미국을 등에 업은 이승만 정부에 의해 제주 4.3이라는 비극을 맞이하기도 했다. 항쟁의 전통이 낳은 비극이며, 외세가 제주 사람을 미개한 변방인 취급한 결과였다.

차 례

1월

여러 가지 얼굴의 한라산

#가 보면 좋은 곳 : 사라오름, 윗세오름, 방애오름

비행기를 타고 제주에 올 때면 반드시 오른쪽 열 창가 자리 좌석 즉 A석을 선택한다. 이유는 단 하나이다. 한라산을 볼 수 있기 때문이다. 물론 제주에선 어디서든 한라산을 볼 수 있고, 마음만 먹으면 꼭대기까지 오를 수 있다. 하지만 한라산보다 높은 곳에서 한라산을 볼 수 있는 기회는 이때가 유일하다. 남해를 건너고 기내 방송에서 '이 비행기는 곧 제주공항에 도착하겠습니다'로 시작하는 안내 멘트가 나오면 창가에 얼굴을 바짝 대고 기다린다. 설레는 순간이다.

운이 좋으면 한라산이 정말 두둥 하고 나타난다. 푸른색 실루엣이 구름 망토를 두르고 나타나는 모습이라니. 아래에서 올려다볼 때의 한라산

보다도, 정상에 올라서 내려다보는 한라산보다도 더 경이롭다.

유네스코 3관왕(세계자연유산, 세계지질공원, 생물권보전지역)의 중심에는 한라산이 있다. 아름답고, 가치 있고, 보호해야 할 곳이란 뜻이다. 비행기 A석에서 바라보는 한라산은 영락없이 올림픽 3관왕을 차지한 선수가 단상 위에 우뚝 올라 있는 모습이다. 구름은 메달이고, 파란 하늘은 주단이며, 비행기 소음은 축가이다. 제주로의 여행은 그렇게 시작된다.

한라산은 보는 위치에 따라 계절에 따라 날씨에 따라 다른 얼굴을 하고 있다. 제주는 1만 8천 신들의 땅이라고 하지 않는가. 모든 신 중에서도 가장 높은 곳에 있는 신이 한라산이고, 굳이 말하자면 다른 신들은 한라

신비 섬 제주 유산

산의 다른 얼굴일지도 모르니 한라산은 1만 8천의 얼굴을 갖고 있는 영산이다. 물론 제주 신화는 유일신과 거리가 멀기 때문에 한라산신이 가장 높다고 말한 사람은 탐라국의 지배자들뿐이었다. 제주 사람들은 그 말을 전혀 받아들이지 않았다. 제주의 신들은 모두 높고 다만 위대할 뿐이다.

제주는 납작한 타원형으로 남북 길이는 32킬로미터인 데 비해 동서 길이는 74킬로미터로 두 배 이상 더 길다. 이 때문에 남북 방향, 그러니까 제주시에서 한라산이나 서귀포에서 한라산까지 가는 길은 경사가 훨씬 급하다. 제주시나 서귀포에서는 한라산이 마치 동네 뒷산처럼 눈앞에 펼쳐지지만 동서쪽에서 보면 아득히 먼 신비로운 모습이다.

산정호수이긴 하지만 백록담의 물을 볼 수 있는 건 행운이다.

한라산 정상에 있는 백록담은 한 번에 분화한 게 아니라 서로 다른 성질을 가진 용암이 분출해서 만들어졌다. 이로 인해 한라산의 모습은 동서남북에 따라 뚜렷한 차이를 보인다.

동쪽에서는 한라산이 멀리 보이기 때문에 오름과 함께 한 폭의 수채화 같은 느낌을 준다. 이쪽에서 보는 한라산은 부드러운 곡선이다. 북쪽 제주시 지역에서 보면 한라산 백록담과 그 아래 깊은 계곡들이 뚜렷이 보이기 때문에 웅장하다. 서쪽에서는 고내마을처럼 한라산이 보이지 않는 곳도 있다. 남쪽 서귀포 지역에서 보는 한라산은 여인이 머리를 풀고 누워 있는 모습이다. 제주 사람들은 이를 설문대할망이 누워 있는 모습이라고 말한다. 할망이라고 하기엔 너무 젊고 아름다운 여인의 모습이긴 하지만 말이다.

해안가에서 보는 한라산의 모습이 다 다르듯이 꼭대기 백록담의 모습도 방향에 따라 다르다. 동쪽은 잘 흘러내리는 용암이 만든 곳이라 경사가 완만하다. 동쪽 성판악 코스로 한라산을 오르다 보면 사라오름 입구가 있다. 사라오름에 올라가서 보면 한라산 정상이 그냥 오름처럼 보이지만 서쪽 윗세오름에서 보는 백록담 서쪽은 바위산으로 보인다. 점성이 높아서 꿀처럼 끈적끈적한 용암이 멀리 흐르지 못하고 굳어서 용암 돔을 이루고 있기 때문이다. 남쪽에 있는 방애오름에서 보면 백록담은 회색을 띤 거친 절벽처럼 보인다.

한라산 남쪽에서는 노인성이 보인다고 한다. 조선 왕실은 노인성에 제

위 사라오름에서 본 한라산 정상.
아래 윗세오름 전망대에서 본 한라산.

사를 지냈고, 세종은 천문학자인 윤사웅을 한라산에 보내 노인성을 관측하게 했다. 노인성을 보면 장수한다고 해서 제주에는 장수 노인이 많다는 말이 옛 기록에 자주 보인다. 아마 노인성을 보려면 한라산에 자주 올라야 할 텐데 그만큼 건강한 사람이 등산을 자주 해서 장수한 게 아닐까 생각한다. 제주도가 장수촌이었다는 기록은 숙종 때 제주목사인 이형상이 쓴 《남환박물》에도 나온다.

> "질병이 적어서 일찍 죽는 사람이 없고, 나이가 80~90세에 이르는 자가 많다. 이 지방 사람에게 물으니 모두 말하기를 옛날에는 120여 세의 사람도 많았는데 을병의 해(1695~1696)에 전염병으로 거의 사망하였다. 노인잔치에 온 사람이 102세 1인, 101세 2인, 90세 이상이 90인, 80세 이상이 211인이었다. 근력이 장건하여 꺾이고 무너지는 기세가 거의 없었다. 충암 김정이 말한 바와 같이 수성(노인성)이 비치는 곳이니 그것이 헛말이 아님을 믿을 수 있다."

꼼꼼한 기록을 남긴 제주목사들에 따르면 장수 노인은 한라산 남쪽인 산남보다 한라산 북쪽인 산북에 더 많았다고 한다. 산남 지방은 습기가 많아서일 거라고 한다.

제주 신화에는 할락궁이 이야기가 있다. '이공 본풀이'라는 제주 신화에 따르면 하늘나라에는 서천국이 있어서 꽃감관이 꽃을 기른다고 한다. 할락궁이 아버지는 아내의 배 속에 있는 아이를 버리고 서천국 꽃감관으로 떠나 버린다. 아버지 없이 태어나 남겨진 어머니와 함께 고달픈 일생을 보낸 할락궁이는 마침내 아버지를 찾아가서 꽃감관의 대를 잇는다.

한라산을 오르다 보면 울창한 숲 끝에 고원 지대가 펼쳐지고 정말로 하늘정원처럼 꽃들이 있다. 백록담 아래 펼쳐진 이 하늘정원을 본 옛 제주 사람들이 만들어 낸 세계가 서천국이 아닐까 생각한다. 할락궁이는 꽃으로 사람을 울리고 웃기고 응징하고 되살리는 일을 하는 사람이다. 과거 제사장과 사제들은 약초를 능숙하게 다루는 사람들이었으니 할락궁이는 사제인 듯하다.

한라산에는 우리나라에 사는 4천여 종의 식물 중 절반에 가까운 2천여 종의 식물이 기후대에 따라 다양하게 분포하고 있다. 지리산과 설악산에 각각 1,500여 종과 1,400여 종이 자라는 것에 비하면 식물 다양성이 뛰어나다. 종류만 많은 게 아니다. 생태계 고유성의 척도인 특산 식물도 다양하다. 신화 그대로 한라산은 서천국 꽃밭이다.

제주 사람들은 한라산을 할락산이라고 한다. 서천꽃밭 꽃감관 할락궁이가 사는 곳이란 뜻이리라. 한자 문명이 들어온 뒤로 육지 사람은 한자로 된 말을 온갖 곳에 가져다 붙이길 좋아했다. 한라산도 할락산과 가장 비슷한 한자로 말을 맞춰 만든 것으로 여겨진다.

한라산을 힘겹게 오르다가 아! 하는 순간이 있다면 털진달래를 만났을 때다. 털진달래는 봄에 한라산 정상 부근에서 볼 수 있는 꽃이다. 고산 지대에서 살다 보니 진화해서 털이 많아졌고, 그래서 이름도 털진달래가 되었다. 진달래는 이른 봄에 서둘러 꽃을 피우지 않으면 안 될 만큼 깊은 숲속에서 나무들 틈바구니에 껴 살아가는 식물이다. 한반도의 산 위에서 진달래를 만나 보면 대부분 바위틈이나 절벽에 아슬아슬하게 있는 경우가 많은데, 그 주변에는 참나무 숲이 우거져 있다. 조금이라도 게으름을 피웠다간 다른 나무 그늘에 가려서 번식이라는 자신의 소명을 그르칠 수 있다. 이런 부지런함과 강인함이 한라산 위에서도 꽃을 피울 수 있는 힘이었을 것이다.

한라산에서 가장 멋진 털진달래를 볼 수 있는 곳은 선작지왓이다. 영실 코스의 급경사를 오르고 난 뒤 마침내 평지가 나타나서 한숨 돌릴 무렵, 푸른 하늘 아래 진분홍빛 꽃이 눈앞에 가득한 모습은 등산에서 오는 피로를 단숨에 앗아 간다. 영실이란 이름이 신령들이 사는 곳이란 의미 아닌가. 그러니 선작지왓의 털진달래밭은 신들의 정원이 아니고 그 무엇이랴.

한라산 눈꽃 축제 °°

한라산에는 산정호수가 두 개 있다. 하나는 백록담이고 나머지 하나가 사라오름 산정호수이다. 사라오름 산정호수는 성판악 코스로 백록담을 가는 길에 있다. 비가 온 뒤의 산정호수는 아름답기도 비할 데 없지만 그 물을 걸어서 건너는 특별한 경험도 할 수 있다. 머리끝까지 정화되는 듯한 물의 느낌을 받기 위해선 태풍이 지나간 뒤에 올라가면 된다.

사라오름 산정호수.

한라산은 뭐니 뭐니 해도 겨울 산이 최고이다. 탐방로가 잘 정비되어 있기 때문에 위험한 코스는 없다. 물론 한라산 산신령이 허락해야만 상고대나 설산을 볼 수 있다. 설산에서는 신의 전령이라는 노루도 심심치 않게 볼 수 있고, 누군가가 만들어 놓은 각양각색의 눈사람을 보는 재미도 그만이다.

최근 한라산 겨울 등반이 알려지면서 제주를 찾는 관광객들이 산을 많이 찾는다. 그러나 무턱대고 산에 오르면 안 된다. 다른 것은 몰라도 아이젠은 필수이고, 등산화를 신어야만 발이 젖지 않는다. 운동화는 바닥이 미끄러울 뿐만 아니라 눈 속에 파묻히면 젖어서 자칫하면 동상에 걸릴 수도 있다. 아무 준비 없이 운동화를 신고 한라산을 오르다가 미끄러워서 영혼을 잃은 표정으로 앉아 있는 등반객이 생각보다 많다. 그래서야 겨울 한라산의 아름다움을 즐길 수 있을까 싶다. 한라산은 1,950미터나 되는 남한에서 가장 높은 산이고 고도에 따라 기후도 달라진다. 안전하고 힐링이 되는 산행을 위해서는 준비물을 꼭 챙겨야 한다.

우리나라 가장 높은 산에서 벌어지는 축제가 한라산 눈꽃 축제이다. 해발 970미터의 어리목 설원에서 펼쳐지는 한라산 눈꽃 축제는 해마다 1월 마지막 주에 열린다. 굳이 한라산 등반을 하지 않더라도 1100고지나 어리목에서 눈꽃 축제를 즐기는 것도 겨울 한라산의 매력을 느낄 수 있는 방법이다.

한라산은 어디에서 보든, 어디로 오르든 아름답다. 40여 개의 오름과 기암절벽도 있고, 군데군데 물이 흐르는 냇가도 있고, 바위틈으로 물이 샘솟는 곳도 있다. 고도에 따라 기후도 다르고 사는 생물도 다르다. 독특한 생태계가 거대한 숲속에 만들어졌고 다양한 화산 지형도 품고 있다. 시작은 울창한 숲길이지만 힘든 경사를 오르고 나면 키 작은 관목과 손톱보다 더 작은 들꽃이 있는 고원 지대가 나온다. 몇 시간 만에 완전히 다른 자연환경을 만날 수 있는 곳은 한국에서는 한라산이 유일하다. 안개가 낀 겨울날 상고대의 모습과 구름이 발아래로 유유히 지나는 모습은 신선이 된 느낌마저 들게 한다. 유네스코 3관왕을 차지한 것은 다 이유가 있다.

한라산의 슬픈 이름, 두모악

#가 보면 좋은 곳 : 김영갑갤러리두모악

한라산이란 이름은 언제부터 썼을까? 고대 사서에는 한라산이란 이름이 나오지 않는다. 그때까지만 해도 본토의 입장에서 제주는 외국이었기 때문이다. 제주가 고려의 행정 단위가 된 숙종 때로부터도 거의 200년이 지나서야 요즘 말로 '셀럽'인 사람이 제주를 찾아왔고, 비로소 한라산이란 말이 등장한다.

한라라는 이름을 처음 등장시킨 사람은 대략 1300년을 전후로 제주에서 활동한 혜일이란 유명한 승려였다. 그는 '한라의 높이는 몇 길이던가'로 시작하는 시를 남겼다. 《고려사》에는 1374년 최영이 목호의 난을 진압하기 위해 제주에 들어와 '모든 장수들이 한라산 아래에 진을 치고 군사들을 쉬게 하였다'는 기록이 남겨져 있다. 왜 한라라고 불렀는지를 처음 밝힌 기록은 조선 성종 때인 1451년 편찬된 《동국여지승람》이다. 여기에 따르면 '한라라고 하는 것은 은하수를 잡아당길 만하기 때문이다'라고 했다.

　그 외에도 한라산은 육지로 가는 태풍을 막아 주는 거대한 방어진과 같다고 해서 진산, 높고 둥글다 해서 원산, 정상에 못이 있어 물을 담는 그릇을 닮았다 해서 부악, 중국 《사기》에서 비롯되어 '신선이 살았던 산'이라는 의미의 영주산까지 많은 이름이 있다. 그중 두무악이라는 이름도 있다. 머리가 없다는 뜻을 가진 한자어에서 나온 것인데, 한라산 꼭대기가 마치 머리 없이 목만 남은 모양이라서 붙은 이름이라고 한다. 한라산을 일컫는 이 이름은 어째서인지 조선 시대 육지 사람들이 제주 사람들을 부르는 이름이기도 했다. 한글이 없던 시대다 보니 의사소통이 글이 아니라 말로 이어졌고, 두모악, 두모야지, 두독야, 두독야지, 두독 등 들리는 대로 불렸다. 뭍사람들이 제주 사람들을 부르던 이 이름이 역사서에 등장할 정도로 사회 문제가 된 것은 조선 성종 때였다.

　　"연해에는 두무악이 매우 많은데, 제주의 한라산을 혹 두무악이라고 부르기 때문에 세속에서 제주 사람을 두무악이라고 부르기도 하고, 혹은 두독이라고 쓰기도 합니다."

　　　　　　　　　　　　　- 《성종실록》 1492년(성종23) 2월 8일 기유

그들은 언어와 문화가 육지와 달랐기 때문에 뭍사람들과 어울려 지내지 못했다. 남해안 주변의 포구나 버려진 섬을 떠돌며 고기 잡고 해산물을 채취하며 살아야 했다. 그들은 조선 시대의 디아스포라였다. 왜 고향을 떠나야 했을까?

　　고려 후기 삼별초의 난으로 깜짝 놀란 정부는 섬들을 비우게 하고 해상 세력을 완전히 뿌리 뽑아 버렸다. 그 결과 고려 말부터 벌어진 왜구들의 노략질에 속수무책이었다. 왜구들이 출몰하자 바다는 더욱더 버려지기 시작했다.

　　조선이 들어서면서 바다는 완전히 막히기 시작했다. 섬사람을 먼 바다로 나가지도 못하게 하고 멀리 떨어진 섬은 비워 버리는 해금 정책이 시작된 것이다. 임진왜란을 소재로 한 김훈의 베스트셀러 소설 《칼의 노래》는 이렇게 텅 빈 섬을 '버려진 섬'이라 표현하며 시작된다.

　　고려 시대 지도에는 섬과 해안가 지형이 자세히 나타나지만 조선 시대 지도에서 섬은 무시되었다. 조선의 모든 것을 담은 지리지에도 바다는 없었다. 조선 후기가 되어서야 김려가 지은 《우해이어보》와 서유구가 지은 《난호어목지》, 그리고 정약전이 지은 《자산어보》라는 어류 백과사전이 나왔다. 약초나 농경 식물에 대한 백과사전이 조선 초기부터 거듭 발간되었던 것에 비하면 조선 시대에 바다는 외면받았다.

　　제주는 섬인 데다 경작지가 지극히 작았고, 유년기의 화산섬이라 토양층이 얇으며 물 빠짐이 좋은 화산회토라 논농사를 지을 수가 없었다.

소금, 철, 쌀이 없기 때문에 오로지 교역에 의존해야 했다. 이미 수천 년 전 탐라국은 탐라복(전복)과 탐라포(육포)를 일본에 팔아 원하는 것을 구해 왔고, 남해안 세력들은 물론이고 중국과도 끊임없이 교역을 해 왔다.

제주는 땅이 척박하다고 하지만 풍요로운 땅이다. 남한에서 가장 높은 한라산이 있기 때문에 다양한 식물과 동물이 살아간다. 최고급 목재와 갖가지 약초와 나물, 버섯이 풍부하다. 노루와 사슴을 비롯한 야생동물도 많았다. 가죽과 말린 고기는 인기 있는 교역품이었다.

중산간 지대엔 넓은 초원이 있어서 소나 말을 키우기 좋았다. 말은 육지에 도착하면 값이 세 배로 뛰기 때문에 상인들의 주머니가 두둑해져서 이들을 상대하는 제주 기생들은 비단옷을 입었다고 한다. 귤은 제주에서만 나왔고, 언제나 최고급 인기 상품이었다. 다양한 해류가 교차하고 태풍이 지나면 바다 어장은 풍부해졌다.

제주는 근대 이전 우리나라 최고의 베스트셀러를 가진 곳이기도 했다. 베스트셀러의 조건은 양반 평민 가리지 않고 어느 집에서나 사들이는 물건이어야 한다. 그것이 바로 미역이다. 우리 민족이 미역을 먹기 시작한 것은 고구려 때부터인 듯하다. 당나라에서 만들어진 백과사전인 《초학기》에는 고래가 새끼를 낳고 입은 상처를 치유하기 위해 미역을 뜯어 먹는 것을 본 고구려인들이 산모에게 미역을 먹게 했다는 기록이 있다. 몽고반점이 있는 민족은 골반이 좁아서 아기를 낳을 때 출혈이 심했는데 우리 민족은 쑥과 미역을 사용해 극복했다. 16세기 이후 불어닥친

기후위기로 흉년이 거듭되자 조선 정부에선 미역을 구황식품으로 나눠 주기도 했다. 정약용은 《경세유표》에서 "조선 사람 절반이 제주 미역을 먹는다"고 썼다.

잘 팔린다는 것은 환금성이 좋다는 뜻이다. 중국으로 가는 사신단이 인삼을 들고 가서 팔아 여비로 썼듯이 제주 사람들은 육지로 나갈 때 미역을 들고 나가 여행 경비로 썼다. 말 무역이 금지된 이후 제주에 흉년이 들면 미역을 들고 나가 쌀을 사 왔다.

바닷길로 교역만 이뤄져서 이 모든 것을 제값에 팔았다면 제주 사람들은 원하는 것은 뭐든 살 수 있었다. 그런데 하루아침에 바다는 막히고 모든 특산품은 진상품이 되어 버렸다.

어디 그뿐이랴. '진상은 꼬치에 꿰고 인정은 바리에 싣는다'고 했다. 진상을 미끼로 해서 아전들이 '인정'을 챙겼다. 조선은 《경국대전》에 의해 관리들의 봉급이 정해진 나름 법치국가인데 아전들은 봉급이 없다. 대신 관아의 일을 도우니 백성들이 인정이나 베풀라고 만들어진 게 인정 제도이다. 말하자면 합법적인 약탈이 가능해진 것이다. 꼬치에 꿴 진상물을 서울로 보내기 위해서는 아전들을 위한 인정을 몇 바리나 되는 등짐으로 실어야 했다.

그중에서도 포작이라는 특별한 의무를 가진 사람들의 고통이 컸다. 그들은 3월부터 9월까지 매달 전복과 오징어를 바쳐야 했고 진상 떠는 관리들에게 인정을 베푸느라 허리가 휘었다. 조선 중기 문인 김상헌은

1601년 《남사록》(제주에 어사로 파견되었을 때 지은 여행기)에서 이렇게 쓰고 있다.

> "제주에서 바쳐야 할 전복의 수가 극히 많고 관리들이 공무를 빙자하여 사리를 영위하는 것이 또한 몇 배나 된다. 포작인들이 그 역을 견디지 못하여 흩어져 떠돌다가 물에 빠져 죽어 열 중에 두셋만 남게 되었는데도 필요하다고 거두어들이는 물건은 옛날보다 줄어들지 않았다."

포작들은 생산량을 감당하지 못했다. 그럴 때마다 관가에서 곤장을 맞거나 옥에 갇혔다. 옥에 갇힌 이를 구하기 위해 전복을 따 와야 하는 것은 포작의 아내나 부모였다. 결국 포작은 점점 결혼에 있어서도 기피 상대가 되었다. 제주도 속담에 '보재기 3, 4대민 초상을 물에 눅진다'라는 말이 있다. 보재기는 포작을 이르는 말이니, 결국 포작 3, 4대가 지나면 바다에 빠져 죽어 살아남지 못한다는 말이다.

포작들은 살기 위해 제주를 떠나기 시작했다. 조선 건국 50년이 지나자 제주도 인구는 무려 1만 9천여 명이나 줄었다. 당시 제주 인구의 3분의 1이나 되는 수치였다. 그러나 제주를 떠난 그들은 폐쇄적인 조선 시대에서 어디에도 발을 붙이기 어려웠다. 육지 사람은 그들을 사람 취급도 안 했다. 말과 문화가 다르니 섞여 들기도 어려웠다. 원래 배 몰고 고기 낚고 해산물을 채취하던 사람들이었으니 그걸로 생계를 삼으면서 경상도나 전라도 해안을 떠돌았다. 심지어 중국까지 가기도 했다. 버려진 섬들에 기대어 백정들처럼 천민부락을 이루고 살던 그들이 두모악이다. 임진왜란에서 맹활약하면서 그들은 하나의 신분이 되었다.

경상도와 전라도 연안 지역 수령들은 진상할 해산물을 얻을 수 있었기 때문에 두모악을 쫓아내진 않았다. 조선 정부는 그들이 바다에 떠도는 것을 불온시했지만 내버려 두었다. 왜구가 침략했을 때 그들의 배 부리는 능력이 필요했기 때문이다. 그 아무도 두모악이 제주를 왜 떠났는지는 관심이 없었다. 출륙 금지령이 내려져서 제주에서 더 이상 아무도 떠나지 못하게 될 때까지 두모악은 이방인으로 살았다.

2만 명이 넘었을 것으로 여겨지는 두모악 중에서는 새로운 호적을 얻고 정착한 이들도 있었다. 물론 이 두모악이란 호칭은 '특별한 의무가 있는 천민'과 같은 의미였다. '두모악호'란 말하자면 천한 자들에 대한 낙인이었다.

두모악이 사라진 것은 대동법이 전국적으로 실시된 이후다. 현물로 해산물을 공납할 필요가 없어지자 그들의 특별한 의무도 사라졌다. 더 이상 떠돌지 않게 된 그들은 지역민과 자연스럽게 섞여 살아가기 시작했다. 차츰 제주 사람이란 정체성도 잊었고 두모악이란 낙인도 사라졌다. 두모악. 지금은 한라산의 또 다른 이름으로 알려졌지만 이렇게 슬픈 이름이었다.

김영갑갤러리, 두모악 °°

제주 사람에게 두모악에 대해 물으면 대부분은 이렇게 대답할 것이다.

"두모악? 아, 김영갑갤러리!"

많은 사람이 두모악을 한라산의 다른 이름이란 것보다 김영갑갤러리로 안다. 사진작가인 김영갑은 제주의 자연, 그중에서도 용눈이오름을 사랑한 것으로도 유명하다. 칼바람 부는 들판에서 흔들리는 억새, 외로운 나무 하나, 그리고 너무도 고요한 용눈이오름. 작가는 그것을 담아내는 데 성공한다.

김영갑 작가는 충남 부여 출신이라서 제주 사람이 아니다. 그렇기에 제주 사람이 볼 수 없는 제주의 아름다움을 찾아냈다. 제주 여행은 김영갑 이전과 이후로 나뉠 정도다. 그 이전에는 사람들이 잘 알려진 관광지 중심으로 제주를 관광했다면 김영갑이 사진에 제주 자연의 아름다움을 담아낸 이후로 사람들은 다른 눈으로 제주를 보기 시작했다.

정식 사진 교육을 받지 못했던 아마추어 사진가였기에 평생 가난한 사진작가로 살았던 김영갑은 사람들 사이에서 이름이 나기 시작할 무렵 안타깝게도 이미 루게릭병으로 시한부의 삶을 살아가고 있었다. 제주 동쪽 폐교 삼달국민학교를 임대해 갤러리로 꾸몄는데 그곳이 김영갑갤러리인 두모악이다. 투병 생활을 하면서 건물을 고치고 직접 제주의 돌을 옮겨 정원을 꾸며 만든 갤러리는 마치 사진 속 제주 풍경처럼 쓸쓸하지만 따뜻한 느낌이 가득한 곳이다.

김영갑갤러리두모악은 2002년 여름에 문을 열었고, 김영갑은 2005년에 그곳에서 사망했다. 그의 시신은 화장 후 갤러리 마당에 뿌려졌다. 사랑했던 제주의 자연 속에서 영원히 제주인이 된 것이다.

대정읍 지역에서 향토사 연구를 하시는 분의 도움을 받은 적이 있다. 그분이 향토사 연구를 시작하게 된 이유는 이랬다.

"어릴 때 집에 종이가 있길래 잘라서 딱지를 만들고 놀았어. 그랬더니 형이랑 아버지가 기겁을 하는 거야. 그 종이가 그냥 종이가 아니라 추사의 글씨였던 거지. 그때 이거 역사를 몰라서는 안 되겠구나, 생각했지."

세상에, 추사 김정희의 글씨지 않은가. 등짝 스매싱을 당할 만하다.

한때 일본인들이 그토록 열광했다는 조선 막사발이 우리나라에선 개 밥그릇으로 쓰이던 시절이 있었다. 추사의 글씨가 조선 막사발처럼 집집마다 한 점쯤 아무렇지도 않게 굴러다니던 곳이 제주의 대정이다. 대정 지역은 김정희가 유배를 온 곳이기 때문이다.

　　제주도가 유형지로 이용된 것은 원나라가 삼별초를 정벌한 직후 제주를 정치범과 흉악범의 유배지로 정하면서부터다. 명이 원을 정복한 후에는 원나라 귀족들을 보내기도 했다. 중죄인은 3천 리 밖으로 유배를 보내는 명의 형벌 제도를 그대로 받아들인 조선에게도 제주는 유배지로서 적절했다. '무궁화 삼천리 화려강산'이란 애국가 가사처럼 한반도 남북 길이가 딱 3천 리쯤 된다. 한양에서 3천 리가 되는 곳은 없다. 그러다 보니 거리를 채우기 위해 길을 꼬불꼬불 돌아가는 곡형 제도를 채택하기도 했다. 이런 어려움은 유배인을 제주도로 보내면 간단하게 해결된다. 제주도에서도 가장 서울과 먼 곳이 대정현이다. 그래서 수많은 유배인들이 대정현으로 보내졌는데 그중 가장 유명한 인물이 김정희다.

　　김정희가 받은 형은 위리안치형이라는 유배형이다. 조선 초기 우리나라 형벌 제도는 중국법인 대명률을 참고로 해서 우리 실정에 맞게 만든 5형 제도였다. 사형, 유형, 도형, 장형, 태형 중 태형과 장형은 볼기를 때리는 형벌이고, 도형은 중노동을 시키는 형벌인데 거의 없었다고 한다. 유형인 유배형은 사형을 면하게 해 주기 위한 일종의 배려형이다.

　　유배는 성격에 따라 환도유배, 부처유배, 안치유배가 있었다. 우리는 유배 하면 보통 안치유배를 떠올리는데, 가장 많은 유배 방식이었기 때문이다. 안치유배는 거주 지역을 제한하는 것으로 고향에 보내는 본향안치와 섬에 보내는 절도안치, 그리고 탱자나무 울타리를 둘러 그 안으로 거주 지역을 제한하는 위리안치 등이 있다. 정약전은 흑산도로 절도안치를 당했고, 정약용은 주군안치라고 해서 해남 지역 안에서 비교적 자유롭게 움직일 수 있었다. 반면 김정희는 위리안치로 거주 이전의 자유도 없고 가족과 함께 살 수도 없었다.

《나의 문화유산답사기》로 유명한 유홍준은 추사 김정희에 대한 저서 《완당평전》에서 정약용과 김정희의 차이가 여기에서 나왔다고 말했다. 정약용이 돌아다니면서 민초들을 만난 덕분에 사회 문제를 아래에서 볼 수 있었고 《목민심서》와 같은 역작을 펴냈다면, 김정희는 고독한 유배인으로서 뼈를 깎는 자기 성찰을 통해 추사체를 완성했다는 것이다. 뭔가를 이룬다는 것은 고통과 고독이 필요한 것일지도 모를 일이다. 둘은 한양에서 잘나가는 가문 출신으로 풍족하게 살았다. 아무리 정약용이라 해도 한양에 계속 살았다면 백성들의 고통에 대해 추상적으로만 알 수 있었을 것이다. 기고만장하여 자기가 가장 잘난 줄 알았던 김정희도 한양에 계속 살았다면 그냥 재주 많은 금수저로만 기억되었을 것이다. 그런 면에서 도편추방제를 선택한 그리스인들은 굉장히 현명한 듯하다.

유배인들이 서울을 출발하여 제주도에 오기까지는 보통 20일에서 두 달 정도 걸렸다. 김정희도 긴 시간을 내려와 뱃멀미에 시달리다 조천포구에 내린 다음 다시 꼬불꼬불 산길을 걸어서 대정현에 도착했다. 그야말로 물설고 낯선 곳에 바람만이 쌩쌩 불어 댔으니 서럽고 비참했을 것이다.

그나마 반가운 것은 수선화였다. 제주도는 수선화가 지천이었다. 김정

돌담 아래 수선화.

희는 수선화를 가장 좋아했다. 당시만 해도 수선화는 서울에선 구하기 어
려워 중국에서 구해 와야 했다. 그렇게 구한 귀한 꽃을 고려자기 화분에 심
어서 정약용에게 선물하기도 했다. 멋을 아는 이들의 아름다운 풍경이다.

　귀하디귀한 수선화가 아무렇게나 무심한 듯 피어 있는 곳이 제주였으
니 김정희로서는 작은 위안이었으리라. 그런데 놀랍게도 제주 사람들은 보
이는 족족 수선화를 뽑아 버리는 것이 아닌가. 조선 최고의 풍류가이자
예술가이자 상류층 출신인 김정희로서는 멀고 먼 섬사람들의 이 행동을
보고 뜨악할 수밖에 없었을 것이다. 하지만 제주 사람에게 수선화는 그저
무심한 잡초였다. 수선화가 차지한 자리는 보리를 심으면 가족을 먹여 살
릴 곳이 된다. 온통 바위투성이 제주에선 한 뼘 땅도 아까우니까 말이다.
물론 지금은 대표적인 제주의 겨울꽃이다. 모든 것이 쇠락하는 겨울에 만
나는 돌담 아래 수선화꽃은 바람에 흔들리는 모습이 지지배배 종알거리

는 수다쟁이 같다.

김정희를 가장 괴롭힌 것은 음식이었다. 서울 부잣집 도련님에게 제주 음식은 입에 맞지 않았다. 편지마다 음식을 보내 달라는 하소연이 가득했고, 집안의 하인들은 부지런히 반찬을 실어 날라야 했다. 김정희가 보내라고 한 물건들 중에는 장도 있었다. 제주는 소금이 귀하니 된장도 싱겁다. 간장은 귀하디귀해 오로지 제사 때나 사용할 뿐 평소에는 된장만 쓴다. 제주 사람은 서양인이 치즈 먹듯 된장을 먹지만 서울 사람 김정희에겐 집 간장이 그리울 뿐이었다.

제주에 지천인 것이 생선이지만 그것마저 김정희에겐 낯선 음식이었다. 지금이야 제주 생선이 인기가 있지만 조선 시대 제주를 찾은 외지인들의 입맛은 만족시키지 못한 듯하다. 제주에 온 관리들은 제주 생선을 놔두고 굳이 은어를 키워서 먹었다고 하니 말이다. 제주 생선은 조선 시대엔 꽤나 인기가 없었고, 그 때문인지 왕실에 보내는 제주 진상품 중에도 생선은 없다. 김정희 또한 민어를 말려서 보내 달라고 부탁한다.

김정희가 보내 달라고 한 품목 가운데는 김치도 있었다. 제주는 김치를 만들어 먹지 않는 곳이었다. 날이 무덥고 습해서 숙성이 되는 것이 아니라 무르면서 하얀 갓('골마지'의 제주 방언)이 피고 상해 버리기 때문이다. 제주와 기후가 비슷한 일본도 김치를 만들지 못하고 쌀겨를 이용한 장아찌류인 누차즈케를 만들었다. 배추도 제주에선 재배하지 않는 채소류였다. 일제강점기 때 함덕에 있는 외꼴절이라는 작은 사찰의 승려가 배추 모종을 들여와 재배하기까지 배추김치란 제주에 없는 음식이었다. 그런 제주에서 김정희가 김치 맛을 그리워한 것은 짐작할 만한 일이다. 인천공항에서 가장 잘 팔리는 음식이 김치찌개라고 하지 않는가. 외국에 여행을 나갔다 돌아오는 한국인들이 가장 그리워하는 음식이 김치라고 한다. 김정희에게 제주는 배추김치를 구할 수 없는 외국이나 마찬가지였다.

아무리 그리운 음식이라고 해도 아내가 보낸 김치가 제주도에 도착하면 멀쩡할 리가 없었다. 부인 예안 이씨는 최대한 짜게 담가 보냈지만 빨라야 두 달 늦으면 일곱 달이 걸려서야 도착했으니 푹 삭은 김치는 짜고 시었다. 그마저도 버릴 수 없었던 김정희는 김치를 물에 씻어 두었다가 누가 생선회를 가져오면 묵은지에 싸서 먹었다. 생선회를 묵은지에 싸 먹는 방법은 이때 시작되었다고 한다.

어디 음식만이 그를 괴롭혔을까. 습한 기운, 하루가 멀다 하고 불어 대는 바람, 스멀스멀 기어 나오는 벌레. 그러나 가장 괴로운 것은 외로움이었을 것이다. 명문가 출신에다 모두의 선망을 받는 재능을 갖춘 김정희가 왁자지껄하던 서울 생활을 뒤로하고 하루아침에 멀고 먼 섬 제주에 왔을 때 풍류나 문장을 논할 이가 어디 있겠는가. 우선 말부터 통하지 않는다. 그러나 제주 전역에서 찾아온 이들이 김정희의 벗이 되거나 제자가 되었고, 이들은 이후 제주 문화의 격을 한 단계 높이는 데 기여하기도 한다. 그중에는 제주에서 경관이 특히 뛰어난 열 곳을 선정하여 〈영주십경〉을 지은 제주 신촌 사람 이한우도 있다.

去年以晚學大雲二書寄來今年又以
藕畊文編寄來此皆非世之常有辦之
千萬里之遠積有年而得之非一時之

去年以晚學大雲二書寄來今年又以
藕畊文編寄來此皆非世之常有辦之
千萬里之遠積有年而得之非一時之
事也且世之滔〜惟權利之是趨為之
費心費力如此而不以歸之權利乃歸
之海外蕉萃枯槁之人如世之趨權利
者太史公云以權利合者權利盡而交
疏君太世之云〜中一人其有趨〜歟目
太史公之言非耶孔子曰歲寒然後知
松柏之後凋松柏是毋四時而不凋者
歲寒以前一松柏也歲寒以後一松柏
也聖人特稱之於歲寒之後今君之於
我由前而無加焉由後而無損焉耶
前之名無可稱由後之名亦可見稱於
聖人也耶聖人之特稱非徒為後凋之
貞操勁節而已亦有所感發於歲寒之
時者也烏乎西京淳厚之世以汲鄭之
賢賓客與之盛衰如下邳榜門迫切之

　　김정희는 제주를 온 다음 달라졌다. 제주에 오기 전에는 오만방자하
고 자기가 세상에서 제일 잘난 위인이었다. 물론 그런 자부심을 가질 만한
지적 능력도 있었고 중국 여행을 다녀온 만큼 견문도 넓었고 아는 것도
많았다. 그러나 예술이란 거기에서 나오는 것이 아님을 우리는 안다.

　　김정희가 진정한 예술가로 거듭난 것은 고독한 탱자나무 울타리 안에
서였다. 그 울타리에서 볼 수 있는 것이 단산뿐이기 때문에 제주 사람들
은 추사체가 단산을 보면서 완성한 것이라고 말한다. 제주 오름 가운데 가
장 독특한 선을 가지고 있기 때문일 것이다. 단산도 수성 화산이라 둥글
둥글하지 않다. 뫼산(山)자 모양의 날카로운 윤곽선이 푸른 하늘 아래 쓸
쓸하게 보인다.

　　김정희에게 겨울은 더 쓸쓸했을 것이다. 매서운 바람이 문을 흔들고
지붕을 훑고 지나가는 제주 겨울의 스산함은 최대 걸작이라 일컬어지는

김정희, 〈세한도〉(1844).

〈세한도〉를 낳게 했다. 직접 보아도 어떤 압도적인 느낌이 들지 않는데도 이걸 시대의 명작이라 하는 이유는 단순한 선 몇 개로 수많은 이야기를 압축해 냈기 때문일 것이다. 아리스토텔레스는 〈시학〉에서 은유는 천재의 징표라고 했다. 〈세한도〉는 그림으로 그린 시인 셈이다. 〈세한도〉는 김정희 가 예술로 빚어낸 인생의 은유이자 제주의 겨울 시이다.

　〈세한도〉의 모델은 대정향교 마당에 있는 소나무라고 한다. 아무리 위 리안치형을 받았다고 해도 그 집에서만 꼼짝 못 하고 산 것은 아니다. 대 정현청 부근에는 그래도 그 지역에서 글깨나 하는 사람들이 있었고, 그들 과 만나 얘기도 하고 글씨도 써 줬다. 대정향교에서 제자들을 가르치기도 했다. 그러나 한양에서 친한 척 가까이하던 이들은 김정희가 돌아올 길 없는 유배지로 떠나자 소원해졌다. 오직 이상적만이 잊지 않고 그 먼 제주 까지 찾아와 주었다. 김정희는 그를 위해 〈세한도〉를 그리고 이렇게 썼다.

"지금 그대가 나를 대하는 것을 보면, 내가 곤경을 겪기 전에 더 잘 대해 주지도 않았고 곤경에 처한 후에 더 소홀히 대해 주지도 않았다. 그러나 나의 곤경 이전의 그대는 칭찬할 만한 것이 없겠지만, 나의 곤경 이후의 그대는 역시 성인으로부터 칭찬을 들을 만하지 않겠는가? 성인께서 유달리 칭찬하신 것은 단지 엄동을 겪고도 꿋꿋이 푸르름을 지키는 송백의 굳은 절조만을 위함이 아니다. 역시 엄동을 겪은 때와 같은 인간의 어떤 역경을 보시고 느끼신 바가 있어서이다."

– 〈세한도〉 발문 중에서

제주 출신인 내겐 〈세한도〉가 다르게 보인다. 〈세한도〉의 모델인 곰솔은 제주의 해풍에도 잘 자라서 바닷가 모래를 묶어 두는 역할로 심기도 했고, 구럼비나무나 돌담으로는 도저히 막을 수 없는 태풍이 몰아닥치는 제주 남부 지역에서는 방풍림으로도 심었다. 대정향교에서 모진 바람에도 꿋꿋이 자라는 소나무를 본 김정희가 〈세한도〉를 그렸다는 것도 그래서일 것이다. 그 모진 바람에도 잘 자라니 말이다. 얼마나 위안이 되었을까. 제주의 1월은 세한도가 탄생한 계절이다.

제주에 온 예술가들 °°

가장 힘든 시기에 제주를 찾았던 예술가들에게 제주는 위안과 예술적 영감을 주는 치유의 섬이었다. 제주에 온 외지인 중 김정희만큼 유명한 인물은 이중섭일 것이다. 이중섭은 한국전쟁 때 제주에 들어왔다. 말도 안 통하고 낯선 땅 서귀포에서 그나마 이중섭에게 위안이 되었던 것은 따뜻한 기온과 아름다운 서귀포 앞바다가 보이는 언덕 위의 작은 집이었다. 이중섭은 게를 많이 그렸는데, 먹을 것이 없어서 바닷가에서 게를 많이 잡았기 때문에 미안해서라고 한다. 11개월간의 짧은 제주 생활이었지만 제주의 아름다운 자연은 외로운 이중섭을 품어 주었고 이중섭은 그 속에서 예술혼을 불태웠다.

이중섭이 머물던 생가는 보존되어 있다. 너무도 작은 집에 가난했던 화가의 삶이 고스란히 남겨져 있다. 집은 작지만 그곳에서 보이는 서귀포 앞바다는 더없이 아름답다. 과연 화가가 선택한 명당이다. 그곳엔 이제 이중섭미술관이 만들어졌고, 이중섭 거리가 생겼다. 이중섭에게 서귀포가 강렬했지만 서귀포에게도 이중섭이 큰 발자취를 남겼다.

한국전쟁 당시 제주로 피난 온 예술가들은 꽤 많았다. 그중 1년 6개월간 제주에 머물렀던 물방울 화가 김창열은 제주를 제2의 고향으로 여겨서 자신의 대표작을 기증했다. 제주도는 이를 감사하게 여겨서 제주 서쪽 저지문화예술인마을에 도립 김창열미술관을 2016년에 개관했다.

제주에서 안식을 찾은 화가로는 이왈종도 있다. 몸도 마음도 지쳤던 1991년에 이왈종은 서귀포로 내려왔다. 정방폭포 앞에 자리를 잡은 화가는 제주의 눈부신 햇살과 아름다운 색채에 영감과 활력을 얻어서 왕성하게 제주를 그리는 작가가 되었다. 그의 작업실이 있던 자리에는 왈종미술관이 세워졌다.

최근 세계적인 건축가인 유동룡 전시관이 제주에 세워졌다. 예술인마을에 세워진 이타미준 뮤지엄이 그곳이다. 재일교포 2세인 유동룡은 한국인의 정체성으로 살면서 귀화하지 않았다. 그러나 경계인으로서의 그가 보여 준 건축 세계는 그 모든 것을 뛰어넘어 자유로운 세계이기도 하다. 제주 출신은 아니지만 제주를 사랑했기에 제주를 품은 바람의 건축가라고도 불린다. 제주에 수풍석미술관, 방주교회, 포도호텔과 같은 대표작을 남겨 놓아서 최근에는 제주 건축 여행이라는 테마 여행을 만들어 내기도 했다.

오래전 일본 요미우리 신문에선 제주 4.3에 대해 이렇게 말했다고 한다.

"전쟁도 아니면서 이렇게 많은 사람들이 죽었다는 것이 너무 놀라운데 그보다 더 놀라운 것은 한국 사람들이 그런 일이 있었다는 사실을 전혀 모른다는 것이다."

최근 제주 사람들의 노력으로 제주 4.3은 사람들에게 알려지게 되었다. 공식 추념식이 열리며 정부가 국가 폭력이었다는 것을 인정했고 대통령이 사과했으며 희생자들에 대한 명예회복과 보상이 이뤄지고 있다. 그러나 아직도 많은 사람들은 그때 제주에서 무슨 일이 벌어졌는지 자세히는 모른다. 저 신문 기사는 이제 이렇게 바뀌어야 할 것이다.

"그렇게 많은 사람들이 죽었다는 것도 놀라운데 그보다 더 놀라운 것은 북촌리에서 벌어진 일이 인간이 인간에게 벌인 일이라는 사실이다."

제주 4.3은 희생자가 3만 명에 이르고 이재민은 10만 명에 가까웠으니 당시 30만 제주 인구에서 절반이 고통당한 일이다. 그야말로 제주도가 쑥대밭이 되었다. 그중 가장 많은 사람이 희생당한 곳은 대부분 중산간 마을이었다. 한라산에 있는 무장대를 잡겠다며 그들과 내통할 가능성이 있거나 근거지가 될 수 있는 마을을 없애 버리겠다는 '초토화 작전' 때문이다. 대한민국 정부 수립 직후인 1948년 10월 11일, 정부는 해안에서 5킬로미터 이상의 지역을 통행하는 자는 이유 불문하고 총살한다는 '소개령'을 발표하고 중산간 마을을 불태워 버렸다. 삶의 터전을 잃은 주민들은 어디로 갈 것인가. 이재민을 위한 대책 하나 없이 떠나라고 하니 일단 근처 굴이나 숲에 숨었던 그들은 결국 죽임을 당했다.

2018년까지 공식적인 희생자 수는 14,233명이다. 제주 사람들이 말하는 3만 명과는 차이가 있다. 집안사람 모두 희생당했거나 외지로 나가서 숨어 지내거나 밝히기를 원하지 않는 경우 등이 있기 때문이다. 그중 가장 많은 희생자가 나온 마을은 제주시 노형동 536명, 조천읍 북촌리 418명, 그리고 표선면 가시리 407명이다. 물론 공식적인 집계가 그렇다는 것이다.

노형동과 가시리는 중산간 지역이지만 북촌리는 아름다운 섬 다려도가 있는 낚시꾼들의 성지이다. 그러니까 중산간 마을이 아니라 해안가 마을이란 얘기다. 북촌리 사람들 얘기로는 이 마을에서 하루에 500명이 넘는 사람들이 학살당했다고 한다. 믿을 수가 없지만 사실이다. 현기영은 북촌리 학살을 배경으로 한 소설 《순이 삼촌》에서 이렇게 말했다.

> "아, 한날한시에 이 집 저 집에서 터져나오던 곡소리, 음력 섣달 열여드렛날, 낮에는 이곳저곳에서 추렴 돼지가 먹구슬나무에 목매달려 죽는 소리에 온 마을이 시끌짝했고 오백위(位) 가까운 귀신들이 밥 먹으러 강신하는 한밤중이면 슬픈 곡성이 터졌다."
>
> – 현기영, 《순이 삼촌》, p.60

3만 명의 학살이 집중적으로 이뤄진 대학살의 시기는 1948년 10월부터 1949년 2월까지 5개월 동안이므로 대략 하루에 제주 사람 200명씩을 죽였다. 제주 전역을 통틀어 그렇다는 얘기다. 한마을에서 하루에 100여 명 이상의 희생자가 나오는 경우는 드물었다. 그런데 북촌리에서는 무려 500명이 넘는 사람이 하루 만에 학살당했다니. 도대체 왜 해안가 마을에서 하루에 그토록 많은 사람이 죽어야 했을까?

도무지 믿기지 않는 일이 벌어진 이유는 바로 근처 함덕초등학교에

악명 높은 서북청년단 출신으로 만들어진 특별부대가 주둔하고 있었기 때문이다. 서북청년단에 대해서 네이버 지식백과에는 이렇게 쓰여 있다.

"북한 사회개혁 당시 월남한 이북 각 도별 청년단체가 1946년 11월 30일 서울에서 결성한 극우 반공단체로, 정식 명칭은 '서북청년회'이다. 당시 식민지 시대의 경제적·정치적 기득권을 잃고 남하한 지주 집안 출신의 청년들이 주축이 돼 결성되었다."

김일성과 공산주의에 대한 그들의 분노가 얼마나 컸을지는 짐작이 된다. 하루아침에 맨몸으로 남쪽으로 내려와야 했으니 말이다. 먹고살기 위해서 시작한 일이라곤 하지만 이들은 친일 기업인이나 이승만처럼 국내에 지지 기반이 없었던 정치인들에게서 돈을 받고 백색테러를 하기 시작하면서 악명을 떨쳤다. 좌우 대결이 극심한 상황은 이들의 주가를 높였다. 당시 서북청년단장이었던 문봉제는 1973년 2월 9일 자 중앙일보에 다음과 같이 기고했다.

"우리의 배후에선 이미 당시의 군정경찰이 있었고 행동의 철학은 이승만 박사로부터 나오고 있었음을 솔직히 고백하지 않을 수 없다. (…) 당시는 미군정의 민주주의에 의해 좌익 활동도 합법적이었으므로 경찰이 능등적으로 좌익 타도에 나설 수는 없었다. 평청(서북청년회 전신)은 같이 일할 만한 경찰의 전위부대로서 안성맞춤이었다.

제주도엔 이미 47년 봄부터 대원들이 파견되고 있었지만 본격적인 진출은 4.3폭동 이후였다. (…) 사태가 얼마나 급했던지 송요찬 소령은 그때 김재능 (서청)제주지부장을 앞세우고 상경, 내 앞에 꿇어앉아 "나, 병력 좀 주셔야겠습니다"라고 빌다시피 했다. (…) 제주도는 서청판이었던 것이다."

이승만 대통령은 제주 사람들을 확실하게 처리하기 위해서 사상이 투철한 서북청년단을 대거 투입한다. 글을 알면 경찰로, 글을 모르면 군인으로 보냈는데 이렇게 만들어진 군대가 특별중대이다. 특별중대는 특별한 일을 하고 특별한 취급을 받아서 아무도 건드릴 수 없는 특별한 부대였다. 이들이 주둔한 성산, 월정, 한림 등은 그야말로 지옥이 되었다. 매일 고문과 처형이 벌어졌고, 특히 처녀사냥이라고 해서 여성들에 대한 성폭행을 일삼았다.

송요찬 연대장이 이끌던 9연대 소속으로 시작한 특별중대는 1948년 12월 말에 9연대가 모두 떠나고도 남았다. 새롭게 교체되어 온 함병찬 연대장은 이들을 2연대 3대대로 이름을 바꿔 그대로 두었다. 그 대대본부가 함덕에 있었다. 북촌은 함덕의 바로 이웃 마을이다.

1949년 1월 17일. 음력 섣달 열여드렛날인 문제의 그날, 3대대 일부 병력이 북촌에서 무장대의 기습을 받고 그중 두 명이 숨지는 일이 벌어졌다. 마을 사람들이 사색이 되어 의논한 끝에 시신을 들것에 실어 함덕의 대대본부로 운반했다. 그러나 3대대 군인들은 그들 중 경찰 가족을 제외하고 전부 총살해 버린다. 그러고도 분이 풀리지 않은 그들은 북촌리 마을을 덮쳐 집에 불을 질렀다. 군인들을 죽인 사람을 찾겠다는 것이다. 그러고는 주민 모두 북촌국민학교로 모이라고 한다.

다른 곳에 있다가 이 보고를 들은 대대장은 깜짝 놀랐다. 집을 모두 불태워 버렸다고 하니 어디서 재우고 어떻게 먹일지 난감했다. 그 당시 그곳에 제주 출신 경찰 운전병으로 있었던 김병석은 이렇게 증언했다.

"한 장교가, '우리 사병들은 적을 사살해 본 경험이 없는 군인이 대부분이다. 그래서 적을 사살하는 경험도 쌓을 겸 몇 명 단위로 데려가서 총살시키자'는 제안을 했는데 그게 채택이 됐다."

북촌리 사람들을 대상으로 실전 사격 연습을 하자는 제안도 기가 막히지만 그게 채택된 것이다. 믿을 수 있는가? 하지만 그런 일이 벌어졌다. 학교 옆 일대에서 사람들을 세워 놓고 사격 연습이 시작되었다. 마치 무가 뽑혀 널브러지듯 사람들이 쓰러졌다. 그렇게 북촌리 대학살이 벌어졌다. 그때 살아남은 한 할머니는 이렇게 말했다. "아, 제주 사람들 다 죽이기로 했구나."

어쩌면 정말로 그럴 생각이었을지도 모른다. 당시 대한민국 대통령은 제주 사람을 국민으로 생각하지 않았다. 아니면 국가는 국민을 죽여도 되는 국민 위의 신성한 존재로 여겼던 것이리라.

　서북청년단은 자신의 분노를 제주 사람들에게 퍼부을 때 죄의식이 없었다. 군인뿐만 아니라 서청 출신 경찰들은 가는 곳마다 악명을 떨쳤다. 삼양 지서의 서청 출신 경찰들은 "하루라도 사람을 죽이지 않으면 밥맛이 없다"고 말하고 다녔다. 그들도 평범한 사람이었을 텐데 말이다.

　서북청년단 출신들은 제주 사람들과 언어와 문화가 달랐다. 그들이 보기에 제주는 외국어를 쓰는 사람이었고, 마을마다 신당이 있을 정도로 미신에 빠진 자들이었고, 화장실에 돼지를 키우는 미개인이었다. 같은 한국인이라기보다는 마치 신대륙이나 아프리카 원주민을 대하는 유럽인들처럼 거리낌 없이 악행을 자행하면서도 조금의 양심의 가책도 느끼지 않았다. 복수를 용납한 정부, 자신과 언어와 문화가 다른 사람들에 대한 편견과 혐오. 그것이 낳은 악마를 만날 수 있는 곳이 바로 북촌리이다.

　인간의 내면엔 빛과 그림자가 있다. 제2차 세계대전 중 벌어진 가장 잔혹한 전쟁 범죄이자 인류 역사상 참혹한 범죄가 일어난 곳 중 하나인 폴란드 아우슈비츠 수용소에서는 5년간 최대 400만 명에 이르는 유대인들이 학살당했다. 학살 책임자였던 아이히만은 전범으로 재판을 받을 때 자신은 그저 충실한 공무원이라고 말했다. 그러니까 평범한 사람도 잔혹한 악마가 될 수 있다는 얘기이다. 잔인한 학살의 현장을 찾아가는 여행을 다크투어리즘이라고 한다. 그곳에서 우리는 우리 안의 악마를 만난다. 평범한 사람들을 악마로 만든 것은 무엇일까?

너븐숭이 애기무덤과 순이 삼촌 문학비 °°

하루 동안 500여 명에 가까운 사람들이 학살당했다. 남은 사람들은 공포와 충격 속에서 시신들을 수습할 엄두가 나지 않았을 뿐만 아니라 힘도 모자랐다. 그래서 시신을 수습하는 데 오랜 시간이 걸릴 수밖에 없었다. 어른들의 시신은 임시로 매장했다가 훗날 상황이 안정된 후 안장되기도 했지만 가족이 몰살당한 사람들이나 어린아이들의 시신은 그대로 버려졌다. 그곳이 너븐숭이 소공원이다. 너븐숭이란 넓은 바위란 뜻이다.

순이 삼촌 문학비.

바위 사이사이 소나무가 있고 그 아래 이곳저곳에 자그마한 무덤들이 있다. 애기무덤이다. 원래 그곳은 질병으로 죽은 어린아이들의 무덤이 있던 곳이었지만 그날 학살당한 아이들의 무덤이 더해져서 안타까움과 슬픔을 더해 준다. 사람들은 그곳에 들러 장난감을 올려놓는다. 천진난만한 얼굴로 장난감을 갖고 놀아야 할 아이들이 도대체 왜 그토록 잔인한 학살의 대상이 되었는지 설명할 길이 없다. 그저 그 앞에선 아이들에게 미안할 뿐이다.

너븐숭이 길을 따라 걷다 보면 움푹 들어간 밭 하나가 나온다. 옴팡밧이다. 옴팡밧은 우묵하게 들어간 밭을 일컫는 제주어로 소설《순이 삼촌》의 무대이다. 1978년 소설가 현기영이《순이 삼촌》이라는 소설을 통하여 4.3의 진상과 남은 자의 상처를 그렸다. 그러나 소설가는 정보기관에 끌려가 고문을 받아야 했다. 그때까지 제주 사람들에게는 눈물도 한숨도 추모도 허락되지 않았고 이야기를 꺼내는 것도 심지어 소설의 소재로도 삼아서도 안 되었다. 학살의 주역들은 젊은 군인과 경찰이었고 그들은 오랫동안 한국 사회를 지배하였다. 초토화 작전을 벌였던 송요찬 9연대 연대장의 당시 나이는 고작 서른 살이었다. 그는 정부 요직을 두루 거치고 국무총리까지 지냈다. 그 뒤를 이은 함병선 2연대 연대장의 나이는 송요찬보다 두 살 어렸다. 새파란 젊은이들의 손에 제주 사람들의 목숨이 달려 있었던 것이다.

국가라는 이름으로 폭력이 정당화되던 시절이 독재 정부 시절이고, 바로 그 시작점이 제주 4.3이었다. 군사독재 정부가 이어지는 한 제주 4.3은 철저한 금기어였다. 이 금기의 시대를 깬 것이《순이 삼촌》이다. 이 소설로 인해 한국 사회에 제주 4.3의 존재 자체가 처음으로 알려졌다. 옴팡밧에는《순이 삼촌》문학 기념비와 함께 소설 구절들이 새겨진 돌들이 널브러져 있다. 그날 널브러진 시신들을 형상화한 것이라고 한다.

미술관 투어 📍

제주도립미술관	본태미술관	왈종미술관
아르떼뮤지엄	기당미술관	김영갑갤러리두모악
저지문화예술인마을	이중섭미술관	유민미술관

추사 김정희가 머물렀던 곳 🔍

단산, 대정향교

김정희가 머물렀던 곳인 추사적거지는 탱자나무 울타리까지 그대로 보존되어 있다. 그 옆에는 〈세한도〉를 모델로 한 승효상 건축가가 만든 추사박물관이 있다.
추사체를 낳은 **단산**도 여전히 그대로 보이고 멀지 않은 곳에 세한도 속 소나무의 실제 모델이라고 하는 **대정향교**도 있다.

아르떼뮤지엄

저지문화예술인마을

본태미술관

단산, 대정향교

우도 등대

출륙 금지령으로 인해 먼바다로 나가서 고기잡이가 불가능했던 제주는 근해 어업 중심이라 등대가 필요하지 않았다. 1905년 당시 일본은 러일전쟁을 위해 우도에 한 달 만에 나무로 등대를 만들었다. 한국에선 여섯 번째로 만들어진 등대이다. 1919년에 벽돌식으로 바꿨다.

우도 등대

제주도립미술관

유민미술관

김영갑갤러리두모악

이중섭미술관

기당미술관

왈종미술관

2월

제주에서 만나는 람사르 습지

#기억하면 좋은 날 : 2월 2일 습지의 날
#가 보면 좋은 곳 : 물영아리오름 습지, 물장오리오름 습지,
1100고지 습지, 동백동산 습지, 숨은물뱅듸 습지

2월 2일은 습지의 날이다. 습지란 바다나 호수는 아니지만 물이 내내 고여 있어서 식물이나 토양이 잠겨 있는 곳이다. 지구 표면적의 6퍼센트에 불과하지만 세계 생물종의 약 40퍼센트가 살고 있을 만큼 생물 다양성이 크다. 게다가 습지는 비료 사용이나 축산 농가에서 나오는 오염수 등을 정화해 주는 자연필터 역할도 한다. 습지는 최근 들어 더욱 주목받고 있는데, 바로 기후 온난화의 주범인 이산화탄소를 흡수하는 탄소 저장고 역할을 하기 때문이다. 습지에는 물에 잠겨 있는 식물들이 광합성을 통해 빨아들인 이산화탄소가 분해되지 않고 고스란히 토양에 저장되어 있다. 그 양이 무려 세계 토양 탄소량의 3분의 1 이상이라고 하니 도저히 외면하지 못할 수치이다.

　지구 온난화와 개발 등의 이유로 지난 50년간 전 세계 습지의 35퍼센트가 사라졌고, 습지에 의존하는 생물종 25퍼센트가 멸종위기에 처해 있다고 한다. 그야말로 비상이다. 만일 습지가 사라진다면 이산화탄소 흡수 기능이 사라지고, 저장된 탄소가 미생물에 의해 분해되기 시작하여 배출될 것이다. 생각만으로도 끔찍하다.

　전 세계는 습지 보호에 부랴부랴 나섰고, 1971년 이란의 람사르에서는 생물 지리학적으로 특징이 있거나 희귀 동식물의 서식지로서 보호할 가치가 있는 습지의 보호를 위한 국제 협약을 맺었다. 우리나라도 1997년부터 람사르 협약을 발효해 101번째 가입국이 되었다.

　현재 국내에는 20여 곳에 람사르 습지가 있는데 놀랍게도 그 가운데 무려 다섯 개가 제주에 있다. 남한 면적의 1.8퍼센트에 불과한 제주도에 대한민국 람사르 습지의 4분의 1이 있는 것이다. 흔히들 '제주는 물 빠짐이 좋은 곳이라 호수도 하천도 없는 곳일 줄 알았는데 습지라니'라고 생각하겠지만 제주에는 내륙 습지만 해도 320군데나 있었다. 지금은 벌써 개발 등의 이유로 28군데가 사라졌지만 물을 구하기 어려운 중산간 지역에 일찍부터 사람들이 살 수 있었던 것도, 야생동물이 살아갈 수 있었던 것도 이런 습지 덕분이다. 이 가운데 2007년 물영아리오름 습지를 시작으로, 2008년 물장오리오름 습지, 2009년 1100고지 습지, 2011년 동백동산 습지에 이어 2015년 숨은물뱅듸 습지까지 다섯 개의 람사르 습지가 차례로 지정되면서 제주는 세계가 주목하고 보호하고자 하는 중요한 습지 천국이 되었다.

그중 물영아리오름은 오름 주변부터 정상에 있는 분화구 습지까지 완벽하게 아름다운 곳이다. 둘레 길이가 400미터에 이르는 분화구를 감싸고 있는 물안개는 왜 이 오름의 이름이 '물의 신령이 사는 곳'이라는 뜻을 가졌는지 납득하게 한다. 오름 아래는 목장 지대인 데다 주변 지형들이 부드러운 곡선들로 이뤄져 있고 그곳에서 여유롭게 풀을 뜯는 말과 소들의 모습은 복잡한 도시에서 늘 그리던 목가적인 풍경 그대로이다. 분화구의 물은 언제나 마르지 않기 때문에 가뭄이 들면 말이나 소들이 찾았다고 한다. 이곳은 습지가 변해 가는 모습을 그대로 보여 주는 습지의 교과서로서도, 탄소 저장고 역할을 하는 이탄 습지로서도 가치가 높다.

물영아리오름 주변 초원 지대.

제주에서 물이 마르지 않는 산정호수로는 물영아리오름 분화구 외에 물장오리오름 분화구가 더 있다. 전설에 의하면 제주섬을 만든 거인 설문대할망이 물장오리오름 분화구 물의 깊이를 재기 위해 분화구의 물속으로 걸어 들어갔지만 나오지 못했다고 한다. 지금도 정확한 깊이를 측정하지 못한다고 하니 오로지 빗물이 고여서 만들어진 산정호수로서 놀라울 따름이다. 1653년 편찬된 《탐라지》에는 "산봉우리에 용못이 있는데, 지름이 50보 정도 되고 깊이는 잴 수 없다. 사람이 시끄럽게 떠들면 구름과 안개가 사방에서 일어나고 비바람이 사납게 몰아친다. 가뭄이 들었을 때 기우제를 지내면 효험이 있다"라고 기록되어 있다. 설문대할망은 조용한 것을 좋아하는 모양이다.

장오리는 장올에서 나온 말인데 올은 몽골어로 산을 의미한다고도 하고 오름에서 나온 말이라고도 한다. 물장오리 부근에는 태역장오리오름과 살손장오리오름이 구색을 갖춰 모여 있다. 태역은 잔디, 살손은 탐라 개벽 신화의 주인공인 삼을나가 화살을 쏜 장소란 뜻이다. 이로 미루어 보아 장오리의 뜻은 세 개가 세트를 이루는 오름이란 뜻이 아닐까 싶다.

차로 닿을 수 있는 국도 중 우리나라에서 가장 높은 곳이 제주 1100고지이다. 놀랍게도 이곳에도 람사르 습지가 있다. 1100고지 습지는 분화구형 습지가 아니라 초원 지대 위에 작은 웅덩이가 생기고 그곳에 흙이 쌓이고 한라산에서 흘러내린 눈 녹은 물과 빗물이 고여 만들어졌다. 무심하게 흩뿌려져 있는 바위, 그 주위로 이어지는 나무와 덤불, 눈부시게 푸른 하

1100고지 습지.

늘이 어우러진 곳에 16개 이상의 습지가 이어져 있다. 오밀조밀한 습지를 따라 걷다 보면 자연사박물관에 온 듯하여 제주 자연의 다양함에 놀라지 않을 수 없다.

또 다른 고산 습지인 숨은물뱅듸도 해발 980미터에 펼쳐진 람사르 습지이다. 고산 습지의 상징인 물이끼의 최대 군락지이고, 한라산 위의 야생 동물들에겐 소중한 샘터이다. 뱅듸란 넓고 거친 들판을 의미하는 제주어이다. 제주의 지명에 물이란 말이 들어간 경우는 습지나 물이 있는 지역이란 의미다. 그만큼 제주에서 물은 중요했고, 그래서 지역 이름에 '물'이란 단어를 새겨 두었을 것이다.

숨은물뱅듸는 오름에서 흘러내린 비와 수시로 펼쳐지는 안개에 의해 만들어졌다. 이렇게 높은 곳에 30만 평이 넘는 광활한 고산 습지가 있다는 것이 경이로울 뿐이다. 특별한 습지답게 상상할 수 없는 생물들이 터를 잡고 있는데 그중에는 곤충을 잡아먹는 자주땅귀개도 있다. 자주색의 조그만 이 습지 식물을 비롯해 가을이 다가오면 이곳의 수생 식물들은 축제라도 벌이는 듯이 활발하게 싹이 트고 자라나며 자신들의 우주를 펼친다. 봄이 아니라 가을에 새로 시작되는 세계라니. 그저 자연의 신비로움에 감탄할 따름이다.

동백동산 습지는 곶자왈 안에 있다. 우리의 상식으론 곶자왈은 숭덩숭덩 바위들로 이뤄져 있어서 도저히 습지가 있을 법하지 않다. 그런데 이곳에 습지가 있다. 어떻게 이런 일이 가능했을까? 동백동산 습지가 있는 곳이 선흘 곶자왈 안이고, 선흘 곶자왈을 만든 용암은 파호이호이 용암이기 때문이다. 파호이호이 용암이라니. 느닷없이 등장한 낯선 지구과학 용어에 놀라선 안 된다. 제주를 이해하려면 적어도 용암의 종류에 파호이호이 용암이랑 아아 용암 두 개가 있다는 것 정도는 알아야 하기 때문이다.

용암은 점성이 높아 끈적끈적한 아아 용암과 점성이 낮아 잘 흐르는 파호이호이 용암으로 나뉜다. 아아 용암은 수제비 반죽처럼 테두리가 깨지면서 굳어 표면이 거칠다. 그 위를 걸어가면 '아아' 소리가 나기 때문에 아아 용암이라는 이름이 붙었다. 아아 용암은 굳으면 잘게 쪼개지기 때문에 이런 바위 위엔 물이 고일 수가 없다.

점성이 낮은 용암은 묽은 죽처럼 잘 흐른다. 마치 죽을 쏟았을 때처럼 넓게 퍼지면서 밧줄모양의 무늬를 만드는데 제주에선 이런 바위를 '빌레'라고 한다. 빌레를 만들어서 빌레 용암이라고도 하는 이 용암이 파호이호이 용암이다. '파호이호이'는 하와이 방언으로 '매우 잔인한'이라는 뜻이라고 한다. 주변보다 낮은 곳에 이렇게 넓은 바위가 만들어지면 접시처럼 된다. 그 위로 진흙, 낙엽이 쌓이면 물이 고여 습지를 이룬다. 동백동산에 있는 여러 습지가 바로 그렇게 만들어졌다. 가장 대표적인 곳은 먼물깍 습지이다. 깍이란 말은 쇠소깍처럼 끝이란 뜻이니 숲의 입구에서 먼 곳에 있어서 먼물깍이다. 파호이호이 용암은 속도가 빠르기 때문에 용암 동굴을 만들기도 한다. 선흘 곶자왈 지대가 거문오름 용암 동굴계 안에 있는 것은 우연이 아니다. 따라서 이 주변에는 굴과 습지가 군데군데 아주 많다.

동백동산이라는 이름이 붙은 것으로 보아 동백나무 숲을 생각하겠지만 지금은 그렇지가 않다. 군데군데 동백나무가 있긴 하지만 오히려 숲을 뒤덮은 나무는 다른 나무들이다. 그런데도 왜 동백동산이라고 부를까?

　원래 동백나무는 다른 나무들과 경쟁해서는 그렇게 크게 번성할 수가 없다고 한다. 제주의 어느 숲을 가도 동백나무가 번성한 곳을 찾기 어려운 것도 이 때문이다.

　과거에는 마을이 생기려면 물과 땔감이 있어야 했는데, 선흘 곶자왈은 이 두 개를 갖고 있었다. 물이 있으니 마을이 생겼고, 마을이 생겼으니 땔감이 필요했다. 곶자왈은 경작지로도 목장으로도 사용할 수 없었기 때문에 숲이 생겼고, 마을에서 가까운 유일한 숲이다 보니 사람들이 이곳의 나무를 베어서 땔감으로 삼았다. 그런데 동백나무는 땔감으로 쓰기보다 열매로 기름을 짜는 것이 훨씬 이득이었다. 남겨진 동백나무는 동백 세상을 이뤘다. 그렇게 해서 동백동산이 되었지만 연탄, 석유, 가스로 연료가 바뀌면서 더 이상 나무를 하러 들어오는 사람이 없게 되었다. 그러자 다른 나무들이 쑥쑥 자라면서 동백나무를 앞질러 커 버렸다. 이제 동백나무는 울창한 숲속 식구들 중 하나일 뿐이지만 뭐, 그래도 자기 이름을 남겼으니 나쁘진 않을 듯하다. 자신의 이름으로 된 숲을 가진 나무가 얼마나 되겠는가?

동백동산을 품은 선흘마을은 세계 최초 람사르 마을로 시범 지정되었고, 제주 세계지질공원의 대표 명소에도 추가되었다.

제주고사리삼°°

동백동산에 간다면 발밑을 조심해야 한다. 아주 작고 귀여운 식물 친구를 만날 수 있기 때문이다. 이 친구가 귀여워서 그런 것만은 아니다. 식물학자들이 무려 제주를 대표하는 식물이라고 너나없이 꼽는, 귀여운 데다 귀하기까지 한 식물이라서 그렇다.

2001년 이 식물에 대한 논문이 발표됐을 때 전 세계 양치식물학자들은 '이런 형태를 갖고 있는 종은 나올 수가 없다, 상상으로 그렸다, 학자의 상상이다'라며 심지어 '이건 사기다'라고까지 극단적인 반응을 보였다고 한다. 그러나 사진을 본 학자들은 깜짝 놀라면서 '이건 정말 대단한 발견이다'라며 극찬했다고 한다.

동백동산 습지 내 제주고사리삼.

이 식물이 제주고사리삼이다.

제주고사리삼은 제주에 와서 제주 것이 되어 새롭게 태어난 양치식물로 식물분류법상 '속'이 다른 완전히 새로운 존재라고 한다. 양치식물문–고사리삼강–고사리삼목까지는 세상에 널렸으나 그 하위 분류인 제주고사리삼속은 유일무이하단 뜻이다. 심지어 한국 최초이자 유일한 고유 속식물이라고 한다.

양치식물계의 이단아답게 이 제주고사리삼은 고사리 철에 한 해를 마감한다. 고사리 철은 고사리 새싹이 솟아나는 4월이다. 그래서 제주에는 4월에 '고사리 장마'라는 것도 있다. 고사리 철에 비가 자주 와서 붙은 이름인데 이 비를 맞고 들판에 고사리가 쑥쑥 자란다. 하지만 제주고사리삼은 양치식물인 데다 고사리 사촌쯤 되는 이름을 가졌으면서도 여름이 지나 9~10월경 곶자왈 지대에서 싹을 틔운다. 그리고 한겨울 2~3월 눈밭에서 초록의 절정을 맞고, 고사리 철인 4~5월에 사그라든다. 이 정도 배짱이 있어야 새로운 '속'을 만들어 내는 것일까? 그런 혁명을 일으킨 녀석이라고 하기엔 너무 앙증맞고 귀엽다. 하지만 제주고사리삼은 멸종위기종, 그것도 세계자연보전연맹 적색목록 위급(CR) 단계에 해당하는 국제적 멸종위기종이다. '야생에서 극단적으로 높은 절멸 위기에 직면한 상태'라는 뜻이다. 그러니 조심조심 먼발치서 눈으로만 경배해야겠다.

신들의 교대 기간, '신구간'에 이사하는 이유

#기억하면 좋은 날 : 1월 25일~2월 1일 신구간

　제주에서 집을 구하려는 사람들은 신구간이 아니면 이사할 수 없다는 제주 특유의 풍습 때문에 곤혹스러워했다. 물론 한국에는 손 없는 날에 이사를 해야 한다고 믿는 전통이 있어서 이날이 되면 이사 비용이 더 든다거나 하지만 제주처럼 특별한 주간에만 이사가 가능한 경우는 없다. 도대체 신구간이란 게 뭐고 왜 제주 사람들은 이때에만 이사를 하려는 걸까?

　신구간은 절기상 대한 후 5일째부터 입춘 3일 전까지 7~8일 동안 이어지는 구간이다. 대략 1월 25일부터 2월 1일까지가 신구간에 해당한다. 이 시기는 신들의 교대 기간이라서 세상에 신들이 없다고 한다. 신구간이란 '신의 교대 구간'이란 말의 줄임말쯤 된다.

제주는 1만 8천 신들의 땅이다. 이 숫자는 온갖 만물에 신이 존재한다는 '애니미즘'적 표현이다. 신은 인간이 똑똑해진 후 탄생했다. 지혜롭고 지혜로운 인간 호모사피엔스사피엔스는 현상을 '원인과 결과'로 볼 줄 알기 시작했다. 일본의 신화학자인 나카자와 신이치는 이것을 '형이상학 혁명'이라고 표현한다. 씨앗-열매, 임신-출산이라는 원인과 결과의 대응을 알게 된 지혜로운 인간은 모든 현상에 본질적인 원인이 있을 것이라고 생각하기 시작한다. 물론 그 이전의 인류는 세상에 보이면 존재하는 것이고 보이지 않으면 존재하지 않는 것이라 생각했다. 추상적인 사고가 가능해진 인간은 설명이 불가능한 현상을 일으키는 힘의 자리에 신을 가져다 놓았다. 그것이 애니미즘이다.

자연재해가 많고 의학이 발달하지 못한 과거에 인간들은 모든 재앙과 생로병사를 신이 주관한다고 믿었다. 신들은 결코 관대하지 않다. 신들의 땅인 제주에선 더욱 신의 노여움을 사는 일을 두려워해서 조심하고 또 조심했다. 사람이 사는 집 또한 온갖 신들의 영역이었다. 만일 잘못해서 신의 영역을 침범하거나 노하게 하면 동티가 난다. 동티는 건드리지 말아야할 땅을 파서 신의 노여움을 산다는 뜻의 한자어 凍土(동토)에서 나온 말이다. 병에 걸리거나 심지어 죽기까지 하는 이 두려운 동티 때문에 전전긍긍하던 제주 사람들을 구원한 시나리오가 '신구간'이다. 신구간이 되면 신들이 자리를 비우고, 신이 없으니 동티 날 일도 없다는 것이다. 이 얼마나 멋진 아이디어인가.

신구간에 제주 사람들은 잽싸게 조왕신이 관장하는 부엌을 고치고, 측간신이 관장하는 통시(제주 화장실)를 돌보는 등 집을 수리하거나 이사를 한다. 이런 전통은 강고해서 과학이 발달한 최근까지도 제주에선 신구간의 풍습이 이어지고 있다.

아무리 미신이라 해도 증거가 뒷받침되지 않고서야 이렇게 강력한 힘을 얻을 수 없지 않겠는가. 신구간에 동티를 피할 수 있다는 증거가 있어야 할 것이다. 그렇다. 과학적으로 신구간은 증명 가능한 신의 부재 기간, 엄밀하게 말하면 동티를 피할 수 있는 시기이다. 제주학 연구자인 제주대학교 윤용택 교수는 이것을 이렇게 설명했다.

"일 평균 기온이 5~20℃이면 봄, 가을, 20℃ 이상이면 여름, 5℃ 미만이면 겨울이라는 계절 분류를 가지고 1971년부터 2000년까지 신구간 동안 우리나라의 위, 중간, 아래인 서울, 광주, 제주의 기온을 분석했다. 분석 결과, 제주에는 일평균 기온 5℃ 이하인 날이 한 해 8일에 지나지 않았다. 그것도 지금 우리가 부르는 신구간과 거의 일치하는 8일이었다. 기온이 5℃ 밑으로 내려가면 세균들이 활동을 할 수 없다. 그런데 5℃ 이상이면 세균이 활개를 펴 사람들을 이유 없이 시름시름 앓게 하고 결국에는 목숨까지 앗아 간다."

- 윤용택, "제주도 '신구간' 풍속에 대한 기후 환경적 이해",

탐라문화 29호

집을 고치거나 이사를 하면 음습한 곳에 서식하는 곰팡이나 세균을 만날 수밖에 없는데 신구간엔 날이 추워서 세균들이 활동을 못 하니 안전하다는 것이다. 동티가 나지 않는 신구간의 과학적 정체가 이것인 셈이다. 과학을 신화적 언어로 표현한 것이 신구간이니 이보다 더 멋진 표현이 있을 수 있을까. 물론 세균 감염의 염려가 줄어든 지금은 신구간이란 전통이 계속되어야 한다고 말할 수는 없지만 전통이란 쉽게 변하지 않는 법이다.

이 엄청난 천기누설을 한 것은 1만 8천 신들 가운데 존재하는 제주형 프로메테우스가 아니다. 공식적으로는 조선 후기인 1737년 지백원이 지은 《천기대요》에서 유래한 것으로, '세관교승'이란 항목에 "대한 후 5일부터 입춘 전 2일까지 신구세관이 교대하는 때이다"라고 적혀 있다. 물론 《천기대요》도 오리지널은 아니다. 경험 과학의 본고장이라고 할 수 있는 중국에서 4세기경에 "이사나 집을 짓거나 수리할 때는 어느 방향으로 하든 길흉이 없다. 그래서 이런 일들은 모두 대한 후 입춘 전에 한다"라고 하였으니, 제주에 천기누설을 한 사람이 중국에서 건너온 도사일 수도 있겠다.

중국과 조선에 이미 이 시기의 장점이 소개되었는데도 유독 신구간이 제주에서만 강력한 위력을 발휘한 것은 제주 주거 구조의 특징과 기후 때문일 것이다.

보통 한옥 하면 기와집을 떠올리지 초가집을 생각하는 사람을 별로 없다. 그러나 제주에서 전통가옥은 초가집이다. 그만큼 제주도는 오랫동안 빈부 격차가 없었다. 제주 민속 마을을 살펴보아도 가난하든 부자든 다 같은 구조를 가진 一자형 초가집이다. 육지에선 지방이라 할지라도 부유한 사람들의 집은 기와집이었다.

　제주의 초가지붕은 다른 지역보다 납작하다. 태양 고도와 바람 때문이다. 서울과 제주는 위도가 4도 차이 나기 때문에 태양 고도 차이도 4도이다. '얘걔 겨우 4도?'라고 생각할지 모르겠다. 하지만 여름에 서울과 제주에서 태양을 본다면 그 차이를 느낄 수 있다. 서울에서 태양은 이마를 때리지만 제주에서 태양은 정수리를 때린다. 태양을 정면으로 받기 위해 서울은 지붕 경사를 더 높여야 하고 제주는 경사를 낮춰야 한다.

　게다가 제주는 바람이 하루가 멀다 하고 부는 곳이다. 경사가 급하면 지붕 반대쪽에 와류 현상이란 소용돌이가 생겨서 지붕이 날아가 버린다. 자동차가 지나간 뒤에 바람이 소용돌이치면서 쓰레기가 나선처럼 올라가거나, 빠르게 달리는 보트 뒷면에 물이 빙빙 감돌고 있는 게 와류 현상이다. 또 지붕 꼭대기 이음새 부분에 짚으로 덮는 용마름도 제주에만 없다. 역시 바람에 날아가 버리기 때문이다. 지붕을 덮고 난 뒤에도 제주에서는 집줄을 이용해서 격자 모양으로 육지보다 촘촘하게 옭맨다.

　보통 초가지붕이라고 하면 가을걷이를 끝낸 볏짚으로 만든 지붕을 말한다. 그러나 제주에는 논이 없으니 볏짚을 구하기 쉽지 않다. 볏짚을 대신한 것이 새라고 하는 띠다. 억새풀의 일종인 새는 억새보다는 부드럽지만 볏짚보다는 약하다. 습도가 높고 바람이 강한 기후 탓에 제주의 지붕은 금방 삭는다. 제주 속담에 '밭은 1년 쉬었다 농사지으면 잘되는데 집은 1년을 넘겨 지붕을 덮으면 안 된다'는 말이 있다.

촘촘하고 단단하고 납작한 초가지붕인 데다 온도와 습도가 다른 지역보다 높기 때문에 제주의 가옥은 온갖 세균과 벌레가 살기 좋은 환경이다. 게다가 집집마다 통시라고 하는 돼지우리 겸 화장실을 두고 살았다. 통시에서 나오는 거름을 쌓아 두었다가 늦가을에 보리 파종을 할 때 썼다. 이렇게 쌓은 낟가리를 '눌'이라고 하는데, 제주 사람에겐 이것 또한 두려운 존재라 제주에는 눌굽지신이 살고 있다. 이런 가옥 구조 때문에 제주에선 신구간이 강력한 위력을 발휘했던 것이다. 제주 사람들이 '신들의 교대 시간'을 알아낸 것은 그야말로 신의 축복이 아닐 수 없다.

눌굽지신이 사는 눌(장소 : 제주민속촌).

제주의 기와집 °°

제주도에 기와집이 극히 드물다는 것은 기록으로도 보인다. 조선 전기의 문신 김 정은 《제주풍토록》에서 "기와집은 매우 드물고 정의현과 대정현의 관사도 역시 띠로 덮고 있다"라고 하였고, 조선 중기의 문신 김상헌도 《남사록》에 "인가는 모 두 띠로 덮고 기와집은 매우 적다"라고 기록하였다

그렇다면 제주에 초가집만 있고, 기와집은 없을까? 물론 있다. 최근 연구 결 과에 의하면 기와집이 가장 많은 동네는 제주목 관아 부근도 아니고 정의현청이 있었던 표선읍 성읍리나 대정현청이 있었던 대정읍 인성·안성·보성리가 아니었 다. 당당히 1위를 차지한 지역은 조천이다. 그 뒤를 이은 지역은 탐라국 시대부 터 조선 시대까지 중심지였던 삼도동인데, 이곳은 보통 제주에서는 무근성이라 고 부른다. 옛 성안의 마을이란 뜻이니 이름부터가 서울의 북촌 느낌이 난다. 도 대체 탐라국부터 조선까지 무려 1500년의 중심지를 제치고 조천이 1위를 차지 한 이유가 뭘까?

제주에 출륙 금지령이 내려진 이후 부의 지도가 바뀌었다. 출륙 금지령이라고 해도 개미 새끼 한 마리도 드나들 수 없는 것은 아니다. 진상품을 실어 나르기도 하고 관리도 들어와야 하고 유배인도 있었으니 이들을 위해 화북과 조천포구만 개방했다. 이 중에서 조천포구는 공무집행자들 전용 포구였다. 연북정이라는 정 자가 조천포구 바로 앞에 있는데, 북쪽 즉 임금이 있는 쪽을 사모한다는 말이다. 제주에 온 관리가 제주 사람을 사모하는 게 아니라 제주를 등 돌리고 북쪽 임금 을 사모한 것이다. 연북점은 조선 시대 조천의 위치를 알려 주는 상징과도 같은 건축물이다.

조천포구를 통해 부임지에 첫발을 내디딘 관리는 뱃멀미에 이미 초주검이 된 데다 바람은 싸대기를 후려치듯이 불어 대지 사람들은 모두 이상한 외국어를 쓰고 있으니 정신이 어질어질했다. 가족과도 생이별한 채 낯선 곳에 왔으니 당장이라도 '전하, 어찌 저를 버리시나이까, 제발 저를 다시 불러 주십시오'라고 하고 싶을 것이다. 연북정이 거기 있는 이유를 충분히 이해는 한다.

연북정에 올라가 울부짖고 싶은 그들을 돌본 사람들이 조천에 사는 김해 김씨 가문 사람이었다. 그들은 사또를 잘 모신 덕에 출륙 금지령의 최대 수혜자로서 온갖 이권도 챙기며 한양의 고래 등 같은 기와집은 아닐지라도 번듯한 기와집을 줄줄이 지을 수 있었다. 그것이 조천에 기와집이 가장 많이 생긴 이유이다. 그렇게 조천포구에 즐비하던 기와집은 조선 후기인 1898년 민란 때 김해 김씨 가문이 악덕 토호로 지목되면서 대부분 불타 없어졌다고 한다. 그런데 그 난리 속에서도 무사한 집이 있었다. 김응전의 집이다. 난을 일으킨 사람들마저도 평소 민심을 쌓아 온 김응전을 보호했기 때문이라고 한다. 이 가문의 전통에 따르면 남에게 꼭 주어야 할 것 세 가지로 '물, 불, 길'이라고 했다니 민심을 얻은 이유가 짐작이 된다.

이런 가풍을 가진 가문이었으니 자식들이 평범했을 리 없다. 일제에 의해 강제 병합되자 김응전의 손자인 김명식은 동네 친구와 함께 송죽매 결의를 통해 국권을 되찾을 때까지 독립운동을 하자고 결의한다. 송죽매는 송산 김명식, 죽암 고순흠, 매원 홍두표의 호 앞 글자를 따서 만든 이름이다. 김명식은 그 후 일본 와세다대학을 거쳐 노동공제회 창립 멤버, 동아일보 주필 등 쟁쟁한 이력을 가진 사회주의 독립운동가로 서울과 제주 사회에 깊은 영향력을 끼친 인물이다.

토호로서 조선의 수혜자였던 만큼 조천은 국권 회복에 대한 의지도 강했다.

그래서 3.1 만세운동이 제주에서 유일하게 벌어진 곳이기도 하다. 또 조천은 평등과 노동, 서로 돕는 공동체를 지향하는 제주형 사회주의가 만들어진 곳이기도 하다. 김해 김씨 가문은 3.1 만세운동의 주역에서 사회주의 독립운동가로 변신했고, 해방 후 제주 4.3 당시 비극적인 시련을 당하기도 했다.

신라보다 170년이나 더 오래 독립국으로 살아남은 나라, 탐라

#기억하면 좋은 날 : 2월 4일 탐라 입춘굿

승려 자장이 당에서 귀국할 무렵인 643년 봄에 신라는 9월 위기설에 휩싸였다. 삼국은 농업국가다 보니 추수가 끝나면 전쟁이 시작된다. 추수가 끝나는 9월, 고구려와 백제의 연합군이 위아래로 신라를 공격할 것이란 공포에 신라인들은 떨었다. 선덕여왕은 그길로 자장을 찾았다. 자장은 경주 어디서든 볼 수 있는 9층탑을 황룡사 마당에 쌓을 것을 건의했다. 9층탑은 신라를 괴롭히는 주변의 아홉 오랑캐를 의미하는데, 신라를 벌벌 떨게 한 아홉 오랑캐 나라 중 하나가 탁라, 즉 탐라이다.

그 이후는 우리가 아는 바와 같다. 절실한 사람이 이기는 법. 신라는 결국 당을 끌어들여 삼국통일전쟁에서 최후의 승자가 되었고, 탐라도 결국엔 신라에 조공하게 된다. 그래도 신라보다 탐라는 무려 170년을 더 독립국으로 살아남았다.

독립국이라고 하니 '제주에 나라가 있었다고? 에이, 그냥 진도나 거제도처럼 섬에 사람들이 옹기종기 산 정도겠지. 무슨 나라씩이나'라고 생각할지 모르겠다. 당시의 나라는 근대의 민족 국가라기보다는 부족 국가 혹은 변한·진한·마한의 여러 소국들을 의미했다. 나라라는 말부터가 냇가(나)를 경계로 한 넓은 벌판(라)이란 뜻이다. 그러니까 크기야 어떻든 간에 비록 소국이나 부족 국가일지라도 나라이다. 탐라도 그렇다. 탐라라는 이름의 '탐'은 섬을 한자로 표현한 것이고, '라'는 신라의 '라'에서 보는 것처럼 너른 벌판이나 지역을 뜻하는 말인 '나, 노, 내, 라'에서 나온 것이다. 따라서 탐라는 말 그대로 섬나라다.

소국인 탐라국은 서기 1세기경에 탄생했다고 한다. 2세기 초까지만 해도 신라의 본가인 사로국이 진한의 12개의 소국 중 하나에 불과한 꼬꼬마 시절이었으니 그 정도면 탐라국도 엄청 약소국은 아니었다.

정복 국가 시대인 고대 국가로 넘어가면서 탐라는 백제에 조공을 바치기 시작한다. 처음으로 백제에 조공을 바치러 간 탐라의 사신은 은솔의 작위를 받고, 탐라국의 왕은 스스로를 좌평이라 했다. 백제는 정복전쟁을 벌이면서 정복한 소국의 추장들인 왕, 신지, 읍차 등에게 일종의 귀족 작위를 주었다. 그것이 좌평, 달솔, 은솔 같은 작위로 우리가 알 만한 말로 바꾸면 공작, 후작, 백작에 해당한다. 따라서 탐라와 백제와의 관계는 독립성을 보장받은 일종의 공국쯤 되는 셈이다.

삼국통일전쟁의 와중에 탐라는 뛰어난 균형 감각과 외교력을 보여 준다. 신라, 당, 백제 부흥군, 일본 등이 얽히고설킨 이 시대에 탐라는 눈부신 정보력을 바탕으로 전쟁에 휘둘리지 않았고, 당에서 열린 제천 의식에 참가했을 때는 서열이 일본보다 위였다. 이것으로 독립국이었다는 사실도 확인이 된다.

탐라는 신라의 우세가 점쳐지던 문무왕 때엔 재빨리 관계를 터서 국제 정세에 뒤처지지 않았다. 고려가 새롭게 한반도의 강자로 부상하면서부터는 사신을 주고받았고, 고려의 국가 축제인 팔관회에 참석했을 때도 송, 여진과 함께 환대를 받았다. 일본과는 무려 서른 번의 왕래 기록이 있고 당에도 사신을 두 번이나 보냈다. 이렇게 주변 강대국들과 끊임없이 교류를 함으로써 선진 문물을 얻었고, 세상 돌아가는 정보를 손바닥 보듯이 보았다. 그 결과 탐라국의 평화가 천 년을 갈 수 있었다.

1105년에 고려의 지방행정구역인 탐라군으로 편입되면서 탐라 천 년이 막을 내렸다. 고려는 1223년에 토착 세력을 회유하기 위해 '바다 건너 큰 마을'이라는 뜻을 가진 '제주'라는 이름을 붙여 준다. 하지만 제주라는 이름은 철저하게 뭍에서 본 관점이다. 제주에 살면서도 '바다 건너 살아요'라고 대답하게 된 셈이니 말이다. 물론 그때도 지금도 (아마도) 이걸 이상하다고 생각하지는 않는다. 그래도 분개하는 사람들이 있다. 제주라는 이름이 지어진 후 역사를 보면 이해가 된다. 제주라는 이름이 붙은 이후는 철저하게 받는 것 없이 뺏기기만 하는 '식민지'나 '정복지' 취급을 받아 왔으니 말이다.

제주라는 이름에 딴지를 건 경우가 없진 않다. 대제국 원을 세우고 난 뒤 쿠빌라이 칸은 제주를 고려에서 떼어 내서 직접 자신들의 직할 통치령으로 삼았다. 제주가 독립된 지역이었음을 강조하기 위해 고려 중심의 지방 이름인 제주를 버리고 탐라총관부라고 이름 짓는다. 다시 탐라로 돌아간 것이다. 그러나 원의 멸망으로 다시 제주로 바뀐 후 오늘에 이르고 있다.

이토록 드라마틱한 이야기가 전개되던 세계사의 격전장이었건만 한국사 교과서에는 탐라에 대해 한마디도 나오지 않는다. 옥저, 동예 같은 나라에 대해서도 언급하는데 말이다. 제주도 사람들조차 탐라라는 나라가 있었는지조차 알지 못한 채 역사에서 완벽하게 잊혀 버렸다.

물론 탐라국은 힘의 크기를 보여 줄 고분이 없었고, 자신의 역사서가 없었으며, 강력한 정복 활동을 통해 고대 국가로 발전하지 않았기에 삼국에 들이대기에 모자란 것은 분명하다. 하지만 건국 신화와 이 신화를 뒷받침할 유적과 유물이 있으며 고유의 언어, 고유의 문화를 가지고 있었다. 신라에서 이두를 배워 와 행정에 활용했을 정도로 조직화된 사회였고, 왕위를 자신들의 규칙에 따라 질서정연하게 세습하였던 점에서 하나의 왕국으로서 손색이 없었다. 독립국으로서 아시아의 여러 나라들과 외교와 무역을 이어 나갔다. 그 정도면 '너, 인정!' 하고 하나의 나라 역사로 받아 줄 만하지 않은가.

탐라 입춘굿 °°

제주는 매달 축제가 열리는 축제의 섬이지만 그중 유일하게 탐라국 시대부터 내려오는 축제가 있다. 바로 한 해 농사의 풍요를 기원하는 탐라 입춘굿이다. 입춘이 절기상으로는 2월 4일경이라 아직 추위가 가시지 않은 때이지만, 고대에는 입춘을 한 해의 시작으로 여기는 나라도 많았다. 제주에서는 띠를 결정할 때 입춘을 경계로 하기도 했다. 입춘 전과 입춘 후에 태어나는 아이는 음력으로 같은 달에 태어나도 띠가 달랐던 것이다.

　　탐라국 시대에는 왕이 백성들 앞에서 나무로 만든 소인 '낭쉐'를 이끌며 밭을 가는 의식을 치르고, 풍요를 비는 굿판을 벌인 후에 구경 나온 백성들에게 식사를 대접했다고 한다. 조선 임금이 봄에 백성들과 함께 직접 소를 몰아 밭을 갈고 씨를 뿌리는 의식을 행한 후 술과 음식을 대접했던 의례와 비슷한데, 조선에서 이를 친경례라고 했다면 탐라국에선 입춘굿이라고 부른 것이다.

낭쉐(장소 : 제주목 관아 내).

낭쉐(장소 : 제주목 관아 내).

    탐라국이 완전히 소멸한 조선 시대엔 지역 사회의 우두머리인 호장이 나무소를 끌며 풍년을 기원하는 굿을 행하면서 입춘굿의 전통이 이어졌다. 민속학자인 문무병에 의하면 이때 제주목사가 백성들에게 국수를 대접했는데 이것이 '입춘국수'였다고 한다.

    일제강점기인 1924년 제주도청에서 발간한, 제목부터 차별적인 보고서《미개의 보고 제주도》에 따르면 "매년 입춘날에 목사청(목관아)에 모여 동리마다 흑우 한 마리를 바쳐 목사와 도민의 안녕과 행복을 기원함과 동시에 농작물의 풍요를 산신과 해신에게 빌고, 여흥으로 가면극 형태의 고대극과 흡사한 것을 연출한다"라고 하였다.

    입춘굿은 일제가 미신 타파라는 이유로 금지하면서 1914년 축제로서의 맥이 끊겼다. 그러다가 문무병 작가를 중심으로 한 제주민예총에서 복원에 나서서

1998년부터 탐라국 입춘굿놀이란 이름으로 매해 제주의 대표적인 축제로 자리 잡았다. 3일간 벌어지는 이 축제에서는 다양한 소원 빌기 행사가 열리고 구경꾼들에게는 싼값에 입춘국수를 나눠 준다.

입춘굿의 복원에 결정적인 역할을 한 사람은 일제강점기 제주 최고의 석학이었던 김석익이다. 김석익은 우리나라가 국권을 잃자 민족혼을 불어넣기 위해 제주통사인 《탐라기년》을 1915년에 저술하였고 수많은 제자를 길렀다. 제자들은 대다수 독립운동에 헌신하였는데 제1대 제주도 지사인 박경훈도 그의 제자이다. 김석익의 문집인 《심재집》에 수록된 '해상일사 춘경조'에는 입춘굿에 대하여 아래와 같이 자세하게 기록되어 있다.

> "해마다 입춘 하루 전에 무격들을 모아, 나무로 소를 만들어 제사를 지내도록 하였다. (…) 이것은 모두 탐라왕 시절에 왕이 친경, 적전하는 풍속이 남은 것이라고 한다. 목우는 횃대 같은 나무로 제작하는데 모양은 소의 형태와 같으며 다섯 가지 색으로 채색하였으며, 네 바퀴 수레에 태워 몰고 갔다."

제주에서 입춘은 신들의 교대 기간이 끝나고 새롭게 업무를 시작하는 날이라 중요한 절기 중 하나였다. '새철 드는 날'이라 하여서 특별히 쌀밥을 해 먹었는데, 남자 손님이 오면 대접하기 위해서였다. 반면에 여자들은 이날 문 밖 출입이 금지되었다. 만일 남의 집에 여자 손님이 찾아가면 잡초가 많이 나기 때문이라고 한다. 이러니 쌀밥이나 입춘국수 한 그릇 못 얻어먹고 1년 내내 밭일은 혼자 담당할 팔자가 제주 여인들의 팔자인 셈이다.

또 하나의 건국 신화, 송당 본향당 신화

탐라국 건국 신화인 을나 신화를 간단하게 요약하면 이렇다.

땅속에서 솟아난 세 명의 신인인 삼을나가 바다에서 온 벽랑국 세 여인을 맞아 결혼하여 농사를 짓게 되었고 나라 살림이 나날이 불어나 살기 좋은 땅이 되었다. 삼을나는 활을 쏘아 땅을 세 구역으로 나눠 평화롭게 다스렸다.

탐라국의 건국 과정이 정말 을나 신화처럼 이토록 평화로웠을까? 부족 국가가 고대 국가로 발전하려면 갈등과 전쟁이 없이는 불가능한데도 말이다. 그렇다면 사실은 어땠을까? 그때 일어난 일을 알려 주는 또 하나의 신화가 송당 본향당 신화다. 내용을 간단하게 요약하면 이렇다.

소천국과 금백주는 결혼하여 18명의 아들과 28명의 딸을 낳았다. 그러나 어느 흉년에 소천국은 밭을 갈아야 할 소를 잡아먹어 버렸다. 이에 화가 난 금백주는 자식들을 데리고 소천국과 이혼한다. 훗날 막내아들인 궤네기가 아버지 소천국을 만나러 갔지만 불경한 짓을 벌이고 추방당한다. 궤네기는 엄청난 지혜와 무력으로 바다 건너 나라를 평정하고 돌아온다. 이에 놀란 소천국과 소천국의 새로운 아내인 세명주 그리고 금백주는 놀라 달아나다 죽어 송당 세 마을의 당신이 된다. 그리고 그 자식들은 제주도 곳곳에 흩어져 마을신이 된다.

소천국을 삼을나, 금백주를 벽랑국 공주로 바꿔 놓으면 두 신화는 놀랍도록 일치한다. 그런데 송당 본향당 신화는 갈등과 갈등의 연속이다. 이런 갈등을 보여 줌으로써 진정한 고대 국가 건국 신화의 면모를 갖췄다. 그런데 이 두 신화를 잘 보면 주인공이 다르다. 을나 신화가 남성 중심의 신화라면 송당 본향당 신화의 주인공은 여성인 금백주이다.

신석기 시대가 시작되며 여성들의 역할이 두드러졌다. 식물의 열매를 채집하는 역할을 하던 여성들은 오랜 시간 관찰을 통해 식물들이 나고 자라는 과정을 이해했고, 농경이 시작되었다. 물론 처음부터 대규모 농경이 이뤄진 것은 아니다. 주거지 부근 텃밭에서 씨를 뿌리고 거두는 텃밭농사나 식물 군락지를 발견하여 그곳에서 채취해 오는 소규모 농업이 대부분이었다. 이것만으로는 먹고살 수가 없었기 때문에 여전히 남성들은 수렵에 몰두했다.

소천국은 사람의 이름이라기보다는 단군처럼 부족장을 일컫는 고유명사였을 것이다. 소천국 부족은 꽤 일찍 제주도에 들어와서 수렵과 채집 생활을 이어 가고 있었다. 한라산에는 노루와 사슴과 멧돼지가 많았고, 바다에는 물고기가 널렸으니 청동기 문명을 가진 그들로서는 어렵지 않게 사냥하고 낚시하는 생활을 이어 갔다.

사냥감은 들쭉날쭉했기 때문에 차츰 여성들의 텃밭에서 나오는 안정된 식량이 중요해지기 시작했다. 학자들은 이때 경제권을 가진 여성 중심의 모계 사회가 펼쳐졌을 거라고 이야기한다. 따라서 한 해의 농사가 풍요롭기를 기원하는 여성 중심의 제사 의식이 차츰 발달했다. 농업 기술을 습득하고 식물에 대한 지식이 풍부한 여성들이 마을의 우두머리 즉 제사장이 되었는데 금백주 또한 그런 인물이었다.

금백주의 다른 이름은 백주또이다. 백주또는 백주라고 하는 신을 의미하는데, '또'는 '도'의 된소리로 우두머리를 뜻하는 우리말이다. 목수 중에서도 우두머리 목수를 도편수라고 하는 것과 비슷하다. 마찬가지로 도사공, 도원수, 도총관, 도제조 등 관직에도 최고위직에 도를 붙였다. 그러므로 백주또란 금백주 부족의 우두머리란 뜻이다.

백주란 이름을 두고 벽랑국의 공주라고 보는 견해가 있다. 삼을나와 결혼한 벽랑국 공주가 금백주란 얘기이다. 벽랑국은 바다를 의미하는 제주어인 바룻 혹은 바당을 한자어로 표기한 것이므로 바다 건너 고을에서 온 공주란 뜻이 된다. 그러므로 을나 신화 속 조연인 벽랑국 공주와 송당 본향당 신화 속 주연인 금백주는 동일 인물이다.

바다를 건너온 금백주 부족이 농경 기술로 금세 주변을 일궈서 안정적인 먹거리를 만들어 내는 것을 보고 제주 토착 세력인 소천국 부족 사람들은 놀랐다. 두 부족은 청동기 문명답게 전쟁보다 협동을 선택했다. 청동기 시대는 사람이 귀한 시대라서 전쟁으로 사람을 죽인다는 것은 생각조차 할 수 없던 시대다. '널리 사람을 이롭게 한다'는 말은 이런 청동기 시대의 이념을 가장 완벽하게 표현해 낸 말이다.

그렇게 해서 두 부족 간의 연합, 즉 혼인동맹이 이뤄졌다. 혼인을 통한 연합은 부족들 간에 흔히 있는 일이었다. 근친상간이 거듭되면서 벌어지는 유전자의 복수를 막기 위한 방법이기도 했다. 그러나 수렵 부족과 농경 부족의 연합은 오래가지 못했다. 신화에서는 엄청난 대식가인 소천국이 굶주리게 되자 밭을 갈던 소를 잡아먹었다고 한다. 보잘것없는 텃밭농사로는 18명의 아들과 28명의 딸, 즉 불어나는 인구를 감당할 수 없었고 흉년이 들자 수렵 생활로 돌아가겠다고 선언한다.

"농경, 별거 없네. 그때가 좋았어. 한라산에 사슴이 사라질 날은 죽었다 깨어나도 없을 테니까 말이야."

결과는 이혼뿐이었다. 보통의 역사라면 여기서 소천국이 어찌어찌해서 나라를 건국하겠지만, 송당 본향당 신화는 여기서 기가 막힌 반전이 있다. 떠난 쪽이 오히려 금백주였다는 것. 금백주가 백주또로서 신으로 모셔질 수 있었던 것은 이 선택 덕분이었다. 만일 금백주가 소천국을 따라갔거나 풀이 죽었다면 벽랑국 공주의 운명과 같았을 것이다. '고맙기는 한데 신으로까진 모셔 줄 수 없어, 그래도 건국 신화에 이름 한 줄은 올려 줄게.' 이렇게 말이다. 하지만 금백주가 떠남으로써 이야기는 완전히 다른 국면으로 치닫게 된다. 아들 궤네기가 철기 문명을 받아들여 나라를 세웠고, 금백주 부족은 비록 궤네기를 이길 수는 없지만 자신의 부족을 이끌고 마을을 이뤄 무려 지금까지도 신으로서 예배를 받고 있다. 이 정도면 제주 건국 신화 최고의 수혜자는 금백주가 아닐까?

송당 본향당 신과세제 °°

매해 음력 정월 13일이 되면 송당 본향당에서 신들에게 새해 문안을 드리는 신과세제가 열린다. 이때에는 입구에서 신당까지 이어지는 동백 숲길에 소원을 써서 붙일 수 있는 이벤트가 열리기도 한다.

본향당 신화는 본향당 본풀이라고 하는데, '본'은 근본을 의미하고 '풀이'는 내력을 뜻한다. 따라서 본풀이란 신들의 내력으로 마을 형성 역사를 표현한 서사시이다. 신대륙에 도착한 서구인들이 교회를 중심으로 마을을 만들었듯 제주도의 마을들은 마을신을 모시는 신당을 중심으로 만들어졌다. 처음 마을이 만들어지고, 그 마을의 우두머리가 마을신으로 모셔진 것이다. 송당 본향당은 금백주를 모시는 신당이다.

송당 본향당 전경(사진 ©문화재청).

10만 장의 사건을 1천 장으로 요약하면 역사가 되고, 그 역사를 다시 한 장으로 요약하면 신화가 된다는 말이 있다. 본풀이는 마을의 역사를 마을 제의에서 공연하기 위해 10만 분의 1로 요약해 낸 것이다. 마을 형성 과정을 보여 줌으로써 공동체의 자부심을 높이고 구성원 간 결속력을 강화하려는 것이다. 고대 국가에서도 건국 신화가 제천 의식에서 공연되었다. 본풀이가 굿의 대본이라면 건국 신화는 제천 의식의 대본이니 일맥상통한다.

과학에 대한 확고한 믿음이 생긴 근대 이후 신화는 허황된 이야기라고 무시당하기 시작했다. 그러나 신화가 가지는 의미가 재조명되기 시작했다. 케네스 C. 데이비스는 신화를 "사람들이 이해하기 힘든 자연 현상을 설명하기 위한 시도에서 나온 과학적 비유"라고 주장했다. 수많은 곳에서 신화는 문자로 기록하기 시작한 역사 시대 이전의 역사로서 가치를 인정받고 있다. 탐라 건국 신화가 지배자의 입장에서 쓴 역사서라면, 송당 본향당 신화는 피지배자의 입장에서 전해 내려온 역사인 것이다.

송당 본향당은 제주의 모든 신들의 원조가 모셔진 곳이다. 제주에는 300여 개의 신당이 있고, 여기에는 각각 당신이 깃들어 있다. 이 당신들은 모두 송당 본향당 신에서 비롯되었다고 한다. 금백주가 낳은 아들들과 딸들이 제주도 전역으로 퍼져서 그곳의 마을신이 된 것이다.

습지 여행

1100고지 습지

물영아리오름 습지

동백동산 습지

물장오리오름 습지

숨은물뱅듸 습지

*숨은물뱅듸 습지 보호지역과 물장오리오름 습지 보호지역은 '영산강유역환경청고시 제2021-5호'에 따라 습지원형보전 및 탐방객의 무분별한 출입으로 인한 훼손방지를 위해 2021년 3월 7일~2026년 3월 6일까지 5년간 출입이 통제된다.

전통가옥을 만날 수 있는 곳 ☑

김응전 가옥

조천9길 24-1. 제주도 기와집은 바람이 강하기 때문에 기와가 특히 크며, 바람에 기와가 날리지 않도록 처마 끝과 용마루 주변에 회땜질을 하여 육지의 기와와는 다른 모습이다. 초가지붕에서 기와지붕으로 바뀌었을 뿐 가옥 구조는 같다.

연북정

조천리에 있는 조선 시대 정자. 제주에 유배 온 사람들이 제주의 관문인 이곳에서 한양의 기쁜 소식을 기다리면서 북쪽의 임금에게 충정을 보낸다 하여 '연북정'이라는 이름이 붙었다.

황씨 종손 가옥

조천북1길 46. 1978년 지정된 제주도 민속자료 가옥 중 현재 남아 있는 조천리 기와집.

성읍민속마을

표선면 성읍리 3294. 옛 정의현성이 그대로 보존되고 있는 곳이다. 국가민속문화재로 지정된 가옥이 다섯 채나 된다.

제주민속촌

표선면 민속해안로 631-34. 19세기 제주 모습을 재현한 곳으로 실제 거주하던 100여 채의 가옥들을 옮겨 놓아 양반집, 산촌, 해안가 가옥 등 제주 전체를 아우르는 가옥 구조를 볼 수 있다.

송당 본향당 🔍

금백주는 소천국이 소를 잡아먹었다는 이유로 이혼까지 감행한 맹렬한 여성이다. 농경 부족에게 소는 절대 식량이 될 수 없다. 살아 있는 생산 수단이다. 농경신인 금백주를 모신 송당 본향당에선 제물로 육고기를 올려서는 안 되고 고기 냄새를 풍겨서도 안 된다. 송당리는 제주 4.3 당시에도 중산간 마을치곤 피해가 적은 편이었고, 후손들 중에는 유명한 학자들이 많이 나왔다. 마을 사람들은 그 모든 것이 금백주 여신이 보살펴서라고 생각하고 지금도 정성껏 신을 모신다.

황씨 종손 가옥

김응전 가옥

연북정

동백동산 습지

송당 본향당

숨은물뱅디 습지

물장오리오름 습지

물영아리오름 습지

성읍민속마을

1100고지 습지

제주민속촌

3월

1428년에 조선 세종 임금에게 어느 신하가 이렇게 말했다.

"이 섬(제주도)의 지세는 산이 높아 풍재가 많고, 곡이 깊어 수재가 많으
며, 토지가 척박하여 한재가 많습니다."

바람, 여자, 돌이 많은 삼다도라거나 대문, 거지, 도둑이 없는 삼무도라
고 하지만 그것은 제주 밖 사람들의 눈에 보이는 것일 뿐. 사실 제주 사람
들은 삼재에 시달려 왔다.

제주는 해양성기후라서 겨울엔 따뜻하고 여름엔 시원하다고 생각하

겠지만 결코 살기 좋은 곳이 아니다. 무시무시한 태풍이 종종 지나고 여름엔 습하다. 겨울엔 바람이 그냥 부는 정도가 아니라 뺨을 후려치듯 분다. 태양 고도가 높아서 여름엔 '작열하는 태양'이란 말의 뜻을 알 수 있는 곳이다. 바람이 크게 불면 바닷물이 해안가 마을 수킬로미터까지 소금기를 뿌리기 때문에 뭐든지 빨리 부식되고 농작물이 잘 자라지 못한다.

태풍은 공포 체험이다. 지붕이 날아가고 담이 무너지고 나무가 뿌리째 뽑히기도 한다. 우산은 어림도 없다. 펼치는 순간 뒤집히고 휘어서 순식간에 고물이 되어 버린다. 길을 걸을 때는 몸이 붕붕 날아가기 때문에 옆으로 게걸음을 걸어야 한다. 가장 공포스러운 것은 밤에 태풍이 지나갈 때다. 칠흑 같은 어둠 속에서 괴물 소리와 흡사한 엄청난 바람 소리가 짓누르고 뭔가가 날아가다가 부딪히는 소리도 간간이 들린다. 제주 사람은 태풍이 온다는 소식이 들리면 문을 걸어 잠그고 꼼짝도 하지 않는다.

태풍이 아니더라도 제주는 사흘에 하루는 바람이 거세게 분다. 제주 사람에게 바람은 '막젱 ᄒ여도 막지 못ᄒ곡, 심젱ᄒ여도 심지 못ᄒ는(막자고 하여도 막지 못하고 잡자고 하여도 잡지 못하는) 것'이다. 제주 사람은 바람을 두려워하지만 그렇다고 바람에 지지는 않았다. '브롬으로 먹엉 사는 ᄆ실'이라 하여 바람 덕에 마을이 먹고산다고 고마워하기도 했다. 거센 바람이 불고 나면 해조류가 해안까지 밀려오고 이를 농사에 이용하기도 하고 식재료로 활용하기도 했다.

태풍도 두려워하기만 하진 않았다. '태풍은 농ᄉ엔 해롭곡 바당엔 이

롭나'라는 속담처럼 태풍으로 바다가 한번 뒤집히면 바다 생태계엔 도움이 된다. 최근 오래도록 제주에 큰 태풍이 지나가지 않자 바다가 큰일이라고 걱정하기도 했다.

긴 세월 동안 제주 사람들은 바람신인 영등할망을 위해 영등굿을 올렸다. 영등신이 들어와 나갈 때 벌이는 영등굿은 음력 2월, 양력으론 3월에 열린다. 3월은 땅에선 한 해 농사의 시작인 파종을 준비하는 시기이기도 하고 바다에선 수확을 준비하는 시기이기도 하다. 땅과 바다의 풍요를 기원하는 굿이면서 땅과 바다가 평화롭길 바라는 마음에서 바람의 신에게 비는 굿이 영등굿이다.

제주 속담에 '산듸 굽에 메역 난다'는 말이 있다. 산듸란 산두의 제주어로서 밭벼를 뜻한다. 논이 없는 제주에선 밭벼를 심어서 제사에 썼다. 굽은 제주에선 그루터기란 뜻이기도 하지만 '그르' 즉 철 또는 계절의 의미로도 쓰인다. 그러니까 이 말은 벼를 수확하는 가을 끝에 바다에선 미역(메역)이 발아를 시작한다는 뜻이다. 이 속담은 매우 과학적이다. 미역은 바다 온도가 23도가 넘으면 휴면을 한다. 제주 바다의 평균 수온을 기준으로 보면 6월 하순부터 10월 하순까지 미역은 휴면 상태이다. 산듸는 상강인 10월 24일 전후에 베는데 그때 바다 수온도 20도 이하가 되고 그러면 비로소 새롭게 미역의 싹이 튼다. 미역을 비롯한 해초가 자라기 시작하면 이것을 먹는 소라, 전복, 보말 같은 해산물도 비로소 살이 오르기 시작한다. 속담을 경험 과학이라고 하는 이유가 다시 한번 드러난다.

영등신은 음력 2월 초하루에 들어와서 14일에 제주를 떠난다고 한다. 영등신이 마음을 풀고 제주를 떠나면 바다는 풍요로워진다. 사람들은 바람을 두려워하기만 한 것이 아니라 바람을 이용해 살 줄 알았다. 그래서 현기영 작가는 제주를 '바람 타는 섬'이라고 불렀다. 영등굿이 끝나면 마침내 오랜 금체기를 풀고 미역을 채취할 수 있는 '미역해경'이 시작된다. 해녀의 1년 수입의 대부분이 이때 이뤄지기 때문에 나이 든 해녀도 이때만은 물질에 나설 만큼 바닷가 마을에선 가장 중요한 이벤트다.

지금은 영등굿보다 바닷가 마을 잠수굿이 더 많이 벌어진다. 잠수굿은 해녀들이 물질을 시작하기 앞서 바다의 신인 용왕님께 비는 굿이다. 해녀들은 칠성판을 지고 바다로 간다고 한다. 칠성판이란 북두칠성 모양의 구멍을 뚫은 판으로 관의 바닥에 까는 것이다. 칠성판은 죽은 자가 무덤으로 들어갈 때 지는 것이다. 해녀들에게 바다는 그런 곳인 셈이다. 깊고 깊은 열길 바닷속으로 잠수하면서 바위에 부딪히거나 줄에 걸리거나 해서 죽을 수도 있기 때문에 들어갈 때는 저승, 나올 때는 이승이라고도 한다. 이승과 저승을 오가는 이 힘든 물질에서 무사하길 용왕님께 비는 잠수굿이 끝나면 비로소 해산물 수확이 시작된다.

제주의 바람은 거칠게 보이지만 일관성이 있다. 겨울엔 북서풍이, 여름엔 남동풍이 줄기차게 분다. 해류도 일관성을 갖는다. 쿠로시오 해류와 황해 난류가 제주를 일정한 시간에 지난다. 겉으로 보기엔 무질서해 보이지만 매우 규칙적인 이런 움직임을 이해하면 어디로든 갈 수 있다. 탐라국은 그걸 이용해 해상 왕국을 만들어 냈다.

탐라국은 쌀과 소금과 철이 없었기 때문에 교역에 의존해야 했다. 초기에는 바람과 해류를 이용해서 가장 손쉽게 갈 수 있는 늑도(경남 사천)와 교역을 했다. 그곳에서 발견된 제주 토기는 현무암 알갱이를 섞어서 만든 것으로 오직 제주에서만 만들 수 있는 것이다. 이 토기는 무려 1.5미터나 되는 거대한 크기다. 제주도에서만 나는 찰흙과 현무암 알갱이, 그리고 탄산칼슘이 많은 제주 해변의 모래를 배합해야 이 정도 크기의 토기를 무너지지 않고 튼튼하게 만들 수 있다고 한다. 당시 탐라국을 3세기 무렵 중국의 역사서에서는 주호라고 불렀는데, 이 모습을 이렇게 표현했다.

"마한의 서쪽 바다 가운데 섬에 주호국이 있다. 배를 타고 왕래하고 한과 교역한다."

– 《후한서》 〈동이 열전〉

"마한의 서쪽 바다 가운데 큰 섬에 주호가 있는데. 배를 타고 왕래하며 한과 교역한다."

– 《삼국지》 〈위지〉 동이전

여기서 '한'은 삼한, 즉 마한, 변한, 진한을 말한다. 탐라는 삼한 외에도 중국이나 일본과도 교역했다. 철이 풍부한 일본에서 도끼, 낫, 손칼 같은 것을 집중적으로 구입한 기록이 있고, 중국 절강성 용천요라는 도자기 산지에서 구워 낸 고급 청자 주전자도 산지항 유적에서 발견된다. 이런 무역에 사용한 탐라 특산품이 탐라복이라는 전복과 탐라포라 불리는 육포이다. 탐라복은 그냥 전복이 아니라 말린 전복이다. 전복은 하얀 가루가 생길 때까지 말리면 장기 보관이 가능한데 이 하얀 가루는 타우린으로 자양 강장제나 피로 회복제의 성분이다. 전복 껍데기는 나전칠기의 재료로 쓰거나 구슬을 만들기도 하고 다양한 장식품을 만들 수도 있다. 전복은 진주를 품고 있기도 하다. 진주는 귀해서 이웃나라에 진상품으로 바치고 필요한 정보와 물품을 얻어 올 수 있었다.

탐라포는 마른 고기라고 되어 있을 뿐, 정확히 무슨 고기인지는 나와 있지 않다. 그러나 탐라국 당시 마을이었던 애월읍 곽지리 유적에서 나온 뼈의 36.4퍼센트가 사슴 뼈인 것으로 보아 사슴고기로 추측하고 있다. 사슴고기를 얇게 펴서 항아리에 넣고 연기를 가해 만드는 훈제 고기였을 것이다. 연기가 해충을 방지해 주는 덕분에 훈제 고기는 장기 보관이 가능하다. 일본에 남겨진 기록에 의하면 탐라포 1.6킬로그램을 주면 쌀 216킬로그램 그러니까 대략 20킬로짜리 쌀 11포 정도를 얻을 수 있었다고 한다. 쌀이 귀한 탐라국으로서는 괜찮은 무역이다.

제주 사람들은 바람을 이용함으로써 척박한 화산섬을 풍요롭고 아름다운 섬으로 바꿔 갔다. 제주를 만든 것은 화산이지만 제주를 이룬 것은 바람이다.

칠머리당 영등굿 °°

영등신은 음력 2월 초하루에 한림읍 귀덕포구로 들어와서 땅과 바다에 씨앗을 뿌리고 김녕포구 혹은 우도로 나간다고 한다. 제주도 지도를 펼쳐 보면 그 말이 이해가 된다. 귀덕포구는 북서풍이 들어오기 딱 좋은 방향과 모양을 갖고 있고, 반대로 김녕-월정은 제주에서 가장 북쪽에 위치해 있어서 나가기 딱 좋은 방향과 모양을 갖고 있다. 또한 우도도 제주 동쪽 끝에 있다.

조선 초인 1530년 편찬된 《신증동국여지승람》에 따르면 "2월 초하루에 제주의 귀덕, 김녕, 애월 등지에서 영등굿을 했다"는 기록이 있다. 조선 후기로 가면서 영등굿은 제주 전역에서 벌어졌다고 한다. 제주는 바람의 섬이었으니 영등신의 위력이 그 어느 곳보다 강했던 것이다. 지금은 해녀들이 있는 마을을 중심으로 매해 음력 2월 초하루에서 보름 전까지 해녀굿 혹은 잠수굿으로 치러지고 있다. 많은 마을에서 해신당이 사라지고 해녀 수가 감소하면서 이런 의례를 치르는 곳은 이제 35개에 불과하다. 그중에서 가장 큰 굿은 제주 칠머리당 영등굿이다. 칠머리당 영등굿은 제주 특유의 해녀 신앙과 민속 신앙을 전승하는 해녀굿으로 그 특이성과 학술적 가치를 인정받아 지난 2009년 9월 인류무형문화유산으로 등재되었다.

칠머리당은 건입동의 본향당이다. 건입동은 들어오는 입구란 의미로 건들개라 불렸는데 탐라국성, 제주성으로 들어오는 포구였다. 여기에는 원래 일곱 개의 머리 모양을 한 칠머리가 있어서 칠머리당이란 이름이 붙었다고 한다. 이에 따라 굿 이름도 칠머리당 영등굿이 됐다.

무속 행위를 미신 행위라 여긴 일제는 칠머리당이 있는 건입포구에 산지항 공사를 벌였다. 결국 지금은 신당이 그 옆 사라봉으로 옮겨져 있다. 칠머리당 영등 굿은 음력 2월 1일 영등환영제, 2월 14일 영등송별제에서 행해지는데, 이 가운 데 송별제가 좀 더 성대하다.

제주의 굿은 유교의 시대인 조선 시대에도 탄압을 받고 미신 타파를 내건 일 제강점기에도 금지되었지만 바다를 터전으로 하는 해녀들에 의해 계속 이어져 왔고, 지금은 제주 신화가 새로운 콘텐츠로서 가치를 인정받기 시작하면서 많은 사람들에게 주목받고 있다.

제주의 상징, 똥돼지 문화

#똥돼지와 관련 있는 주거 구조 : 돗통시

제주를 상징하는 문화는 '똥돼지 문화'라고 말하고 싶다. 똥을 먹는 돼지라서 똥돼지일 텐데 그런 더러운 문화가 제주의 상징이라고 한다면 얼굴을 찡그릴지도 모르겠다. 어릴 때 도시 전설처럼 들려왔던 이야기에 따르면 제주의 돼지고기가 맛있는 이유는 똥을 먹어서이고, 중국에선 일부러 화장실에서 숙성한 돼지고기를 내놓아서 성공한 요릿집이 있다고 한다. 물론 확인은 불가능하다. 도시 전설이니까 말이다. 그런데도 이런 이야기가 설득력이 있었던 이유는 제주의 돼지고기가 다른 데와는 비교할 수 없을 만큼 맛있었기 때문인데, 그 돼지가 똥돼지였다. 물론 80년대까지만 해도 제주 시골집에 똥돼지가 있었지만 지금은 제주에도 똥돼지가 없다.

그래도 제주는 돼지고기가 맛있는 곳이다. 거리에 소고깃집은 없어도 돼지고깃집은 즐비하고 여행객들은 물론이고 제주 사람도 돼지고기를 즐긴다.

돼지고기는 모든 가축 중에서 경제성이 가장 뛰어나다. 소의 젖꼭지가 두 개인 데 비해 돼지는 12개 이상이다. 젖꼭지가 많은 만큼 새끼도 많이 낳는다. 소는 태어나 어미 소가 되기까지 2년 가까이 걸리고 한 번에 한 마리의 새끼만 낳는다. 반면 돼지는 어미 돼지가 되는 데 불과 열 달이면 충분하고 한 번에 최대 12마리까지 새끼를 낳을 수 있다. 1년에 이자가 12배 이상이니 이보다 더 고금리 상품이 어디 있을까. 이런 이유로 과거에는 집집마다 빨간 돼지 저금통을 갖고 있었다.

이뿐만이 아니다. 돼지는 다른 어떤 가축과도 비교가 안 될 만큼 경제적이다. 같은 양의 사료를 먹일 경우 소고기에 비해 세 배, 닭고기에 비해 두 배 더 많은 돼지고기를 얻을 수 있다. 게다가 육질도 부드럽고 고소하며 고기 양도 많다. 라드유라고 해서 기름도 활용할 수 있다.

이런 장점에도 불구하고 돼지고기에 대한 금기 풍습이 있는 곳이 꽤 있다. 돼지는 땀샘이 거의 없어서 키울 때 물이 많이 필요하기 때문이다. 게다가 잡식성에다 대식가이다. 소는 풀만 먹지만 돼지는 인간이 먹을 수 있는 모든 것을 먹을 수 있다. 물과 식량이 귀한 중동 지방에선 어쩔 수 없이 돼지고기를 금기시할 수밖에 없었다.

제주도 역시 돼지를 기르는 데 장애가 있었다. 물은 모자라지 않았지만 기후가 척박해서 인간이 먹을 것도 모자랐기 때문이다. 원래 돼지의 주식은 밤과 도토리라고 한다. 참나무가 많은 유럽에서는 돼지도 번성하고 돼지고기를 이용한 음식들 가령 햄과 소시지도 풍부하다. 도토리란 말도 돼지를 뜻하는 '도' 혹은 '돝'에서 나온 말로 돼지가 먹는 열매란 뜻이라고 한다. 윷놀이 '도개걸윷모'의 도가 돼지다. 제주에서 돼지는 돝 혹은 돗이라고 하고 도새기 또는 도야지라는 말로 부른다. 돼지가 좋아하는 열매라 도토리라는 이름까지 붙었지만 흉년이 들면 제주 사람들을 살리는 열매였기에 돼지에게 내줄 수 없었다. 밤과 도토리마저도 돼지에게 나눠 줄 형편이 안 됐던 제주 사람들이 돼지를 기르기 위해 선택한 방식이 똥돼지이다. 똥돼지의 주식은 이름에 있듯이 똥이다.

처음부터 돼지에게 똥을 먹인 것은 아니다. 1653년에 쓰인 《탐라지》에는 마을에 울타리를 치고 키우는 돼지 이야기가 나온다. 이 돼지는 산과 들을 누비며 마음껏 먹을 것을 먹고 다니는 멧돼지에 비해 작고 여위었다고 한다. 가축화한 돼지는 풀뿌리나 해초를 먹여 키웠을 것이다. 돼지는 사실 아무거나 잘 먹고 똥을 먹어 치우는 것까지 보았으니 똥을 먹일 생각을 한 것은 이상한 일은 아니었다. 하지만 화장실에 돼지를 키운다는 생각은 콜럼버스의 달걀급 발상이었다. 화장실 위생 문제와 자연 재순환을 한꺼번에 해결해 낸 것이니 말이다!

제주는 쌀은 생산되지 않지만 보리농사는 그나마 잘된다. 그래서 보리짚은 쉽게 얻을 수 있다. 보리짚은 속이 비어서 잘 젖지 않으므로 돼지우리에 넣으면 쾌적한 환경을 제공한다. 속이 빈 보리짚엔 미생물도 많이 산다. 돼지가 보리짚을 발로 지근지근 밟아 분뇨와 잘 섞이게 하면 순식간에 미생물이 분뇨를 먹어 치운다. 돼지가 있는 화장실을 제주에선 돗통시라고 하는데, 돼지(돗) 화장실(통시)이란 뜻이다. 돗통시는 더러울 것 같지만 미생물에 의해 분해가 순식간에 일어나기 때문에 인분 냄새가 사라져 오히려 냄새가 심하지 않다.

제주는 화산회토라서 질소, 칼륨 그리고 특히 인이 부족한 데다 물빠짐이 너무 좋았다. 큰비가 오고 나면 그나마 있던 흙 속의 영양분도 다 사라져 버려 농사를 한번 지으면 무려 10년을 묵혀 둬야 할 만큼 비효율적이다. 그런데 돗통시가 이 문제를 해결했다. 돗통시에서 나오는 거름을 돗거름이라고 하는데, 이것이 제주의 토양을 비옥하게 만드는 역할을 했다. 완벽한 자원의 리사이클링을 돼지가 만들어 냈으니 혁명이 아니고 무엇일까.

현기영 소설 《변방에 우짖는 새》에는 민란을 일으켜 읍내 성에 모인 한 남자의 고뇌가 나온다. 그를 괴롭힌 건 화장실 문제였다. 사람이 많이 모여 화장실이 부족해져서가 아니다. 그때는 19세기 말이고 제주 읍내라고 해 봐야 주변엔 보이는 족족 들판이다. 아무 데나 가서 일을 보면 되니 화장실에 긴 줄을 서거나 할 필요가 전혀 없었다. 그 남자를 괴롭게 한 문제는 자기 집 돼지가 굶고 있는데 그 아까운 먹이(똥)를 아무 데나 막 버리고 있다는 것이었다. 제주 사람에게 똥은 더러운 것이 아니라 돼지의 성스러운 먹이였다.

제주도는 중앙 사회와 다르다는 이유로 '미개인' 취급을 당해 왔다. 외지인들(고려, 조선 사람들)은 제주 사람들에게 '토인'이란 말을 붙였다. 토인은 '문명이 미치지 아니하는 곳에 토착하여 사는 사람을 낮잡아 이르는 말'이다. 근대 이후로도 제주는 외지인에게 '미개한 곳'이니 당연히 '문명 과시'를 할 곳으로 여겨지기 시작했다. 미개하다는 증거는 신당과 똥돼지였다. 제주를 돼지에게 똥을 먹여 키우고, 그 돼지를 잡아먹는 미개한 곳이라고 비하했다. 그러면서도 제주 돼지고기가 맛있다고 했었다.

똥돼지였던 그때나 똥돼지가 아닌 지금이나 제주 돼지고기는 여전히 맛있다. 그 이유가 도대체 무엇일까? 이에 대한 해답으로 전문가들은 제주의 물을 꼽는다. 돼지고기는 수분이 최대 70퍼센트에 이른다. 그야말로 물살이다. 물 맛이 고기의 맛을 좌우하는 셈이다. 게다가 척박한 제주 환경에서 살아가기 위해 제주의 토종 돼지는 생육 기간이 다른 지역보다 길게 변했다. 정확하게는 생육 기간이 긴 돼지가 살아남은 것이겠지만 그 결과 같은 물 살이라도 알찬 물 살을 갖게 된 것이다.

그런데 또 다른 설이 있다. 세계적으로 돼지고기가 맛있는 곳은 일조량이 길고 습한 지역이라고 한다. 이런 곳에서 돼지는 스트레스를 덜 받기 때문이다. 한반도에서 이런 조건을 갖춘 곳은 제주가 아닌가. 그것이 고소하고 감칠맛이 나고 쫄깃쫄깃한 제주 돼지고기의 맛의 비결이란 점은 안 비밀.

돼지고기로 일치단결 °°

제주 사람들은 고기 하면 무조건 돼지고기이다. 지금이야 숯불구이가 유행이지만 예전에는 삶아 먹었다. 물에 삶기 때문에 수육이라고 할 수도 있고 얇게 썰어 먹기 때문에 편육이라고 할 수 있지만 제주에선 보통 도마에 올린 고기라고 해서 돔베고기라고 부른다(돔베는 도마를 뜻하는 제주어다). 제주의 상차림 자체가 단순하기도 하고 일상이 바쁘기 때문에 솥에서 건지자마자 도마 위에 올려놓고 썰면서 그 자리에서 먹었기 때문이다. 굳이 플레이팅을 할 필요 없이 도마 앞에 쭈그려 앉아서 굵은소금에 찍어 먹거나 콩잎에 싸서 멜젓(멸치젓갈)에 찍어 먹거나 김치에 싸 먹거나 쪽파를 썰어 넣은 간장에 찍어 먹는 게 전부인 이것이 돔베고기다.

제주에서는 고깃국 역시 돼지고깃국이 최고다. 제주 사람들은 소고기 갈비탕이나 사골국, 육개장 대신에 접착뼈국이나 고사리 육개장, 몸국을 먹는다. 이 국은 모두 돼지고기 국물로 만든다. 접착뼈국은 등뼈나 돼지갈비에 무나 배춧잎을 넣고 끓인 후 메밀가루를 풀어 넣은 국이다. 감자탕이나 뼈다귓국보다 단순한 요리법이지만 냄새 하나 없이 고소하다. 비결은 메밀가루에 있다. 고사리 철에는 돼지고기 국물에 고사리를 넣어 육개장을 만든다. 이것 역시 별다른 양념 없이 돼지고기를 삶은 물에 돼지고기를 찢어 넣고 고사리를 넣어 끓인 국이다. 고사리 철은 꿩마농이라고 하는 야생 달래가 같이 나오는 시기이다. 어릴 적엔 고사리와 달래를 넣은 맑은 국을 먹었던 기억이 있다. 돼지 삶은 물에 해초인 모자반을 넣은 몸국도 돼지고깃국의 하나이다.

제주의 결혼식은 가문잔치

#가문잔치를 책임지는 인물 : 도감, 솥할망
#가문잔치의 핵심 음식 : 고깃반, 몸국

육지에서는 여자아이가 태어나면 집 안에 오동나무를 심었다. 아이가 커서 결혼할 나이가 되면 오동나무도 가구를 만들기 딱 알맞게 자란다. 오동나무로 가구를 만들어서 결혼시키는 것이 육지의 풍습이라면 제주에서는 자녀가 결혼할 즈음이 되면 돼지를 길러서 준비한다. 결혼식의 중심이 돼지이기 때문이다.

제주에서 결혼식은 이름부터가 잔치이다. 잔치는 3일간 치러진다. 첫째 날은 이름 자체가 '돼지 잡는 날'이란 뜻으로 '도새기 잡는 날'이다. 마을 사람들이 모여서 돼지를 잡으면서 모든 의식이 시작된다.

잡은 돼지는 버릴 것이 하나 없다. 생간은 돼지 잡는 일을 도운 사람들이 즉석에서 왕소금에 찍어 먹는 별미다. 피와 내장은 수에(순대)가 된다. 수에는 돼지의 피에 메밀가루, 부추, 소금을 혼합해 창자에 넣고 삶아 낸 음식이다. 족발은 제주에선 아강발이라고 하는데, 산모의 젖을 잘 나오게 한다고 해산한 집에서 가져가고, 꼬리는 침을 흘리는 손주를 위해 할머니가 기다리고 있다가 챙겨 간다. 돼지머리는 혼례식 당일 아침에 문전제를 지낼 때 올린다. 문전제란 제주에선 이사 들어갈 때나 제사를 지낼 때도 치를 만큼 아주 중요하다. 문전신은 집을 지키는 신으로 집안의 평화와 복이 문전신에게 달렸다고 생각하기 때문이다. 지금도 제주뿐 아니라 제주 출신들이 다른 지역에 나가 살더라도 문전제를 지내는 경우가 많다. 그 정도로 확고부동한 전통이다.

잔치엔 역시 아이들이 제일 신난다. 아이들이 기대에 차서 기다리는 것은 돼지 오줌보이다. 돼지 오줌보에 보릿대를 빨대처럼 꽂아서 공기를 불어 넣으면 축구공이 된다. 축구만큼 장소도 인원수도 나이도 구애받지 않는 스포츠가 없다. 오로지 공만 있으면 신나게 놀 수 있다. 축구공을 선물로 받는 날이니 아이들에게는 크리스마스급 잔치다.

부위별로 해체한 후 생고기는 큰 솥에 넣어 삶는다. 고기를 삶아 건져 내고 남은 국물도 버리지 않는다. 기름이 둥둥 뜬 그 물에 뭄(모자반)을 넣어 국을 끓여서 경조사 기간 내내 사용한다. 이것이 뭄국이다.

둘째 날은 잡은 돼지를 마을 사람들과 나눠 먹기 때문에 '먹는 날'이라고 한다. 제주 사람들은 경조사가 생기면 '먹을 일'이 생겼다고 하고 결혼식에 가는 일은 잔치 먹으러 간다고 말한다. 즉 잔치란 돼지고기를 먹는 일이다. 이날은 친척들은 물론 온 마을 사람들이 잔칫집에 가서 먹고 마시고 논다. 원래 둘째 날의 정식 명칭은 가문잔치로 오랜만에 친척들이 모여 다음 날(셋째 날) 있을 혼례를 준비하고 대접받는 날이었다. 가문잔치를 위해 마을 사람들은 아무리 바쁜 일이 있어도 모여서 음식을 장만하고 대접했다. 인구가 많지 않은 마라도에서는 만일 미역 철에 경조사가 생기면 미역을 포기하고서라도 도우러 갔다고 한다. 미역을 딸 수 있는 기간은 일주일도 채 안 되고 미역을 따지 못한다면 가정 경제에 큰 타격이 오겠지만 그보다 공동체가 더 우선이었다.

가문잔치는 차츰 친척뿐 아니라 동네 사람이나 지인들이 모여서 대접받는 날로 바뀌었다. 어차피 제주는 '궨당 사회'로 마을 사람들은 어떤 식으로든 연결된 궨당(친척)들이니 잔치에 가서 일도 하고 대접도 받는 것이다. 가문잔치란 말도 3일 잔치를 통틀어 일컫는 의미로 쓰이기도 한다.

제주 사람들은 이 특별한 날에만 돼지고기를 먹을 수 있었기 때문에 고기를 한 점의 낭비도 없이, 고르게 분배하는 일을 하기 위해 특별한 전문가인 '도감'을 초빙한다. 도감은 칼을 쓰기 때문에 붙은 이름으로 경조사를 치를 집에서 정중히 모셔 온다. 도감은 손님 수와 돼지고기의 양을 가늠해서 모자라지도 남지도 않게 분배하는 일을 한다. 만일에 고기가 모자라면 그 잔치는 망한 잔치가 된다. 그러므로 잔치의 성패가 도감 칼솜씨에 달렸다고 할 만큼 도감은 제주에만 있는 스페셜리스트이다.

잔치 내내 부엌에서 음식의 간을 담당하는 일종의 셰프를 '솥할망'이라고 했다. 도감 못지않게 솥할망 역시 가문잔치의 승패를 책임지는 스페셜리스트이다. 경험과 요리 실력을 겸비한 솥할망의 지휘 아래 모든 음식들이 일사불란하게 만들어진다. 솥할망은 음식의 간을 맞추는 일뿐 아니라 둠비(두부)를 만들고 나누는 일을 담당한다. 제주는 콩이 많이 나는 곳이므로 둠비도 잔치 음식의 핵심이다. 둠비는 다른 지역의 두부에 비해 물기가 없이 퍽퍽한 마른 두부인데 특유의 고소한 맛과 향이 일품이다. 둠비 또한 잔칫날에나 먹을 수 있는 음식이었기 때문에 고기만큼 기다리는 음식이기도 했다. 손님 수를 가늠한 솥할망은 둠비의 두께를 결정한다. 잔칫날만큼은 도감과 솥할망이 신성불가침의 절대 권력자이다.

제주 경조사의 백미는 '고깃반'이다. 삶은 돼지를 통째로 넘겨받은 도감은 손님 수와 고기의 양을 가늠해서 고기를 더 얇게 썰지 아니면 두껍게 썰지를 결정한다. 얇기를 조절해서 썬 살코기와 비계가 골고루 섞인 고기 석 점, 수에 한 점, 그리고 둠비 한 점을 넣으면 고깃반이 구성된다. 고깃반은 아무리 힘이 센 사람도, 설령 주인이라고 해도 함부로 여러 개를 가져갈 수 없다. 노인부터 어린애까지 공평하게 한 사람이 하나의 반을 받는데, 이것을 제주에선 '반 태운다'고 표현한다. 아무리 천한 사람도 이날만은 남들과 다르지 않게 태운 고깃반을 받아서 먹을 수 있다. 척박한 자연환경에 맞서 제주 사람들이 만들어 낸 독특한 공동체 문화이자 평등의 문화이다.

가문잔치를 치르지 않게 된 지금도 예식과 피로연은 구분된다. 예식엔 가족 친지들만 참여하고, 피로연엔 마을 사람들이 모두 모인다. 피로연은 다른 지역처럼 예식 시간에 따라 정해져 있지 않고 하루 종일 손님을 맞이한다.

제주의 돼지고기 문화는 국경을 넘어서도 계속된다. 일본 오사카에 제주 사람이 모여 살던 곳의 이름은 이카이노였는데 '돼지 키우는 마을'이란 뜻이다. 고향을 떠난 사람들에게도 돼지고기는 공동체 문화의 핵심인 것이다.

제주도 식당에서 볼 수 있는 고깃반.

고기국수 °°

돼지 삶은 물에 모자반을 넣어 먹던 일이 일제강점기에 불가능해지면서 고기국수가 탄생했다고 한다. 제주 음식 연구가인 양용진은 모자반이 일본인들이 좋아하는 해초라 귀해지면서 대체품으로 건면을 넣기 시작했고, 이것이 고기국수가 나온 배경이라고 설명한다. 그 밖에도 고기국수의 유래에 대해서는 몽골의 유산이라는 설도 있고, 해방 후 분식을 장려하면서 먹기 시작했다는 설도 있다.

원래 제주는 미역, 오징어, 전복을 진상했기 때문에 다른 해산물은 지천으로 널려 있었어도 그다지 관심을 두지 않았다. 진상품도 아닌 데다 돈이 되지 않았기 때문이다. 모자반도 그랬고 우뭇가사리도 그랬고 톳도 그랬다. 이런 것들은 구황식품이었다. 흉년에 보릿겨에 섞어서 죽을 쒀 먹었다.

그런데 일본인들은 이런 것을 돈 주고 사들이기 시작했다. 해녀들로서는 새로운 가능성이 생긴 것이다. 해녀들이 돈을 만져 보기 시작한 것은 우뭇가사리를 채취하던 때부터다. 우뭇가사리는 '한천'이라고 해서 일제강점기 때부터 없어서 못 파는 환금성 해산물이 되었다. 젤리, 양갱, 푸딩의 재료였으니 근대 일본에서 수요가 폭발한 것이다. 너무 많아서 거름으로 쓰거나 국에 넣거나 반찬으로 먹던 톳, 모자반 같은 해초도 일본으로 수출되기 시작했다. 그러면서 제주 사람도 함부로 먹을 수 없는 식재료가 되었다.

제주의 경조사에서 돼지는 빠질 수 없고 돼지 삶은 물도 버릴 수 없는데 모자반이 비싸졌으니 난감해졌다. 이런 조건에서 그 국물에 국수를 말아 대접한다는 생각은 그야말로 최고의 발상 전환이었다. 경조사에서 고기국수를 대접하는 일은 지금은 서귀포 지역을 제외하고는 보기 힘들어졌다. 대신 정육점이 생기기 시작하면서 고기국수를 손쉽게 집에서 만들어 먹을 수 있게 되었다. 찾는 사람이 적어지니 식당의 인기 메뉴에서 내려온 시절도 있지만 이제는 관광객들이 즐겨 찾는 제주의 대표적인 메뉴가 되었다.

일본 오키나와에도 고기국수인 오키나와 소바가 있다. 쌀이 귀한 섬에서 국수에 고기를 넣어 한 끼 식사로 만들어 냈다는 공통점이 있다. 그리고 오키나와 역시 독립국이었다. 일본에 통합되고 본토 일본으로부터 수탈과 차별을 당하고 미군정 시절 고통스런 기억을 갖고 있는 곳이기도 하다. 아, 그렇다고 해서 고기국수가 역사적 고통의 산물이란 말은 아니다. 개인적으로 제주 음식 중 가장 좋아하는 음식이 고기국수다. 외지에서 생활하다 고향에 부모님을 뵈러 내려올 때면 반드시 공항에서 택시를 타고 삼성혈 앞 고기국숫집부터 들르곤 했다. 돼지고기 국물에 중면, 그리고 김이 전부인 고기국수는 제주의 맛 중 하나인 '배지근한 맛'이었고, 이 맛을 볼 때면 '아, 드디어 고향에 왔구나' 하는 어떤 안도감 같은 것이 들곤 했다. 지금도 제주 전역을 돌아다닐 때마다 그 지역의 고기국수는 꼭 먹어 보곤 한다. 그렇게 제주의 고기국수란 고기국수는 다 먹어 본 바, 고기국수는 늘 고통보다는 행복을 주는 음식이다.

세계사의 무대 위에서
칼춤 추는 탐라국

#가 보면 좋은 곳 : 애월읍 탐라 왕자 기념탑, 하원동 왕자 묘

1267년 1월 26일. 원나라 대도(베이징)는 정초라 세계 각국에서 오는 수많은 사절단으로 붐볐다. 그 가운데 탐라국 사람 양호가 있었다. 양호는 원나라 세조를 만났다. 원나라 세조는 원 제국 역사상 가장 넓은 지역을 정복한 쿠빌라이 칸이다. 이날의 일을 원나라 역사인 《원사》는 이렇게 적고 있다.

> "백제가 그 신하 양호를 보내서 입조하니, 수놓은 비단을 차등 있게 하사했다."

양호는 탐라국을 떠난 후 먼저 강화도에 들어가서 왕을 알현했다. 그리고 다시 50일간의 여행 끝에 대도에 도착한 것이다. 이 일에 대해 《고려사》는 이렇게 썼다.

"1266년 12월 6일(양력) 제주 성주(濟州星主)가 와서 왕을 알현했다."

멸망한 백제는 왜 느닷없이 언급됐을까? 또 제주 성주라니, 그건 또 뭐란 말인가. 게다가 다른 기록에 의하면 양호는 탐라국 왕자라고 한다. 도대체 백제 신하, 제주 성주, 탐라 왕자라는 세 개의 직함을 갖게 된 이유는 뭘까? 1267년이라면 고려 정부가 강화도에 들어가서 몽골과 전쟁을 벌이다 막 강화 협상을 한 직후이다. 그런데 왜 탐라국 사람 양호는 강화도와 베이징을 오가고 있었으며, 원에서는 왜 선물을 준 것일까? 뭔가 복잡해 보이는 이 이야기가 바로 당시 탐라국 속으로 들어가는 열쇠이다.

고을나의 15대손인 고후, 고청, 고계 삼형제가 통일 이후의 신라를 방문했을 때 남쪽 하늘에 객성이 떴고, 이것을 상서롭게 여긴 신라왕이 세 형제에게 각각 성주, 왕자, 도내라는 칭호를 내리면서부터 성주라는 직함이 쓰였다고 한다. 아마도 독립된 왕국으로 인정하면서 원래 있었던 칭호를 계속 이어 가도록 해 준 것으로 보인다. 이때 탐라라는 이름도 정식으로 정해진다. 그전에는 탁라, 섭라, 탐모라 등 아마도 들리는 대로 불렸던 듯하다. 성주는 제사장, 왕자는 군사권을 가진 사람, 도내는 민회의 수장

정도로 여겨진다. 세습 왕조가 나타나면서부터 도내는 유명무실해졌고, 고려 이후 사라진다.

성주 작위는 대외적으로 대표성을 갖고 있었다. 고려 건국 이후 고씨 가문은 적극적으로 고려 정부와 소통하기 시작하면서 성주직을 세습하기 시작한다. 그런데 왕자 작위는 양을나 부족에게 양보하게 된다. 양을나 부족, 즉 양씨 가문은 중국이나 한반도와 교류하기 쉬운 지리적 이점이 있던 제주 서쪽에서 성장한 데다 고려 정부 편인 성주 가문에 실망한 탐라 백성들의 지지를 얻고 있었다. 하는 수 없이 고씨 가문은 양씨 가문을 파트너로 인정할 수밖에 없었다. 고을나, 양을나, 부을나 삼신인이 땅에서 솟아나온 후 바다 건너온 벽랑국 공주와 결혼한 뒤 활쏘기 시합을 거쳐 세 개의 마을에 사이좋게 나눠 살았다고 하는 탐라 건국 신화는 이때 만들어졌을 것이다.

그동안 탐라를 손에 넣으려는 외세는 없었다. 순풍에 돛을 달고라도 꼬박 닷새를 항해해서 와야 하는 탐라는 매력이 없는 섬나라였다. 그러나 고려는 달랐다. 그들은 바다의 가치를 알았고 배 만드는 기술도 발전했다. 숙종 때인 1105년 탐라국은 오랜 독립국의 지위를 잃고 고려에 편입되었다. 이태 후 고조기는 제주도 출신 최초로 과거시험에 합격했고, 김부식의 측근으로 활약하며 역시 제주 출신 최초로 재상에까지 오른다. 고조기의 아버지인 고유가 빈공과에 수석 합격하였으나 외국인이란 이유로 차별받았던 것에 비하면 하늘과 땅 차이의 대접이다. 독립성을 포기한 대신 성주 가문인 고씨 가문은 승승장구했고, 탐라에서 지위도 굳건했다.

고려 정부에 편입되면서 탐라에는 지방관이 오기 시작했고 그렇게 가렴주구의 땅이 된다. 탐라 백성들은 고통스런 삶을 견디지 못했다. 삼신인의 후손은 탐라 백성들을 보호해야 할 의무가 있었지만, 고려 정부의 편에 선 성주 가문은 이 의무를 잊었다. 민심이 동요했고, 그 틈을 타 왕자인 양씨 가문은 적극적으로 지방관에 대항하면서 성장했다. 그 와중에 그토록 믿었던 문벌귀족이 몰락하는 무신정변이 벌어졌고 성주 가문은 끈 떨어진 갓 신세가 되었다.

무신정권 집권기에 전국을 들끓는 민란은 탐라국도 강타했다. 고려 정부에 줄을 댄 성주 가문(고씨)과 민심을 등에 업은 왕자 가문(양씨) 사이에 긴장감이 맴돌았다. 그러자 고려 정부에서는 성주의 지배 구역은 동쪽 탐라현으로 하고, 왕자의 지배 구역은 서쪽 귀덕현으로 하는 타협을 해준다. 이로써 제주에 처음으로 행정구역이 생긴다. 물론 귀덕현은 탐라현의 속현이므로 성주 가문의 기득권은 남아 있었다. 그리고 곧바로 탐라군을 제주로 격상시킴으로써 고려 정부는 이 구역의 형님이 누구인지 보여준다. 더 이상 싸우지 말고 사이좋게 세금을 걷어 보내란 뜻이다.

불안한 이중권력의 상황에서 몽골이 침략하면서 성주 가문은 허수아비나 다름없게 되었다. 반면 꾸준히 민심을 얻으며 세력을 키워 온 왕자 가문은 마침내 실권을 쥐었다. 연말에 인사차 탐라국에서 사절을 보내는 것은 관례였는데 이때 왕자 양호가 제주의 대표 자격으로 강화도에 도착한다. 강화도의 고려 정부는 대표가 왔다고 하니 당연히 제주 성주로 기록했을 것이다. 그것이 《고려사》에 남은 '제주 성주가 왕을 알현했다'의 진실이다.

그러면 왜 양호는 백제 신하라는 자격으로 원나라 황제 쿠빌라이 칸을 만났을까? 거꾸로 왜 세계를 정복한 쿠빌라이 칸이 작디작은 섬 탐라국의 대표자를 불러들인 것일까?

이미 몽골과의 전쟁은 끝났고 고려 정부는 개경으로 돌아갈 채비를 하고 있었다. 쿠빌라이는 앓던 이가 빠진 듯 후련했다. 이제 남은 나라는 남쪽으로 쪼그라든 남송과 일본뿐인데, 이 두 나라를 치려면 그 사이에 낀 고려의 도움이 필요했다.

그런데 정보력 하나만은 기가 막힌 몽골이 놀라운 소식 하나를 들었다. 바로 탐라라는 곳이 지리적으로 완벽하게 남송과 일본의 사이에 있다는 것이다. 게다가 배를 만드는 기술도 탁월하다고 하니 여기서 배를 만들고 진격하면 일본과 남송으로 갈 수 있지 않은가. 고려에 속한 곳이긴 하지만 일종의 자치 정부인 탐라국이 있다니 이보다 더 좋은 일은 없었다.

양호로서도 꿩 먹고 알 먹기였다. 대제국 원과 손을 잡는다면 탐라국은 이제 완전히 자신의 손에 들어올 것이었다. 그리고 잘하면 고려와 연을 끊고 대제국의 일원으로 해상 왕국을 이룩할 수 있을 것이다. 대도에는 인종도 언어도 다른 온갖 나라 사람들이 드나들고 있었다. 기회의 문이 전 세계로 활짝 열려 있었고, 탐라는 원도 갖지 못한 바다를 갖고 있었다. 양호와 쿠빌라이 칸은 같은 꿈을 꾸고 있었고, 두 사람은 기분 좋게 선물을 주고받고 헤어졌다. 이것이 쿠빌라이와 양호가 만난 이유이다. 그런데 왜 《원사》에는 양호를 백제에서 보냈다고 적혀 있을까?

삼국 시대에 탐라는 국제 무대에서 스스로를 '백제의 좌평'이라고 할 만큼 백제의 대우에 매우 만족했었다. 그것은 임금 아래 최고 작위였고, 그런 취급을 해 준 나라는 없었다. 백제는 당시 국제 무대에서 맹활약 중인 강대국이었고, 그런 백제가 친히 '얘는 내 큰동생이야'라고 해 준 것이니 탐라로서는 든든한 뒷배를 얻은 셈이었다. 탐라는 백제가 멸망한 후 백제 부흥군에 참가하면서 형제의 나라에 대한 의리를 지켰다. 그러나 백제는 사라지고 그 자리를 신라와 고려가 대신했다. 그 나라에도 조공을 바쳤지만 냉정했다.

"갖고 온 것은 놓고 나가 봐. 그래도 너네끼리 성주, 왕자 하고 지내는 건 뭐라 안 할게."

백제의 좌평이란 그러므로 신라와 고려에 대한 불만이었고, 독립국에 대한 열망이었다. 좌평이라는 귀족 작위는 탐라국 수장을 뜻하는 작위였고 그때는 고씨 가문과 양씨 가문이 연합 부족으로서 서열이 갖춰지지 않은 상태였을 수도 있다. 백제 멸망 이후 신라 및 고려와 접촉해 재빠르게 성주 자리를 꿰찬 것은 고씨 가문이었다. 성주 가문 사람들은 탐라 사람들의 마음을 얻기보다 끝없이 외부 권력과 손잡는 데 열을 올렸다.

탐라국이 국제 무대에서 맹활약한 시대는 백제 좌평의 작위를 받은 직후였다. 따라서 국제 무대에서 탐라국의 수장은 백제 좌평이었던 것이다. 거기에다 쿠빌라이는 냉정한 사람이다. 탐라가 고려의 땅 제주가 아니라 독립된 왕국이라면 이보다 더 좋을 수가 없지 않은가. 야심은 곧 드러났다. 일본 원정의 실패 이후 탐라를 원의 직할령으로 삼으면서 탐라총관부라는 이름을 붙였으니까 말이다. 이미 백제 좌평이라 칭할 때부터 예견된 일이었다.

양호로서는 나쁘지 않은 일이었다. 세계를 무대로 칼춤 한번 출 수 있을 거란 꿈에 부풀었다. 갔던 길을 되짚어 집으로 돌아온 양호를 기다린 것은 아름다운 제주의 봄이었다. 그러나 거센 꽃샘추위가 몰아닥치듯 그 앞에 놓인 현실은 냉혹하기만 했다. 양호는 도착 직후 제주 동쪽에서 문행노가 난을 일으켰다는 얘기를 들을 때만 해도 대수롭지 않게 생각했다. 술이 식기 전에 반란을 간단히 제압함으로써 제주에서 양호의 입지는 견고해 보였고, 뒤에는 쿠빌라이가 있으니 비단길이 놓인 듯 보였다. 1267년 봄, 제주는 폭풍전야의 고요 속으로 빠져들어 가고 있었다.

하원동 탐라 왕자 묘°°

탐라 왕자라는 이름을 처음 듣는다면 탐라국 왕의 아들이 아닐까 생각할 것이다. 보통 우리가 아는 왕자란 그렇다. 그러나 탐라국에서 왕자는 왕의 아들이란 뜻이 아니라 2인자란 뜻이자 공동 지배자란 뜻이기도 하다. 제주는 보통 고, 양, 부 세 개의 성씨가 탐라국을 만들어 다스려 왔다고 했으니 이들이 성주, 왕자 자리를 나눠 가졌을 것으로 보이지만 실상은 보다 복잡하다. 확실한 것은 마지막 왕자 가문은 문씨 가문이란 것이다. 그 후손들은 제주시 애월읍 하가리 383번지에 탐라 왕자 기념탑을 만들고 제주 입도조인 문착을 비롯해서 탐라국 왕자들을 봉안하였다. 그리고 매년 4월 5일인 청명에 추모제를 올림으로써 잊힌 역사를 이어 가고 있다.

탐라 왕자 기념탑.

서귀포시 하원동 21번지에는 도 지정문화재인 '탐라 왕자 묘'가 있다. 이 묘에 대한 첫 번째 언급은 1765년 편찬된 것으로 여겨지는 이원조의 《증보탐라지》에 등장한다.

"대정현의 동쪽 45리에 있다. 궁산의 두 하천 사이에 3기묘의 댓돌이 아직도 남아 있다. 두 모퉁이에는 백작약이 자란다. 가래촌에는 또한 궁궐의 잔존 주초석이 있다. 아마도 탁라왕이 도읍지로 삼은 곳이 아닌가 한다."

이 무덤은 일명 하원동 탐라 왕자 묘로 제주 역사계를 뜨겁게 달구는 중이다. 남평 문씨 가문에서는 자신들이 마지막 왕자 가문이므로 그 왕자 묘는 남평 문씨 가문의 묘라고 주장하고 있고, 일부 역사학계에서는 원나라가 망하자 제주도로 망명한 백백태자의 묘라고 주장하고 있다. 묘는 고려 말 조선 초 상류 지배층의 무덤 양식을 갖고 있고 이 지역은 왕자구지라는 이름을 갖고 있어서 왕자와 관련된 것은 분명하다. 하지만 도굴꾼들에 의해 지속적으로 도굴되면서 주인이 누구인지가 미제로 남게 된 것이다.

묘가 있는 지역은 제주 고씨 가문에서 가장 유명한 인물인 세종 시대 고득종의 별장이 있었던 곳이고 최근까지 고씨 집안에서 관리하고 있었다. 남평 문씨 가문에서는 고려 말 이래로 제주 고씨 가문과 사돈관계를 지속해 왔는데, 조선 중기 제주에서 있었던 '소덕유 길운절의 역모 사건'으로 남평 문씨 가문이 몰락하면서 해당 묘를 고씨 가문에서 대신 관리해 왔다고 주장했다. 이런 이유로 문씨 가문에서는 탐라 왕자 묘가 5대에 걸쳐 마지막 탐라 왕자를 지낸 남평 문씨 왕자의 묘라고 주장한다. 게다가 무덤이 세 개이고 그중 하나는 조선 후기의 것으로 보아 원의 왕자 묘가 될 수 없다고 한다. 특히 백백태자 일행은 하원동과는 거리가 먼 제주시 삼양동에 있는 원당봉 일대에 자리를 잡았으니 불가능하다고 주장한다.

반면 백백태자가 원나라 양왕의 아들이고 하원동 탐라 왕자 묘 부근에 양왕 자터, 즉 양왕의 왕자터라는 지명이 남아 있는 점, 이원조의 글에서 말하는 궁궐 터가 원나라 귀족들의 거주촌을 의미하고 강정에 원나라 귀족들의 마을이 있었던 점, 무덤의 위세가 탐라 왕자라고 보기엔 격이 너무 높다는 점, 고씨 가문이 관리한 것을 문씨 가문과의 관계로 설정한 것이 억지스럽다는 점, 당시까지 풍장을 하는 풍습 때문에 탐라의 묘는 없었다는 점 등을 들어서 그 묘가 백백태자의 묘라고 주장하기도 한다.

어찌 되었든 왕자 묘이긴 하지만 누구의 묘인지는 앞으로 제주 역사학계가 풀어야 할 숙제인 것만은 분명하다. 당시 쿠빌라이를 친견한 탐라 왕자 양호가 비명에 세상을 떠난 뒤, 원 제국의 후손들이 살고 있던 그곳에 양호를 기려 무덤을 만들었던 것은 아닐까 하는 작가적 상상력을 조심스럽게 보태 본다.

제주 해녀굿 ☑

제주 해녀굿이란 음력 1월 초부터 3월 초까지 두 달간 제주도 내 해안가에서 진행되는 굿을 말하며 용왕굿, 영등굿, 해신제, 수신제 등 다양한 명칭으로 불린다.

영등할망 신화공원

제주시 귀덕1리 전통 포구. 바람의 신 영등할망이 들어온다는 한림읍 귀덕리 복덕개에 만들어진 영등할망 신화공원. 영등제는 2009년 유네스코 세계무형문화유산에 등재되었다.

칠머리당

제주시 사라봉동길 58. 건입동의 본향당이다. 칠머리당 영등굿은 유네스코 세계무형문화재이자 국가무형문화재이다.

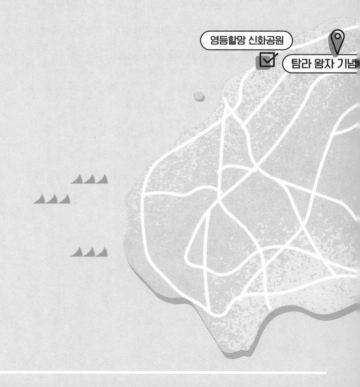

영등할망 신화공원

☑ 탐라 왕자 기념

탐라 왕자 유적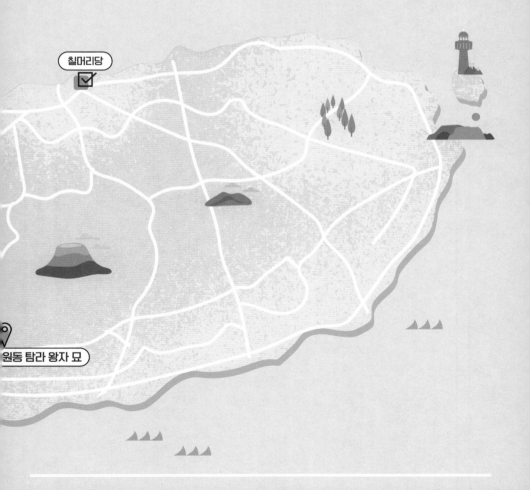

탐라 왕자 기념탑

제주시 애월읍 하가리 383번지. 탐라국에서 왕자는 왕의 아들이 아니라 2인자이자 공동 지배자란 뜻이다. 탐라의 마지막 왕자 가문은 문씨 가문이다.

하원동 탐라 왕자 묘

서귀포시 하원동 21번지. 탐라의 왕자 가문인 문씨 가문의 묘인지, 원나라가 망하며 제주로 망명한 백백태자의 묘인지 역사학계를 뜨겁게 달구고 있는 묘.

칠머리당

원동 탐라 왕자 묘

4월

4월

삼별초여, 애기업개 말도 들어라

#함께 알아 두면 좋은 날 : 삼별초 항쟁이 막을 내린 1273년 4월
#가 보면 좋은 곳 : 항파두성

역사

1270년 6월. 삼별초가 난을 일으켰다. 멀고 먼 강화도에서 벌어진 그 일은 탐라국을 뒤흔들었다.

야별초(밤에 개경의 치한을 담당하는 야간 경찰 부대)에서 처음 시작된 삼별초는 원래 고려의 무신정권 즉 최씨들의 권력을 유지하고 보호하기 위해 만든 군대다. 처음엔 최씨 사병 부대로 출발했지만 나중에는 몽골의 침입 때 나라의 군대를 대신해 싸우기도 했다.

그런데 무신정권이 무너지고 고려가 몽골에 항복하며 개경으로 환도를 결정하자 삼별초는 말하자면 초개와 같이 버려졌다. 초개란 제사 때 신의 모형으로 만들어 받들어지지만 제의가 끝나면 버려져서 아무나 짓밟는 존재란 뜻이다. 고려 삼별초는 유일의 엘리트 군사 집단으로서의 자부심이 땅바닥에 떨어졌으니 고려 정부가 원하는 대로 고분고분 해체할 것인지, 아니면 대몽항쟁의 유일한 정예군으로서 탄력을 받아 나갈 것인지를 결정해야 했다. 결과는 역사가 알려 주는 것과 같다. 삼별초는 끝까지 몽골에 맞서 싸울 것을 다짐하고 강화도를 탈출하여 진도로 갔다.

진도에 도착한 삼별초는 고려의 정통 정부를 천명했다. 고려 왕족인 승화후 왕온을 왕위에 올려 황제라 불렀고 일본에 사신도 보냈다. 진도에서 배가 닿는 모든 곳은 곡창 지대와 연결되어 있었다. 삼별초는 바닷길로 개경을 향하던 조운선을 격파해서 쌀을 빼앗아 왔고, 일본 원정을 준비하는 몽골의 배를 습격해서 부쉈다. 행정 관리들을 납치했고, 배를 만들 수 있는 조선 기술자들도 데려왔다.

진도는 입지도 좋고 오래전부터 왕궁을 지어 야심을 준비해 온 곳이긴 했지만 육지와 너무 가까웠다. 삼별초 정부로서는 제주도를 손에 넣어 보다 외세에 더 탄력적으로 대응하고 싶어 했다. 이를 눈치챈 고려 정부에서는 가까운 곳의 장수인 영암부사 김수와 고여림을 제주로 보내 방비하게 했다.

마침내 1270년 11월, 명월포(지금의 한림항 부근)에 이문경이 이끄는 삼별초의 별동대가 닻을 내렸다. 별동대는 동쪽으로 진출하여 화북천에서 관군과 맞섰다. 삼별초는 고려 역사상 가장 뛰어난 특공부대였다. 뒤로 물러날 자리가 없었기에 죽기 살기로 싸웠다. 싸움은 치열했지만 결과는 삼별초군의 승리였다. 이에 대해 역사는 이렇게 기록하고 있다.

"원종 11년 진도의 삼별초군이 제주를 공격해서 함락하는 데 성공한 것은 제주민의 도움 때문이었다."

제주 사람들은 왜 삼별초를 도왔을까? 삼별초를 진압하러 온 관군은 고려 정부군과 고여림의 개인 사병 즉 성주 가문의 군사들이었다. 고여림은 성주 가문 수장으로 일찍이 강화도에 들어가 야별초 지휘관이 되었고 무신정권의 몰락에 도움을 준 대가로 지금의 차관급인 시랑에 오른 인물이었다. 탐라국 사람들은 고려 정부와 성주 가문으로부터 지긋지긋하게 착취당하고 핍박받아 왔다. 그들에게 삼별초군은 해방군인 셈이었으니 삼별초를 돕는 것은 당연했으리라. 그런데 불똥은 엉뚱한 곳으로 튀었다. 몽골이라면 질색한 삼별초가 쿠빌라이 칸에게 100척의 배를 지어 바치겠다고 약속한 양호를 죽였다. 참으로 어처구니없는 결말이었다. 성주 가문에 대항해 독립을 꿈꾸던 탐라국 부활의 선봉이 이렇게 허무하게 죽어 버렸다. 양씨 가문이 몰락함으로써 고려 정부와 성주 가문에 대항할 세력도 사라졌다.

그때 고려와 몽골은 연합군을 만들어서 삼별초가 주둔하고 있던 진도를 공격했다. 고려의 개경 정부는 정부 행세를 하는 삼별초를 가만둘 수 없었고, 몽골 역시 삼별초가 일본 원정의 발목을 잡는 것을 두고 볼 수 없었기 때문이다. 대규모 여몽연합군에 의해 삼별초군은 궤멸 상태에 빠졌다. 1만 명이 넘는 군사와 지도자 배중손, 그리고 명목상으로나마 왕으로 추대된 왕온마저 잃은 삼별초 잔여병은 분노와 무력감을 안고 서둘러 다음 목적지 제주로 향했다.

하급 무관인 김통정이 이끄는 삼별초군은 제주에 자리를 잡았지만 진도에서와는 달랐다. 진도의 삼별초는 고려 정부를 자처했고 그래서 진도는 물론 주변 백성도 다 삼별초의 백성이었다. 하지만 김통정이 이끄는 삼별초군은 탐라국을 인정했다. 그러니 제주 사람들은 고려의 백성이 아닌 탐라국의 백성이었고, 삼별초는 말하자면 탐라국 셋방살이 신세였다. 삼별초가 항파두리에 내외성을 쌓고 궁을 짓고 다시 300여 리에 이르는 환해장성을 쌓으면서 사람들을 동원하자 제주 사람들은 불만이었다. 이거야말로 셋방에 사는 주제에 주인집 아들을 종처럼 부리는 격이었다.

삼별초는 조운선을 습격해 쌀을 뺏어 와도 이를 제주 사람들에게 나눠 주지 않았다. 자기 백성이 아니니까 말이다. 제주 사람들과 삼별초 사이에 점점 벽이 생기기 시작했다. 제주 사람들은 몽골에 대한 뼈에 사무치는 원한 같은 것도 없었다. 몽골군은 한반도 곳곳을 휘젓고 다녔지만 그때까지 제주에는 코빼기도 보인 적 없었다.

이윽고 1273년 4월, 160척의 배에 병력 1만 2천에 이르는 여몽연합군이 제주에 왔고 이로써 3년간의 삼별초의 항쟁도 끝이 났다.

이상하리만치 실존 인물 중에 제주에서 가장 많은 신화와 전설을 갖고 있는 인물이 김통정이다. 삼별초와 여몽연합군, 이 대부대의 격돌은 제주섬이 생긴 이래 제주 사람들이 본 가장 치열한 전투였고 사람들에게 잊히지 않는 강렬한 기억을 남겼다. 이게 바로 김통정을 둘러싸고 많은 설화와 전설이 탄생한 이유일 것이다.

김통정 신화의 마지막에 나오는 애기업개 이야기는 왜 삼별초가 제주 사람들에게 버림받고 망했는지 보여 준다. 신화에 의하면 고려 정부군 김방경 부대가 항파두리성에 들이닥치자 성문을 닫았는데 그만 애기업개를 들여보내지 않았다고 한다. 화가 난 애기업개는 김방경 부대에게 성문을 열 방법을 알려 주고 김통정의 탈출 통로와 그를 생포할 방법도 알려 준

애월 환해장성.

다. 결국 삼별초는 여몽연합군에 패배하고 만다. 그래서 제주 사람들에겐 이런 말이 있다. "애기업개 말도 들어라."

애기업개는 아기를 업은 사람이란 뜻으로 제주에서는 아기를 돌보는 사람을 말한다. 나이도 어리고 어리숙한 사람이란 말이기도 하다. 한마디로 삼별초가 자신의 성문 안에 들이지 않은 제주 사람들, 민초란 뜻이다. 고려 정부와 탐라국 토호들에게 당할 대로 당하며 묵묵히 견뎌 왔던 제주 사람들을 삼별초가 자신의 품 안에 품었다면 어땠을까? 세금을 감면하고, 성주와 왕자를 몰아내서 탐라국을 해체하고 토호들의 횡포를 벌줬다면 어땠을까? 조운선에서 빼앗아 온 식량을 나눠 주고 선진적인 문물을 알려 주었으면 어땠을까? 삼별초가 애기업개 말을 좀 들었으면 어땠을까? 모든 것이 끝난 뒤 진정한 승자는 문씨 가문이었다. 당시 성씨를 가진다는 건 특별한 가문 사람만의 특권이었는데 제주에서 성씨를 가진 가문은 고, 양, 부 즉 탐라 건국 씨족을 제외하곤 없었다. 문씨 가문이 제주에 나타난 것은 우연이 아니다. 그들은 성주 가문이 중앙 정부에 줄을 대기 위해 끈질긴 노력 끝에 찾아낸 문벌귀족이었다. 제주에 들어와 일가를 이룬 사람들을 입도조라고 하는데, 탐라국 지배 가문 외에 성씨를 가진 첫 번째 입도조가 바로 이들이다. 그들은 성주 가문의 초청 손님으로 들어와서 성주 가문과 결혼동맹, 즉 사위 가문이 된다.

그들은 양호가 죽은 뒤 비어 있던 왕자의 자리를 꿰찬다. 삼별초의 진압을 도운 이들이 문씨 가문이었고, 그 결과 양씨 가문이 지배하던 제주 서쪽을 손에 넣을 수 있었다. 이후 조선 태종 때 탐라국이 완전히 해체할 때까지 왕자 가문으로 군림한다.

성주 가문과 왕자 가문은 고려, 원, 삼별초가 제주를 무대로 벌인 세계사의 격동 속에서 아슬아슬 줄타기에 성공했다. 원, 고려, 탐라국 성주, 왕자까지 가세한 층층시하 핍박으로 탐라국 사람들은 다시 고통 속에 빠졌다. 삼별초가 벌인 타협의 결과였다. 삼별초가 애기업개 말을 좀 들었다면 역사는 어떻게 바뀌었을까?

항파두성(항파두리성) °°

삼별초는 몽골이 침입하자 강화도, 진도, 그리고 이어 제주도까지 섬에서 섬으로 옮겨 다녔기 때문에 어디에 어떻게 성을 만들어야 할지는 훤히 알았다. 바다가 훤히 보이는 높은 지대, 천연 해자가 있는 야산, 그리고 물과 숲이 있는 넓은 구역. 이런 곳이 제주에 있다는 것도 놀라운데 그런 곳을 찾아내는 것만 보아도, 그리고 그곳에 제주 항파두성을 만든 기법이 강화 내성, 진도 용장성과 같다는 것을 보아도 그들 내부에 전문가 집단이 있었던 것만은 분명하다.

항파두리 항몽 유적지.

항파두리 항몽 유적지는 삼별초를 우상화해서 군인이야말로 구국의 영웅이란 것을 강조하고 싶었던 박정희 정권 시절인 1978년에 만들어졌다. 삼별초가 무신정권의 수호자로서 백성을 버리고 강화도에 들어간 점을 들어 항몽 유적에 대해 비판하는 사람도 있고, 어찌 되었든 끝까지 싸워서 몽골로부터 양보를 얻어 내는 데 기여했다는 점을 높이 평가하는 학자도 있다. 이것들이야 현재의 관점이고, 사실 당시 제주 사람들에게 삼별초는 처음엔 해방군이었지만 시간이 지나며 고통을 준 존재로 여겨진다.

김통정은 처음엔 아마도 성산을 성의 입지로 생각했던 것 같다. 삼별초군 내의 전문가가 성산 사람들에게 성을 쌓는 법과 벼농사, 양잠, 우물 파는 법 등을 가르쳐 준 것이 고마워서인지 성산에서만은 설화 속 김통정의 이미지가 나쁘지 않다. 삼별초는 그때도 지금도 그리고 앞으로도 이렇게 엇갈리는 평가를 받을 것으로 보인다. 사실, 김통정 자신도 확신이 없었던 것이 아닐까? 억압받던 섬사람들이 삼별초에 거는 기대와 대적할 상대가 대제국을 건설한 몽골이란 현실 사이에서 갈팡질팡했던 것이 아닐까?

세계 화산학의 교과서, 바람의 언덕 '수월봉'

#가 보면 좋은 곳 : 수월봉 엉알길, 수월봉 녹고물

낙조 명소로도 알려져 있는 수월봉에는 식물들이 한쪽 방향으로 기울어져 자란다. 바람 때문이다. 그래서 수월봉은 바람의 언덕이라고 불린다. 수월봉에는 다른 수식어도 붙어 있다. '세계 화산학의 교과서.'

화산섬 제주에서 다른 곳도 아니고 고작 높이 77미터 정도밖에 안 되는 오름이 화산학의 교과서라는 것도 의아한데, 아무리 둘러봐도 다른 모든 오름에서 찾아볼 수 있는 분화구가 없다. 그런데 화산이라니? 분화구가 있어야 화산이고 화산이라면 분화구가 있어야 하지 않겠는가.

열쇠는 엉알길에 있었다. '엉'은 지방에 따라 낭떠러지 언덕, 벼랑이라는 뜻을 지닌 방언이며 제주에서는 바위, 해안절벽, 또는 바위 그늘을 일

위 아래 아름다운 낙조를 볼 수 있는 수월봉.

킨는 말이다. '알'은 아래란 뜻이니 엉알길은 해안절벽을 따라 놓인 길을 말한다.

수월봉 아래 엉알길은 언뜻 보면 전라북도 부안에 있는 채석강을 닮았다. 그러나 채석강은 거의 1억 년 전 공룡이 살던 시대에 쌓인 퇴적암이 바닷물에 깎여 만들어진 곳이다. 수월봉의 나이는 이에 비하면 엄청 어린 1만 8천 년밖에 안 된다. 물론 일출봉에 비하면 나이가 많다. 1만 년 이상의 시간 후에는 일출봉도 수월봉처럼 될지 모른다는 이야기다. 바로 이 점이 수월봉이 화산학의 교과서란 이름을 얻은 이유이기도 하다. 수월봉은 화산에서 벌어질 수 있는 모든 것들을 보여 주고 있다.

엉알길엔 화산 폭발 당시 무슨 일이 이곳에서 벌어졌는지를 그대로 보여 주는 흔적이 남아 있다. 당시 화산이 얼마나 격렬하게 폭발했는지 자갈 크기의 화산탄이 그대로 날아와 이 지층에 꽂혔다. 그 때문에 지층에 주름이 잡혔는데 그걸 '탄낭구조'라고 한다. 엉알길에 있는 탄낭구조를 연구해 본 결과 화산탄이 날아와 꽂힌 방향은 한곳을 가리켰는데, 그곳이 수월봉과 차귀도 사이의 바다 한가운데였다. 그러니까 분화구가 바닷속에 있을 터였다. 아무도 본 적이 없고 이론상으로만 존재하던 이 분화구를 찾아낸 사람은 세계적인 지질학자가 아니라 해녀였다.

수월봉 앞바다를 터전으로 삼아 물질을 해 오던 장순덕 해녀는 어느 날 지질학자들이 마을에 나타나 하는 이야기를 가만히 듣다 뭔가를 떠올렸다. 화산이 뭔지 분화구가 뭔지는 모르지만 자신이 물질하다 보았던 바닷속 구덩이를 말하는 것만 같았다. 해녀의 이야기를 들은 지질학자들은 흥분했고 그녀에게 카메라를 들려 줬다. 그렇게 해서 전 세계 지질학자들을 열광시킨 바닷속 분화구가 세상에 모습을 드러내게 된다.

평생 고산리 앞바다에서 물질만 하던 장순덕 해녀는 소라나 전복을 잡던 그곳의 가치를 깨닫고 이후 새로운 삶을 시작한다. 해설사가 되어 보지 않겠냐는 권유를 받고 60년 만에 공부를 시작했지만 처음 보는 낯선 용어와 복잡한 이론에 혀를 내두를 수밖에 없었다. 그러니 시험에 붙을 리가 만무했다. 하지만 장순덕 해녀는 끈질기게 도전했다. 무려 4수 끝에 마침내 해설사 시험에 합격했다. 그녀가 내세운 논리는 과연 해녀다웠다. 어려운 이론은 몰라도 바닷속이라면 자신보다 더 잘 아는 사람은 없을 것이란 말에 모두가 수긍하고 자격증을 주었다고 하니 말이다. 밭일을 하고 와도 물질을 하고 와도 열심히 공부해서 적어도 지금은 수월봉에 관해서는 척척박사 해설사가 되었다.

수월봉이 분화하던 당시 지구는 빙하기였다. 지금보다 해수면이 무려 100미터나 낮았다. 수월봉보다 먼저 분화한 차귀도나 당산봉 사이는 육지였거나 얕은 바다였다. 그곳의 지각을 뚫고 마그마가 올라오다가 지하수나 바닷물을 만나면서 격렬한 폭발이 일어났다. 물에 젖은 화산재는 무겁다 보니 멀리 가지 못하고 분화구 주변에 쌓여 언덕을 이뤘다. 화산재가 채 굳어지기도 전에 빙하기가 끝나면서 해수면이 점점 높아졌고 그러면서 언덕을 깎아 버려서 지금은 먹다 만 도넛처럼 주변만 덩그러니 남아 있다.

분화구 또한 바다 밑으로 잠겼다.

수월봉은 화산섬에서 화강암이 발견되는 곳이기도 하다. 제주도는 분명 현무암으로 만들어진 섬인데 난데없이 화강암이라니. 한반도에서 바람에 날려 올 리도 없는데 말이다. 이 화강암이 온 곳은 한반도가 아니라 지구 깊은 곳이다. 중생대 즉 지금부터 1억만 년 이상 전에 만들어진 이 화강암은 지각의 아래에 잠들어 있다가 수월봉이 폭발할 때 마그마 속에 섞여서 밖으로 나온 것이다. 호기심 많은 화강암의 뜻밖의 여정이라고나 할까?

수월봉 앞바다에선 거북등 모양의 절리 현상도 볼 수 있다. 절리 하면 서귀포 지삿개의 주상절리만 떠오른다. 그런데 거북등절리는 또 뭔가? 우선 절리가 무엇인지부터 알아보자. 뜨거운 용암이 바다에 이르러 멈추면 겉면은 빨리 식지만 속은 천천히 식으면서 부피가 줄어든다. 그러면 가뭄에 논바닥이 갈라지듯이 틈이 생기는데 이것을 절리라고 한다. 그 모양은 가장 원에 가까우면서 가장 단순한 모양의 다각형인 육각형을 띤다.

거북등절리와 주상절리 두 가지의 절리가 생기는 이유는 용암 때문이다. 잘 흐르면서 넓게 퍼지는 파호이호이 용암이 바다를 만나면 거북등절리를 만든다. 반면 끈적끈적한 아아 용암이 낮은 곳에 차곡차곡 쌓인 후 굳으면 주상절리가 된다.

화산학의 교과서답게 수월봉에는 별의별 게 다 있는데 녹고물도 그중 하나다. 전설에 의하면 녹고물은 수월이라는 누이를 잃은 녹고라는 동생

의 눈물이 흘러 만들어진 샘이라고 한다. 전설은 후대에 사람들이 지어낸 얘기니 사실과는 전혀 관계가 없다. 이곳의 물은 용암층을 뚫고 지하로 내려가던 지하수가 더 이상 내려갈 수 없는 진흙층(고산층)을 만나면서 밖으로 솟아 나온 것이다. 녹고물은 제주도 용천수의 원리가 고스란히 드러나는 곳인 셈이다.

이제 수월봉은 전 세계 관광객들이 찾아오는 관광명소가 되었고, 이곳 해풍에 말린 준치는 불티나게 팔리며 매해 기록을 갈아 치우고 있다.

지질트레일 °°

'아는 만큼 보인다'는 말이 있다. 제주를 즐기려 미리 공부하고 간다는 것은 어렵기도 하고 귀찮은 일이기도 하다. 그러나 걱정 마시라. 제주엔 다양한 테마 여행이 있는데 화산섬 제주답게 지질트레일이란 새로운 트렌드의 여행이 개발되어 많은 사람들이 쉽게 즐길 수 있다.

제주가 세계문화유산 3관왕에 오를 수 있었던 중심은 화산섬이라는 데 있다. 한국인으로서는 멀리 하와이까지 가지 않고도 화산섬을 감상할 수 있다. 게다가 지질학 공부는 덤이다. 물론 지질학에 관심이 없다고 해도 괜찮다. 지질트레일은 공부가 아니다. 여행이다. 그것도 자연이 주는 선물 보따리를 풀어 볼 수 있는 여행이다. 지질학이란 따지고 보면 짧게는 수천 년에서 길게는 수억 년 전 지구의 일기장이 아닌가. 지구가 쓴 일기장을 훔쳐볼 기회가 제주에 있는데 어떻게 재미가 없을 수가 있겠는가.

제주도는 2010년 10월 유네스코 세계지질공원으로 인증되었다. 세계지질공원은 지질학적으로 뛰어난 가치를 지닌 자연유산 지역을 보호하면서 역사, 문화, 생태 등 지역자원과 결합한 지질관광을 통해 지역경제 발전을 추구하고자 만들어진 유네스코 프로그램이다. 이에 따라 지질트레일이라는 새로운 여행 트렌드가 만들어졌다.

제주의 대표적인 지질트레일 명소인 수월봉에선 다양한 프로그램을 갖춘 지질트레일 축제가 열리기도 한다. 이때엔 특별히 바로 앞 섬인 차귀도까지 자연유산 해설사와 함께 가 볼 수 있는 기회도 있다. 현재 제주에는 수월봉 지질트레일을 비롯해 가장 아름다운 해안이라고 하는 산방산-용머리 해안 지질트레일, 용암이 만들어 낸 예술품을 모두 감상할 수 있는 김녕-월정 지질트레일, 철새들의 낙원이자 제주 유일의 석호인 통밭알(석호냐 아니냐는 아직 학자들의 의견이 분분)에서 조개 캐기 체험을 즐길 수 있는 성산-오조 지질트레일이 개발되어 있고, 앞으로도 계속 새로운 지질트레일 코스가 개발될 예정이라고 한다.

4월의 제주는 무꽃, 유채꽃을 비롯한 들꽃이 바람에 흔들리는 계절이다. 신이 천국을 만들었다면 아마도 그곳의 산책길은 제주의 4월을 닮았으리라. 천국의 산책길을 걸으며 지구의 일기장을 훔쳐보는 재미가 무엇인지 알고 싶다면 당장 제주로 떠나자.

유채꽃 피는 4월의 제주.

시어머니의 부엌과 며느리의 부엌

#함께 알아 두면 좋은 제주 문화 : 고팡물림

제주도 전통가옥을 본 사람들은 두 번 놀란다. 안채와 바깥채에 부엌이 따로 있는 것을 보고 한 번 놀라고, 안채에는 아들 부부가 바깥채에는 어머니 혼자 사는 것을 보고는 다시 한번 놀란다. 제주 사람들은 아들을 결혼시키고 나면 안채를 내주고 바깥채로 나간다. 시어머니는 혼자 밥을 해 먹고, 혼자만의 타임라인을 꿋꿋이 지킨다. 시집살이를 시키는 경우가 없지는 않았지만 부엌을 따로 두었으니 간섭할 일이 많을 리 없다.

이렇게 부엌을 따로 두는 이유는 며느리가 힘들어서가 아니다. 오히려 시어머니가 독립적이기 때문이다. 제주의 여성들은 나이가 들어도 결코 생업을 놓지 않는다. 지금도 바다에 나가서 물질하는 아흔 넘은 해녀들이 있고, 여든 넘어 밭일하는 여인들도 많다. 경제력을 갖추고 있기에 시어머니들은 독립적인 삶에 만족하고, 일을 쉬지 않고 하기에 장수한다. 그리고 당당하다.

제주에는 고팡물림이란 독특한 문화가 있다. 아들에게 안채를 내주고 바깥채로 나가는 일은 흔한 일이지만 부모가 고팡(광)을 물려주느냐 아니냐에 따라 가정 경제권까지 물려주는지를 볼 수 있다고 한다. 물려줄 만할 때가 되어야 진짜로 집안의 경제권을 내준다는 것이고, 그 물려줄 만한 때란 절약하며 사는 모습을 보여 줄 때이다. 이걸 '조냥정신'이라고 한다. 아무리 힘들어도 더 힘들 때를 대비해서 아끼고 또 아껴서 먹을 것을 꼭꼭 숨겨 두는 것을 조냥정신이라고 하는데, 이는 자연재해가 많은 제주 사람들의 생존 전략이다. 곡식을 저장하는 공간인 고팡은 집의 가장 안쪽에 있다. 부엌에서 멀기 때문에 동선을 생각하면 비효율적이다. 그러나 그것은 도둑을 두려워해서라기보다는 절약 정신에서 나온 결과다. 부엌 곁에 두면 헤프기 때문인 듯하다.

그런데 제주 사람들은 정말 도둑이 무섭지 않을까? 제주에 대문, 도둑, 거지가 없다고 하는데, 정말로 도둑이 없을까?

제주 전통가옥은 올레(길에서 집까지 연결된 아주 좁은 골목 비슷한 길을 뜻하는 제주어)가 좁고 길게 나 있고, 올레 끝에 집으로 들어가는 곳에는 대문이라고 할 수 있는 이문간이 있다. 이문은 바깥 대문이란 뜻이다. 이문간이 있는 집은 그럭저럭 부유한 집이고 대부분은 그냥 그 자리에 대문

대신 정을 설치한다. 정은 돌로 만든 정주석인데 나무로 만든 정주목을 합치면 정낭이 된다. 정낭은 대문이긴 하지만 사람이 못 들어오게 하려는 목적은 아니다. 돌과 돌 사이에 나무가 걸쳐 있다고 들어오지 못할 사람은 아무도 없다. 정낭은 사람이 아니라 말이나 소가 들어오지 못하게 하려고 만든 것이다.

그럼 도둑이 들어와도 괜찮을까? 물론 도둑을 좋아할 리는 없다. 제주의 마을은 굉장히 좁은 지역에 집들이 다닥다닥 붙어 있다. 어느 집에 누가 오갔는지는 마을 사람들이 훤하다. 이렇게 집이 모여 있는 이유는 용

대문 대신 설치한 정낭(장소 : 제주대학교박물관).

천수 부근에 모여 살아야 하기 때문이다. 대부분 같이 모여서 밭일을 하거나 물질을 하기 때문에 소문도 빠르게 난다. 설령 진짜로 간이 큰 도둑이 들어왔다고 해도 잡히면 살벌한 응징을 당했다. 게다가 제주도는 워낙 가난해서 쟁여 놓을 만큼 잉여 곡식도 없고 금덩이 같은 걸 놔두는 경우도 없었다. 모험을 걸 만큼의 이득이 없다.

> "마을과 도로에는 전혀 강도가 없다. 우마나 농기구, 곡물 등을 들에 방치하여도 집어 가는 것을 한 번도 보지 못하였다. 혹 벽을 뚫고 담장을 넘는 자가 있어서 잡히게 되면 백성들은 그를 가히 죽일 것으로 생각하고 자기 역시 스스로 반드시 죽게 됨을 안다."
>
> – 이형상,《남환박물》

제주 전통가옥의 부엌은 다른 지역 전통가옥 부엌과 달리 굴뚝이 없다. 부엌이 온돌 구조가 아니기 때문이다. 솥을 걸어 둔 화덕 뒤에 공간이 있는데 이곳은 불치라고 하는 재를 모아 두는 곳이다. 재와 거름은 잘 섞어서 농사에 이용해야 한다. 온돌이 없으니 굴뚝도 없다. 바람 때문에 굴뚝을 세워 보아야 소용이 없기 때문이다. 굴뚝이 없으니 연기는 그대로 올라가서 초가지붕으로 스며든다. 습한 제주에서 습도 조절도 하고 해충도 죽이는 역할을 하기 때문에 연기가 해야 할 몫이 있다. 이형상 제주목사는《남환박물》에서 해녀들을 배려해서라고 썼다.

'굴뚝이 없는 것은 좀 수하는 무리들이 따뜻한 방에 들어가면 피부가 갈라지고 살이 문드러져서 반드시 큰 병을 얻기 때문에 땅바닥에 잠자는 풍습은 예로부터 습속으로 이루어진 것이다. 정지(부엌의 제주어)는 오직 솥만 놓고 밥을 해 먹는다."

– 이형상,《남환박물》

온돌이 없다면 난방은 어떻게 하지? 방에도 돌화로를 놔야 하나? 걱정 마시라. 제주의 방을 구들이라고 하는 데는 이유가 있다. 구들은 온돌을 일컫는 말이니 화덕과 연결되어 있지만 않을 뿐 불을 때는 곳이 있다

제주 정지. 굴뚝이 없다(장소 : 제주해녀박물관).

는 소리다. 이것을 굴묵이라고 한다. 아궁이의 입구란 뜻이다. 굴묵은 바람을 이용하면 훨씬 더 효율적으로 난방을 할 수 있다. 부엌보다 아궁이와 바깥 사이가 좁아서 밤새도록 바람이 통하기 때문이다. 제주의 바람은 천연 부채다.

굴묵 옆에는 지들커라고 하는 땔감이 있는데 사실 가장 좋은 난방재는 말똥이다. 목축이 발달한 제주에는 말똥이 흔하다. 제주 사람들은 이것을 잘 말린 후 굴묵용 땔감으로 썼다. 말똥에는 메탄가스가 있기 때문에 화력이 장난이 아니라서 구들 장판은 전부 시커멓게 타 있다. 인도에서도 지천인 소똥을 말려서 거기서 나오는 메탄가스로 조리를 한다. 최근엔 소

굴묵. 화덕과 연결되어 있지만 않을 뿐 불을 땔 수 있다(장소 : 제주해녀박물관).

똥에서 나오는 메탄가스가 지구 온난화를 가속화하고 있으므로 소의 양을 줄여야 한다는 주장이 나오고 있다.

시어머니의 부엌이건 며느리의 부엌이건 상관없이 부엌이 고단한 여인의 생활이 이뤄지는 곳이긴 마찬가지이다. 제주 여인들은 새벽에 일어나면 밥을 안치고 보리밥 뜸 들이는 시간에 물 한 번 길어 오면서 하루를 시작한다. 새벽부터 물 긷고 아이 돌보고 밭일하고 물질하고 바느질하는 사이에 부엌일도 해야 하니 밥을 차리고 치우는 시간도 아깝다. 대부분은 부엌 아궁이 앞에 식구들이 모여 짚으로 엮어 만들거나 나무로 만든 납작한 방석을 놓고 앉아 밥을 먹는다. 제주에선 설거지 거리를 줄이기 위해 밥그릇을 따로 주지 않고 낭푼에 밥을 담아 다 같이 먹었다. 낭푼은 낭도구리라고 하는 나무로 된 양푼이다. 두레반이라는 둥그런 밥상 위에 몇 가지 안 되는 반찬을 올려놓고 낭푼에 밥을 담아 다 함께 떠먹는 이것을 낭푼밥상이라고 한다.

여인들의 동선을 줄이기 위해서 쳇방이란 걸 만드는 집도 있었다. 쳇방이란 정지와 상방(마루) 사이에 마루를 놓은 곳으로 제주에만 유일하다. 이곳은 부엌에서 상을 들고 상방까지 가는 수고를 덜기 위해 만들어진 곳으로 식사 공간이다. 부엌에 식탁을 두고 있는 현대가옥도 따지고 보면 바쁜 현대인들의 시간을 아끼려는 것이니 쳇방의 변형인 셈이다.

물질이 시작되고 농사가 시작되는 봄, 다행이라면 바쁜 제주 여인들이 산에 가서 산나물을 캐 오고 이를 말리고 저장하고 불리고 하는 나물 요리를 하지 않아도 된다는 점이다. 제주 가옥에는 채소 저장고 역할을 하는 우영팟이라는 텃밭이 있다. 이곳에는 푸른 채소가 사시사철 언제나 자란다. 밭에 있는 식물은 영하 3도 이하면 얼기 시작해 영하 5도가 넘으면 얼어 죽는다. 제주에서 이 정도 추위는 보기 힘들다. 그렇게 추워질 거 같으면 거적 하나만 잠시 씌워 주면 되겠지만 그런 경우는 본 적이 없다.

4월이 되면 물질하랴 농사하랴 제주 여인들의 고단하고 바쁜 삶도 시

챗방은 제주도 부엌에만
있는 공간이다
(장소 : 제주민속자연사박물관).

작되겠지만 그래도 시부모님 밥상부터 챙기지 않아도 되니 얼마나 다행인가. 제주 여인들은 며느리가 얼마나 고단한지 다 알고 있기에 부엌을 따로 두길 고집해 온 것일지도 모르겠다.

제주 전통가옥 °°

제주 전통가옥은 안채 하나만 있는 집과 안채 하나, 바깥채 하나가 있는 집이 기본이다. 이 이상의 건물을 가진 집은 종갓집이거나 부잣집이다. 안채는 안거리라 하고 바깥채는 밖거리라 하는데, 그 사이에 집이 하나 더 있으면 모커리(목거리)라고 부른다. 안채와 바깥채 길목에 있는 집이란 뜻이다. 모커리는 외부에서 온 손님을 위한 공간이므로 이런 집을 갖고 있는 경우는 매우 드물다.

안채와 바깥채가 독립성을 존중하는 공간이기 때문에 ㄱ자형 집은 아예 없다. 둘 사이에는 마당이 있는데 그 거리가 너무 멀지도 않고 너무 가깝지도 않다. 침해하지도 않고 방관하지도 않는 거리를 유지한다. 안채와 바깥채는 아들 부부와 부모가 각각 독립적으로 사는 공간으로 마당은 서로를 간섭하지 않으나 외면하지 않을 정도의 거리를 유지하는 공간이다. 마당은 충분히 넓은데도 그곳의 중앙에 화단을 가꾸거나 연못을 만들거나 하는 경우는 없다. 마당은 곡식을 말리거나 탈곡을 하거나 대소사를 치를 때 천막을 쳐서 손님들을 받는 공간이기 때문이다.

제주의 집은 안채든 바깥채든 구들(방) 하나, 상방 하나, 정지(부엌) 하나, 그리고 고팡 하나, 굴묵 하나로 이루어졌다. 가옥 구조가 독립성을 중요하게 여겼다면 집의 내부 구조는 상방이라 불리는 마루가 중심이다. 상방 바닥은 직사각형 모양으로 잘라서 짜 맞췄는데, 굴무기나무라고 하는 느티나무나 왕벚나무인 사오기나무를 썼다. 잘 닦아서 반질반질 윤이 나는 상방은 습하고 무더운 제주에서 여름을 시원하게 보낼 수 있게 하는 공간이다. 한국의 전통가옥에서 손님을 접대하는 공간은 사랑채인 경우가 많다. 그러나 제주에선 상방이 제사를 지내고 손님을 맞이하는 곳으로 집의 중심이며 권위의 공간이다. 따라서 이곳에 붙박이 찬장을 두고 제기 같은 집안의 위세를 상징하는 물건들을 둔다.

　　제주는 제사 문화가 유달리 중요하게 여겨지는 곳이다. 그런 만큼 상방은 제사권을 가진 사람이 자신의 권위를 보여 주는 상징적인 공간이다. 제사 하면 보통 유교 문화를 떠올린다. 유교는 모든 신을 없애고 조상신만 인정한다고 하지만 제주에선 어림없는 소리다. 제주에서 집을 지키는 신은 조상신이 아니라 문전신이다. 그 가족을 지켜 주고 심지어 조상까지도 지켜 주는 문전신이 머무는 곳이 상방이다. 그러니 제주의 집에서 상방은 가장 핵심적인 공간이자 특징적인 공간이다. 미로 같고 폐쇄적인 육지의 집들과는 다르게 제주 가옥은 상방을 중심으로 매우 개방적인 공간이다. 겉으로 보면 뭔가 답답해 보이는데 그건 지붕이 낮고 집이 작아서 그럴 뿐이다. 안에 들어가면 상방을 중심으로 모든 공간이 연결되어 있다. 상방은 비례도 3:4:5 혹은 4:5:7로 전통 건축에서 가장 안정적이라는 비례를 사용한다. 우연이 아니라 고대부터 경험에 의해 얻은 비율이다. 만일 제주의 민속 마을에 들어갈 기회가 생긴다면 제주 상방을 반드시 봐야 한다. 상방을 중심으로 제주의 가옥을 본다면 모든 게 다르게 보일 것이다.

백비는 일어날 수 있을까
_ 제주 4.3

#기억해야 하는 날 : 1947년 3월 1일
(제주 3.1절 집회와 그날 일어난 경찰의 발포 사건)
#가 보면 좋은 곳 : 제주 4.3 평화공원

제주의 4월은 더없이 아름답다. 이 아름다운 제주에서 믿기지 않는 비극이 일어났다는 것을 알려 주기라도 하듯 4월에는 동백꽃이 진다. 동백꽃은 꽃잎이 한 장씩 떨어지는 것이 아니라 붉은색 통꽃이 툭 떨어진다. 그 모습이 마치 그날 하염없이 쓰러져 간 제주 사람을 닮았다 해서 제주 4.3의 상징 꽃이다. 당시 학살이 벌어졌던 장소로는 절벽, 폭포, 계곡, 바닷가나 움푹한 웅덩이가 많다. 시체가 쌓여도 치우지 않고 대량 학살이 가능한 곳이기 때문이다. 수없이 많은 시체들이 바다에 버려졌다. 그 시기 제주 사람들은 갈치를 먹지 않았다고 한다. 속절없이 죽어서 절벽이나 바다로 떨어졌던 사람들처럼 제주의 4월에는 동백꽃이 떨어진다.

극악무도하다는 일제강점기 무단통치 아래서 벌어진 3.1 만세운동은 전국에서 200만 명이 참가한 한민족 최대의 독립운동이다. 이때 희생자는 무려 7,500여 명이 넘는다. 그런데 제주에서 벌어진 학살극의 희생자 수와 이재민의 숫자는 이를 훨씬 초월한다. 당시 제주 인구의 10퍼센트가 죽었고 30퍼센트가 삶의 터전을 잃었다. 절반에 가까운 제주 사람들을 고통으로 몰아간 이 사건은 왜 일어났던 것일까?

'제주 4.3 사건 진상 규명 및 희생자 명예회복에 관한 특별법'에 따르

붉은 통꽃이 툭 떨어지며 꽃이 지는 동백. 제주 4.3의 상징 꽃이다.

면 '제주 4.3 사건이란 1947년 3월 1일을 시작으로 1948년 4월 3일 발생한 소요 사태와 그로부터 1954년 9월 21일까지 제주도에서 발생한 무력 충돌과 진압 과정에서 주민들이 희생당한 사건으로 정의'한다. 1947년 3월 1일. 무슨 일이 있었던 것일까?

이날은 제주 전역에서 3.1절 기념식이 열렸다. 해방 후 제주 사람들은 자주 독립 정부를 만들 기회가 올 것이라고 믿었다. 하지만 미국은 일본에게서 빼앗은 주권을 한국인에게 돌려주지 않았다. 주권자는 미국이라고 선포한 포고령에 따라 1945년부터 대한민국 정부가 수립된 1948년까지 한국에선 미군정 시대가 펼쳐졌다.

일제는 패망했으나 아직 자주적인 독립 정부가 수립되지 못한 상황에서, 제주 사람들은 우리가 우리 힘으로 주권을 행사할 준비가 되었다는 것을 보여 주기 위해 3.1절 기념식에 모였다. 그 일에 대해 제주 사람들은 '제주섬이 생긴 이후 최대 인파가 모였다'고 이야기한다. 인구 30만 명의 섬에서 제주읍과 부근 두 개의 면 사람들 3만 명이 걸어서 제주 북국민학교로 모였고, 나머지 여덟 개의 면에선 자기들 지역에 모여서 집회를 열었다. 통합 5만에서 6만 명에 이르는 사람들이 자주 독립 국가의 의지를 보여 주기 위해 뭉쳤다.

당시 남한은 극심한 좌우 이념 충돌로 격렬한 시위가 벌어지고 테러가 분분하던 어수선한 상황이었다. 서울만 해도 좌익과 우익이 따로 집회를 열었고, 그들 간 충돌이 벌어졌다. 그러나 제주의 3.1절 집회는 주최 측도 분열되지 않은 평화로운 집회였다. 당시까지 제주에는 좌익도 우익도 없었고 오로지 제주 사람만이 있었다. 이걸 이해하려면 제주도의 특별한 상황을 알아야 한다.

제주는 1629년부터 무려 200년간 내려진 출륙 금지령으로 인해 언어와 문화가 고립되었고, 경제 구조가 단순해졌다. 같은 마을 사람들 간에는 빈부 격차가 없었고, 대부분 비슷한 일을 했다. 그리고 대부분 친인척 관계를 이뤘다. 그렇다 보니 생각도 비슷했다. 조선 정부에게 진상품을 강요당했고, 일제의 수탈을 겪으면서 제주 사람들은 단 하나의 세상을 꿈꿨다.

'외지인의 간섭 없이 일하는 사람들의 평등한 공동체 사회.'

이런 사회를 만드는 것을 꿈꾸며 제주 사람들은 3.1절 집회에 너나없이 하나 된 마음으로 모였다. 그러나 미군정은 그것을 주권에 대한 도전으로 여겼다. 제주 사람들이 주장하는 '자주 독립 국가 건설'을 '미국을 배제한 국가 건설'로 받아들인 것이다. 즉 미국 편이 아니면 소련 편이라는 흑백 논리에 의해 제주를 좌익이 득세하는 적지로 생각했다. 그것이 최신 무기와 기마 경관까지 배치하며 사람들을 억압하려고 한 이유였다.

평화롭던 1947년의 3.1절 집회는 육지에서 들어온 응원 경찰의 발포로 순식간에 여섯 명의 제주 사람이 숨지는 비극으로 변했다. 이것이 제주 3.1 발포 사건이다. 기마 경관이 탄 말의 발부리에 돌이 채이며 그 돌에 어린애가 다쳤는데, 이에 군중이 항의하자 두려움을 느낀 경관이 총을 발포한 것이다. 도둑도 거지도 대문도 없어서 경찰이 할 일이 거의 없는 제주 상황을 알았다면 절대 일어나지 않을 일이었다.

당시 응원 경찰은 육지에서 들어온 지 일주일밖에 안 되어서 제주 상황을 전혀 모르는 데다 불과 몇 달 전 전국을 휩쓴 10월 항쟁의 한복판에 있던 사람들이었다. 10월 항쟁은 친일파에 의존하는 미군정이 사실상 남한을 민주적으로 통치할 수 없다는 것이 드러난 사건이다. 미국식 자유주의 경제를 도입한다며 쌀값을 자유화했다가 사상 유례없는 폭등을 경험하면서 공출로 방향 전환을 하였지만 배급량은 일제강점기 때보다 더 적었고 이에 많은 사람이 굶주렸다. 대구에서 항의하는 군중에게 경찰이 발포한 것을 시작으로 10월 항쟁은 전국을 휩쓸었다. 성난 군중과 경찰이 충돌하여 수많은 사상자가 발생했다. 그걸 경험한 경찰들이 제주에 응원 경찰로 왔고 그들은 군중을 보고 무서운 나머지 발포를 해 버렸던 것이다.

그때까지만 해도 되돌릴 수 있었다. 다른 지역 같았으면 경찰서를 습격해 불태우거나 하다못해 돌멩이라도 던졌겠지만 제주 사람들은 아주 평화롭게 해산했다. 경찰이 진상을 규명하고 책임자를 처벌할 것이라고 믿었기 때문이다. 그러나 미군정 조병옥 경무부장(지금의 경찰청장)은 제주 사람들이 소련의 사주를 받아 폭동을 일으켰으므로 이에 대응한 정당방위였다고 발표했다.

제주 사람들은 이에 총파업으로 맞섰지만 미군정은 오히려 제주를 반군들의 소굴로 규정하고 대응하기 시작한다. 동서 냉전의 시작과 함께 그 첫 번째 타깃이 제주가 되었다. 미군정은 제주의 도지사, 도청 간부, 학교

교사, 경찰 간부 등을 전부 외지인으로 바꿨다. 피난 온 이북 사람들이 이 자리를 꿰차기 시작하면서 제주 사람과 외지인의 갈등을 좌우익의 충돌로 만들어 버렸다. 이것이 얼마나 이율배반인가. 패전국 일본에서도 미군정이 펼쳐졌다. 메이지 유신에 의해 천황제를 중심으로 성립했던 일본 제국주의를 해체하면서 민주주의의 파트너로 좌익 정당, 즉 공산당과 사회당을 인정했다. 따라서 일본에서 좌우익의 대립이 없었다. 하지만 정작 식민지였던 한국에서는 좌익을 민주주의의 파트너로 인정하지 않고 탄압함으로써 극심한 좌우익의 대립을 불러왔고 결국 분단까지 치닫게 했다.

제주 사람들의 항의가 계속되고, 이에 체포로 대응하다 보니 경찰력이 모자랐다. 육지에서 경찰을 무한정 보낼 수도 없고 사람이 늘어나면 월급도 줘야 했다. 이에 미군정은 서북청년단을 경찰의 보조 조직으로 삼는 것으로 해결했다. 서북청년단은 정식 경찰이 아니니 그들에겐 월급을 줄 필요가 없었다. 대신 그들의 약탈 행위를 용인했다. 미군정 입장에서는 효율적이었다. 서북청년단은 제주 사람을 잡아가서 구타하고 고문했다. 제주는 공포의 섬으로 변했고, 사람들은 살아남기 위해서 시민 저항운동에 나설 수밖에 없었다.

1948년으로 넘어가면서 한반도 문제는 더 급박해져 갔다. 남한만의 단독 정부 수립을 위한 단독 선거가 결정되었기 때문이다. 통일 정부를 수립하지 못하면 남북한 사이에 전쟁이 벌어지고 한반도는 제3차 세계대전의 무대가 될 것이라고 생각한 제주 사람들은 자주 독립 국가 건설이라는 캐치프레이즈를 '통일 국가 수립'으로 바꿨다. 남한만이라도 친미 정부를 구성하는 것에 최우선 목표를 둔 미군정으로선 용납할 수 없었다. 김구, 김규식을 비롯한 통일 정부를 원하는 사람들과 그들을 지지하는 광범한 국민들이 있었지만 공포 분위기를 조성해 사람들을 단독 선거로 내몰았다. 제주에선 단독 선거를 반대하는 사람들에 대해 대대적인 검거와 고문으로 응했다. 그러다 결국 조천 학생 김용철과 모슬포 청년 양은하가 고문으로 사망하는 사건이 벌어졌다.

앉아서 죽을 것인가, 일어나 싸울 것인가. 제주의 급진적인 청년들은 싸움을 선택했다. 그들이 봉기를 일으킨 날이 1948년 4월 3일이므로 제주 4.3으로 불리게 되었다. 이런 작명은 마치 4.3이 무장봉기로부터 시작되었고 무장봉기가 제주에서 벌어진 비극의 원인인 듯한 오해를 불러일으킨다. 그러나 제주 사람들에게 4월 3일은 시민 저항운동의 날이다. 자주적 독립 국가와 통일된 국가 건설 운동을 불온시한 미군정 경찰과 우익단체, 그들이 일상적으로 해 오던 탄압과 고문에 못 이겨 싸움을 선택한 날이다.

제주 4.3 평화기념관에 가면 누워 있는 하얀 비석인 백비가 있다. 백비의 안내문에는 이렇게 쓰여 있다.

"언젠가 이 비에 제주 4.3의 이름을 새기고 일으켜 세우리라.
백비. 어떤 까닭이 있어 글을 새기지 못한 비석을 일컫는다.
'봉기, 항쟁, 사태, 폭동 사건' 등으로 다양하게 불려 온 '제주 4.3'은 아직까지도 올바른 역사적 이름을 얻지 못하고 있다. 분단의 시대를 넘어 남과 북이 하나가 되는 통일의 그날, 진정한 4.3의 이름을 새길 수 있으리라."

　제주 4.3의 시작은 미군정 시대였지만 정작 대학살의 시대는 대한민국 정부가 수립된 이후였으니 놀랍게도 제헌헌법이 제정된 이후였다. 헌법은 '인간의 존엄한 권리'가 어떤 이유로도 침해될 수 없다는 것을 성문화한 것이다. 오로지 법률에 의해서만 이 권리를 제한할 수 있으며, 개인은 재판받을 권리와 변호사로부터 도움을 받을 권리가 있다. 하지만 1948년 대한민국은 제주 사람을 재판 없이 처형했다. 그리고 학살에서 살아남아 재판에 넘겨진 사람들에 대한 절차 역시 법률을 따르지 않았다. 어떻게 군인이 국민을 향해 '초토화 작전'을 할 수 있단 말인가. 어떻게 국가가 국민을 단지 무장대와 내통할 가능성이 있다는 이유로 피난처를 구해 주지도 않고 삶의 터전을 불태워 없애고, 젊은 사람이란 이유로 처형한단 말인가. 어떻게 국가가 어린아이와 노인, 임산부 등 노약자와 비무장 민간인을 단지 무서워서 숨었단 이유로 처형한단 말인가. 헌법을 위반한 것은 국가였다. 그렇기 때문에 훗날 정부는 국가 폭력이라는 것을 인정했고, 대통령이 공식 사과했으며 수형인들에게는 재심을 통해 무죄를 선고했다.
　1954년에 공식적으로 제주 4.3은 종결되었지만 고통은 끝나지 않았다. 수없이 많은 젊은 남자들이 학살당하면서 많은 여인들은 남편과 자식을 잃었다. 순식간에 남녀 성비가 56대 100으로 떨어졌다. 남편을 잃고 자식을 잃은 여인들은 폐허 위에서 다시 시작해야 했다. 제주 사람들에게 어떻게 견뎌 냈냐고 물으면 "살당 보난 살아졌다(살다 보니 살아졌다)"라고 말한다. 묵묵히 밭일하고 물질하고 아기를 돌보고 자녀를 학교에 보냈다. 당시를 살아 냈던 어느 해녀는 이렇게 말했다.

"뱀이 무섭다는데 뱀이 왜 무서워, 나는 밤도 도둑도 강도도 안 무서워. 내가 무서운 것은 아이들이 굶는 것이었어. 아이들을 키우기 위해 겨울에도 바다에 들어가 물질하고 아파도 일하고 쉴 새 없이 일했어."

그렇게 그 모진 세월을 견뎌 냈다. 심지어 같은 마을에서 가해자와 피해자가 함께 살아야 하는 끔찍한 상황이었지만 그들은 복수 대신 인내를 선택했다. 제주 사람들 스스로의 힘으로 증언을 모으고 기록을 모으고 마침내 정부로부터 국가 폭력이란 것을 인정받았다. 피해자가 스스로의 힘으로 국가 폭력을 인정받고 대통령의 사과를 받은 것은 세계에 유래가 없는 일이라고 한다. 만일 복수를 선택했다면 이루지 못할 것들을 얻어 냈다. 이런 점들이 세계가 제주 4.3을 주목하는 이유이다.

제주 4.3 평화공원 °°

이승만 대통령 재임 시절 제주 4.3은 언급이 불가능했다. 1960년 4.19 혁명으로 비로소 시작된 4.3에 대한 논의는 다음 해에 일어난 5.16 군사 쿠데타로 다시 중단되었다. 진상 규명을 호소했던 사람들은 줄줄이 옥고를 치렀다. 그렇게 역사 속으로 완전히 묻힐 뻔한 1978년, 소설가 현기영이 《순이 삼촌》이라는 소설에서 제주 4.3의 진상과 상처의 일부를 사실적으로 드러냄으로써 4.3에 대한 재인식이 시작되었다. 작가는 제주 4.3을 소재로 소설을 썼다는 이유로 정보기관에 연행되어 고초를 겪었다.

1980년대 후반 민주화운동 이후 제주 4.3에 대한 논의는 다시 일어났다. 1987년 4월 3일 제주대학교 총학생회에서는 제주 4.3 발발 이후 첫 위령제를 치렀다. 이후 4.3을 앞두고 대학가에서는 추모 집회와 시위를 통해 제주 4.3 진상 규명 운동을 벌였다. 1989년 시민단체에서 추모제를 봉행했다. 이는 공개적으로 행해진 첫 추모행사였다. 그해 5월 제주 4.3 연구소가 발족됐다. 제주신문이 '4.3의 증언'을 연재하기 시작했고, 제주신문 출신들이 창간한 제민일보가 이를 이어받아 '4.3은 말한다'를 연재함으로써 4.3 관련 증언이 체계적인 기록으로 남겨지게 된다. 제주 지역 방송에서도 4.3을 주제로 한 기획 특집 프로그램을 방송함으로써 공중파 방송에서도 4.3 영상이 방송되기 시작했다.

1995년 제주도의회 4.3 특별위원회는 〈제주 4.3 사건 피해실태 조사 보고서〉를 발간했다. 1997년 4월에는 '제주 4.3 제50주년 기념사업추진 범국민위원회'가 결성되는 등 진상 규명 운동은 전국으로 확산되어 갔다. 마침내 1999년 12월 16일 국회 본회의에서 '제주 4.3 사건 진상 규명 및 희생자 명예회복에 관한 특별법'을 통과시켰다. 제주 4.3 특별법은 "제주 4.3 사건의 진상을 규명하고 희생자와 그 유족들의 명예를 회복시켜 줌으로써 인권 신장과 민주 발전 및 국민 화합에 이바지함을 목적으로 한다"고 그 취지를 밝혔다.

4.3 특별법에 따라 2003년 10월 15일 4.3 사건의 진상을 담은 대한민국 정부의 공식 보고서가 확정됐다. 10월 31일 노무현 대통령은 제주도를 방문하여 진상 보고서에 근거해 과거 국가 권력의 잘못을 공식 사과했다. '국가 공권력에 의한 대규모 민간인 희생' 사실을 정부가 인정한 것이다.

제주 4.3 평화공원과 4.3 평화기념관은 4.3 특별법에 따라 건립되었다. 제주 4.3 평화공원은 '제주 4.3 사건으로 인한 제주도 민간인 학살과 제주도민의 처절한 삶을 기억하고 추념하며, 화해와 상생의 미래를 열어 가기 위한 평화·인권 기념공원'이라고 한다. 위령탑이 있는 야외에는 희생자들의 이름이 새겨진 각명비가 끝도 없이 이어진다. 그 속에서 이름을 얻지 못해 누구누구의 아들이라고 적혀 있는 어린아이를 발견할 때마다 가슴이 아프고 미안해서 멀리 하늘을 바라보게 된다. 마을별로 특정 성씨가 줄줄이 이어진 경우도 있다. 그날의 참상이 짐작되어 마음이 무겁다.

평화공원에 있는 '비설'이라는 모녀상은 대대적인 초토화 작전이 벌어지던 1949년 1월 6일, 두 살배기 딸을 안고 눈 덮인 거친오름 쪽으로 피신 도중 희생당해 눈 더미 속에서 발견된 엄마와 아이를 기리고자 설치된 조형물이다. 차디찬 겨울, 더 이상 오를 데도 없이 산으로 산으로 올라야 하는 절박함, 굶주림과 추위에 떠는 아이를 안은 엄마의 절망이 오롯이 느껴진다. 엄마는 아이에게 무슨 말을 해 준단 말인가. 그저 자장가를 불러 주는 게 고작이었으리라. 입구에서부터 새겨진 제주 자장가 '웡이자랑'은 그날 그 엄마가 아이에게 해 줄 수 있

는 유일한 것이었으리라. 그 너머로 거친오름이 보인다. 이제 두 모녀도 안식을
찾기를….

비설 모녀상.

지질트레일 : 세계지질공원 제주의 대표 명소

세계지질공원으로 선정된 대상 지역은 제주도 전체이지만 ① 한라산, ② 성산일출봉을 비롯해서 ③ 수월봉, ④ 산방산, ⑤ 용머리해안, ⑥ 대포 주상절리대, ⑦ 서귀포 패류화석층, ⑧ 천지연폭포, ⑨ 만장굴, ⑩ 우도, ⑪ 비양도, ⑫ 선흘 곶자왈, ⑬ 교래 삼다수마을을 대표 명소 13곳으로 지정해서 지질트레일을 활성화시키고 있다. 이곳을 안내하고 해설하는 해설사들은 그 지역에서 나고 자란 사람들로 선발한 것이 특색이다.

삼별초의 발자취 ☑

애월 환해장성

환해장성은 '바다를 빙 둘러싸고 있는 긴 장성'이란 뜻이다. 삼별초를 막기 위해 고려에서 고여림 등을 보내 장병 1천여 명으로 성을 쌓게 했다는 기록이 《신증동국여지승람》에 나온다. 진도에 있는 삼별초군이 들어오리라 예상되는 포구인 애월에서부터 쌓기 시작했다. 고여림 등이 거느린 병사는 달랑 270명이었으니 탐라국 사람들을 동원한 것으로 짐작된다.

☑ 애월 환해장성

⑪ 비양도   제주 애월 소길

제주 한림 금악마을

항파두리성

항파두성은 물항아리 가장자리 모양을 닮은 지형이라서 항파두리라 불리는 곳에 지어진 성이다. 주변은 소왕천과 고성천이 천연 해자 역할을 하고, 장수물을 비롯 구시물, 옹성물 등 물이 풍부하다. 내성은 돌로 쌓았고 그 안에는 궁궐, 관아, 막사 등이 있었다. 그 밖으로는 27만 평에 달하는 외성을 흙으로 쌓았다. 안에 백성들이 살게 했는데 동서남북으로 4대문이 있었다. 여몽연합군에 의해 정벌된 뒤 항복한 사람 1,300여 명을 끌고 갔던 것으로 보아 백성들이란 강화도, 진도에서 함께했던 이들로 제주 사람은 아닌 것으로 보인다.

③ 수월봉   제주 안덕 동광마을

④ 산방산

⑤ 용머리해안

붉은오름

김방경이 이끄는 여몽연합군에 의해 항파두리성이 함락되자 김통정은 붉은오름으로 퇴각, 이곳에서 병사 70여 명과 함께 최후를 맞이한다.

동제원터

오현고등학교 앞 사거리에 있다. 이문경이 이끄는 삼별초 별동대와 고려 관군이 맞서 싸워 관군이 대패한 곳이다.

성산일출봉 오르막에 있는 등경돌

김통정 장군이 성산을 지키려고 토성을 쌓을 때 장군의 부인이 이 돌 위에 등불을 올려놓고 바느질을 했다고 하며 성산 사람들은 이 돌이 성산마을을 지켜 줄 거라 여겨 신성시했다.

제주 4.3길 소개

제주는 제주 4.3 당시 제주도민이 겪은 통한의 역사 현장을 국민이 공감할 수 있는 역사·교육 현장으로 조성했다. '제주 안덕 동광마을', '제주 남원 의귀마을', '제주 조천 북촌마을', '제주 한림 금악마을', '제주 표선 가시마을', '제주 오라동', '제주 애월 소길마을', '제주 아라동'에 조성된 제주 4.3길은 제주의 아픈 역사를 기억하고 '화해와 상생'의 미래를 생각할 역사의 현장이다.

제주섬을 만든 거인, 설문대할망

#함께 알아 두면 좋은 날 : 설문대할망 페스티벌
#가 보면 좋은 곳 : 서귀포층, 제주 돌문화공원

　　제주에서 가장 유명한 이름은 아마 설문대할망일 것이다. '할망'이란 할머니를 뜻하는 제주어지만 존경의 의미가 담긴 말이라고도 한다. 과거 글을 쓰고 읽을 수 있는 사람이 거의 없고 오로지 경험만이 백과사전이던 시절, 할망이란 늙은 사람이란 뜻이 아니라 지혜롭고 많은 것을 알고 있는 사람이란 뜻이며 그 안에 존경의 의미를 내포하고 있었던 것이다.

　　그럼 설문대할망은 나이 든 할머니인가? 물론 아니다. 도무지 사람이라고 할 수 없는 엄청난 거인이다. 한라산을 베개 삼고 누워 두 다리는 관탈섬에 걸쳐 낮잠을 자기도 했고, 일출봉 분화구를 돌 구덕 삼아 빨랫감을 담고는 우도를 돌 빨래판 삼아 빨래를 했다고도 한다. 키가 한라산의

25배, 무려 49킬로미터로 서귀포에서 제주시까지 거리의 1.5배에 이른다.

설문대할망은 태초의 혼돈 이후 바다에서 우뚝 솟아났다고 한다. 그 후 한라산을 만들기 위해 주위의 돌과 화산재를 치마폭에 넣고 가다 줄 줄 흘려서 제주 곳곳에 360여 개의 크고 작은 오름을 만든 후 백록담을 만들었다고 한다. 더욱 놀라운 것은 이 믿기지 않는 이야기가 단순한 상상력으로 만들어진 창작물이 아니라는 데 있다. 설문대할망 설화는 그대로 제주도가 만들어지는 과정을 보여 준다.

일제강점기 시절 식민지가 된 한국의 모든 것에 관심이 많았던 일본인 학자들은 다양한 곳에서 다양한 분야의 연구를 했다. 1928년에 일본인 학자 하라구치 역시 그렇게 제주에 왔다가 서귀포시 천지연폭포 서쪽 새섬 앞 해안가에서 특이한 지층을 발견한다. 그는 이 층을 서귀포층이라고 이름 지었다.

서귀포층에서는 놀랍게도 패류화석이 많이 발견되었다. 지층에 화석이 있다는 사실이 놀랄 만한 일은 아니지만 제주도라면 다르다. 제주는 화산섬이다. 1,000도가 넘는 펄펄 끓는 용암 속에서 살아남을 수 있는 화석이 있을 리 없기 때문이다. 이 화석의 발견으로 인해 화산섬 제주도가 어떤 과정을 거쳐서 만들어졌는지 드러나게 되었다.

오래전 제주 바다는 남해안에서 이어진 고작 수심 100미터 정도의 대륙붕이었다. 마치 서해안의 갯벌처럼 제주 바다는 점토와 모래가 깔린 얕은 바다였다. 180만 년 전 제주 바다 지하에 모인 뜨거운 마그마는 지각을 뚫고 올라와 바닷물을 만나면서 격렬하게 폭발했다. 이 폭발이 거듭되면서 화산재가 갯벌 위를 덮고, 화산재가 쌓였다가 깎이고 하면서 바다를 덮어 갔다. 여기에 바다 생물들이 죽어 화석이 되었다. 이렇게 180만 년 전부터 55만 년 전까지 계속 쌓여 만들어진 이 층이 서귀포층이다. 서귀포층 화석은 당시 바다 상태를 보여 주기 때문에 화석으로서는 우리나라 최초로 천연기념물로 지정되었다. 바닷속에서만 모든 일이 벌어졌던 이 시간은 설문대할망 설화에서 말하는 태초의 혼돈의 시간이다.

혼돈의 시간은 용머리해안과 박수기정, 산방산까지 이어진 초승달 모양의 화산체가 만들어지면서 마무리된다. 현재 남아 있는 화산체 중 가장 오래된 것은 용머리해안으로 100만 년 전에 만들어졌다. 가파도를 비롯해서 범섬, 문섬, 새섬, 제지기오름까지 마치 하와이 열도처럼 화산 폭발이 일어나 섬과 오름들이 만들어지면서 지금의 아름다운 서귀포 해안을 만들었다. 이곳이 제주 화산들 중 큰 어른들이 사는 경로당이다.

바닷속 혼돈의 시간이 끝나고 섬이 본격적으로 탄생하기 시작한 것은 55만 년 전부터이다. 수없이 많은 화산이 폭발하면서 설문대할망이 바다 위로 우뚝 솟아나듯 제주섬이 드러났다. 둥그런 모양의 한라산이 만들어지고 타원형의 제주도 해안 모양이 거의 완성되었다. 이때 용암이 덮인 드넓은 대지는 초원 지대를 만들어서 말 목장이 되기도 하고 곶자왈이 되기도 하였다. 연하고 맛있는 제주 고사리가 많이 나는 곳이기도 하다.

가운데가 약간 볼록한 원반 모양의 타원형의 섬이 만들어지고 난 후 설문대할망의 마지막 활약이 시작된다. 1만 5천 년 전 마지막 빙하기 이후부터는 수월봉, 성산일출봉, 송악산 등 바닷가 오름이 만들어진다. 설문대할망이 치마폭에 담아 가던 흙과 돌을 흘리며 오름이 만들어졌다는 설화처럼, 제주 곳곳에 오름이 다 만들어지고 난 다음 한라산 꼭대기에서 다시 용암이 나와 백록담이 만들어졌다. 2016년 조사 결과 백록담은 1만 9천 년 전에 분화가 시작되어서 모두 다섯 번 분화가 거듭되었으며 맨 마지막 분화는 불과 5,700년 전에 일어났다. 제주도의 수많은 오름들 가운데 이보

금능석물원 설문대할망.

다 젊은 오름은 그리 많지 않다. 설화 그대로인 셈이다.

제주섬을 다 만든 후 설문대할망은 어떻게 되었을까? 제주 사람들은 설문대할망에게 육지로 가는 길을 만들어 달라고 부탁한다. 그러자 "옷을 해 입고 싶으니 베 100동을 짜 오면 길을 이어 주마" 했는데 인간들의 힘으로는 1동이 모자란 99동의 베밖에 짜지 못했다. 결국 육지 길은 만들어지지 않았다. 제주섬에 들어왔다가 빙하기가 끝나고 바닷물의 수면이 높아졌기 때문에 고립된 사람들의 이야기이다.

설문대할망의 최후 또한 제주의 자연 속에 깃들어 있다. 설화에 따르면 설문대할망의 아들은 500명이나 된다. 제주섬을 만든 스케일을 보고 난 터라 이젠 설문대할망에게 그토록 많은 자식이 있다는 사실도 놀랍지 않다. 설문대할망은 제주에 지독한 가뭄이 들었던 해에 먹을 양식을 구하러 간 아들들을 위해 한라산 백록담에 죽을 끓이다가 그만 발을 헛디뎌서 빠져 죽었다고 한다. 아무것도 모르는 아들들은 그 죽을 맛있게 먹었다.

사실을 알고 난 뒤 아들들의 마음은 어땠을까? 그 회한이 붉게 물들어 한라산의 아름다운 털진달래로 화했다고 한다. 털진달래가 핀 영실에는 기암절벽이 솟아 있는데 500명의 아들들이 굳어 만들어졌다고 해서 이를 오백장군 바위라고 한다. 사실은 499장군 바위라고 해야 할 것이다. 형들이 허겁지겁 죽을 먹을 때 죽 속에서 어머니의 뼈를 발견하고 형들에게 사실을 밝힌 막내아들은 형들과 함께 살 수 없다면서 길을 떠났다. 막내는 제주 서쪽 끝 차귀도에 가서 바위가 되었는데 이것을 막내장군 바위라고 한다.

다른 설화에선 물장오리의 깊이를 재기 위해 직접 물속에 들어간 설문대할망이 영원히 돌아오지 않았단다(2월 〈제주에서 만나는 람사르 습지〉 편 참고). 제주는 물이 귀한 섬이다. 그러나 이곳의 물은 가물어도 마르지 않고 폭우가 쏟아져도 넘치지 않는다고 한다.

두 가지 이야기는 모두 물과 관련이 있다. 백록담의 물은 후손들이 먹을 죽이고, 물장오리의 물은 마르지 않는 샘이다. 어쩌면 설문대할망은 섬을 다 만들고 난 뒤 아름다운 자연환경과 더불어 살아갈 인간들에게 물이 얼마나 귀한 가치인지 알려 주기 위해 스스로 물속으로 들어간 것일지도 모르겠다. 제주에서 물은 귀하기도 하지만 마르지도 않는다. 물이 있으

물장오리(장소 : 제주 돌문화공원).

나 물을 먹을 수 없다면 제주는 버려진 섬이 될 수밖에 없다. 설문대할망이 그토록 애써서 만든 아름다운 섬에 인간들이 더불어 살기 위해서는 제주의 물을 지켜야 한다. 그것이야말로 설문대할망의 유산이 아닐까?

한반도에는 신의 이야기가 넘쳐 난다. 고대 국가를 만든 영웅들은 신의 아들이다. 그런데도 창조 설화를 갖고 있는 곳은 오직 제주뿐이다. 창조의 순간을 가장 최근까지 볼 수 있었던 곳이기 때문일 것이다. 무등산의 나이가 1억 년인 걸 생각해 보면 가장 최근이란 말을 붙여도 될 것이다. 제주에서 화산 활동이 벌어지던 때에도 제주섬엔 사람이 오며가며 살았다. 사람들은 화산 활동을 목격하며 그 놀랍고 신비한 광경을 입에서 입으로 전하며 설문대할망 신화로 완성했다.

제주는 1만 8천의 신들이 사는 그야말로 신들의 땅이다. 그런데도 설문대할망은 신이 아니라 거인이다. 왜 설문대할망은 신이 되지 못했을까? 이유는 간단하다. 인간이 신을 만든 것은 청동기 문명 이후이다. 그러니까 설문대할망은 구석기에서 신석기 시대로 접어들 무렵 인간이 만들어 낸 이야기이다.

설문대할망을 테마로 하여 만들어진 제주 돌문화공원은 2007년에 5월을 설문대할망의 달로 지정했다. 제주는 설문대할망이 남긴 섬이기 때문이다.

설문대할망 페스티벌 °°

제주에서 바람은 부르지 않아도 찾아오는 곳이고 돌은 찾지 않아도 구르는 곳이다. 제주가 바람 타는 섬이라 하여 바람을 이용해 살았듯이 돌 또한 그랬다. 제주 사람들에게 돌은 자연이 아니라 문화였다. 그걸 볼 수 있는 곳이 돌문화공원이다. 개인적으로는 제주 동쪽을 여행하는 사람들에게 반드시 추천하는 곳이기도 하다.

돌문화공원은 제주 목석원이란 개인 정원에서 시작했다. 제주시에서 한라산으로 가는 길목에 있었던 목석원은 기묘한 돌과 나무로 '설문대할망과 오백장군' 설화와 '갑돌이의 일생'을 보여 주며 스토리텔링에 성공했다. 점차 관광객들 사

제주 돌문화공원 설문대할망.

이에서 입소문이 나기 시작했는데 나무, 돌에 담긴 이야기도 재밌지만 카메라가 보급되면서 사진 명소가 되었다. 작은 공원이었던 목석원은 조천읍 교래리 30만 평의 대지 위에 만들어진 지금의 돌문화공원에 전시물을 기증하고 역사 속으로 사라졌다.

제주 돌문화공원은 메인 테마가 돌과 흙으로 제주섬을 빚었다는 설문대할 망의 신화를 모티브로 삼았다. 5월을 설문대할망의 달로 정한 것은 자신을 내어 자식을 먹여 살린 설문대할망의 마음을 깨달은 아들들의 회한이 털진달래로 피 어나는 달이기 때문이라고 한다. 돌이 사람에게 위안이 될 수 있다는 것을 느끼 고 싶다면 절대 후회하지 않을 곳이다.

돌하르방, 어디서 옵데강

돌하르방은 제주도 관광 상품 가운데 전 세계로 가장 많이 팔려 나간 제품이다. 구멍이 숭숭 뚫린 현무암으로 만들어진 돌하르방 기념품은 물론이고 돌하르방의 이미지를 이용한 상품까지 다양하게 만들어져 제주를 대표하는 관광 상품 중 하나가 되었다. 그런데 돌하르방이 정말로 제주를 대표할 만한 것일까?

이 질문에 대하여 젊은 사람들은 "노인 분들이 알지 않을까요?" 했고, 노인들은 "젊은 사람들이 알 것 같은데"라고 했다고 한다. 그러니까 제주도 사람들은 모른다는 얘기다.

돌하르방이라는 명칭도 따지고 보면 붙여진 지 그리 오래되지 않았다.

그전에는 우성목, 무성목, 벅수머리, 돌영감, 수문장, 장군석, 동자석, 옹중석, 망주석과 뒤섞여 불리던 이름 중 하나였다. 그러다가 1971년 제주민속문화재 제2호로 지정되며 제주문화재위원회에 의해 돌하르방이라는 이름으로 통일되었다. 이전까지만 해도 돌하르방이 있었던 제주읍성(제주목 관아와 그 주변을 둘러싸던 성) 동문 지역에 우석목 거리가 있던 것에서 보듯 우석목이란 말을 더 많이 썼다고 한다. 우석목이 무슨 뜻인지에 대해서도 정확히 아는 사람이 없었다.

게다가 돌하르방이 각 마을에 있는 신당이나 폭낭(팽나무)처럼 제주인들의 삶에 깊숙하게 자리 잡고 있던 것도 아니다. 현재까지 총 48기가 발견되었는데 대부분 조선 시대 세 개의 주요 성읍인 제주목의 동문, 서문, 남문에 각 여덟 개씩 24개, 정의현, 대정현의 동문, 서문, 남문에 각 네 개씩 세워져 있었다. 말하자면 읍성을 지키는 수문장 역할을 한 셈이다.

수문장 역할에 대해서는 기록에도 남겨져 있다. 1918년에 김석익이 지은 《탐라기년》에 따르면 영조 30년인 1754년에 제주목사 김몽규가 성문 밖에 옹중석을 세웠다고 한다. 옹중석이란 중국 진시황 때의 장수인 완옹중의 이야기에서 나온 말이다. 완옹중의 명성은 흉노에까지 떨쳐졌는데 그가 죽자 진시황은 그의 형상을 구리로 만들어 성문 밖에 세워 두었다. 완옹중이 죽었다는 소문을 들은 흉노족은 진나라로 쳐들어가다가 성문 앞의 완옹중 상을 보고 그대로 도망갔다고 한다. 그 후로 진나라 사람들은 왕옹중의 형상을 구리나 돌로 만들어 궁궐이나 관아 앞에 세우게 되었다고 하는데 우리나라에선 글깨나 읽은 사람들이 궁궐이나 무덤 앞에 있는 커다란 석상이나 돌장승을 옹중석이라고 불렀다. 제주에서도 옹중석이라고 부르는 사람들은 한문에 조예가 깊은 한학자들이었다.

글깨나 읽은 제주목사 김몽규가 옹중석이라고 해서 설치했는지 아니면 그걸 기록한 《탐라기년》의 작가가 옹중석이라고 불렀는지는 모르지만 제주 성문 앞에 돌하르방이 세워진 것은 사실이다. 무인의 모습을 본떠 부리부리하게 만들어 그 앞을 지나려면 오금이 저리게 하려는 의도도 역시 옹중석의 기능과 비슷해 보인다.

김몽규 목사가 옹중석을 세웠다는 1754년을 전후한 시기는 소빙기(지구의 평균 온도가 정상보다 매우 낮았던 시기)의 절정이라서 해마다 천재지변과 그에 따르는 흉년과 전염병에 시달리던 때이기도 하다. 돌하르방이 성문 입구에 세워진 것은 그런 흉흉한 시대에 도성 안을 보호하려는 목적이었을 것이다. 지금으로 치면 코로나 방역의 역할을 한 셈이다.

이렇게 기록으로 만든 연대가 분명한데도 돌하르방이 어디서 왔는지에 대해서는 의견이 분분하다. 몽골의 영향이 강한 제주인 만큼 몽골의 훈촐로(몽골 초원에 있는 석인상)가 제주에 넘어와서 돌하르방이 된 것이라는 설, 발리에 석상이 많으니 그곳에서 넘어와 만들어졌다는 설, 남해안 일대의 장승과 모양새가 비슷하니 그곳에서 전래되었다는 설, 돌하르방에 구멍이 있어서 정낭의 구실을 하게 되어 있는 것으로 보아 제주도 자체에서 만들어졌다는 설, 이렇게 네 개의 설이 있다.

전문가들에 따르면 훈촐로나 발리의 석상은 모양도 기능도 닮은 점이 부족하다고 한다. 제주도 정낭의 일부라는 것도 정낭을 설치할 홈이 모든 돌하르방에 있는 것이 아니므로 설득력이 부족하다고 보고 있다. 마을 입구에서 사악한 기운이 들어오지 못하도록 막아 주는 구실을 하고 있다는 기능의 공통점과 모양의 유사성을 보면 장승과 비슷해 보인다는 주장이 가장 유력하다고 하지만 그것조차도 확신하기 어렵다.

동자복 복신미륵.

제주읍성의 돌하르방은 만들어진 때가 분명한 반면에 대정현성의 돌하르방은 대략 16세기 초에 만들어진 것으로 보이고, 정의현성의 돌하르방은 그보다 다소 늦은 16세기 말에 태어났을 것으로 추정하고 있다. 세 곳의 돌하르방은 어떤 통일성을 갖고 있기보다는 주변 돌을 이용해 지역 석공의 사정에 의해 제각각 탄생한 듯하다.

가장 이른 시기에 만들어진 돌하르방인 대정현성 돌하르방은 복신미륵의 모습과 비슷하다. 복신미륵은 탐라국 시대 탐라국성의 동서 양쪽에 세워져 있었으며, 그 모양이 15세기 불상의 모습을 띠었다. 가장 이른 시기에 만들어진 대정현의 돌하르방은 이것을 모델로 했을 가능성이 커 보인다. 제주목의 돌하르방은 돌장승과 비슷하며 정의현의 돌하르방은 보다 더 제주 사람의 모습과 닮아 있다. 이렇게 각 읍성마다 모양도 재질도 시대도 다르다.

제주는 1만 8천 신들의 땅인데도 돌하르방은 신이 갖는 내력도 없고 숭배의 기능도 없다. 마을 신앙이나 가문 신앙의 대상이라고 하기엔 크기가 크다. 읍성 앞에 세워진 돌하르방을 보면 무인을 상징하는 왼손이 위로 올라간 돌하르방과 문인을 상징하는 오른손이 위로 올라간 돌하르방이 대칭을 이루게 세워진 것을 볼 수 있다. 이로 보아 유교 문명의 전도사였던 조선 시대 관아의 작품인 것은 분명하다. 마을보다 읍성 중심의 수문장 역할을 했다는 것도 제주 토착민들이 만들었다고 보기 어려운 이유다. 아무래도 외부인의 입김이 들어갔을 거란 뜻이다.

대정현성 동문 앞에 있는 돌하르방.
위로 하고 있는 손이 다르다.

돌하르방이 가장 먼저 만들어진 대정현은 유배인들이 많이 들어온 곳이다. 그들의 조언으로 당시 가장 이름난 석상인 복신미륵을 참조하여 독특한 돌하르방을 만들어 낸 것이 아닐까 한다. 이야기를 들은 정의현감도 뒤늦게 돌하르방을 만들어서 성문 앞에 세웠을 것이다. 약간의 경쟁심이 발동해서 그랬는지 모르지만 정의현의 돌하르방이 조금 더 크다. 뒤늦게 제주목사 김몽규가 제주목에도 돌하르방을 세웠는데 격에 맞게 하려고 키도 더 크고 숫자도 두 배로 늘려서 세웠을 것으로 보인다. 하지만 이것도 어디까지나 추측일 뿐 역사적 기록은 없다.

조선 멸망 이후 돌하르방은 버려졌다. 신당들이 여전히 보존되었던 것과 비교하면 돌하르방이 가진 가치가 어떤 존재였던 것인지 짐작하게 한다. 신격이 없는 돌하르방은 그저 하나의 돌에 지나지 않았던 것이다. 최근 들어 다시 민속문화재에 대한 인식이 높아지면서 읍성들이 복원되고 돌하르방도 제자리로 돌아가고 있다.

어찌 되었든 돌하르방은 제주도가 원조가 아닐 가능성도 크고 제주 전통과도 무관하다는 것인데, 그럼에도 돌하르방이 제주를 대표하는 관광상품으로 자리 잡고, 그것에 대해 제주 사람들조차 거부감이 없는 이유는 무엇일까?

그것은 아마도 네이밍의 승리가 아닐까 싶다. 제주 사람들은 친근함과 존경심을 갖는 대상에게 하르방이란 표현을 쓰곤 한다. 무서운 옹중석이나 장승과 달리 뭔가 짓궂은 할아버지 모습으로 보이게 하는 데에는 이 이름이 결정적 역할을 했던 듯하다. 손주를 잔뜩 꾸짖는 듯하면서도 그 속에 사랑을 감추지 못하는 할아버지 모습이 느껴져서가 아닐까. 그리고 신앙의 대상이 아니어서 많은 사람에게 거부감을 주지 않은 것도 한몫했을 것이다.

관광객들도 유음으로 끝나는 돌하르방이라는 제주의 독특한 단어가 주는 편안함과 토속적인 느낌을 좋아하는 것으로 보인다. 게다가 소재가 현무암이다 보니 더욱더 이국적이고 신비함마저 느껴진다.

어디서 왔는지는 모르지만 이제 돌하르방은 흉년과 전염병으로부터 마을을 지켜 주는 역할을 농림축산식품부와 보건복지부에 넘겨주고 사람들에게 사랑만 받는 존재가 되었으니 이보다 더 신나는 일이 있을까. 그야말로 성공한 하르방(할아버지)의 모습이 아닐까 싶다.

돌하르방을 찾아서 °°

조선 시대에 제주의 행정구역은 제주목, 정의현, 대정현으로 나뉘었다. 각 관아가 있는 제주읍성, 정의현성, 대정현성 밖에 세워진 돌하르방은 다 다른 모양이다. 즉 제주목에서 일괄 제작한 것이 아니라 지방관이 자기 입맛에 맞게 주문 제작한 것이다. 그럼 이 돌하르방은 어디서 볼 수 있을까?

제주읍성의 돌하르방 중 하나는 사라지고 둘은 국립민속박물관으로 유출되어서 제주에는 21개가 남아 있다. 관광 상품화된 돌하르방의 모델은 제주읍성의 돌하르방이다. 현재 제주에서 이 돌하르방을 볼 수 있는 곳은 제주대학교 입구, 국립민속박물관, 관덕정, 삼성혈이다. 그중 관덕정에는 네 귀퉁이에 각 하나씩 네 개의 돌하르방이 있어서 가장 많은 돌하르방을 볼 수 있다.

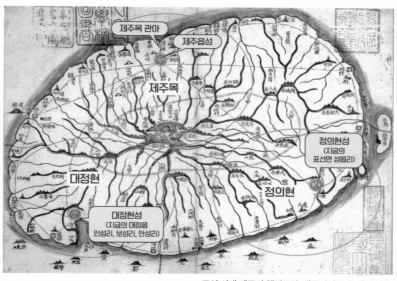

조선 시대 제주의 행정구역-대동여지도 속 제주 삼읍.

제주읍성의 돌하르방은 평균 키가 187센티미터로 정의현성의 141센티미터나 대정현성의 134센티미터에 비해 훨씬 크다. 주름이 많은 할아버지 모습이라서 근처 아이들이 하르방이라고 불렀다고 한다. 윤곽이 뚜렷하고 동그란 눈, 그리고 뭉툭한 코는 제주도 돌하르방 중 육지의 돌장승과 가장 비슷하다.

대정현성 돌하르방은 순박한 모습으로 토속적인 느낌이 강하다. 잘 만들었다는 느낌이 없는데도 아름답게 느껴지는데 이것을 고졸미라 한다고 한다. 대정현성 돌하르방은 여기저기 흩어져 있지만 마을이 좁으니 걸어 다니면서 다 볼 수 있다. 돌하르방을 찾는 재미가 대정현성 여행의 또 다른 묘미이기도 하다.

정의현성 돌하르방은 일찍부터 성읍민속마을이 지정된 까닭에 성문 앞에 자리를 잡았다. 정의현의 돌하르방은 눈꼬리가 올라가 있다. 제주에 널려 있는 현무암이 가진 재질을 살려서 투박하지만 기하학적인 형태 표현이 독특하다. 정의현성이 있던 성읍 출신들도 백하르방이라고 기억하는 것으로 보아서 민간에서는 하르방이란 표현을 더 많이 사용했던 것으로 보인다.

돌하르방은 아니지만 돌로 만든 복신미륵상도 돌하르방과 비교해서 보면 재밌다. 동쪽의 복신미륵은 동자복, 서쪽의 복신미륵은 서자복이라고 하는데, 자복은 재물을 가져다주는 존재라는 뜻이다. 바다에서 보이는 곳에 위치한 이 복신미륵상들은 배들의 이정표 구실을 했을 것이라고 한다. 교역은 제주에서 부를 가져다주는 방법이었다. 동자복이 서 있었던 절은 숙종 때 이형상 목사에 의해 사라졌다.

메밀이 바꾼 제주 밥상

#메밀꽃 피는 시기 : 봄, 가을
#함께 즐기면 좋은 음식 : 메밀국수, 메밀범벅, 메밀조배기, 빙떡

1936년 소설가 이효석이 《메밀꽃 필 무렵》을 발표할 때까지만 해도 메밀꽃 필 무렵이 얼마나 아름다운지 아는 사람은 거의 없었을 것이다. 그러나 이제는 소설의 무대이자 작가의 고향인 봉평 하면 메밀을 떠올릴 정도로 봉평은 온 국민이 아는 메밀꽃 명소이자 메밀 산지의 대명사가 되었다. 정작 지금은 메밀을 가장 많이 생산하는 곳이 제주이며, 강원도로 수출까지 하고 있다. 심지어 제주는 메밀을 이용한 로컬 푸드가 가장 많은 곳이다. 그러니까 아주 오래전부터 제주는 메밀의 고장이었다.

제주에선 메밀꽃이 5월에도 핀다. 물론 제주는 감자도 1년에 두 번, 메밀도 1년에 두 번 수확하니 가을에 메밀꽃이 피지 않는 것은 아니다. 다른 지역과 마찬가지로 가을에도 메밀꽃이 핀다. 하지만 5월에도 메밀꽃으로 물든 들판을 볼 수 있는 곳은 제주뿐이다. 제주에선 메밀꽃 축제도 1년에 두 번, 봄과 가을에 열린다.

　서늘한 기온을 좋아하는 메밀은 5월 제주의 중산간을 하얗게 수놓는다. 그래도 역시 메밀꽃은 달밤에 봐야 제맛이다. 달빛 아래 하얀 메밀꽃밭을 보지 않고서는 '메밀꽃 필 무렵'이 어떤 무렵인지 알기 어렵다고 말하고 싶을 정도니까 말이다.

제주의 메밀밭 풍경.

"산허리는 온통 메밀밭이어서 피기 시작한 꽃이 소금을 뿌린 듯이 흐붓한 달빛에 숨이 막힐 지경이다."

－ 이효석, 《메밀꽃 필 무렵》

메밀의 원산지는 타타르족의 주 무대였던 동아시아 북부 바이칼호, 만주, 아무르 강변 일대에 걸친 지역과 중앙아시아 지역이다. 그래서 메밀은 타타르 메밀이라 불리기도 하고 씨앗의 형태가 삼각형이라 삼각형 쌀이라 불리기도 한다. 메밀 원산지에서 아주 먼 제주로 메밀 씨앗을 들고 온 이들은 몽골인들이다. 물론 메밀만이 아니라 한국에 가장 많은 외래 식물이 들어온 때가 원 간섭기였다. 세계 대제국을 건설한 원이 동서양을 휘저으며 씨앗을 퍼뜨린 시기였으니 그럴 만도 한다. 제주 굿 음식 중에 메밀떡이 없는 것도 메밀이 중세(고려) 이후 외래에서 건너왔음을 증명한다.

전해 내려오는 말에 따르면 몽골인들이 탐라총관부를 설치한 이후 탐라 사람들의 기질을 억누르기 위해 메밀농사를 장려했다고 한다. 《동의보감》에도 메밀은 찬 성질이 있어서 많이 먹으면 원기가 빠져나간다고 한 것을 보면 몽골인들이 그런 의도를 가지고 제주에 메밀을 전파시켰다는 말이 아주 틀린 말은 아닐 듯하다. 그러나 제주 사람들은 이런 메밀의 찬 성질을 아주 간단하게 제압했는데 그게 놈삐라고 하는 무이다. 놈삐는 나무의 뿌리라는 말을 줄여 만든 제주어다. 무는 메밀의 찬 성질을 중화한다.

꿩고기로 육수를 내고 늦가을에 수확한 메밀로 칼국수를 만들면 저세상 맛이 된다. 꿩은 아미노산이 풍부하기 때문에 육수를 내면 감칠맛이 나는데 제주 사람들은 이런 맛을 '베지근ᄒ다'라고 표현한다. 간만에 기름진 음식을 먹거나 감칠맛이 나는 음식을 먹고 나면 제주 사람들은 베지근하다는 말이 마치 감탄사처럼 저절로 나온다. 이 메밀국수에는 반드시 무가 들어간다. 그런데 이런 꿩고기 메밀국수를 누르는 게 노루고기다. 노루고기가 메밀국수와 가장 궁합이 잘 맞는다고 하는데 물론 먹어 본 적이 없어서 어떤 맛인지 말을 할 수 없는 게 유감이다.

메밀국수뿐만 아니라 감칠맛을 돋우기 위해 제주 사람들은 고깃국물에는 기본적으로 메밀가루를 푼다. 몸국, 접착뼈국, 제주식 고사리 육개장에도 메밀가루를 넣어야 제맛이다. 성게미역국처럼 미역국도 메밀가루로 마무리해야 구수한 맛을 느낄 수 있다.

비록 몽골인들이 어떤 마음으로 메밀을 전했든 간에 제주 사람들에게 메밀은 아주 고마운 음식이다. 쌀농사가 불가능한 제주에서는 보리농사가 흉년이면 재앙이나 다름없다. 그런 제주 사람들을 구한 것이 메밀이다. 메밀은 아무렇게나 둬도 잘 자라고 특별히 거름이 필요하지 않으며 병충해에도 강하고 생육 기간도 석 달이면 충분하다. 가을에 수확한 메밀로 보릿고개를 넘겼다. 메밀과 무를 섞어 만든 메밀범벅과 제주식 수제비인 조배기를 만들어 먹고 죽을 쒀서 먹기도 한다. 메밀죽은 소화가 잘되기 때문에 노인들이 좋아한다. 메밀조배기는 미역과 함께 끓여서 산모에게 먹인다. 고구마가 들어온 후에는 메밀범벅에 고구마를 넣어 달콤한 맛을 더했다.

메밀과 무의 조합이 만들어 낸 최고의 제주 음식은 빙떡이다. 빙이란 전병을 이르는 말인데, 전병의 병이 중국어로 빙이다. 중국에서 이 빙을 만들어 먹은 것은 기원전부터라고 한다. 한나라가 서역 정벌을 하면서 중앙아시아에서 빙을 들여왔을 것이라고 하는데 문헌상 가장 오래된 기록은 기원전 30년경이다. 빙은 중국에서 밀을 얇게 지져서 채소를 싸 먹는 음식이다. 제주의 빙떡도 원 제국 시절의 유산이다. 제주 사람들은 특별한 일이 있을 때 차롱이라고 하는 대나무 바구니에 빙떡을 담아 선물하는 빙떡 부조를 매우 큰 선물로 여겼다. 빙떡을 가장 맛있게 먹는 방법은 생선구이 특히 옥돔구이랑 먹는 것이다. 빙떡은 거의 간이 안 된 음식이라 짭짤한 생선구이와 조화를 이뤄서 둘이 먹다 하나가 죽어도 모를 맛이 된다.

좌 우 메밀만디(만두)와 빙떡. 성읍전통음식보전회에서 촬영(사진 ⓒ김현정).

메밀이 들어오면서 쌀도 귀하고 밀도 귀한 제주 사람들에겐 가루음식을 만들 수 있는 기회가 생겼다. 덕분에 가난한 집에서도 비록 메밀가루를 이용한 떡일지라도 구색을 갖추고 제사를 지낼 수 있게 되었다. 콩농사가 잘 안되어서 둠비(두부)를 만들 수 없었던 제주 동부에서는 메밀을 이용한 묵과 떡을 제사상에 올렸다. 그래서 '메밀묵만 올라가면 제사상이다'란 말을 한다.

메밀음식 말고도 제주 음식 문화에서 몽골의 유산은 꽤 많다. 제사음식 중에 상애떡이란 것이 있는데, 밀가루 반죽을 발효시켜서 찐 빵이다. 상애떡은 쌍화점이란 고려가요에서 나오는 상화라는 중국식 만두가 제주에서 변형되어 만들어진 떡이다. 만두에는 고기를 소로 넣지만 제주에선 고기 소 없이 찐 빵이다.

제주의 음료 중에 쉰다리라는 것이 있다. 먹다 남은 밥을 발효시켜 먹는 음료로 몽골의 타라크에서 나왔다. 수애(순대)는 몽골 군인들의 야전식량인 게데스에서 나온 것이다. 몸국과 같은 탕도 슐렝이라고 하는 몽골 음식을 바탕으로 만들어진 것이라고 한다.

제주는 소설가 이효석이 없는 대신 1년에 두 번 꽃이 피게 하는 자연이 있다. 몽골이 어떤 심정으로 메밀을 제주에 퍼뜨렸는지 모르지만 중산간 초원 지대를 지나다 만나는 소금꽃 같은 하얀 들판을 선물해 준 것만으로도 충분하다. 거기에다 빙떡은 덤이다.

오메기술과 고소리술 °°

권력자가 있으면 술이 있다. 마을 의례나 국가 의례에서도 반드시 술을 올린다.
제주 또한 권력자들이 있었기 때문에 전통술이 있었다. 그것이 오메기술이다.

    제주는 쌀이 거의 안 나오기 때문에 쌀로 술을 빚는 것은 엄두도 못 낼 일이었
다. 그래서 쌀 대신 사용하는 곡식이 좁쌀이다. 흐린조라고 하는 차조를 갈아서
떡을 빚어 물에 삶아 내면 오메기떡이 된다. 지금 제주 여행객들이 돌아가면서
선물용으로 많이 사 가는 오메기떡은 여기서 비롯했다. 오메기떡을 누룩에 섞어
발효시키면 탁주인 오메기술이 된다. 다른 곳의 술은 고두밥을 지어 만드는 데
비해 제주의 오메기술은 좁쌀을 갈아 떡을 빚어 만든다. 껍질이 두꺼워서 미생
물이 침투하지 못하기 때문이라고 한다.

(좌)(우) 오메기떡과 오메기술. 오메기술 식품명인 68호 강경순 여사의 술다끄는 집에서 촬영(사진 ©문은숙).

소주는 몽골인들이 제주에 와서 만드는 법을 알려 준 술이다. 추운 지역 사람들에겐 술이 필수품이었다. 그렇게 해서 탄생한 술이 고소리술이다. 몽골인들이 많이 모여서 살았던 서귀포에서는 고소리술을 '아락' 또는 '아랑주'라고 불렀다. 아락은 증류주라는 뜻의 아랍어인데, 고려 수도였던 개성에도 아락주라는 말이 남아 있는 것을 보면 몽골인들이 가져온 말이라는 것을 알 수 있다. 탐라총관부 시절 몽골인들은 서귀포나 대포를 통해 중국을 오갔기 때문에 강정, 하원 같은 마을에 고급 주택지를 만들어서 살았고 그때 전해 내려온 것이다.

소주를 증류하는 장치인 소줏고리는 제주에선 고소리라고 한다. 여기에서 고소리술이란 말이 나왔는데 안동소주와 만드는 과정은 비슷하다. 안동소주도 몽골의 유산이다. 제주는 옹기 만드는 기술이 늦게 들어왔기 때문에 처음에는 솥 위에 돌멩이로 만든 고소리를 썼다. 이 돌을 소줏돌이라고 불렀다. 소줏돌은 솥뚜껑처럼 돌을 다듬어서 만드는데 한가운데 구멍이 나 있다. 여기에 대나무관을 꽂아서 증기가 빠져나오게 한다. 대나무관 둘레에는 물을 적신 수건을 감아놓는다. 그러면 증기가 관을 통과하면서 식으므로 물방울이 맺혀서 내려온다.

술은 마을 의례나 굿에 필수였다. 조선 시대 《신증동국여지승람》에는 "봄과 가을에는 광양당과 차귀당에 남녀가 무리를 지어 술과 고기를 갖추어 신에게 제사를 지낸다"고 하였다. 조선 시대가 되면서 유교 문화가 퍼졌고, 유교 문화에선 술이 필수다. 경복궁의 이름부터가 술과 관련이 있다. '경복'은 유교 경전인 《시경》 대아의 '기취' 편에 나오는 "이미 술에 취하고 이미 덕에 배불렀으니 군자는 만년토록 큰 복을 누리리"라는 말에서 따온 말이다. 불교 국가였던 고려가 차를 마셨다면 유교 국가인 조선은 그야말로 술 권하는 사회다.

유교 문화에 따라 집집마다 제사를 지내면서 술을 빚는 것은 여인들의 또 하나의 큰일이 되었다. 조를 수확한 후 겨울이 되면 제주에서 고소리술을 만드는데 이것을 '술 다끈다'라고 한다. 술은 제사용이기도 했지만 알코올이므로 의약품의 역할도 했다. 기후가 습한 제주에서 술은 생선회 등 날것을 잘못 먹고 생길수 있는 질병을 예방하는 역할도 했다.

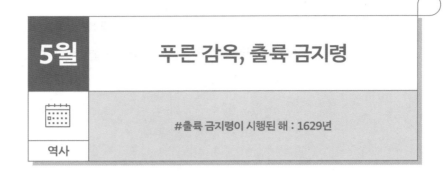

　제주는 1년 열두 달이 다 아름답지만 그중 5월이 가장 아름답다. 그러나 5월 제주의 바람은 아름답지만은 않았다. 5월이 되면 제주에 남풍이 불기 시작하는데 이 바람은 제주 사람들의 마음을 뒤흔들었다. 말을 배에 실어 진상을 해야 하기 때문이다. 작은 배에 말을 실어 나르려면 강한 남풍이 불어야만 했다.

　말을 제주에서 서울까지 수송하는 데에는 약 2개월이 걸리고 비용도 엄청나다. 조선 태종 때인 1418년 전라 감사의 보고에 따르면, 바다를 건너는 데 드는 비용만 양곡이 1천 석이나 든다고 하였다. 말을 실은 배는 1년에 보통 10척 정도 왕래하는데 관리와 선격이라고 하는 노를 저을 사람까지 합해 50명에서 심지어 100명 가까운 사람이 타는 경우도 있었다. 그러다 배가 풍랑을 만나면 그 많은 사람이 살아남기 어려웠다. 남풍은 죽음의 바람이었다.

조선 시대에 제주에서 태어난다는 것은 형벌에 가까웠다. 제주는 섬이라 직접세인 토지세가 없는 대신에 진상 제도가 있었기 때문이다. 공물은 국가 재정이라 흉년이나 천재지변에는 나라에서 깎아 주기도 했고 대동법이 실시된 이후에는 돈이나 쌀, 옷감으로 납부하면 되었다. 하지만 진상품은 왕실 재정이라 흉년이든 아니든 줄어드는 법이 없었다. 제주는 마치 왕실 전용 점령지와 같았고 진상이 진상을 떠는 곳이 되었다. 제주 사람들이 왕실에 진상해야 할 품목은 귤, 해산물, 약재, 말, 흑우, 육포처럼 대부분 제주 특산물들이어서 대체가 불가능한 것들이었다. 제주 사람들은 1인당 10역이나 감당해야 했다.

이렇게 가혹한 의무에 시달리던 사람들은 떠나기 시작했고 임진왜란이 끝나고 난 후 제주 인구는 세종 때의 절반까지 줄었다. 제주는 조선 정부에겐 매우 중요한 국토방위의 요충지인 데다 진상품의 보고였다. 결국 비변사는 제주에 출륙 금지령을 내려 달라고 제안했고, 인조 임금은 이를 받아들였다. 이로써 제주 사람들은 1629년부터 200년간 허가 없이는 육지를 가지 못했고 육지 사람도 제주에 오지 못했다. 아름다운 제주섬은 바다 위의 푸른 감옥이 되었다.

출륙 금지령이 내려진 후 극심한 기후변화로 흉년이 전국을 덮쳤다.

물론 제주도 예외는 아니었다. 제주는 섬이니 흉년에 속수무책이었다. 그때마다 조선 정부는 진휼로 대응했다. 이 얼마나 바보 같은 일인가. 말, 미역, 전복, 귤, 약재같이 돈 되는 환금성 물품이 지천인 제주에서 말이다. 굳이 진휼할 필요 없이 출륙 금지령을 풀고 진상 문제만 해결해 줬어도 제주 사람들은 배를 곯지 않았을 것이다. 제주는 동아시아의 중심이었고, 바다를 이용하면 아시아의 어디든 가서 무역을 할 수 있었지만 조선 정부는 제주를 봉쇄했다.

미역은 환금성도 좋고 보관과 운반도 편리했다. 짧은 미역 채취 기간 동안 추운 바다에서 캐낸 미역으로 쌀도 사고 소금도 사고 옷감도 사야 한다. 하지만 그럴 수가 없었다. 미역은 제주에 온 관리들이 한몫 챙겨 가는 수단이었기 때문이다.

당시 힘들게 미역을 따고 나온 잠녀(해녀)들에게 벌어진 안타까운 정경을 담은 문서는 이렇게 전하고 있다.

> "포구의 유사(관공리)는 관공이라고 칭하며 채취하는 대로 다 움켜쥐니, 포녀(바닷가 여인)는 그 독한 주먹이 두려워서 감히 큰소리 한마디 못하고 알몸으로 발을 구르며 여울 위에 섰다가 빈손으로 가슴을 두드리니, 이 무슨 꼴인가."
>
> — 고창석, 《제주의 역사문화와 고문서》

말 한 마리는 지금으로 치면 고급 승용차 한 대 값이 훌쩍 넘었지만 진상품으로 헐값에 뺏어 가다시피 했다. 그 외에도 정부 관리는 할 수 있다면 미역, 전복 등 온갖 특산품을 무슨 수를 써서라도 **빼돌려** 한몫 잡았다. 제주목사 1년이면 한양에 기와집을 산다는 말이 생겼다.

그러는 사이 제주 사람들의 고통은 점점 커져 갔다. 진상을 위해 수없이 배를 몰고 오고 가다 고기밥이 되었다. 무거운 의무를 가진 포작인(전복, 조개 따위를 전문적으로 잡아 진상하던 사람을 낮잡아 이르는 말), 목자(진상할 말을 관리하는 사람) 등은 결혼 기피 대상이 되어 명맥이 끊겨 갔다. 극심한 기후변화로 흉년이 거듭되었고, 진휼을 위해 쌀이 도착하는 데는 한두 달이 걸렸다. 간혹 배가 침몰하기도 했고 그 양도 턱없이 부족했다. 제주 사람들은 시체가 시체를 베고 누울 정도로 죽어 갔다.

조선의 유학자들은 역사상 송나라 유학자와 더불어 가장 공부를 많이 한 사람들이라고 한다. 하지만 그런 공부도 헛된 듯이 제주에 관리로 오거나 유배를 온 유학자들은 진실을 보기보다는 오로지 제주 사람들이 가난하고 고통받는 이유를 삼재의 섬이기 때문이라고 여겼다. 그러니까 제주가 바람과 비와 가뭄 때문에 척박하다고 본 것이다. 그런 제주섬에 임금께서 진휼을 내려 주시니 백성들이 기꺼이 진상을 바쳤다고 생각했다. 말 그대로 주객전도이다.

탁라 즉 제주에서 감귤을 올린 일에 대해 지은 〈탁라공귤송〉의 일부에 이런 생각이 적나라하게 들어 있다.

"돌무더기 자갈밭에 어두운 비 자주 내리니

오곡 익지 않고 들에는 푸른 열매 열리지 않네.

어른 아이 할 것 없이 고단하고 힘겨워라

임금님 이 백성 불쌍하다 하시네.

서둘러 배에 곡식 실어 보내 먹이고

애통해하는 글 내려 백성의 마음 감동시켰네

백성들 어버이 같으신 임금님 우리를 길러 주시니

뼈를 갈아서라도 공물 바쳐야 하지 않겠는가 하네.

공물 보잘것없어 감귤과 유자뿐인데…."

— 정약용, 《여유당전서》 〈신조선사〉 편

이후 내용은 이렇다. 진휼에 대해 고마운 나머지 귤을 보내려 했는데 큰 바람이 불어 꽃이 다 떨어져 버린다. 이에 귤을 보낼 수 없게 되었다면서 나무를 붙들고 울었더니 다시 꽃이 피어서 귤을 보낼 수 있게 되었다고 한다. 정말 그런 이유로 울었을까?

놀랍게도 이 글을 지은이는 정약용이다. 《목민심서》의 저자이며 조선 시대 최고의 휴머니스트였던 그마저도 제주 사람들이 왜 울고 있는지 전혀 몰랐다.

물론 진휼의 대가로 진상을 하는 것은 당연한 일이다. 백성과 임금의 관계도 서로 주고받는 기브앤테이크 관계일 테니 말이다. 하지만 출륙 금지령으로 해상길을 닫아 놓은 상태에서 진상은 제주 사람들을 파멸로 몰아갔다.

출륙 금지령이 내려진 후 불과 반세기가 지난 1672년 제주 인구는 무려 2만 9,578명까지 떨어진다. 세종 때 인구가 6만 3천 명에 이르렀던 것을 생각해 보면 제주는 푸른 감옥 안에 갇힌 죽음의 섬이 되어 버린 것이다.

조선 정부는 뒤늦게 제주 사람의 고통에 공감하기 시작했고 18세기 초에 군산에 나리포창을 두어서 제주의 해산물과 곡식을 바꾸게 했다. 하지만 출륙 금지령이 유지되는 한 자유로운 상업 활동이 아니었으니 효과가 나타날 리 없었다. 제주의 인구가 비로소 늘기 시작한 것은 스스로 전복을 먹지 않을 만큼 제주 사람의 고통에 공감했던 정조 때부터였다. 정

테우(장소 : 제주민속촌).

조는 진상품의 숫자와 품종을 줄이고 상업 활동을 할 수 있게 해 줬고, 양태산업에 대한 독점권을 제주에 주었다. 김만덕이란 거상의 출현은 이런 배경에서 가능했다.

출륙 금지령으로 인해 제주 해안은 버려졌다. 섬에서 바다를 버린다는 이 우스꽝스런 일이 벌어짐으로써 왜구를 벌벌 떨게 하고 전 세계를 누볐던 제주 해양 문화의 상징인 덕판배가 사라졌다. 대신 테우를 이용하거나 원담을 쌓아서 고기를 잡는 연안 어업으로 제주 사람의 활동 영역은 축소되었다. 한때 중국, 일본을 비롯해 동아시아 해양 교류의 중심지였던 제주는 왜소하고 가난한 변방의 섬이 되었다.

궨당 문화 °°

육지와 교류가 멈추자 제주의 신화, 언어, 문화가 고스란히 보전되기도 했다. TV 드라마나 영화에서 제주 사람들의 말을 자막 없이는 이해할 수 없는 것도 이 때문이다. 또 소규모 어업과 농업에 의존하였기 때문에 마을 주민 간 빈부 격차가 거의 없었다. 아직도 마을 굿이 벌어지는 등 다양한 인문학적 가치를 뽐내고 있기도 하다. 좁은 제주섬 사람끼리 결혼하다 보니 모두가 한 다리만 건너면 아는 사이이거나 친인척인 '궨당 사회'가 됨으로써 궨당 문화라고 하는 독특한 문화가 만들어지기도 했다.

궨당 사회인 제주에선 호칭이 단순하다. 삼춘(삼촌) 아니면 조케(조카)이다. 촌수를 따지지 않고 윗사람은 삼춘, 아랫사람은 조케라고 부른다. 만일 제주에서 할머니를 만난다면 절대 할머니라고 하면 안 된다. 매우 기분 나빠한다. 능숙한 간호사와 어린 간호사의 차이는 삼춘이라고 부르는지 할머니라고 부르는지로 나뉜다.

제주 4.3이 벌어진 이유도 거슬러 올라가면 출륙 금지령으로부터 시작되었다고 볼 수 있다. 그야말로 외부와 제주 간 문화 충돌이 빚은 비극이다. 조선 중앙 정부나 일본 제국주의처럼 미군정, 그리고 대한민국 정부는 제주를 점령지 그 이상으로 보려 하지 않았다. 자주 정부에 대한 열망을 가진 제주 사람들을 이해하려고 하기보다는 잔인한 학살로 대응했다. 광복 후에도 여전히 제주는 푸른 감옥 속에 있던 셈이다.

5월 제주 답사

돌 여행 📍

금능석물원

제주 돌문화공원

대정현성 돌하르방

정의현성 돌하르방

복신미륵 동자복

복신미륵 서자복

관덕정 앞 제주읍성 돌하르방

메밀꽃 축제가 열리는 지역 ☑️

메밀꽃 축제는 주로 5월 말~6월 초, 9월 말~10월 초에 열린다.

오라동 메밀밭

광평리

신례리

보롬왓

청초밭

오메기술 빚는 마을 🔍

성읍민속마을

성읍민속마을은 정의현의 현청이 있었기 때문에 각종 향교 의례나 포제가 많이 거행되었고 이때
오메기술을 사용했기 때문에 오메기술 전통이 강하게 남아 있는 곳이다.
오메기술은 오메기떡과 보리누룩으로 만든다. 오메기술의 위층은 청주가 되고 아래층은 탁주가
된다.

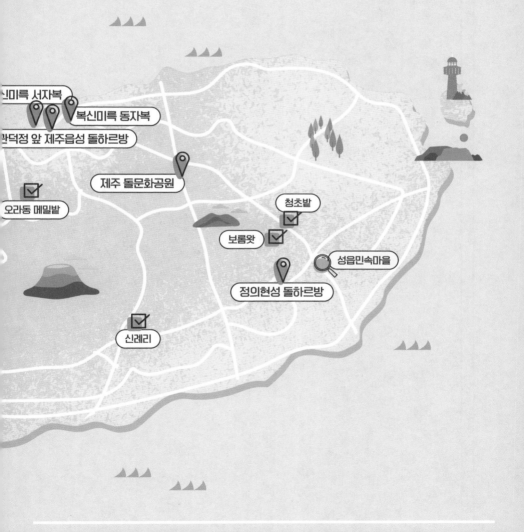

6월

상식을 뒤집는 숲, 제주 곶자왈

자연

#가 보면 좋은 곳 : 선흘 곶자왈, 청수 곶자왈, 비자림

바위 위에 숲이 만들어졌다면 믿을 수 있겠는가? 우선 바위 위 숲이란 말부터가 상식적이지 않다. 그럼 이건 어떤가? 낙엽을 밟고 싶다면 가을이 아닌 봄에 가야 하는 지역이 있다. 봄에 싹을 틔워 여름부터 겨울까지 열매를 맺는 식물의 시간을 뒤집고 겨울에 싹을 틔우고 봄에 순환을 마감하기도 한다. 그리고 겨울에는 따뜻하고 여름에는 시원하다. 혹시 외계 행성 이야기가 아니냐고? 물론 아니다. 모든 상식이 뒤집힌 이 신비한 기적의 숲이 바로 곶자왈이다.

오래전 화산이 폭발한 뒤 흘러내린 용암이 지나가다가 굳고, 다시 그 위를 용암이 흐르다 굳고 하길 반복하며 시루떡처럼 바위가 쌓이고 쌓였다. 그곳에는 풀 한 포기 자랄 수 없었다. 제주 면적의 6퍼센트 정도나 되는 땅은 이렇게 바위로 덮여 있었다.

오랜 시간이 흐른 뒤 바람을 타고 날아온 지의류 포자가 내려앉으며 벌거벗은 바위에 옷을 입혔다. 지의류가 습기를 모아 내자 함께 살 동반자들도 바람을 타고 날아와 내려앉았다. 적응하지 못한 식물은 기꺼이 다른 식물이 자랄 수 있는 토양이 되어 주었고, 거기에 마침표 크기만 한 식물 씨앗이 터를 잡았다. 식물들은 한 줌도 안 되는 흙에 악착같이 뿌리를 내리고 가지를 뻗고 광합성을 했다.

느리고 느린 시간 속에서 이들은 서서히 자랐고 다른 식물 친구들을 불렀다. 동물들은 먹이를 찾으러 왔고, 그들의 털과 배설물 속에 또 다른 식물 친구들의 씨앗이 있었다. 그렇게 아주 천천히 바위는 숲이 되었다. 이곳을 곶자왈이라 부른다. 곶자왈은 화산이 낳고 시간이 만든 곳이다.

곶자왈의 나무뿌리가 뻗어 가면서 바위가 갈라지고, 떨어져 나간 바위가 낮은 곳으로 구르기도 하면서 바위들이 서로 엉켰다. 그 충격으로 용암이 지나가며 생긴 크고 작은 굴의 천정이 무너졌고 그곳에 작은 구멍이 생겼다. 습하고 따뜻한 공기가 이곳에서 나오기 때문에 숨골이라고 부른다. 숨골의 습기와 온기는 흙이 없는 이곳에서 식물이 자랄 수 있게 했다. 수많은 버섯이 습기를 빨아들여 번성했다. 숨골은 빗물을 고스란히 지하수로 보내는 역할도 한다.

제주어 사전에 따르면 곶자왈은 '나무와 덩굴 따위가 마구 엉클어져

수풀과 같이 어수선하게 된 곳'으로 정의되어 있다. 하지만 곶자왈은 원래 있던 지형 이름이 아니다. 제주에는 곶과 자왈이라는 두 개의 다른 지형이 있었다. 곶은 숲이고 자왈은 가시덤불 지역이다. 곶과 자왈을 합쳐서 곶자왈이란 이름을 만든 것은 송시태 박사이다. 송시태 박사는 다양한 동식물이 공존하고, 독특한 생태계가 유지되고 있는 이곳에 학술적인 이름을 붙임으로써 인류가 탐구하고 보호해야 할 가치가 있는 곳이라고 정의했다.

송시태 박사가 곶자왈에 주목한 이유는 물 때문이었다. 곶자왈은 제주 지하수의 절반가량을 만들어 내는 곳이다. 엉기성기 쌓인 용암들 사이로 빗물 등이 내려가면서 깨끗하고 맑은 지하수가 만들어진다. 곶자왈은 흙이 극히 없고 오로지 바위와 돌이 아무렇게나 얽혀 있어서 농업이나 임업 같은 경제 활동을 할 수 없는 곳이다. 집 하나 지을 평평한 지대가 없으니 버려졌다. 그 덕에 비료나 농약도 뿌릴 일이 없고 분뇨나 폐수가 나오지도 않는다. 가장 깨끗한 지하수를 만들어 제주 사람들을 살리는 곳이 곶자왈이다.

흙도 물도 없는 바위 위에 내려앉은 씨앗이 발아하고 그 뿌리는 물을 찾아 끝없이 돌 위를 방황했다. 줄기가 커지면 넘어지지 않기 위해 뿌리는 있는 힘껏 바위를 꽉 끌어안았다. 곶자왈에서만 볼 수 있는 이런 모습을 판근 현상이라고 부른다. 오랜 노동으로 단련된 근육처럼 생명의 건강한 힘이 느껴져서 경외감마저 들게 한다. 소나 말이 들어올 수 없으니 나무는 그대로 쭉쭉 자랐다. 그 결과 숲이 생겼다.

　　제주도를 이해하려면 해발 고도에 따라 제주도를 구분하는 이유를
알아야 한다. 해발 고도 200미터 이하는 해안 지대다. 이곳은 제주도 전체
면적의 55.3퍼센트에 해당하는데 제주 인구의 대다수가 몰려 살고 있다.
제주섬에 처음 온 사람들은 바닷가 주변에 마을을 이루고 계속 살았다.
선사 유적지도 바닷가에 몰려 있다. 농경이 시작되어서도 마찬가지였다.
이유는 물 때문이었다.

　　해발 고도 200~500미터는 중산간 지대다. 이곳에 마을이 본격적으

판근현상.

로 생긴 것은 고려 말기에 말 목장이 생기면서였다. 당시 산업 도로가 목장 주변에 생겼고, 이 길을 따라 말과 사람이 오갔다. 그때는 제주의 중심이 중산간 지대였다. 드넓은 초원이 펼쳐진 이곳은 전체 면적의 27.5퍼센트로 목초지이며 대부분의 오름이 몰려 있다.

해발 고도 500미터 위는 산간 지대로 울창한 숲이 우거져 있고 용암 대지가 드러나 있어서 농업이나 목축업이 불가능하다. 사람들이 살지 않는 곳이고, 지금은 대부분이 한라산 국립공원으로 출입이 제한되어 있다. 이 지역은 유네스코 생태, 지질, 자연 세 가지 분야를 석권한 3관왕 수상자이기도 하다.

산간 지대는 멀고, 해안 지대엔 집과 경작지가 만들어져야 해서 나무들이 자랄 곳이 없었다. 사람들은 숯과 땔감과 목재를 구하러 곶자왈로 들어왔고, 나무를 베어 갔다. 그러나 숲을 낳고 키워 낸 바위는 인간으로부터 나무를 지켜 냈다. 바위를 감은 뿌리의 힘 때문에 사람들은 나무를 밑동까지 베어 가진 못했다. 뿌리가 남겨진 나무는 수십 개의 싹을 틔우고 그중 열대여섯 개가 살아남아 다시 자란다. 곶자왈을 이런 맹아들이 만들었다 해서 맹아림, 혹은 이차림이라고도 부른다. 1981년부터는 사람들이 더 이상 나무를 구하러 들어오지 않았다. 연탄, 석유, 가스가 보급되었기 때문이다. 나무들은 아무런 방해 없이 자라기 시작했고 지금은 울창한 숲이 되었다. 지금 곶자왈의 나무들은 50살을 넘기지 않는다.

숨골에서 나오는 습하고 따스한 공기에 둘러싸인 곶자왈에는 이끼와

버섯, 양치식물이 마음껏 자란다. 곶자왈은 어딜 가나 콩짜개덩굴이 나무나 바위를 타고 올라가는 모습이 보인다. 콩을 반으로 짜개 놓은 것 같다고 해서 붙여진 콩짜개덩굴의 자그마한 잎들을 보면 마치 어린이집에서

비자림에서 만난 콩짜개덩굴.

아이들이 재잘거리는 모습 같다. 장마철이 되면 콩짜개덩굴은 신이 나서 습기를 마음껏 빨아들여서 통통하게 살이 오른다.

곶자왈에선 겨울에도 춥지 않으니 난대성 식물이 자라고 여름에도 덥지 않으니 한대성 식물이 자란다. 위도에 따른 북방한계선이나 남방한계선도 곶자왈에선 의미가 없다.

육지에서 참나무는 봄, 여름에는 울창한 숲을 이뤘다가 가을에는 우수수 모든 잎을 떨어뜨린다. 그러나 곶자왈에서 자라는 참나무의 사촌인 종가시나무와 개가시나무는 상록수이다. 상록수라고 해서 잎을 아예 떨구지 않는 것은 아니다. 꽃이 피는 봄이 되면 잎을 조금 떨궈서 나비와 벌이 헤매지 않고 찾아올 수 있게 한다. 그러므로 곶자왈에서 낙엽을 밟고 싶다면 봄에 가야 한다. 참고로 숯 하면 참나무이듯 종가시나무의 숯도 화력이 좋았다. 농한기에 사람들은 곶자왈에 들어와 숯을 구워 돈을 벌었다. 이 숯의 화력으로만 옹기를 구워 낼 수 있다.

곶자왈은 식물과 동물의 피난처이기도 하다. 노루가 겨울을 보내는 곳이기도 하고, 제주고사리삼, 개가시나무, 으름난초, 순채, 솔잎란 등 환경부 멸종위기 보호 야생식물들이 살고 있는 곳이기도 하다. 제주 4.3 때는 사람들에게 은신처를 제공하기도 했다. 그리고 이제는 치유의 숲이 되었다.

곶자왈에서는 휘파람새의 소리를 손쉽게 들을 수 있다. 휘파람새야 한반도 어디서건 숲에 가면 만나는 새인데 웬 호들갑이냐고 한다면 그것은 제주 휘파람새에 대해 모르기 때문에 할 수 있는 말이다. 휘파람새는 원래 철새다. 하지만 제주 휘파람새는 제주가 너무 좋아서 아예 터를 잡고 눌러앉았다. 그러니까 한 달 살이를 하러 제주에 왔다가 제주 도민이 되어 버린 텃새다. 육지와는 다르게 사투리로 노래하기 때문에 제주 휘파람새 라고도 부른다. 이렇다 보니 개체수가 너무 늘어나 짝짓기 철이 되자 문제가 되었다. 여기고 저기고 전부 휘파람새 소리 천지다. 이래서야 웬만한 휘파람 연주 솜씨로는 암컷 휘파람새 눈에 들기 어렵지 않을까.

제주 휘파람새는 자신을 돋보이기 위해 말하자면 변주곡을 연주하기 시작한다. 휘파람새는 종명이 diphone이다. 두 가지(di) 음(phone)을 나타낸 다는 뜻이다. '휘-익' 하는 알파음은 암컷을 유인하기 위한 음으로 노래를 시작할 때 내고, '호르륵' 하는 베타음은 자기 영역에 포식자나 침입자가 나타났을 때 내는 소리다. 제주 휘파람새는 이 알파음에서 베토벤이었다 모차르트였다 쇼팽이었다 한다. 믿기 어렵다고? 그렇다면 봄날 제주 곶자 왈에서 아무 데나 앉아서 기다려 보라. 곧 들려올 테니 말이다.

경쟁이 치열하니 부지런하다. 육지의 휘파람새는 3월이나 되어야 시작하지만 제주휘파람새는 2월 초중순부터 구애에 나선다. 제주에선 한라산 윗세오름에서 마을 어귀까지 휘파람새의 사투리를 들을 수 있지만 곶자왈에선 더 많이 들을 수 있다.

제주 휘파람새의 소리를 가장 닮은 노래가 있다. 바로 멘델스존의 〈봄 노래(Spring Song)〉이다. 한국인이라면 모두가 들어 봤을 노래다. 통화가 안 될 때 수화기 너머로 '지금은 고객님께서~'라는 메시지와 함께 들려오는 소리기 때문이다. 바로 이 음이 제주 휘파람새의 봄노래와 닮았다. 멘델스존이 사는 유럽엔 휘파람새가 없다고 하니, 이거야말로 신의 음이 아니고 무엇일까?

제주 4대 곶자왈 탐방 °°

제주의 곶자왈은 관광지로서 누구나 갈 수 있다. 이 얼마나 축복받은 이야기인 지는 곶자왈에 가 본 사람만이 알 수 있다. 훗날 곶자왈이 사람을 거부하는 때가 올지도 모르겠지만 아직까진 언제나 환영이다.

제주 곶자왈 지대는 크게 네 군데로, 제주 동부의 조천-함덕 곶자왈, 구좌-성 산 곶자왈, 제주 서부의 애월 곶자왈, 한경-안덕 곶자왈을 제주의 4대 곶자왈이 라 한다. 이중 한경-안덕 곶자왈이 전체 곶자왈의 절반 이상을 차지한다.

최근 개발 열풍이 이 곶자왈 지대를 강타하고 있다. 사유지가 절반을 넘다 보 니 개발을 막을 수도 없다고 한다. 하지만 제주도가 개발 허가를 쉽게 내주는 것 은 이해할 수 없는 일이다. 영어 교육 도시, 제주 신화공원이 한경-안덕 곶자왈 지대를 파고들며 만들어졌고 계속 개발이 이어지고 있다. 곳곳에 물 빠짐이 좋 다는 이유로 골프장이 들어섰다. 골프장은 골프 치는 사람들을 위해 만들어진 곳이므로 농약을 무한정 살포한다. 심지어 선흘 곶자왈 부근에는 동물 테마파크 가 들어설 예정이다. 이렇게 곶자왈은 점점 사라지고 있다. 조만간 제주 지하수 는 먹을 수 없는 물이란 판정을 받을지도 모른다. 곶자왈을 버린 대가로 말이다.

동쪽의 곶자왈을 볼 수 있는 곳은 비자림, 즉 비자나무 숲이다. 동검은이오름 이 만든 곶자왈로 길지 않은 코스이고 빨간 화산송이를 깐 탐방로가 잘 만들어 져 있어서 누구나 쉽게 갈 수 있다. 비자나무는 진상품인 약재이기 때문에 함부 로 벨 수 없었다. 다른 곶자왈 숲보다 이 숲에 나이가 많은 나무들이 많은 까닭 은 이 때문이다. 새천년 비자나무(2000년 1월 1일 새로운 밀레니엄을 기념해 지정된 나 무로 800살이 넘는 노거수다)처럼 천 년 가까이 산 나무도 있으니 기껏해야 50년밖에 살지 못한 다른 곶자왈의 나무들에겐 경이로울 정도로 오래된 숲이다.

한경-안덕 곶자왈은 제주에서 유일하게 도립공원으로 지정되어 있다. 곶자왈은 한반도에서 제주에만 있으니 도립공원이 된 곶자왈은 이곳이 유일하다. 곶자왈 도립공원은 파호이호이 용암으로 만들어졌다. 빌레라고 하는 용암바위가 넓게 펼쳐지기도 하고 표면에 발달한 밧줄 모양을 한 암석도 보인다. 불규칙한 육각형 틈, 즉 거북등절리도 보인다. 이런 절리들은 나무뿌리에 의해 쉽게 암석이 떨어져 나가 본래 모습을 잃는다. 이런 지질학적 현상들을 찾는 것은 마치 숨은그림찾기처럼 또 다른 재미다.

곶자왈 도립공원은 멸종위기종인 개가시나무의 군락지이다. 이렇게 울창한 나무가 멸종위기종이라는 것은 아주 드문 경우라고 한다. 개가시나무는 오직 제주 곶자왈에서만 자라는데 인공위성까지 동원해서 샅샅이 뒤져 보니 총 680그루가 살고 있었다. 그중 98퍼센트인 668그루가 한경-안덕 곶자왈 지역에 집중 분포하고 있었으며, 나머지는 선흘 곶자왈 지역에 여덟 그루, 기타 지역에 네 그루가 살고 있는 것으로 나타났다. 그러나 한경-안덕 곶자왈 지역은 개발이 급속도로 이뤄지는 곳이어서 개가시나무의 앞날도 불투명해지고 있다.

애월 곶자왈의 대표 지역은 금산공원으로 노꼬메오름에서 시작된 곶자왈의 끝에 위치한 곶자왈이다. '납읍 난대림 지대'라는 명칭으로 천연기념물로 보호되고 있다. 납읍리에 양반들이 많아 이곳에서 풍류를 즐겼기 때문에 훼손 없이 울창한 숲을 그대로 보존할 수 있었다고 한다. 가끔은 양반들에게 좋은 일이 모두에게 좋은 일인 경우도 있다는 걸 보여 주는 극히 드문 예이다.

애월 곶자왈 지대에서 가장 재밌는 곳은 청수 곶자왈이다. 이곳에선 장마철에 특별한 축제가 열린다. 사람들이 저녁에 모여서 마을회에서 준비한 제주 전통

음식을 먹고 난 뒤에야 곶자왈 탐방이 시작된다. 도대체 사람들은 왜 밤에 모인 것일까? 반딧불이 축제가 열리기 때문이다. 전국에도 몇 군데 없지만 제주에서도 이곳에서만 즐길 수 있다. 사유지이기 때문에 축제 때만 개방하는데 밤길을 가다 보면 말이 얼굴을 내밀고 있어서 말과 의도치 않은 스킨십을 할 수도 있다 (울타리가 둘러쳐 있어서 전혀 위험하지 않으므로 걱정 마시라). 어둠이 내린 곶자왈 숲 속에서 수컷 반딧불이가 부르는 구애의 노래는 정말 환상적이다. 모든 곶자왈은 1년 내내 언제 가든 좋지만 오로지 청수 곶자왈만은 이 시기에만, 그것도 미리 예약해야만 갈 수 있다.

6월	냉국에 된장을 넣는다면 당신은 제주 사람
 문화	#함께 알아 두면 좋은 날 : 보목리 자리돔 축제

프랑스의 미식가 장 앙텔므 브리야사바랭은 200년 전에 쓴《미식 예찬》에서 이렇게 말했다.

"당신이 무엇을 먹었는지 말해 달라. 그러면 당신이 어떤 사람인지 알려 주겠다."

냉국에 된장을 넣어 먹는다면 당신은 제주 사람이다!

제주에는 논이 없어 거친 잡곡밥을 먹을 수밖에 없는데 신선한 채소나 해물을 넣고 된장만 풀어 만든 된장국은 잡곡밥을 술술 넘길 수 있게 해 주고 훌륭한 단백질 공급원이기도 하다. 여름철 염분을 보충하고 까끌까끌한 보리밥을 넘기기 위해서 먹는 냉국에도 제주 사람들은 반드시 된장을 넣는다. 물외라고 하는 토종 오이를 숭숭 깎아 넣은 물외냉국도, 풋배추를 데쳐서 넣은 노물(나물)냉국도, 심지어 미역냉국도 된장으로 간을 한다. 물회도 그렇다. 제주도식 물회에는 된장만 넣는다.

된장은 채소를 데쳐서 무칠 때도 사용한다. 제주에서 나물은 노물이라고 부르는데 이것은 데친 채소를 뜻한다. 말려서 불려 만드는 육지식 나물 요리가 제주에는 없다. 제주 사람들이 먹는 유일한 나물은 고사리나물이다. 사시사철 텃밭에 푸른 채소가 자라기 때문에 굳이 채취해서 말리고 다시 불리고 볶고 하는, 즉 시간과 품을 들일 필요가 없기 때문이다.

제주 사람들이 된장을 즐겨 먹게 된 건 제주에 염전이 충분히 발달하지 못한 탓이다. '세상에, 사방팔방이 바다인 섬에서 소금이 귀하다니!' 싶겠지만 제주 바다는 소금 결정이 만들어지기 힘들었다. 용천수가 바다에서 많이 솟아나 염분 농도가 낮기 때문이다. 조수간만의 차가 크지 않아서 간석지가 없고 그렇다 보니 염전을 만들 곳도 없다. 바다 건너 나가서 해남 등에서 사 와야 하는 소금은 제주 사람들에겐 작은 금덩이었다.

소금이 귀한 대신에 콩은 흔했다. 고려에서 파견 온 관리는 일단 제주에 도착하면 우선 집집마다 콩 한 말을 바치게 하고 아전들에겐 말 한 마리를 바치게 해서 한몫 잡아 떠났다. 변방에 파견된 관리에 대한 일종의 위로금인 셈이니 제주에 한번 다녀오면 부를 이뤘다. 고려의 관리들은 제주를 '(뇌물 받기) 풍요로운 땅'이라고 불렀다. 콩 한 말은 18리터로 결코 적지 않은 양이지만 당시 이미 콩은 집집마다 충분히 수확되었고, 된장은 항아리 가득 있었다. 자연스럽게 소금보다는 된장이 국은 물론 거의 모든 음식 조리에서 기본이 되었다.

콩이 처음부터 제주에서 자생한 건 아니다. 아주아주 오래전에 콩주머니를 들고 제주를 찾아온 이들이 있다. 바로 콩의 원산지인 고구려족 유민이다. 그들은 콩으로 된장, 간장 만드는 법도 알려 주었다. 고구려는 된장, 간장 같은 발효식품의 원조국이기도 하다. 긴 시간이 지나도 어디를 가더라도 변하지 않는 것이 음식 문화다. 그래서 음식은 그들이 어디서 온 사람들인지를 알려 주는 지표이기도 하다. 탐라를 세운 사람들 중 고을나족이 고구려계 유민들이라고 하는 데 동의한다면 이 때문이다. 탐라도 고구려처럼 화려한 된장 문화를 꽃피웠으니 말이다.

고구려족이 남긴 음식 문화의 유산은 그뿐만이 아니다. 제주 토속 장아찌인 마농지(풋마늘대장아찌)도 고구려에서 나온 것이다. 단군 신화에서 호랑이와 곰이 동굴에서 사람이 되기 위해 먹어야 했던 그 마늘은 달래였다. 영역 싸움에서 승리한 곰 부족이 지배한 영토가 고구려족의 땅이었고, 이들은 간장에 달래와 사냥해 온 고기를 담갔다가 꼬치에 꿰어 구워 먹었다. 고구려는 맥족이므로 이 꼬치구이는 맥적이라고 불렸다. 인디언들에게 구운 고기는 축제라는 말과 동의어였듯이 맥적 또한 축제 음식이고 의례 음식이었다.

왼쪽은 소라적, 오른쪽은 돼지고기적. 성읍전통음식보전회에서 촬영(사진 ©김현정).

탐라국 의례 또한 이런 전통과 맞닿아 있다. 탐라국의 국가 의례에서 나눠 먹은 맥적은 제주 사람들의 가정의례인 제사에서 먹는 '고기적'으로 이어졌다. 그 후 돼지고기가 사육되면서 돼지고기적으로 바뀌었다. 그러나 설에는 여전히 소고기적을 사용하였고 이것이 그나마 유일하게 제주에 존재하는 소고기 음식이다(9월 〈케네기 오디세이와 용왕국 따님의 해피엔딩〉 편 참조).

탐라국 국가 의례 날은 또 쌀로 만든 음식을 맛볼 수 있는 날이기도 하다. 쌀은 섬 밖에서 사 와야만 하기 때문에 성주 가문이나 마을 유력 가문들의 독점품이었다. 이들은 귀한 쌀로 만든 떡을 모두가 나눠 먹을 수 있도록 작고 동그랗게 빚어 돌림으로써 권위를 과시했다. 이 떡이 돌래 떡이다. 의례가 끝나면 가난한 자들도 귀한 쌀 맛을 볼 수 있었고 '굿이나 보고 떡이나 먹지'란 말이 나왔다. 탐라국 시대의 의례는 조선 시대에 공식석상에서 퇴출되었지만 무속 의례로 살아남아 남성 중심 가문 문화에 맞서 여성 중심의 마을 문화로 오늘날까지 이어지고 있다.

소금이 귀하니 간장도 귀하고, 고추농사가 안되니 고추장도 귀하다. 그래서 제주는 된장의 고장이다. 온통 된장 음식 천지이지만 그래도 제주에서 된장 음식의 최고를 꼽으라면 아마 모두가 자리물회라고 말할 것이

보목리 자리돔 파시.

다. 자리돔은 감칠맛을 내는 단백질이 풍부하다. 잘게 썬 자리돔에 된장으로 간을 하면 잡내를 잡아 줘서 물회의 맛을 고소하게 해 준다. 영양도 풍부한 데다 더위도 잡아 주고 속까지 풀어 주는 자리물회의 시원한 맛은 오로지 된장만이 만들어 낼 수 있다. 제주는 워낙 고온다습하기 때문에 수분, 염분, 영양분을 공급받을 수 있는 자리물회를 다섯 번은 먹어야 여름을 난다고 했다.

물회를 만드는 자리돔은 5월과 6월에 잡은 것이라야 가장 뼈가 연하고 알이 들어 통통하다. 이때가 되면 제철을 맞은 자리돔을 사고파는 즉석 장터인 자리돔 파시가 연안가에 열린다. 보리가 들판에 익어 갈 무렵의 자리돔은 보릿자리라고 하여 물회로 먹기에 제격이다. 또 내장에 기름이 차는 가을의 자리돔은 ㄱ슬자리(ㄱ슬은 가을의 제주어)라고 하여 10월에 젓갈을 담갔다.

제주는 섬인데도 1년 내내 수산물을 구하기 쉽고 소금이 귀해서 의외로 젓갈 문화가 발달하지 않았다. 그런 제주에서 젓갈로 담그는 생선이 자리돔과 멜이다. 너무 많이 잡혀서 거름으로 쓸 정도라 하는 수 없이 저장 음식으로 젓갈을 담근 것이다.

멜은 멸치의 제주어다. 보통 다른 지역에서는 소리와 빛으로 유인해서 멸치잡이를 하지만 제주에선 밤에 투망하여 건져 올린다. 그리고 다른 지역에선 삶아서 말려 저장하지만 제주는 생물 그대로 말려 저장하거나 멜젓을 담갔다. 멜의 제철은 6, 7월이다. 이때가 되면 아침 안개 너머 들려오는 뱃고동 소리와 함께 멜을 팔러 다니는 사람들의 '멜삽서(멸치 사세요)'라는 소리가 마을을 울리곤 했다. 멜은 풋배추를 넣어 끓인 멜국과 튀김이 일품인데 역시 6월에 만날 수 있는 최고의 음식 중 하나이다.

이렇게 담근 젓갈은 1년 내내 두고 반찬으로 먹는다. 이런 젓갈류를 촐래라고 하는데, 제주에서 촐래는 반찬과 동의어다. 달리 말하면 제주 사람들의 밥상은 보리밥, 된장국, 그리고 촐래가 기본 상차림이다. 제주엔 쌈장이 없는 대신 촐래가 쌈장 역할을 한다. 푸성귀를 뜯어다가 밥을 싸고 촐래를 얹어 먹는다.

촐래쌈의 최고는 제주 콩 문화의 스핀오프이자 제주 사람들의 소울 푸드인 콩잎쌈이다. 콩잎을 쌈으로 즐기는 곳은 제주가 유일하다. 다른 지역에선 특유의 콩 비린내 때문에 쌈으로 먹기는 어려워서 찌거나 소금물에 절이거나 하는 가공을 거치지만 제주에선 여름에 연둣빛으로 올라오는 콩잎을 따서 그냥 먹는다. 콩잎에 멜젓을 올린 이 독특한 조합은 오로지 제주 사람들만이 아는 맛이다. 만일 제주 사람인지 아닌지 구분하고 싶다면 간단하다. 콩잎쌈을 아는가, 그리고 콩잎쌈을 멜젓과 즐기는 법을 아는가 알아보면 된다.

6월은 콩을 심는 시기이고 콩잎쌈에 곁들일 멜젓을 담그는 시기이다. 콩잎이 무성해질 때쯤 멜젓도 맛이 든다. 제주 사람들은 멜젓이나 자리젓이 먹음직스럽게 익은 냄새를 '쿠싱하다'라고 하는데 이는 곰삭아 구수한 냄새를 표현하는 제주어이다. 콩잎은 아미노산의 보고이고 멜젓은 단백질과 염분을 공급해 주니 여름 한철 나는 데는 절묘한 조합이다. 콩은 여름 내내 콩잎을 내줘서 쌈을 즐기게 해 주고, 아침마다 콩잎을 따도 끄떡없이 자라서 가을에 열매를 맺는다. 서리가 내릴 무렵 수확한 콩으로는 콩가루를 풀어 콩국이나 콩죽을 쒀서 먹을 수 있고, 둠비를 만들어 잔칫상에 올릴 수도 있다. 콩으로 만든 된장은 1년 내내 밥상을 책임질 것이다. 제주 사람의 정체성은 콩에서 찾을 수 있다. 먼 옛날 콩을 들고 제주를 찾아온 고구려인들의 자취는 찾을 수 없지만 그들이 남긴 유산은 제주 사람들의 밥상과 맛의 영혼 속에 남겨져 있다.

제주 소금 여행 °°

1531년 제작된 《신증동국여지승람》에는 제주 특산물로 소금이 적혀 있다. 하지만 믿을 수 없는 것이 제주엔 소금이 아주 귀했다. 이보다 조금 앞서 성종 임금 때 제주목사로 온 이약동은 관아의 관리와 아전들이 곡식과 소금을 배급하면서 비리를 저지른 것을 밝혀냈고 그로 인해 제주에선 청백리로 추앙받았다. 소금은 관아에서 배급할 만큼 아주 귀했다. 한 홉만 살짝 훔쳐도 큰 손해가 날 정도였고 주머니에 한 줌만 집어넣어 빼돌려도 쌀 한 말을 샀다고 한다.

그 후 제주에도 염전이 생겼다. 조선 선조 때 제주목사로 온 강려가 소금밭으로 만들 만한 땅을 찾아서 제주를 누볐고, 사빈이 발달한 종달리에서 소금 생산을 시도했다. 육지로 사람을 파견하여 제염 기술을 배워 오게 하면서까지 필사적인 노력 끝에 마침내 소금 생산에 성공했다. 그 후 제주 해안에 염전이 23곳이나 만들어졌지만 여전히 소금 자급률은 24퍼센트에 불과했다. 강려가 제주를 떠난 지 불과 30년도 되지 않아 제주에 온 김상헌은 《남사록》에 이렇게 적었다.

"지금은 온 섬에서 일곱 군데 소금가마가 있어 충분히 관가에 댈 만하다. 그러나 민가에서는 이것을 쓸 수 없으며 모두 육지에서 사 와야 한다."

효종 때 제주목사였던 이원진은 《탐라지》에서 이렇게 말했다.

"가장 우스운 것은 제주는 사면이 바다면서도 소금이 나지 않는다는 것이다. 서해처럼 염전을 만들고자 하나 만들 땅이 없고 굽고자 하나 물이 싱

거워 백배의 공을 들여도 소득이 적다. 해안가는 모두 암초와 여(물속에 잠겨 보이지 않는 바위)로 소금밭을 만들 만한 땅이 적다. 무쇠가 나지 않아 가마솥을 가지고 있는 자가 적어 소금이 매우 귀하다."

이형상 제주목사는 철 4천 근으로 철부 즉 솥 세 개를 만들어서 제주목에 두 가마, 대정현에 한 가마를 주어 소금을 만들게 했다. 철도 귀하고 소금도 귀한 제주에 이런 노력 끝에 소금으로 유명한 곳이 생겼으니 종달과 구엄이다.

종달은 소금으로 이름이 난 곳이다. 종달리 소금은 맛이 들큼해서 밭미원이라고 불렸다. 소금밭에서 나는 조미료란 뜻이다. 소금을 팔러 다니던 사람들을 '소금바치'라고 했는데, 이 말은 종달리 사람들을 일컫는 대명사처럼 사용되기도 했다. 근대 이후 육지에서 싼 소금이 쏟아져 들어오면서 소금밭은 논으로 변했고, 쌀이 해외에서 수입되면서 지금은 갈대만이 넘실거리는 버려진 땅이 되었다.

구엄은 종달처럼 사빈이 발달한 곳이 아니었지만 넓은 바위인 빌레 위에서 소금을 만든 '소금빌레'가 있었다. 바위 위에 찰흙으로 둑을 쌓고 그곳에 고인 바닷물이 햇볕에 마르면서 생기는 소금을 얻어 내는 방식으로 소금을 생산했는데 놀랍게도 구엄의 소금은 종달리 소금보다 단위 면적당 생산량이 다섯 배가 넘었다. 소금빌레에서 생산된 돌소금은 넓적하고 굵은 데다 품질이 뛰어났다고 한다.

종달이든 구엄이든 육지의 천일염이 대량으로 들어오기 시작하면서 더 이상 소금밭으로서 가치가 없어졌고 자연스럽게 사라졌다. 최근 구엄리 소금빌레는 지자체에 의해서 관광자원으로 개발되며 복원되었다.

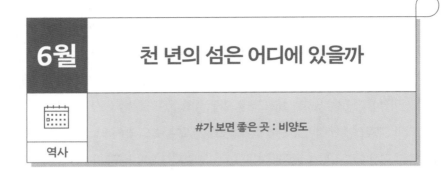

한라산은 활화산이다. 그렇다고 걱정은 마시라. 진짜로 화산 활동이 일어날 일은 희박하니 말이다. 설령 일어난다고 해도 백두산과 달리 한라산은 매우 느린 용암이 분출되어서 도망갈 기회를 충분히 줄 것이다. 평온해 보이는 한라산을 활화산으로 규정한 근거는 1만 년 이내에 화산 활동 기록이 있었기 때문이다. 《고려사》 등 옛 문헌에는 1002년과 1007년 두 번 화산 활동이 있었고 그 결과 섬이 만들어졌다는 기록이 있다.

"1002년 목종 5년, 6월에 산 네 군데 구멍이 열려 붉은 물이 솟아 나오더니 5일이 지나서야 그쳤는데, 그 물은 모두 기왓장 같은 돌이 되었다."

"1007년 목종 10년, 상서로운 산이 바다 가운데서 솟아났는데, 탐라 사람들이 말하기를 산이 처음 나올 때 구름과 안개로 깜깜해지고 천둥이 치는 것 같은 진동이 있었고, 7일 밤낮으로 계속되었다. 태학박사 전공지를 보내어 살펴보게 하였다."

사람들의 관심을 끈 것은 바다 가운데 솟아난 그 상서로운 산이 어디일까였다. 여러 섬들이 후보에 올랐지만 조선 시대의 기록을 바탕으로 비양도라고 여겨져 왔다. 비양도는 서산 즉 상서로운 산이라는 이름을 가지게 되었고, 2000년대에 들어서면서 천 년의 섬으로 굳히기에 들어갔다.

그러나 최근 지질학자들의 연구 결과에 따르면 비양도의 나이는 약 4,500살 이상이었고, 문헌 속 기록보다 훨씬 나이가 많았다. 도저히 천 년의 섬이 될 수 없었다. 다른 후보들도 마찬가지였다.

연대 측정 방식으로 허탕을 친 지질학자들은 다른 것을 눈여겨봤다. 《고려사》 속 화산 장면은 수성 화산의 폭발에 대한 아주 구체적이고 자세한 묘사다. 저것은 직접 보지 않고서는 도무지 나올 수 없는 말이니 거짓은 절대 아닐 것이므로 제주에서 가장 최근에 벌어진 수성 화산을 찾아보기로 한 것이다. 폭발 양상을 통해 가장 유력한 후보로 떠오른 것은 송악산과 그 앞에 있는 형제섬이었다. 이들의 나이는 3,800살쯤이다. 그러나 여전히 의문은 남는다. 시간 간격이 너무 벌어져 있다.

어째서 화산 폭발이 일어난 지 거의 2천 년이나 지났는데도 마치 그

하늘에서 본 비양도.

날 일어난 것처럼 《고려사》에 기록된 것일까? 지질학자들은 조심스럽게 그것은 당시 제주에 살던 사람들의 시공간에 대한 관념이 고려와 달랐기 때문이라는 가설을 제시한다. 그럴듯한 얘기다. 고대인들이 보고 들은 것을 정리한 시간과 공간의 표기법은 우리와 달랐다. 오래된 화산 폭발 사건들은 제주를 오가는 사람들의 기억 속에서 설문대할망 같은 신화로 구성되었다. 반면 시간적으로 좀 더 가까운 마지막 화산 폭발은 목격자가 많았고, 신화나 설화가 아니라 생생한 목격담으로 이어져 왔을 것이다.

고고학자들이 애월읍 어음리에서 발견한 빌레못동굴에는 구석기 시대 사람들의 흔적이 남아 있었다. 갈색곰 뼈 화석도 발견되어서 조심스럽게 그때 제주도는 내륙과 이어져 있었던 것이 아니냐는 추측을 하게 했다. 여기서 발견된 유물들은 4만 년 이전 것이므로 이 동굴에 살았던 사람들은 화산 폭발을 많이 목격했을 것이다. 제주가 불의 섬이었던 때니까 말이다.

고산리 신석기인들도 마찬가지이다. 그들은 제주 전역을 누볐다. 송악산 주변인 하모리에서 발견된 사람 발자국 화석은 뚜렷하게 이것을 증명한다. 대략 7천 년 전 이 화산이 분출할 때 주변에 살던 사람들이 아직 굳지 않은 용암 위를 지나가며 만든 발자국이기 때문이다. 이들이 목격한 화산 폭발의 기억은 고스란히 전해지며 마치 어제 있었던 일처럼 세대에서 세대로 이어졌을 것이다. 수천 년이 지나도, '옆집 누가 어제 보았는데 말이야~'로 시작되는 이야기로 복제되어 퍼지면서 전해 내려왔을 것이다.

당시 탐라국은 고려와 조공 관계를 갖고 있으나 독립된 왕국이었다.

탐라국 사신들은 물 넘고 산 넘어 개경에 와서 고려 최대의 축제인 팔관회에 참석했다. 그들은 당시 이웃 강대국인 송, 일본의 사신들과 동등한 지위로 대접받았다. 낯선 사람들이 모인 곳에서는 자기 나라 자랑을 늘어놓을 것이고, 탐라국 사신도 이에 질세라 진기한 화산 폭발 얘기를 꺼냈을 것이다.

"우리 탐라국엔 말이죠, 바다에서 붉은 물이 솟구치는데 어휴, 보지 않았으면 말을 말아요."

평소라면 그냥 이웃나라 뻥쟁이 이야기로 흘려들었을 이야기가 귀에 꽂히기 시작한 사람이 있었다. 고려의 전공지였다. 목종 즉위 후 숨 가쁘게 돌아가던 고려 왕실의 사정 때문이었다.

29명의 아내에게서 25명의 아들을 낳은 태조 왕건은 자신의 직계 남자 후손이 단 두 명만 남게 되는 상황을 짐작이나 했을까? 왕건이 죽은 지 불과 40여 년 만에 벌어진 일이다. 목종은 자식이 없는 것은 물론이고, 여자에게 관심조차 없었다. 이제 왕건의 자손은 목종과 목종의 이복동생인 왕순만이 남았다. 권력을 독점하기 위해 벌인 근친혼이 낳은 무서운 결과였다.

섭정 중이던 목종의 어머니 천추태후는 이런 상황을 이용해 김치양이란 신하와 정을 통해 낳은 아들을 왕위에 올리려 했다. 천추태후에겐 왕순이 눈엣가시였다. 천추태후 역시 왕건의 손녀이고, 여동생 헌정왕후와 나란히 역시 왕건의 손자인 경종과 결혼했다. 그렇게 천추태후는 목종을,

헌정왕후는 왕순을 낳았다. 이제 고려 왕실에는 증조 때부터 모두 왕건의 자손들인 황금 족보 근친혼의 끝판왕 두 사람만 남았고, 권력 다툼에는 피도 눈물도 없었다.

왕순은 매일 목숨의 위협을 느꼈고, 왕건의 후손이 모두 사라질 절체절명의 위기에 놓였다. 고려가 과거제도를 실시한 지 50년, 새롭게 부상한 신흥 세력은 왕순에게 고려의 미래를 걸었다. 과거 출신 태학박사 전공지도 신흥 세력파 소속이었음은 말할 것도 없다. 탐라국 사신들이 올 때마다 떠벌리는 화산 이야기를 듣고 전공지는 이것이야말로 왕실을 구할 카드라고 생각했다. '어머니의 신이신 땅이 노한 것은 태후 때문이다!' 1007년 전공지는 제주도로 가서 화산 폭발로 새로 생긴 산의 모습을 그려 와 바쳤다.

이후 역사는 숨 가쁘게 전개된다. 강조가 정변을 일으켜 목종이 폐위되고 천추태후도 유배길에 올랐으며 왕순은 왕위에 올랐다. 아슬아슬하게 살아남아 왕이 된 왕순이 바로 현종이다. 현종은 위기에 강한 임금답게 세 번의 거란 침입을 견뎌 냈다. 14명의 후비를 거느리며 다섯 명의 아들을 두어 왕실의 안녕을 이끌었다. 이후 고려의 국왕들은 모두 현종의 자손이다.

전공지가 진짜로 제주에 오자 탐라국 사신들이 더 소스라치게 놀랐을지도 모른다. "어라? 그러니까 그 섬이 어디냐면…" 하고 머뭇거리다가 탐라국성과 가장 가까운 섬인 비양도가 그 섬이라고 말해 버렸을 것이다. 그거면 전공지도 충분히 만족했을 것이다. 천추태후를 유배 보내는 카드로 쓰기 위한 것이 목적이었지 진실 따윈 관심이 없었으니까 말이다. 과거 출신 세력들과 현종은 역사의 승리자가 되었다. 그리고 제주도는 먼 훗날 전 세계가 주목하는 화산섬이 될 수 있었으니 윈윈인 셈이다.

비양도든 형제섬이든 일출봉이든 바닷가 수성 화산들은 모두 그런 모습으로 폭발했다. 수성 화산들의 나이는 얼마 되지 않아 목격자가 아주 많았을 것이니, 거짓은 아니다. 게다가 비양도였을 가능성도 크다. 제주에서 사람들의 기억에서 기억으로 이어져 오던 목격담을 제주 사신들은 단지 어제 본 것처럼 말했을 뿐이고 고려 조정엔 그 말을 믿고 싶은 사람들이 있었을 뿐이다. 사실, 천 년의 섬이 어디에 있는지가 뭐가 중하겠는가.

수성 화산과 마그마성 화산 °°

화산은 물속에서 폭발할 때와 땅 위에서 폭발할 때 다른 형태를 띤다. 땅속 깊은 곳에서 만들어진 마그마가 올라오다가 물을 만나면 격렬하게 반응해서 화산재와 수증기가 강렬하게 뿜어져 나온다. 그 화산재가 쌓여 만들어지는 화산체를 수성 화산체라고 한다. 그중에서도 경사가 급한 화산체를 응회구라고 하는데 대표적인 오름이 성산일출봉이다. 반면 나지막하고 펑퍼짐한 오름은 응회환이라고 하는데 송악산과 수월봉이 여기에 해당한다.

제주 오름 가운데 수성 화산은 10여 군데밖에 안 된다. 재밌게도 수성 화산엔 산이란 글자가 들어간 경우가 많다. 두산봉, 당산봉, 단산, 산방산, 송악산 등은 수성 화산이다. 제주 사람에게 오름은 아무나 오르는 곳이라 오름이었지만 산은 신성한 곳이었다. 수성 화산은 경사가 급해서 오르기 쉽지 않다는 걸 보면 이름에 '산'이 붙은 게 우연이라고만은 볼 수 없을 듯하다. 수성 화산은 화산체가 굳어지기 전에 침식되기 때문에 부드러운 능선을 가진 오름이라기보다는 깎아지른 듯한 절벽을 갖고 있는 경우가 많다.

나머지 350여 개는 마그마성 화산이다. 우리가 오름 하면 생각하는 둥근 능선을 가진 작은 언덕이 바로 이 마그마성 화산에 의해 만들어진 오름이다. 마그마가 지표로 올라와서 분출했을 때 모양을 따서 이런 오름을 분석구라고 한다. 분수가 물을 뿜듯이 돌을 뿜어냈다는 말이다. 이 돌은 보통 제주에서는 화산송이라고 하는 붉고 가벼운 돌인데 전문 용어로는 스코리아라고 한다. 화산송이는 화장품으로 개발되어 CF를 통해 알려지면서 이제는 익숙한 용어가 되었다.

수성 화산인지 마그마성 화산인지 알 수 있는 가장 간단한 방법은 주변 흙의 색을 보면 된다. 검은색 모래가 있으면 수성 화산이고 붉은색 송이가 있으면 마그마성 화산이다. 우도의 검멀레해변, 삼양 해수욕장, 용머리해안 주변, 수월봉 지역 주변은 모래가 까맣다. 화산재가 쌓이면 응회암이 되고, 응회암이 채 굳기도 전에 침식되면서 검은 모래 해변을 만든다. 응회암은 좋은 건축 재료이기 때문에 우도의 검은 모래는 건축업자들에게 인기가 많았고 그래서 꽤 많이 퍼 갔다고 한다. 용머리해안 주변의 흙은 한눈에 보기에도 다른 모래들과 다르다. 모래처럼 몽글몽글하지만 암석이 풍화된 모래가 아니라 화산 폭발 당시 쌓인 화산재이다.

수성 화산과 마그마성 화산이 동시에 있는 곳도 있다. 먼저 바닷속에서 수성 화산이 폭발한 후 그 위에서 마그마성 화산이 폭발한 경우이다. 차귀도, 송악산, 두산봉, 우도 등에선 두 가지 흔적을 전부 볼 수 있다.

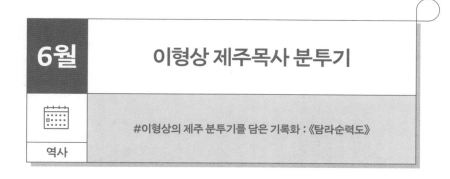

이형상 제주목사 분투기

#이형상의 제주 분투기를 담은 기록화 :《탐라순력도》

조선 숙종 때인 1702년 6월에 지천명에 이른 이형상이 한양을 출발해 한 달여를 여행한 끝에 당도한 곳은 제주였다. 알아듣기 힘든 언어, 깔끄러운 밥, 미친 듯이 불어 대는 습한 바람 같은 건 참을 만했다. 변방의 수령으로 가란 임금의 교지를 받들었을 때 각오한 일이니 말이다.

이형상을 힘들게 한 것은 다른 데 있었다. 바로 제주 사람이었다. 도대체 같은 조선의 백성인가 싶었다. 모든 게 달랐다. 뱀을 모시질 않나, 남녀가 함께 목욕을 하질 않나, 동성동본끼리 결혼하질 않나, 벌거벗고 물질을 하지 않나. 게다가 굿판은 미어지는데 서당이나 향교의 마당엔 잡초만 무성하고 문짝은 너덜거렸다.

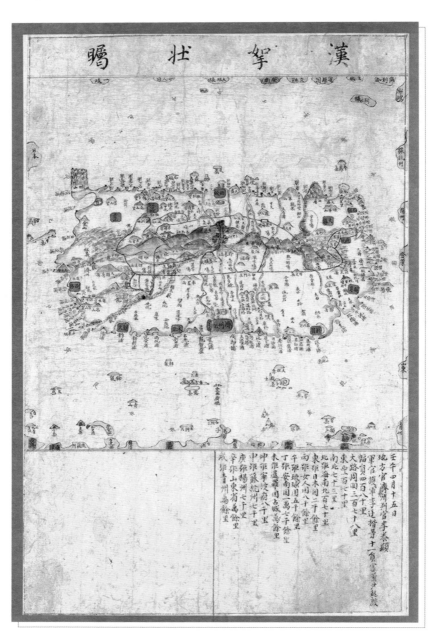

《탐라순력도》1장〈한라장촉〉, 1702년(숙종 28) 4월 15일.
당시 제주도에 관한 전반적인 내용과 주변 도서에 대한 지식을 알려 주고 있는 고지도.
조선 정부의 입장에서 그렸기 때문에 아래가 북쪽이다. 제주특별자치도 소장.

그렇다고 좌절할 이형상이 아니었다. 심지 굳기로는 둘째가라면 서러워할 대쪽 같은 유교 관리였으니 말이다. 거기에다 제주에서는 무소불위 유일무이한 권력자 제주목사가 아닌가. 하나하나 차근차근 제주를 유교화하는 일에 착수한다.

조선 중앙 정부 관리로서 제주목사는 병마수군절제사라는 군사령관의 직도 겸한다. 따라서 제주목사의 임무는 국토방위와 진상이었다. 부임하면 군사 시설을 점검하고 진상품을 확인하기 위해 순력을 도는 일부터 시작한다. 순력은 동쪽 마을부터 시계 방향으로 도는 것을 원칙으로 한다.

이형상도 부임하자마자 순력을 돌기 시작했고 가는 곳마다 마치 기록 사진처럼 하나하나 세밀하게 그림으로 담아냈다. 그의 놀라운 분투기는 그렇게 세상에 남겨졌다. 그것이 《탐라순력도》이다. 다큐멘터리 영화를 보듯 《탐라순력도》 속에는 국토방위와 진상을 위한 제주 사람들의 애환, 당시 제주의 아름다운 풍경이 고스란히 담겨 있다. 더없는 가치를 지닌 기록화다.

중앙 정부에서 파견된 관리는 목사, 판관, 현감 같은 정규직과 특별한 임무를 가지고 오는 순무어사 같은 말하자면 별정직 공무원 등이 있었다. 그들은 유교 성리학적인 가치에 따라 치러지는 과거시험을 통과한 문관 혹은 무관들로 제주 사람들을 유교적 가치에 따라 교화하여 이데올로기적으로 조선화하는 데 애썼다. 그런 그들이 유독 힘겨워하고 저항한 것이 있었으니, 바로 뱀 신앙이었다.

제주도는 돌 사이 구멍이 많고 군데군데 용암 동굴이 있는 습한 지역이라 뱀이 정말 많다. 일상에서 늘 마주쳐야 하는 뱀을 제주에선 칠성신이라 하여 신앙의 대상으로 삼았다. 뱀이 자주 나오는 고팡(광)에는 안칠성이 있다고 하여 고사를 지내기도 하고 안티(뒷마당)에는 밧칠성이라 하여 신을 모시는 집을 지어 주기도 한다. 또 신당 중에도 뱀을 모시는 곳이 많다.

이렇게 뱀을 모시는 것만이 아니라 집에서 뱀을 발견하면 절대 함부로 죽여서도 안 된다. 집을 지키는 뱀이라 하여 먹을 것을 주기도 한다. 조상신이나 당신이나 농경신으로 뱀신을 모시는 것은 농경 사회 초기에 만들어진 신앙이다. 뱀신은 '잘 먹으면 잘 먹은 값, 못 먹으면 못 먹은 값'을 한다거나 '큰 굿 하면 큰 밭 사고, 작은 굿 하면 작은 밭 사는 신'이라고 해서 절대적인 존재였다. 그렇게라도 희망을 가져야만 했던 시대였으리라.

그러니 제주에 온 유학자들이 뜨악한 것은 물론이다. 《신증동국여지승람》에선 '회색 뱀만 보이면 차귀신이라 하여 죽이지 않는다'고 했고, 조광조 사건에 연루되어 제주에 유배 온 김정은 《풍토록》에서 '풍속이 뱀을 몹시 꺼리어 신으로 받든다. 그것을 보면 주문을 외며 술을 주고 절대로 잡아 죽이지 않는다'고 했다. 외지인에게도 시도 때도 없이 출몰하는 제주의 뱀은 두려운 존재였다. 제주에 유배를 왔던 선조의 손자 이건은 《제주풍토기》에서 고달픈 제주 살이에 대하여 이렇게 말했다.

"가장 괴로운 것은 조밥이고, 가장 두려운 것은 뱀이며, 가장 슬픈 것은 파도 소리다."

뱀 신앙은 근래에 와서는 제주에서도 사회 문제가 되기도 했다. 뱀 신앙이 강한 곳의 여자는 결혼을 못 하는 경우도 많았고, 그들에게 방을 빌려주지 않기도 했다. 그러니 낯선 외지인 게다가 유교 근본주의자들의 눈에 이것은 정말 이해할 수 없는 일인 데다 없애야 할 풍습이었다.

조선 초에 제주에 판관으로 온 서린은 이런 일들이 도무지 이해도 안되고 용납도 안 되었다. 김녕 사람들이 어린 여자를 뱀에게 바친다고 하니분기탱천해서 달려가 뱀을 죽여 버렸다. 연륜이 좀 쌓인 후였다면 그렇게성급하게 일을 처리하지 않았겠지만 고작 19살에 무과 1등 출신의 무관이었으니 뒤도 안 돌아보고 일을 벌인 것이다. 안타깝게도 서린은 부임 두 달만에 세상을 뜨고 말았다. 제주 사람들은 이것을 뱀신의 복수라고 여겼을것이니, 뱀 신앙을 없애기는커녕 전설까지 만들며 더 도와준 꼴이 되었다.그 후 함부로 제주의 신당을 건드리는 일은 불가능해지고 말았다.

유교 근본주의자들이 명분을 들어 광해군을 몰아낸 인조반정 이후국가 정세는 변하기 시작했다. 유학자들은 자기만 옳고 나머지는 다 이단이고 사문난적이라 여기며 죽자 살자 당쟁을 벌였다. 싸움은 그렇게 한양에서 벌어졌는데 그 여파는 제주가 가장 많이 받았다. 유배자가 쏟아져들어왔기 때문이다. 그것도 그냥 유배자가 아니라, 송시열 같은 유학의 거두들이었다. 송시열이 누구인가. 조선 시대 유학자들이 공자, 주자와 동기 동창급이라는 의미로 송자라고 부르던 인물이 아닌가.

거물이 들어오기 시작하면서 제주 사회는 변하기 시작한다. 유교의 역습이 시작된 것이다. 제주의 상류 사회 인물들이 여기에 동조했다. 1659년 유교 교육기관인 장수당이 세워졌고, 1665년에는 귤림서원으로 확장 개원한다. 1682년에는 사액사원이 되어서 나라의 지원을 받았다. (귤림서원은 1871년 대원군의 서원 철폐령에 따라 폐원되었다.)

이형상이 제주목사로 왔을 때는 이런 분위기였다. 이형상은 제주의 토속 신앙과의 전쟁을 선포하고 사찰과 신당을 불태웠다. '절 오백 당 오백'이라고 해서 절이 500개, 신당이 500개가 있다고 했지만 절이라고 해 봐야 신당이랑 다를 바가 없었다. 김만덕이 소원이었던 금강산 구경을 한 뒤 난생처음 절을 봤다고 했으니 이미 제주엔 절이 없었다(사찰이 지어진 것은 1909년으로 안봉려관 스님에 의해 관음사가 지어지면서이다. 일제강점기 때 무속 신앙이 탄압받으며 불교가 다시 부흥할 때까지 제주는 신들의 고향이었다).

이형상 목사는 옳지 않다고 여기는 것들을 바꾸는 데 주저하지 않는 유교적 합리주의자이도 했다. 당시까지 알몸으로 잠수하던 잠녀들을 위해 잠수복을 고안해서 입힌다거나 동성동본 간의 혼인, 혼욕을 금지시켰다. 산마감목관이란 직위를 세습하지 못하게 함으로써 권력의 독점을 막고 공정성을 중요하게 여겼으며, 곳곳에서 과한 진상을 줄이고 관리들의 횡포를 막는 등 제주 사람들의 삶을 개선하기 위해 노력했다. 한몫 단단히 챙겨 가던 관리들과 달리 이형상이 떠날 때 가지고 간 것은 제주 사람이 만들어 준 거문고 하나가 전부였을 만큼 그는 청렴했다.

제주 곳곳에는 이형상의 이런 분투 흔적이 남아 있다. 그럼에도 불구하고 제주 사람들은 이형상을 고마운 관리로 기억하지 않았다. 제주는 1만 8천 신들의 땅이고, 제주 사람들은 그 신들의 보호 아래 살아왔다고 믿었다. 이형상은 그런 제주인들의 마음을 헤아리기보다 그들의 행위를 유교 가치관과 충돌하는 미신 행위라 여겨 용납하지 않았기 때문이다. 신당 129개를 태워 버렸고 제주에서 한라산신을 모시는 대표 신당인 광양당과 광정당을 없애 버렸다.

제주에서 무속 신앙은 단순히 미개함의 상징은 아니었다. 제주섬에 건너온 사람들은 신당을 만들고 그 신당을 중심으로 마을을 이뤄 살았다. '신이 좌정하다'는 표현으로 기록된 제주 신화는 마을 형성의 역사이기도 하다. 신대륙에서 교회가 생기고 그 교회를 중심으로 마을이 생기듯이 말이다.

이런 전통 신앙은 보통은 중앙집권적인 정부가 생기고 보편 종교나 중앙 정부의 이데올로기가 침투하며 약화되기 마련이지만 제주는 예외였다. 제주 사람들에게 무속 신앙은 중앙 정부에 대항하는 저항 이념과 같았다. 중앙 정부는 진상이란 이름으로 제주 사람을 핍박하는 약탈자였고 약탈자에 대항해서 자신을 지킬 이념이 무속 신앙이었다.

이형상 목사가 제주를 떠나자 신당은 다시 다 복원되었고, 그토록 애써서 복구해 놓은 향교들도 풀만 무성해 갔다. 제주 사람들은 정신적 복수를 가하기 위해 이형상의 몰락을 암시하는 전설을 만들었고, 이형상의 가족사가 불행하자 통쾌해했다. 아무리 합리적인 가치관이라고 할지라도 마음을 얻지 못한 행정이란 그런 것이다.

제주목 관아 탐방 °°

조선 시대 제주의 중심지는 목관아이다. 제주목의 관아가 모인 일종의 행정타운이란 뜻이다. 이 일대는 탐라국 시대에 성주청이 있었고 원의 직할령인 탐라총관부가 있던 자리이기도 하다. 제주의 행정 중심지인 이곳에 조선은 중앙집권을 위한 직접 통치기구인 목관아를 세웠다.

그러나 일제는 이곳을 허물고 법원, 경찰서 같은 건물을 지었다. 제주성을 허문 것도 일제다. 일제 입장에서는 전통이 아니라 사라져야 할 풍경이었기 때문이다. 해방 후에도 전통의 복원이라는 가치보다는 개발이나 편의가 우선인 시절이 있었다. 다행히 목관아 터는 주차장이 될 뻔한 위기를 극복하고 복구의 길로 접어들었고 2002년 12월에 복원을 끝냈다. 이제는 많은 사람들이 찾는 명소다.

연희각과 망경루.

제주의 중심지가 목관아라면 목관아 내에서 가장 중요한 장소는 연희각이다. 목사가 집무하던 곳으로 동헌이라고도 한다. 일일이 전라도 관찰사에게 결재를 받을 수 없었기 때문에 제주목사는 군사·행정·사법·교육·치안에서 상대적으로 독립적인 결정권을 갖고 있었다. 품계도 다른 지역의 목사보다 하나 높은 정3품 당상관이었다. 동헌도 관찰사가 머무는 곳인 감영이란 뜻으로 영청이라 불렀다. 조선 시대에는 연고지 관리에 임명을 피하는 '상피제'가 적용되었기 때문에 제주 출신은 제주목사로 임명될 수 없었다.

목관아에 들어가 보면 뭔가 위화감이 드는 건물이 있다. 망경루이다. 이토록 위압적인 2층 누각이 관아 내에 있는 경우는 조선 시대 지방의 20개 목관아 가운데 제주가 유일하다. 조천의 연북정처럼 북쪽의 임금을 그리는 마음이 담긴 것은 이해하지만 동헌을 압도할 이유는 도무지 납득이 되지 않는다. 제주 앞바다로 침범하는 왜구를 감시하는 망루 역할도 하느라 그랬다는데 굳이 관아 내에 둬야 할 이유를 모르겠다. 제주목사가 민심을 살피기보단 얼른 한양으로 돌아갈 날만 기다렸다고 생각한다면 지나친 걸까? 그런 생각을 노골적으로 건물의 이름에 지은 걸 보면 제주는 그저 조선의 입장에선 특별한 특산품이나 걷어 가는 식민지에 불과했던 게 아닐까? 향토사학자인 홍순만의 조사에 따르면 제주목사 가운데 선정을 베푼 목사는 58명으로 전체의 20퍼센트, 학정을 행한 목사는 14명으로 4.8퍼센트, 실정을 한 목사가 15명으로 5퍼센트로 나타난다. 기건 목사처럼 제주 사람들을 애처롭게 여겨 전복을 먹지 않은 경우도 있지만 대부분은 제주를 떠날 때 궤짝 가득 재물을 실었고 한양에서 기와집을 샀다고 한다.

연희각과 망경루 앞은 죄인에 대한 심문이 열리기도 하고, 진상품을 선별 포장하는 일이 벌어지기도 했다. 지금 1층에는 《탐라순력도》를 테마로 한 역사 공간이 있어서 다양한 영상물을 통해 당시 제주의 생활상과 역사를 살펴볼 수 있다.

관덕정은 원래는 활쏘기 연습을 하고 군사 훈련을 하는 목관아에 속한 건물이었다. 현재는 조선 시대 관아 건물 가운데서도 지어질 당시의 모습을 그대로 유지하고 있는 드문 경우이며, 한반도에 남아 있는 유일한 관덕정, 즉 활쏘기 연습 건물이다. 민란과 제주 4.3을 거치면서는 제주의 정치와 문화의 상징적인 공간이 되었고 지금도 제주도의 중심지이다.

곶자왈 탐방 ●

제주도 전체의 곶자왈 총 면적은 92.56제곱킬로미터로 제주도 전체 면적의 약 5퍼센트에 이른다.

제주의 4대 곶자왈 지대

- A : 한경-안덕 곶자왈
- B : 애월 곶자왈
- C : 조천-함덕 곶자왈
- D : 구좌-성산 곶자왈

소금 유적 ☑

구엄리 돌염전

빌레는 넓은 바위를 뜻하는 제주어로 바닷가 빌레 위에 만든 염전은 소금빌레라고 한다. 소금빌레는 개인 소유였으므로 상속이 되었는데 특이하게도 딸에게 상속했다고 한다.

종달리 소금밭

《남사록》에 의하면 제주 소금밭의 효시는 종달이라고 한다. 종달 소금은 조정에도 진상했고 전라도 지역에까지 보내졌을 만큼 품질이 뛰어났다.

수성 화산 탐방

응회환 ●

응회환은 아주 뜨거운 마그마가 지표로 올라오다가 물과 접촉하면서 큰 폭발을 일으키는 수성 화산 활동에 의해 형성된 화산체로, 주로 바닷가 근처에서 나타난다. 넓고 둥그스름한 언덕 모양이다. 지표보다 높은 분화구가 특징이다.

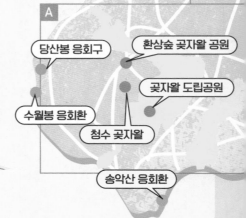

응회구 ●

응회구는 응회환과 같은 수상 화산 활동에 의해 형성된 화산체이지만 응회환보다 반응한 물의 양이 많고, 더 깊은 곳에서의 폭발에 의해 형성된 점이 다르다.

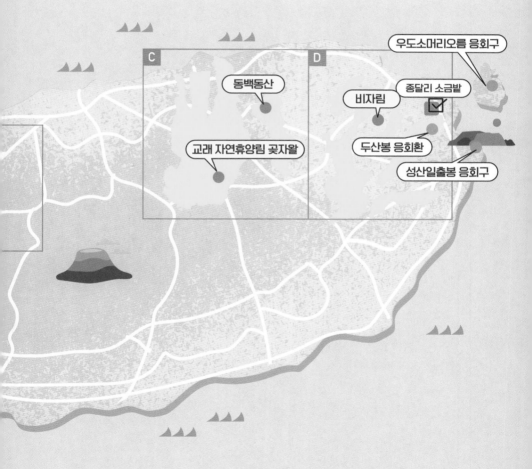

우도소머리오름 응회구

C

동백동산

D

비자림

종달리 소금밭

교래 자연휴양림 곶자왈

두산봉 응회환

성산일출봉 응회구

7월

바람이 빚은 아름다운 경관,
용천동굴과 에메랄드빛 바다

#가 보면 좋은 곳 : 용천동굴
#제주에만 있는 역사 : 모살역시

2005년 제주 동쪽 마을인 월정리에서 전신주 교체 공사를 하던 한전 직원들은 깜짝 놀랐다. 잠시 자리를 비운 사이에 감쪽같이 전신주가 사라져 버린 것이다. 이 자그마한 사고 하나가 놀라운 발견을 가져왔다. 왜냐하면 그 전신주가 빠진 구멍 때문에 지구에서 가장 아름다운 동굴 하나가 세상에 드러났기 때문이다. 이 동굴이 용천동굴이다.

유네스코는 1972년 '세계문화 및 자연유산보호협약'을 채택하고, 인류 전체를 위해 보호되어야 할 문화와 자연이 특별히 뛰어난 지역을 세계유산으로 등재하기 시작하였다. 2001년부터 정부와 제주도는 화산섬 제주를 세계자연유산에 등재하기 위해 애쓰고 있었지만 유네스코는 꽤 망

용천동굴 내부(사진 ⓒ제주특별자치도 세계유산본부).

설였다고 한다. 하지만 세계자연보전연맹(IUCN) 실사단이 용천동굴을 보고는 '이토록 아름다운 용암 동굴은 없다'고 극찬했고 곧바로 마음을 바꿨다. 마침내 2007년 세계자연유산에 등재되었고 정식 명칭은 '제주 화산섬과 용암 동굴'이다. 제주의 한라산, 성산일출봉과 함께 용천동굴이 포함된 거문오름 용암 동굴계의 가치를 인정한 것이다.

제주도에는 세계에서 가장 긴 빌레못동굴을 비롯해서 많은 용암 동굴들이 있다. 용천동굴이 발견된 김녕-월정 지역에만 해도 용암 동굴이 수두룩하다. 특히 폭이 무려 18미터인 데다 높이도 23미터에 이르는 입구를 가진 만장굴도 있다. 만장굴은 세계적으로 큰 규모의 동굴이면서도 내부의 형태와 지형이 잘 보존되어 있는 드문 경우라며 전 세계의 격찬을 받은 동굴이다. 개방 구간 끝에서 볼 수 있는 약 7.6미터 높이의 용암 석주는 세계에서 가장 큰 규모로 알려져 있다. 말하자면 월드 클래스급 용암 동굴인데도 불구하고 이 동굴은 유네스코 심사단의 마음을 움직이지 못했었다. 그런데 왜 용천동굴이 세계 지질학자들의 찬사를 받으며 유네스코의 결심을 이끌어 낸 것일까?

용천동굴 안 곳곳에는 석회 동굴에서만 볼 수 있는 종유관, 종유석, 석순, 석주, 동굴 산호 등이 아름답게 펼쳐져 있다. 이런 동굴을 유사 석회 동굴이라고도 한다. 용암 동굴로 태어났지만 석회 동굴로 성장한 것이다. 하지만 이것이 결심을 이끌어 낸 주요한 이유는 아니다. 이미 유사 석회 동굴은 1994년에 월정 바닷가 바로 앞에서 발견되었기 때문이다. 바로 당처물동굴이다. 그 안에도 석회암 생성물이 가득하지만 길이가 100미터에 불과했기 때문에 심사단을 만족시키지 못했다.

반면에 용천동굴은 우선 길이가 3.4킬로미터로 굉장히 길었다. 용천동굴의 끝부분에는 아름다운 호수가 고요한 어둠 속에 잠자고 있었다. 우리나라에서는 최초로 발견된 동굴 내 호수이다. 동굴 이름을 용천동굴이라 지은 것도 수심이 12미터에 이르는 이 호수가 용틀임하며 솟아오르는 모습이 마치 용과 같았기 때문이다. 호수는 길이가 800미터나 되며 바다로 이어질 것으로 추측된다.

무엇보다 전 세계 동굴학자와 지질학자들을 흥분시킨 것은 종유석이었다. 나무뿌리가 물을 찾아 아래로 아래로 내려오다 지하 8미터 깊이에

당처물동굴 내부(사진 ⓒ제주특별자치도 세계유산본부).

서 용천동굴의 천장 안으로 들어왔고, 그 뿌리 위로 탄산칼슘이 덮여서 만들어졌기 때문이다. 밝은 세상의 나무가 어두운 동굴과 이어져 아름답게 변신한 것이다. 이런 종유석은 용천동굴과 당처물동굴을 제외하고는 세상 그 어디에서도 볼 수 없다. 유네스코는 세계자연유산 등재문에서 이렇게 밝혔다.

"용천동굴은 뛰어난 시각적 충격을 주는 세계에서 가장 아름다운 동굴이다."

현무암질 용암이 흘러가면서 만들어 낸 용암 동굴에 도대체 왜 이런 석회암 종유석이 생긴 것일까? 그 열쇠가 1900년 음력 2월 2일에 서귀포시 효돈마을 앞바다에서 있었던 작은 에피소드 속에 있다.

제주대 사학과 교수인 고창석에 의해 발굴된 고문서(광무 4년(1900년) 5월 29일에 정의 복목리 경민장과 존위가 사또에게 올리는 첩정) 속에는 1900년 음력 2월 2일에 벌어진 나무바가지 분실 사건 이야기가 수록되어 있다. 이야기는 이렇다. 보목동 강씨가 잃어버린 바가지를 찾고 보니 바닷가에서 조개를 잡고 있는 이웃 마을 효돈동 김씨의 구덕(바구니) 속에 있었다. 강씨가 바가지를 내놓으라고 말하니 오히려 김씨가 적반하장으로 강씨를 구타한다. 이에 강씨의 조카가 마을 경민장(이장)과 함께 억울하다는 호소문을 올린 것이다.

사건은 이렇게 단순하다. 하지만 스스로를 제주 서민 생활사 연구자라고 하는 고광민 선생은 자신의 저서 《제주 생활사》에서 위의 이야기에 담긴 제주 사람들의 눈물겨운 분투기를 드라마틱하게 펼쳐 냈다.

사건이 벌어진 그날은 밀물과 썰물 차이가 큰 한사리이다. 그래서 강씨가 바다에 나가 바닷속 모래를 떠내다가 그만 바가지를 잃어버린 것이다. 바가지는 바닷물 위에 둥둥 떠서 흘러가다가 근처에서 조개를 파던 김씨 앞까지 왔다. 김씨는 옳다구나 하고 바가지를 챙겼다. 왜냐하면 그 바가지는 절도, 즉 모래 도둑질의 증거였기 때문이다.

아니, 바다에 흔해 빠진 게 모래인데 그까짓 거 한 바가지 퍼냈다고 이런 일을 벌일까 싶겠지만, 그 모래는 그냥 모래가 아니라 '모살 걸름'이었다. 모살은 모래의 제주어이다. 그러니까 '모래 거름'이란 말이다. 모래를 거름으로 하다니 싶겠지만 제주에서는 그게 가능한 이야기이다.

지구에 있는 모래의 대부분은 화강암이 풍화되어 만들어진 투명한 석영과 같은 규소 덩어리이다. 이런 모래는 거름으로 쓸 수 없다. 하지만 바닷속 산호와 조개가 오랜 시간이 지나 잘게 부서져 만들어진 하얀 모래는 그 자체로 칼슘 덩어리이다. 이 칼슘이 산성 토양을 중화시킨다. 이 모래가 제주 바다에 있었던 것이다.

서귀포시 토평동, 보목동, 효돈동 일대의 농경지는 산성 토양이라서 이 모래가 필요했다. 그들은 밭에 모래를 거름으로 주기 위해 필사적이었다. 보목동 앞에도 바다가 있고, 모래도 있는데 어째서 강씨는 굳이 자기

동네 앞바다가 아니라 이웃 동네인 효돈동 앞바다까지 가야 했을까? 이유는 베르누이 정리[1]라는 물리학 법칙 때문이다. 보목동 앞바다는 앞에 섶섬이 있기 때문에 물살이 세고 수심이 깊어 모래를 퍼내는 일이 매우 위험하다.

반면 효돈동의 게우지코지는 조류를 타고 바닷속 모래가 끝없이 밀려드는 곳이다. 천연 모래 광산인 셈이다. 그날의 사건은 밭에 뿌릴 모래 거름이 절실했던 강씨가 몰래 남의 바다에 침입했는데 김씨가 바로 그 절도의 증거로 바가지를 얼른 챙겨 두었다가 응징을 한 이야기이다.

제주에서 모래 거름을 얻기 위한 분투는 눈물 날 정도이다. 고광민 선생이 찾아낸 자료에 의하면, 서홍리의 밭 주인은 600평 밭 중에서 무려 450평의 경작권을 모래 거름 값으로 내줬다고 한다. 150평 밭에 고구마를 심기 위해서는 어쩔 수 없는 선택이었다. 직접 채취하면 될 텐데 왜 굳이 그런 출혈을 감수하느냐고 할지 모르겠다. 그러나 모래는 채취하고 말리고 다시 소의 등에 실어 나르는 데 무려 60일이나 걸리는 큰일이었다. 제주 사람들은 이 일을 '모살역시'라고 불렀다. 역시란 다리를 놓거나 도로를 만드는 것처럼 대규모 공사를 의미하는 역사(役事)란 단어에서 나온 말이다. 모살역시란 말 그대로 역사가 아닐 수 없다.

---

1   베르누이 정리는 유체의 속도가 좁은 곳에서는 빨라지고 넓은 곳에서는 느려진다는 이론으로, 물살은 좁은 곳에서 빨라진다. 가파도, 우도, 차귀도와 같이 앞에 섬이 있는 바다는 물살이 세서 해산물이 맛있고 풍성하다.

그토록 힘들게 모래를 채취하고 날라다 뿌렸지만 5, 6년이 지나면 다시 그 기운이 사라진다고 하니, 고구마 한 개의 가치가 금보다 더 귀한 곳이 제주인 셈이다. 물론 지금은 비료가 있어서 이런 일은 더 이상 벌어지지 않는다.

이런 모살역시의 전통이 한라산 북쪽, 즉 제주도 북쪽 지역엔 전혀 없다. 바로 이것이 용천동굴의 신비를 만들어 낸 이유이기도 하다. 원인은 바람이다. 제주 북쪽은 겨울철 북서풍이 쉴 새 없이 분다. 조선 중기 시인인 임제는 《남명소승》에서 이렇게 말했다.

"한라산 북쪽에는 항상 북풍이 많다. 바람이 일 때면 해수 입자가 비온 듯하여, 바다 가까운 10리 사이에 초목은 모두 짠 기운에 젖는다. 산북은 비록 하늘이 무너지고 바다가 뒤집힌다 하더라도 산남은 가는 풀도 움직거리지 않는 까닭에 땅이 한층 따뜻하고 장기가 심하다."[2]

이 춥고 건조한 북서풍이 북쪽 사람들에게 '모살역시'의 고된 노역을 면제해 줬다. 바닷가 모래가 바짝 말려져서 북서풍을 타고 멀리멀리 날아가 북쪽 지대 밭들에 뿌려 주기 때문이다. 자연은 그야말로 공평하다.

규소 모래가 아니라 칼슘 모래이기 때문에 제주 바다의 모래는 더 하

│ **2**   산북은 한라산 북쪽, 산남은 한라산 남쪽, 장기는 습기를 뜻한다.

얕고 그래서 바다는 아름다운 에메랄드빛이 된다. 김녕 앞바다는 하얀 모래밭으로 오래전부터 유명했다. 조선 후기 제주목사로 왔던 이원진은 《탐라지》에서 이렇게 말했다.

"물결에 의하여 쌓인 (김녕 앞바다의) 모래가 썰물에 뜨거운 햇빛에 말려져서 바람을 타고 날려 가까운 데서 멀리까지 이른다. 낮은 것이 높아져 쌓임이 점점 커지면 초목을 매몰하고 언덕을 이루어 산을 만든다. 만약 전답이 있는 곳이라면 그 밭의 소재를 잃어버린다."

김녕 앞바다의 모래는 조개껍질과 성게 부스러기가 닳아 만들어진 천연 탄산칼슘이다. 그 모래가 북서풍을 타고 남동쪽에 있는 당처물동굴과 용천동굴 위를 덮었다. 용암 동굴 속 아름다운 석회 생성물의 고향은 여기이다. 식물의 뿌리가 만들어 낸 틈으로 모래가 흘러 들어가 녹은 탄산칼슘이 느리지만 아름다운 석회 생성물을 만든 것이다. 그러므로 제주의 바람은 용천동굴의 신비로움을 만들고 척박한 제주 북쪽 땅에는 거름을 뿌려 주었다.

　　제주에 유배를 왔던 광해군은 4년 4개월 동안의 유배 생활에서 느끼는 쓸쓸한 심정을 이렇게 읊었다.

　　"바람이 불고 비가 흩날리며 제주성 머리를 지나가니
　　　음습한 기운과 답답한 음기가 백 척 누각에 가득하구나."

　　바람은 제주인들에게 고달픈 삶을 선사하고 외로운 유배객에게는 그 쓸쓸함을 더해 주었지만 그로 인해 제주는 더없이 아름다운 섬이 되어 세계의 찬사를 받게 되었다. 제주는 바람의 노래가 가득한 섬이다.

거문오름 용암 동굴계 °°

제주는 유네스코 세계자연유산, 세계지질공원, 생물권보전지역에 등재됨으로써 3관왕을 달성한 유일한 곳이다. 그러니까 전 세계가 인정한 보물섬이란 말이다.

유네스코 세계유산은 세계유산협약이 규정한 탁월한 보편적 가치를 지닌 유산으로서 그 특성에 따라 자연유산, 문화유산, 복합유산 세 가지로 나뉜다. 누구의 것이 아니라 인류의 것이며 선대로부터 물려받은 것이므로 잘 지켜서 후대에 물려줄 만한 가치가 있는 것을 정했다는 말이다. 이 중 한국에서 등재된 세계자연유산은 '제주 화산섬과 용암 동굴'과 '갯벌'이 있다.

2007년 7월 2일 유네스코 사무총장이 보낸 세계유산 인정서에는 이렇게 쓰여 있다.

> **"세계유산위원회는 세계유산협약에 의거, 자연유산으로서 유일하고 보편적인 가치를 가지고 있어 전 인류의 이익을 위해 보호가 필요한 바 〈제주 화산섬과 용암 동굴〉을 세계유산목록에 등재합니다."**

거문오름에서 분출된 용암은 14킬로미터를 빠르게 흘러 바다로 갔다. 도중에 겉은 식어 굳었지만 속에서는 여전히 용암이 흘러 구멍이 형성되었는데 이것이 거문오름 용암 동굴계다. 거문오름을 비롯해서 벵뒤굴, 웃산전굴, 북오름굴, 대림굴, 만장굴, 김녕굴, 용천동굴, 당처물동굴이 세계자연유산에 등재되어 있다.

'거문'이라는 말은 삼나무, 편백나무, 소나무 등 수림이 울창해 거무스레한 빛깔을 띤 데서 따온 것이라고도 하고 신령스럽다는 뜻을 가진 거문에서 나왔다고도 한다. 제주 오름치고는 규모가 크며, 많은 용암이 넘쳐 둑이 터진 모양이나 용암이 흘러가면서 수많은 동굴을 만들고 선흘 곶자왈 지대를 만든 것을 보면 어떤 '신성함'이 느껴지긴 한다.

거문오름은 예약을 해야 탐방할 수 있으며 탐방 인원도 제한하고 있다. 특히 전체 구간은 특정한 시기, 가령 세계자연유산 축전 기간에만 개방하고 미리 예약을 통해서만 탐방이 가능하다. 시간만 맞출 수 있다면 꼭 가 보라고 권하고 싶다. 제주 동쪽은 오름의 왕국이라고 하고 거문오름은 그 오름을 거느린 신령님답게 이곳 전망대에선 제주 오름의 3분의 1을 볼 수 있다고 한다. 또 분화구 가운데에 다시 분화한 작고 귀여운 알오름도 있다. 용암 동굴들은 대부분 비공개이고 학술적 목적의 탐방만 허용되지만 그중 만장굴만 일부 구간 일반에게 공개되고 있다.

거문오름 전경(사진 ⓒ제주특별자치도 세계유산본부).

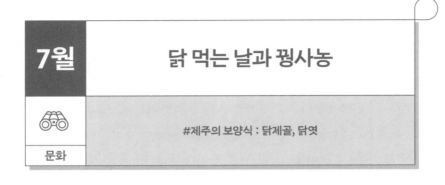

7월

닭 먹는 날과 꿩사농

문화

#제주의 보양식 : 닭제골, 닭엿

제주 사람들에게는 특별히 마치 제헌절이나 한글날처럼 닭을 잡아먹는 날이 있다. 제주의 여름은 무덥기 때문에 노약자가 견디기 어렵다. 이 더위를 견디기 위해 닭을 잡아먹는데 제주에선 이 특별한 날을 '닭 먹는 날'이라고 한다.

전설에 따르면 어느 효자에 의해 닭 먹는 날이 시작되었다. 효자는 부모님이 더위를 견딜 방법을 얻기 위해 눈보라 치는 산에서 기도했는데 산신령이 나타나서 새 두 마리를 줬다. 그러면서 '알을 낳으면 모아 두었다가 봄이 오면 춘분에서 청명 사이에 어미 새의 품에 안겨 두고, 부화한 새가 첫울음을 우는 날에 그 새는 어머니께 드리고 울지 않는 새는 아버지께 드리라'고 했다고 한다. 새는 닭이고, 봄에 부화한 병아리가 닭이 되어 먹을 만한 때는 음력 6월 20일로 대략 삼복더위 때이다. 암탉은 남자가 수탉은 여자가 먹어야 한다는 것은 음양오행설이 들어온 뒤 만들어 낸 말일 것이다.

봄에 부화한 병아리는 이때가 되면 영양가가 많으면서도 가장 연한 살코기를 얻을 수 있는 닭이 된다. 한국인들이 복더위에 닭을 먹듯이 제주에서도 이날 닭을 먹고 그 힘으로 여름을 난다. 효자 아들이 부모님이 더위를 견디게 해 달라고 기도까지 할 정도로 제주의 삼복더위는 꽤 무덥다.

이때 먹는 제주 보양식으로 닭제골이란 것이 있다. 손질한 닭 속에 참기름을 바르고 마늘을 채운 다음, 무쇠솥 안에 뚝배기를 놓고 그 위에 꼬챙이 7~8개를 걸쳐 준비한 닭을 올려 중탕한 것이다. 부잣집에서는 국물만 먹고 살은 버렸다고도 한다.

여름 보양식이 닭제골이라면 겨울 보양식은 닭엿이다. 봄에 부화한 닭은 늦가을이 되면 크기도 커지고 살이 통통하게 오른다. 살코기는 여름에 비해 푸석푸석하지만 양은 많아지는 것이다. 이 닭을 좁쌀로 만든 감주에 넣어 푹 고아 만든 것이 닭엿이다. 오래 두고 조금씩 먹으면서 노약자나 어린이들이 한겨울을 나게 해 주는 영양 간식이다. 먹을 것이 모자란 겨울에 닭 한 마리로 오래 먹고 여럿이 먹을 수 있도록 고안된 먹거리로 보인다.

제주에서는 미식신도 참아 주는 고기가 닭고기다. 보통 굿에는 고기를 올리지 않는데, 이 닭만은 예외로 올리는 경우가 있다. 심지어 계란은 미식신에게도 올린다. 육고기 취급을 받지 않는 것이다. 소는 생산 수단이고, 멧돼지는 농사를 망치는 주범이었지만 닭은 인간에게 무해해서 그런 게 아닐까 싶다. 아니면 '미식신도 치킨은 못 참지!'였을까?

조선 시대에는 세금으로 집집마다 닭 한 마리와 계란 세 개를 납부해야 했다. 대략 제주목사에게는 3,700마리, 판관에게는 2,200마리를 납부했다고 한다. 지금이야 교래리가 관광객은 물론이고 제주 사람들도 즐겨 찾는 토종닭 특구이지만 조선 시대엔 제주목 관아가 토종닭 특구였던 셈이다. 제주목사와 판관이 이 닭을 혼자 먹을 리는 없지만 궁궐에 올려 보낼 진상품 목록에도 닭은 없었으니 어찌 되었든 이 닭은 제주목 관아에서 대략 하루 17마리가량이 소비되었다.

산촌 사람에게는 닭과 계란 대신 꿩과 꿩알로 납부받았다. 꿩은 봄 한철에만 산란을 하기 때문에 꿩알 즉 제주어로 꿩독새기는 봄에만 얻을 수 있다. 어릴 적에 유채나 보리, 메밀을 베러 갔다가 꿩알을 줍곤 했는데 푸른색 꿩알은 계란보다 작지만 담백해서 횡재로 여기곤 했었다.

겨울 꿩은 힘이 좋아서 잡기가 힘들었다고 한다. 꿩을 잡는 일을 제주에선 꿩사농이라고 했는데, 꿩사냥을 제주식으로 바꿔 부른 말이다. 꿩사농은 겨울이 오기 전인 음력으로 9월과 10월경 이뤄졌다. 꿩이 털갈이를 하느라 멀리 날지 못해서 사냥이 가능한 때였다고 한다.

꿩사농은 마을 사람들이 수십 명씩 모여서 사냥패를 짜고 역할을 정해서 이뤄졌다. 넓은 들판에서 날짐승을 잡는 일은 쉽지 않은 일이기 때문이다. 지리를 잘 알고 사냥 경험이 풍부한 데다 덕망이 있는 사람을 패장으로 선출하고 그의 지휘 아래 체계적인 분업과 협업이 이뤄져야 했다. 꿩은 날짐승이긴 하지만 멀리 날지 못하기 때문에 계속 몰아넣으며 지치도록 유도한다. 중산간 마을에서 꿩사냥은 마을의 중요한 행사였다. 온갖 들짐승들이 넘나드는 중산간 마을에서 닭을 키우는 것은 쉽지 않았을 테니 꿩은 자연에서 구할 수 있는 가장 고단백 음식 재료였다. 세금도 닭 대신 꿩을 냈고 고기도 닭 대신 꿩을 먹었다.

꿩은 다른 육류보다 섬유소가 가늘고 연해서 부드러운 맛이 일품이다. 꿩 요리는 역시 메밀국수가 가장 유명하지만 제주 사람들은 꿩엿도 즐겼다. 제주에선 엿기름을 골이라고 한다. 이 골을 차조밥과 섞어 삭힌 후 물을 짜내고 그 물을 솥에 붓고 고은 후 삶은 꿩을 넣고 졸이면 꿩엿이다. 어릴 적에는 엿기름으로 만드는 감주가 가장 맛있는 음료였다. 그런데 제주 사람들은 감주나 식혜는 즐겨 먹지 않고 닭엿이나 꿩엿을 만드는 중간 과정으로만 생각해서 불만이었다. 그만큼 꿩엿이나 닭엿은 중요한 겨울철 보양식으로 두고두고 먹을 수 있으니 어른들에겐 선택의 여지가 없었던 듯하다. 새끼 꿩은 고기에 기름을 발라 굽거나 죽을 쒀서 허약한 어린이에게 먹이는 보약재였다.

"제주는 누구의 것인가" °°

한라산은 노루와 사슴이 노닐던 곳이다. 백록담이란 말부터가 하얀 사슴이 물을 먹던 연못이란 뜻이고, 사슴고기, 사슴뿔, 사슴 가죽은 중요한 진상품이었으며 말린 사슴고기는 탐라포라고 해서 탐라국 시대의 주요 수출품이었다. 그러나 지금 한라산엔 사슴이 한 마리도 없다. 사슴은 노루의 두 배 되는 크기와 몸무게를 가졌는데 이것이 재앙을 몰고 왔다고 한다. 1947년 겨울, 제주엔 기록적 폭설이 내렸는데, 이 눈에 갇혀서 사슴은 다 사라진 한편 노루는 몸이 날쌔서 얼른 해안가 마을로 뛰어갔고 멸종을 면했다고 한다.

제주 생활사 연구가인 고광민은 노루고기를 나누는 분육을 설명하면서 '한라산은 누구의 것인가'라는 질문의 답을 찾는 과정을 보여 줬다.

1408년 태종은 몽골의 유산인 동서아막을 폐지하고 대신 말을 관리하는 사람을 두어 말을 바치도록 했다. 말은 조선 세종 때만 해도 무려 2만 마리가 있었고, 그 많은 말들이 농작물을 마구 먹어 버리기 시작했다. 당시 세종의 총애를 받던 제주 사람 고득종은 제주에 지천인 돌로 잣성을 쌓아서 말과 농경지 사이를 갈라놓도록 건의해서 받아들여졌다. 잣성이란 자갈로 만든 성이란 말로 제주를 둘러 무려 240킬로미터나 쌓았다고 한다. 하잣성 아래는 농경지이므로 말들이 절대 넘어와선 안 되고, 상잣성 위는 한라산이므로 말들이 그곳으로 가면 찾을 수가 없다.

제주도 전통에 따르면 상잣성 아래는 개인의 소유권이 인정되지만 상잣성 위는 제주 사람 공동 소유의 개념이었다고 한다. 그래서 상잣성 위 한라산에서 노루를 잡으면 만나는 사람에게 무료로 나눠 줘야 할 의무가 있었다.

바다도 마찬가지였다. 조선 시대에 제주는 연근해 어업이 발달하지 못했다. 여라고 하는 숨은 암초가 많아서 배를 부리기 어려웠고, 배를 타고 잡아 온 물고기를 사고팔 수 있는 시장이 없었다. 전복은 진상품이고 고가품이지만 삼면이 바다인 조선에서 바닷고기는 귀하지 않았다. 게다가 출륙 금지령으로 인해 바다에 배를 띄우기 어려웠다. 이런 이유로 바다에 원담이라고 하는 함정을 만들어 밀물과 썰물의 차이를 이용해 물고기를 잡았다. 제주에는 이런 원담의 수가 400개에 이르렀다고 한다. 하도리의 경우는 무려 27개의 원담이 있었는데 이곳에선 원담이라 하지 않고 갯담이라고 부른다. 이곳에 이렇게 갯담이 많은 이유는 근처 우도 주변에 서식하는 큰 물고기를 무서워하는 작은 물고기들이 하도 바다로 몰려들기 때문이다. 그런데 이 원담은 남쪽에는 거의 없고 전체의 85퍼센트

하도리 멜튼개. 갯담이라 이름에 '개'가 붙는다.

가 북쪽 바다에 몰려 있다. 서식하는 물고기 차이 때문이다. 북쪽에는 떼 지어 다니는 멜, 각재기(전갱이), 고등어가 많고 남쪽 바다에는 정착성 물고기인 따치 나 우럭이 많다. 그러니 북쪽은 원담을 이용한 물고기 잡이가 가능한 것이다. 멜 이 원담 가득 찬 날은 비린내가 날 정도라고 해서 대정읍 동일리에는 비린대원이 란 원담도 있고 구좌읍 하도리엔 멜튼개라고 해서 멜을 잔뜩 건져 내던 갯담도 있다.

개인 소유인 육지의 원담과 달리 제주는 마을 공동 소유이고 공동 분배를 원 칙으로 한다. 제주 사람들에게 한라산이 그렇듯 바다 또한 모두의 것이다.

제주가 가진 가치가 새롭게 부상하면서 제주는 과연 누구의 것인가에 대한 물음이 제기되고 있다. 제주에서 나고 자란 제주 토박이, 이주민, 그리고 인류가 모두 제주 가치에 주목하고 이것을 지킬 의무에 대해 생각하고 있는 이때 과거 제주 사람들이 제주를 누구의 것으로 생각했는지를 돌아보는 것도 의미가 있을 듯하다.

제주의 센 언니 열전

#제주의 센 언니들 : 장덕, 곤생, 홍윤애

　　구한말 제주에 유배 와서 이재수의 난을 직접 목격한 김윤식은 제주읍성을 포위한 난군에게 문을 열어 주는 일에 앞장서는 제주 여성들을 보면서 남자들 저리 가라 하는 드센 여자들에 대해 한마디 말을 남기기도 했다. 이는 조선 말기 문인 김윤식이 제주에 유배된 기간 동안 쓴 일기인《속음청사》에 기록되어 있다.

　　"본디 악하고 사나워 싸우기를 좋아하여 남자들도 두들겨 패는 사람들이었다."

전부 사나울 리는 없지만 강인한 제주 여성들이 센 언니로 살 수밖에 없었던 데는 이유가 있었다.

유교적 가치관에서 남성 중심의 가부장제를 유지하는 근간은 군대, 노동, 세금이다. 제주에서는 남성이 이러한 것들을 담당하고 관직을 독점하는 일이 불가능했다. 물론 관직에선 소외되었지만 여성도 군대, 노동, 세금을 나눠야 했다.

1601년 제주를 찾은 김상헌은 《남사록》에서 이렇게 말했다.

"남정은 500이고 여정은 800이다. 여정이라고 하는 것은 제주의 말이다. 대개 남정이 매우 귀하여 만약 유사시 성을 방어하게 될 때면 민가의 건강한 부녀자를 골라 성가퀴에 내세워 여정이라 하니 삼읍이 모두 그렇게 한다."

남정이 남자 군인이라면 여정은 여자 군인이다. 제주에서는 발음을 약간 삐딱하게 하는 제주어의 특성을 살려 여정을 '예청'이라고 불렀다. 물론 발음이 삐딱한 만큼 좋은 뜻으로 쓰이진 않았다. 예청은 드센 여자들을 비하할 때 쓰는 말이었다. 굳이 표준어로 바꾸자면 '이놈의 여편네'쯤 된다. 제주 여정은 남정들의 보조 역할을 하는 것이 아니라 화살이 빗발치는 최전선에 서 있었으니, 제주 여자들은 확실히 센 언니들이다.

제주의 센 언니 계보는 구석기 시대로까지 거슬러 올라간다. 당시 제주섬을 만든 신화의 주인공은 설문대할망이다. 이후 자지명왕아기, 삼승할망, 가문장아기, 용왕국 따님을 거쳐 제주에 농사법을 알려 줘서 농사의 신이 된 자청비까지 신화 속 여성 영웅들은 제주의 자연·문화·생명·운명·농업을 주관하는 중요한 역할을 한다.

조선이 건국된 후 제주에선 중앙 정부의 권위를 받아들여야 했고 그 때문에 또 하나의 권위인 신화는 사라져 갔다. 그러나 여전히 센 언니 계보는 이어졌다. 세종부터 성종까지 장안을 떠들썩하게 한 여의사 장덕은 제주에서 이름난 의녀였다.

여자 의사인 의녀 제도가 도입된 것은 태종 때인 1406년으로 중국에도 없는 의녀 제도가 생긴 것은 정통 유교 국가를 표방한 조선 왕조이기에 가능했다. '남녀칠세 부동석'에 따라 남녀의 구별을 분명히 하고, 여자 환자들은 여자 의사가 돌보게 하려는 뜻에서였다. 여의들은 관비, 즉 관의 노비 신분이긴 해도 조선 시대 내내 거의 유일한 전문직 여성으로서 이름을 남겼다. 드라마 덕에 유명해진 '대장금'도 그중 하나이다.

드라마 〈대장금〉(2003-2004)에는 제주에 유배 온 대장금에게 의술을 가르쳤다는 제주 여인 '장덕'이 나온다. 그런데 둘은 시대가 완전히 다르니 이는 역사 사실과는 다른 허구의 설정이다. 그러나 장덕은 대장금에 못지않은 이름을 얻은 인물이다. 대장금이 의과에서 최고였다면 장덕은 치과에서 최고였다. 장덕의 이야기는 중종 때 사람인 이육이 남긴 야담집인 《청파육담》에 소개되었는데, 가씨라는 사람에게서 치통에 대한 치료법을 배웠다고 한다.

인류 최초의 의사는 산파였을 것이라고 한다. 아기를 낳다가 죽는 일이 많았고, 부족의 생존이 걸린 일이니 당시로선 최고의 의학적 지식을 가진 사람만이 산파가 되었을 것이다. 그들은 신당의 신녀였을 것이고 차츰 다양한 약재를 활용할 줄 알면서 신녀들은 마을 사람들을 치료하는 일을 담당했다.

제주는 습한 기운 때문에 풍토병으로 종기와 부스럼이 유달리 많았다. 유배객들이 남긴 글에는 종기와 피부병 때문에 고통받는 이야기가 많다. 추사 김정희도 늘 이 병에 시달렸고, 광해군도 마찬가지였다. 제주 사람들이 오랫동안 겪어 온 병들을 치료하는 곳 역시 신당으로 그곳에는 허물할망(종기를 치료해 주는 여신), 넋할망(신체적인 놀람, 정신적 충격으로 몸에서 빠져나간 혼을 불러들여 넣는 여신), 부스럼할망(피부병을 다스리는 여신) 등 의료 관련 여신들이 많다. 이런 신당의 신녀는 질병에 대한 노하우를 축적하고 있었고, 이 특별한 치료법이 전해지면서 제주에는 산부인과나 피부 질환, 종기 치료 같은 비법이 전통 시대부터 이어져 왔던 모양이다. 소문은 궁궐까지 났는지 《세조실록》에는 제주로 가는 안무사에게 '제주에 있는 여의 중에서 난산과 안질, 치통을 치료할 수 있는 사람을 골라서 올려 보내라'고 부탁하는 장면도 있다.

장덕은 코와 눈의 부스럼 제거에도 일가견이 있었다고 하는 것으로 보아 그런 전통을 이어받은 일종의 무당이었을 수 있다. 왜냐하면 정식 교

육을 받은 의녀가 아닌 것은 확실하기 때문이다. 조선 초기 학자 성현이
쓴 잡록집《용재총화》에는 "제주에서 온 여인이 한 명 있었는데 의술은 알
지 못하였으나 치충을 잘 잡아냈다. 사대부 집에서도 다투어 그를 불러들
였다"는 장덕에 대한 기록이 있다. 게다가 장덕은 제주에 머물면서 서울로
출장을 다녔다. 의녀가 될 생각이 없었던 것이다. 그런데 제자인 귀금은 치
통 치료를 위한 교육을 위해 혜민서 의녀가 되는 영광을 얻었다. 효덕이란
의녀도 제주 의녀로서 이비인후과 전문가로 이름을 남겼다. 의술 분야에
서 확실히 제주 여인들은 센 언니였다.

　억울함을 호소하기 위해 출륙 금지령을 뚫고 한양에까지 올라가 일을
해결한 '곤생'도 제주 여인의 강인함을 보여 준 예이다. 제주목사는 부임할
때 가족을 데리고 올 수 없었다. 그런데 이형상의 뒤를 이어 새로 온 제주
목사 이희태는 첩과 조카를 데리고 왔다. 조카라고는 하지만 사실은 아들
이었고, 그 사실을 숨기기 위해 조카라고 한 듯하다. 관청 기생으로 목사
의 일거수일투족을 다 볼 수 있었던 곤생은 이희태가 꽁꽁 감추려고 했던
이 비밀을 사람들에게 말해 버렸는데 이희태는 그것을 고깝게 여기고는
이를 갈고 있었다. 마침 기생 몇 명이 개인적인 감정으로 곤생을 미워하다
가 관가에 고발하는 일이 생겼다. 이희태는 옳다구나 하고 곤생과 그녀의
자식 다섯을 모조리 불러다가 고문을 하기 시작했다.

　숙종의 처남으로 한양을 휘어잡던 김진구란 인물이 제주에 유배 왔
을 때 곤생은 그의 총애를 받았다. 김진구는 이희태가 부임하기 전에 유

배에서 풀려 한양으로 돌아가 승승장구했다. 그러다 김진구가 세상을 떠났고, 이 소식을 들은 이희태가 이때다 하고 곤생을 몰아붙이기 시작한 것이다. 분노에 찬 이희태의 모진 고문을 이기지 못하고 곤생의 딸 셋은 결국 죽고 말았다. 그 자리에 배석했던 대정현감, 정의현감은 아무리 봐도 이희태의 개인적인 복수이고 곤생의 딸들은 무고한 듯 보여서 추안(범죄 혐의 조사 서류)에 사인을 하지 않았다.

　곤생은 억울함을 참지 못하고 한양까지 달려간다. 당시 제주에는 출류 금지령이 있어서 섬을 떠나려면 허가를 받아야 했으니, 아마도 제주 사람들이 곤생의 억울함을 알고 봐준 것으로 보인다. 한양에 도착한 곤생은 나름 김진구의 인맥들을 찾아서 하소연을 해 봤겠지만 어디 감히 천한 기생 따위가 양반, 그것도 제주목사의 일에 대해 말하느냐는 핀잔만 들었을 것이다. 그러나 방법이 하나 있었다. 그것이 신문고였다.

조선 중기에는 거의 울리지 않다시피 하던 신문고가 울리자 궁궐은 화들짝 놀랐고, 사연을 알아보니 만만치가 않았다. 아무리 제주 사람의 전권을 손에 쥔 제주목사의 일이라 해도 딸 셋을 고문으로 죽인 것은 심각한 일이었다. 게다가 당시 이희태는 전임 목사인 이형상의 업적을 비방하다 파직된 상태였다. 심상치 않다고 여긴 조정에서 사건의 진상을 조사하게 하였다. 결국 곤생의 억울함이 해결되었고 이희태는 유배형을 당하였다. 하지만 이희태는 이후 복권되어 다시 지방 수령으로 보내졌으니 조선 시대에 사대부 관리가 기생의 딸 셋쯤 죽이는 사건은 그 정도의 일이었던 셈이다.

조선 후기에 들어서 당쟁이 격화되며 정치인들이 정치적 경쟁자가 아니라 가문의 원수로 변하는 와중에 제주도는 느닷없이 피해를 봤다. 정쟁의 패자들이 유배형을 받아 제주에 내려왔기 때문이다. 양반 사대부들의 추악한 정쟁으로 더럽혀진 제주에서 이에 맞서 인간의 존엄함을 지킨 여인도 있다. 바로 홍윤애다.

홍윤애는 1754년경 향리 집안의 막내딸로 태어났다. 1777년에 조정철이 한양에서 유배를 오면서 홍윤애의 평범했던 삶이 뒤흔들리게 된다.

조정철은 노론 벽파 가문 사람이었다. 사도세자의 아들인 정조가 즉위하자 노론 벽파는 위협을 느낀다. 사도세자의 죽음에 책임이 있었기 때문이다. 결국 노론 벽파 일부에서 정조를 끌어내고 새 임금을 올리려는 반란을 벌이다 실패했는데 이 일에 조정철의 처가가 모조리 연루되어서 줄줄이 처벌을 받는다. 조정철의 아내는 자살을 선택했고, 아내를 잃은 슬픔이 가시기도 전에 조정철은 제주로의 유배형을 받는다.

머나먼 섬 제주에서 고독한 유배 생활을 하는 조정철을 돕기 위해 이웃 홍윤애가 드나들기 시작했다. 아내가 죽고 처가마저 박살이 난 조정철에겐 자신의 유배 생활을 도울 수 있는 사람이 없었고, 집을 드나들며 돌봐 주는 홍윤애만이 유일한 위안이었다. 그렇게 시작된 둘의 관계는 사랑으로 발전했고, 마침내 딸을 낳았다. 그러나 불과 한 달 뒤 김시구라는 인물이 제주목사로 부임하면서 비극이 시작되었다.

소론 가문 출신의 김시구는 노론 출신의 조정철에 대한 복수심에 불탔다. 두 집안은 원수 가문이었기 때문이다. 김시구는 조정철을 어떻게 해서라도 죽이고야 말겠다고 결심하고 온갖 트집을 잡아 관아에 끌고 와서 매질을 했다. 그래도 죽지 않자 면포 50필과 함께 일등 벼슬자리를 주겠다는 현상금까지 내걸어 그의 죄를 고발하라고 사람들을 독려했다. 조정철의 집에 드나드는 사람을 끌고 가서 취조를 했고, 그것도 모자라 자신이 은밀히 잠복을 하기도 했다. 그렇게 끈질기게 기다린 결과 홍윤애가 걸려들었다. 김시구는 즉시 홍윤애를 잡아다가 조정철의 죄를 고발하라고 고문을 하기 시작했다. 모진 매질과 회유에도 굽히지 않자 발가벗겨서 성적 수치심까지 자극했다. 그러나 홍윤애는 여전히 완강하게 버텼고, 결국 숨을 거두고 만다.

이후 조정철의 기나긴 유배 생활은 22년간 더 이어지다가 1805년에 마침내 유배에서 풀렸다. 조정철은 관직에 복귀한 후 제주목사를 자청한다. 조정철은 제주에 도착하자마자 곧바로 홍윤애의 무덤을 찾아 통곡을 하고 추모시를 써서 비석을 세웠다. 목사 생활 1년간의 봉급을 다 털어 홍윤애와의 사이에서 낳은 딸을 도왔고, 곽지리에 아담한 초가집도 마련해 줬다. 이 집을 사람들은 '조목사 딸집'이라고 불렀다고 한다. 또 외손자들은 자신의 호적에 입적시켰고 한양으로 불러 공부를 시켜 주었다.

홍윤애 무덤터 표지석.

홍윤애는 어떤 당파에 속하거나 어떤 당파를 반대하지도 않았으며 오로지 한 인간을 사랑했을 뿐이었다. 정치적 반대자들에 대한 피의 복수가 난무하던 조선 말기에 복수극에 희생되었지만 끝까지 의리를 저버리지 않음으로써 남성들의 추악한 권력 다툼을 비웃었다. 제주의 센 언니다운 포부와 의리를 보여 준 것이다.

여성이 제주도에서 살아남으려면 여러 분야에서 열심히 살아야 했다. 악착같이 살아가는 그들의 모습은 외부인의 눈에는 거칠어 보일지 몰라도 제주인의 입장에서는 생존력이고 주체성이었다. 제주 센 언니들의 계보는 일제강점기에는 대규모 항일항전인 해녀항쟁의 승리로 이어졌고, 지금도 제주 여성들이 자신의 삶을 열심히 살아가는 동력이 되고 있다. 제주는 제주 여성들에게 가혹했지만 그러나 그것에 굽히지 않았던 센 언니들이 있었던 곳이기도 하다.

홍윤애를 왜 추모하는가 °°

1781년 음력 윤 5월 15일은 홍윤애가 죽음을 맞이한 날이다. 제주에서는 이를 기려서 의녀 홍윤애 기념사업회를 만들고 홍윤애 문화제를 개최한다. 제주판 춘향이라고 말하면서 홍윤애의 의리를 추켜세우기도 하지만 사실 홍윤애를 추모하는 마음은 그가 제2의 춘향이어서가 아니다. 우선 〈춘향전〉부터가 판타지이다. 현실적으로 생각해 보자. 이도령이 성춘향과 결혼한다고 해서 우리가 생각하는 그런 결혼일 리 없다. 이도령은 사대부집 아들이므로 격에 맞는 여인과 결혼할 것이고 성춘향은 첩이 될 게 분명하다. 둘이 낳은 자식은 서자로서 울분을 삼켜야 한다.

제주에 온 많은 유배객들이 외롭고 고달픈 제주 생활을 헤쳐 가기 위해 제주 여인들과 동거를 했다. 그 상대가 기생인 경우도 있지만 여염집 딸인 경우도 많다. 하지만 유배가 풀리고 나서 돌아갈 때 제주도에서 맞은 소실과 그로부터 생겨난 자식을 데려간 사람은 아무도 없다. 소실은 추선이라고 하여 더위가 가시고 선선한 가을이 되면 필요가 없어 버려지는 부채에 비유하곤 했다.

물론 제주 유배 중 얻은 자식을 사랑으로 대한 사람들이 없는 것은 아니다. 곤생 이야기 속 인물인 김진구는 제주에서 얻은 아들에게 집안사람이란 걸 인정하여 제택이라고 이름 지어 주었다. 유배객들이 제주에서 낳은 아이에는 '제'자를 넣는 경우가 많았다. 김진구의 맏아들이자 김제택의 형인 김춘택은 아우에게 많은 정을 베풀어 주었고, 정식 동생으로 인정했다. 하지만 그건 아무래도 김춘택이란 사람이 워낙 인정 많은 휴머니스트라서가 아닐까 한다. 제주에 온 유배객들이 남긴 글 중 김춘택만큼 제주 사람들의 마음을 헤아리고 애달파한 사람이 없는 것을 보면 그가 한 일은 그야말로 개인의 일탈(?)인 듯하다.

심지어 제주에 유배 온 남성이 미혼 상태에서 제주 여인과 사랑에 빠져 정식으로 결혼을 올렸지만 유배가 풀려 돌아갔을 때 가문에서 결혼을 인정해 주지 않아 자식들은 서자가 되어야 하는 경우도 있었다. 선조의 아들인 인성군은 인조반정 후 역모죄로 죽임을 당했고 그 아들 중 이억, 이건, 이급은 제주에 유배를 온다. 그때가 1628년 6월로 출륙 금지령 1년 전이다. 제주에서 이억과 이급은 제주 여인을 만나 정식 혼례를 치렀다. 그러나 유배가 풀렸을 때는 출륙 금지령이 내려진 후여서 여인들은 제주 밖으로 갈 수 없었고, 왕자들은 한양에서 새로 혼인한다. 순식간에 제주 여인은 첩이 되었고, 아이들은 서자가 되었다. 그러니 홍윤애를 의리로 대한 조정철이야말로 남성 중심의 유교 사회에선 더 대단한 걸지도 모른다. 그런 사랑을 할 수 있었던 것도 시대를 초월하여 감명을 주지만 홍윤애가 자신을 던질 만큼 사랑한 사람 조정철이 한낱 시정잡배가 아니라서 정말 다행이란 생각이 든다. 하기야 사랑에 조건이 있었을까. 보답받기 위해 한 일이 아니라 의리와 사랑만으로 이룬 일이니 더 애달프고 기억되는 것이리라. 홍윤애의 사랑이 사람들의 마음을 움직인 것은 그 때문일 것이다. 추악한 정쟁으로 얼룩진 남자들의 세계와 달리 한라산의 눈처럼 순수한 인간에 대한 믿음을 보여 주었으니 말이다.

제주를 사랑한 나비박사 석주명

#가 보면 좋은 곳 : 제주의 돈내코계곡(석주명 나비길)

　석주명 하면 당장 떠오르는 말은 나비박사일 것이다. 그런데 그는 곤충학자로서 세계적인 반열에 오른 최초의 한국인이란 타이틀 외에 '제주학의 선구자'라는 영예도 얻었다. 그럼 석주명이 제주도 사람인가 싶겠지만 아니다. 그는 평양 출신이다. 그런 그가 왜 느닷없이 제주를 사랑하는 사람이 되어 버린 걸까?

　그가 제주에 온 것은 나비박사답게 나비 채집을 위해서였다. 그러나 제주에 다녀간 뒤 온통 제주에 빠져 버렸다. 연구실에서도 그가 발굴해 낸 제주 민요인 〈오돌또기〉의 후렴구 '둥그대당실 둥그대당실'을 흥얼거리고 제주에 관한 책을 연달아 냈다. 도대체 무엇이 나비학자 석주명을 제주에 빠지게 한 것일까?

석주명은 1908년 평양의 부유한 집안에서 태어났다. 학창 시절에는 만돌린(후에 기타)을 연주하고 뮤지컬 공연도 하는 등 음악가가 되고 싶었다. 송도고보로 전학 가기 전 숭실고보 재학 시절 같이 음악 활동을 한 동문 중에는 후에 애국가를 작곡한 안익태도 있었는데 당시에는 오히려 석주명이 더 재능이 있었다고 한다. 그런 그가 음악을 포기한 것은 라디오에서 흘러나오는 세고비아의 기타 연주를 듣고 나서다. 세고비아는 기타의 신이라고 불리는 스페인 출신의 연주가이다. 석주명은 그보다 더 잘 연주할 수 없겠다고 생각하고 농학자가 되기로 결심한다. 당시 인구의 80퍼센트가 농업에 종사하는 농업국가 조선의 청년들은 덴마크가 낙농업으로 부유한 나라가 되었다는 이야기에서 꿈을 찾았다.

농학자가 되기 위해 일본의 가고시마 고등농림학교에 입학했다가 생물학을 선택한 석주명은 나비의 생태에 대한 공부를 시작한다. 농업학교에서 나비 연구는 매우 중요한 영역이었다. 나비는 인류가 농업혁명을 시작한 이래 최대의 관심사였다. 농사를 짓거나 하다못해 텃밭농사라도 해본 사람들은 다 안다. 나비는 보기에는 아름답고 식물의 수정을 돕기도 하지만 농작물을 해치는 주범이기 때문이다.

석주명은 학교를 졸업하고 모교인 송도고보 박물교사(생물교사)가 된 후 본격적인 나비 연구를 시작했다. 송도고보는 당시 명문학교였기 때문에 전국에서 학생들이 몰려왔다. 그는 학생들이 여름방학에 고향으로 돌아갈 때면 나비 채집 숙제를 냈고 이는 전국의 나비 분포를 연구하는 데 큰 도움이 되었다. 학생들이 채집하지 못한 지역이나 계절의 나비는 발로 돌아다니며 채집했다.

이렇게 한반도 최북단 두만강 어구 작은 섬부터 최남단 마라도와 서쪽 끝 울릉도까지 수많은 섬, 심지어 해외까지 돌아다니면서 무려 60만 마리의 나비 표본을 얻었고, 이를 끈질기게 연구했다. 그 결과 고작 초급대학 출신의 시골 중학교 생물교사인 석주명은 세계적인 곤충학자이자 농학박사이며 이학박사인 일본인 대학자 마쓰무라의 논문을 반박하며 나비계의 스타로 발돋움하였다.

세계 각국에서 조선의 나비에 대한 정보를 얻기 위해 석주명에게 표본을 보내 달라고 부탁했고 그 대가로 보조금이 들어오기 시작했다. 석주명은 영국왕립아시아학회의 보조금을 받은 유일한 조선인이 되었고, 세계적인 논문들을 수없이 발표하면서 명성을 쌓았다. 영국왕립아시아학회로부터 영문 논문을 발표해 달라는 부탁을 받고 10여 년의 연구 끝에 그는 〈조선산 접류 총목록〉을 발표한다. 당시 한국의 나비에 대한 연구 결과를 독점하던 일본 학자들은 새로운 나비가 나타나면 과시하듯 자기 이름을 붙여서 학명을 만들 수 있었기 때문에 같은 종의 나비라도 조금만 차이가 생기면 다른 나비로 분류했다. 그 결과 한국의 나비를 844종이라고 했는데, 석주명은 이 논문을 통해 248개라고 정정한다. 석주명은 논문을 위해 한국의 곳곳을 돌아다니며 약 70만 마리의 나비를 채집했는데 바로 그런 이유로 제주에 오게 된 것이다. 1936년 미국자연사박물관의 지원을 받아 한 달간 채집 여행을 하기 위해 제주에 발을 디딘 것이 제주와의 첫 인연이었다.

한가롭게 제주의 이곳저곳에 채집 여행을 다니던 석주명은 어느 들판에 이르렀다. 그곳에선 한 무리의 제주 농부들이 조를 파종한 후 소와 말로 밭을 밟게 하고 그 뒤를 따르며 뭔가를 흥얼거리고 있었다. 잠시 포충망을 옆에 두고 앉아서 넋을 놓고 그 노래를 들었다. 뭔가 알 수 없는 감상이 그의 가슴을 때렸다. 한때 음악가를 꿈꿨던 나비학자가 제주에 빠져든 순간이었다. 제주는 이상한 말을 쓰고 이상한 문화를 가진 변방의 섬이 아니라, 아주 매력적이고 독자적인 언어, 문화, 역사를 가진 곳이라는 깨달음이 섬광처럼 스쳤다.

강렬한 한 달간의 제주 여행을 뒤로하고 떠난 석주명은 제주에 대한 갈망을 놓지 못했다. 교편을 놓고 경성제대 부설 농업연구소에 취직한 그는 새로 생긴 제주도 시험장으로 자원하여 제주를 찾는다. 이번에는 1년 임기를 1년 더 연장하면서까지 장기간의 체류를 선택했다. 그렇게 제주에서의 석주명의 빛나는 시간이 시작되었다.

2년간 석주명은 제주 구석구석을 누비며 곤충 채집, 사투리 수집, 전설 수집, 민요 채록, 인구 조사를 비롯해서 제주도에 관한 문헌과 자료를 모조리 수집하기 시작한다. 그에게 제주는 한국 문화는 물론 세계 문화의 빛나는 원석이었다. 제주도 방언을 단순한 지역의 사투리가 아니라 하나의 언어로 인정, 제주어라는 개념을 만들어 냈다. 사라져 버린 역사와 문화가 제주에서 고스란히 보존되어 있는 것을 보고는 이것의 가치를 탐구하기 위해 '제주학'이라는 분야를 창조한다.

어쩌면 그가 나비학자였기 때문에 가능한 일이었을지도 모른다. 나비에 좋은 나비, 나쁜 나비와 같은 차별은 없다. 종류에 따라 차이가 있을 뿐이다. 나비의 분류를 통해 석주명은 세계에도 차이가 있을 뿐 우열은 있을 수 없다는 것을 깨달았다. 그래서 그는 나비, 제주도 외에 또 하나 에스페란토어[1]에도 몰두했다. 에스페란토어를 씀으로써 자국어를 보존할 수 있고 강대국 중심의 세계 질서에 저항할 수 있다고 믿었다. 끝까지 창씨개명을 하지 않은 것도, 자신의 이름을 평안도식 발음인 '석두명'의 이니셜을 따서 D.M.Seok이라고 적었던 것도 그 때문이었다. 이것이 그의 딸인 석윤희가 아버지를 반제국주의자이자 반자본주의자였다고 기억하는 이유였다.

석주명이 제주를 떠난 후 얼마 지나지 않아 해방을 맞이했다. 식민지 시절 그토록 열정적으로 논문을 발표하며 세계를 놀라게 했던 석주명은 해방 후 3년간 두문불출한다. 제주에서 조사한 자료를 바탕으로 제주도 총서 집필에 매달렸기 때문이다. 그러는 와중에도 제주도에 대한 신문기

---

1   각 민족은 자국의 모국어를 사용하면서 외국인과 소통할 때는 중립적 언어인 에스페란토를 사용하자는 운동. 강대국 중심의 언어를 대신하여 중립 언어를 쓰자는 이 운동은 식민지 조선 지식인들에게 꽤 반향을 일으켰다. 자국어를 보존할 수 있고 강대국 중심의 세계 질서에도 저항할 수 있었기 때문이다.

토평동 석주명기념공원 내 기념비.

사를 빠짐없이 챙기는 등 제주에 대한 관심과 애정이 조금도 식지 않았다.

총 열 권을 펴낼 생각이었던 제주도 총서는 여섯 권이 간행되었다. 다섯 권은 그의 생전에, 나머지 한 권은 그가 죽은 뒤 누이동생인 석주선에 의해 간행된다. 석주명은 나비를 분류하는 방법을 그대로 사용하여 제주도 방언을 수집하고 분류했다. 단어나 음절을 들으면 카드에 작성하는 방식으로 채록한 방언은 무려 7천여 개로, 이것을 사전처럼 묶어 1947년에 제주도 총서 제1집 《제주방언집》으로 발표한다. 석주명은 제주어를 수집하는 것에 머무르지 않고 한반도의 다른 지역, 고어, 중국어, 일본어, 몽골어는 물론 심지어 필리핀과 말레이어와의 유사성도 찾으려고 하는 등 제주어가 가진 세계성과 고유성에 주목한 남다른 안목을 갖고 있었다.

특히 석주명은 1944년 2월부터 1945년 4월까지 제주도의 인구 조사를 실시했다. 16개 마을을 표본으로 삼아 인구생태 조사를 했고, 제주도의 특수성을 찾아내어 두 번째 제주도 총서로 《제주도의 생명조사서-제주도 인구론》을 발표했다. 이 책은 소위 말하는 레전드, 즉 고전이 되었다. 1949년에 출판되었을 당시 제주의 많은 마을이 제주 4.3으로 파괴되었기 때문이다.

그가 생각했던 나머지 네 권의 책은 결국 출판되지 못했다. 애석하게도 석주명은 한국전쟁 와중에 서울에서 술에 취한 남자들에 의해 어처구니없이 살해당했기 때문이다. 마흔두 살의 짧은 삶이었다.

석주명 나비길 °°

1936년 7월 21일. 석주명이 제주에 첫발을 디딘 날이다. 한 달간의 여행 동안 그를 나비박사에서 제주학 연구자로 거듭나게 한 것은 7월 제주의 자연과 문화와 사람들이었다. 그 후 다시 제주로 온 석주명이 머물렀던 곳은 돈내코계곡 인근에 있던 경성제대(현 서울대) 생약연구소였다. 평생을 나비를 쫓아다니던 그는 이곳에 머물면서 제주의 자연과 문화와 역사와 언어를 채집하러 다녔다.

석주명이 제주도에 머무르며 근무했던 경성제대 생약연구소 제주도 시험장은 지금은 제주대학교 아열대농업 생명과학연구소로 바뀌었다. 바로 그 앞 토평 사거리에는 석주명을 기리는 공간이 마련되어 있다. 석주명은 제주도 시험장에 머물던 당시 유채씨를 일본에서 도입해 와 제주에 재배하도록 한다. 물론 보리를 심어야 할 귀한 땅에 식량이 되지 않는 유채를 심는 일은 20여 년이 지나서야 가능한 일이었다. 제주의 봄을 상징하는 노란 유채밭은 1970년대 이후에나 볼 수 있는 풍경이긴 하다.

지역 사회에서 석주명에게 영감을 주었던 길을 개발하여 석주명 나비길로 만들고 지역 생태관광 프로그램으로 발전시킨 것이 '돈내코계곡 원앙 축제'이다. '석주명 나비길'이라는 트레킹 코스에는 석주명 기념비가 있고, 돈내코계곡을 따라 숲과 오름, 마을로 이어지는 길이 구성되어 있다. 이 지역은 제주에서 일교차가 크지 않고 겨울에도 눈이 내리지 않으며 바람 많은 제주에서 바람도 만나기 어려운 곳이라서 귤이 맛있는 곳이기도 하다. 돼지가 물을 먹으러 오는 냇가의 입구라는 뜻의 돈내코는 조면암으로 이뤄진 계곡이라서 제주의 다른 지역에 있는 계곡과 또 다른 느낌이다. 원앙폭포는 제주에선 만날 수 있을 것 같지 않은 숲속 폭포이다. 한라산에서 부지런히 내려온 물이 떨어져 만든 이 폭포의 물은 발을 담그기도 힘들 정도로 뼛속까지 차갑다. 이 물에 발을 담그고 '둥그대당실 둥그대당실' 하고 〈오돌또기〉를 불렀을 석주명을 떠올려 보는 것도 재밌는 상상이다. 왠지 멋쟁이 나비박사가 나비처럼 내 곁에 있는 느낌이다.

거문오름 용암 동굴계와 모살역시 현장

용천동굴	거문오름	게우지코지

원담과 갯담

바다가 육지 쪽으로 밀려든 생김새를 한 곳에 바다의 돌담인 원담이 있다. 지역에 따라 원담, 갯담 등 다른 이름으로 불린다. 원은 울타리란 뜻이고, 개는 해변의 후미진 곳이란 뜻이다.

원담을 쌓으면 밀물에 몰려든 고기 떼가 썰물 때 빠져나가지 못해 그 안에 갇힌다. 즉 원담은 돌로 만든 그물인 셈이다.

비린대원

대정읍 동일1리에 있는 원담. 안 원담, 밖 원담 이중으로 되어 있다.

멜튼개

조천에서 하도까지는 원담이라 하지 않고 갯담이라고 한다.

센 언니 발자취 ☑

홍윤애 묘

전농로에서 손자의 묘 곁인 유수암리로 이장했는데 홍의녀지묘(洪義女之墓)라는 글씨가 새겨진 비석이 서 있다.

설문대 여성문화센터 제주여성역사문화전시관

제주의 여신들과 제주 해녀를 의미했던 예청 등 제주의 역사적 여성 인물들을 소개하고 있는 역사관. 제주 여성들의 삶을 엿볼 수 있다.

전농로 홍윤애 무덤터

고문을 받다가 죽은 홍윤애의 시신은 전농로에 묻혔다. 제주 목사로 부임한 조정철은 이곳의 무덤을 단장하고 시비를 세웠다. 일제강점기에 농업학교가 들어서면서 무덤은 애월읍 유수암리로 이장했다. 전농로는 제주에선 대표적인 벚꽃길이다.

비린대원

석주명 발자취

- 돈내코 원앙폭포
- 석주명 나비공원
- 제주대학교 아열대농업 생명과학연구소(구. 경성제대 생약연구소 제주도시험장)

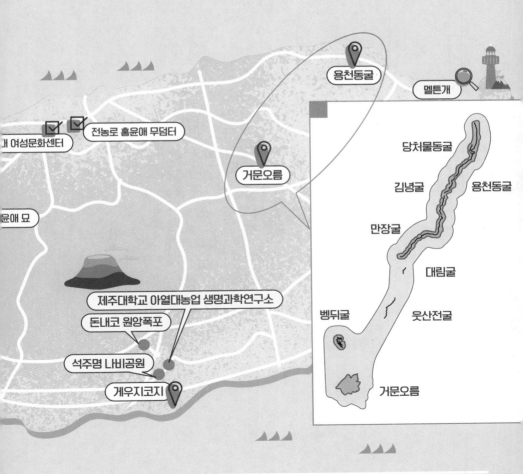

용천동굴

멜튼개

전농로 흥윤애 무덤터

대 여성문화센터

거문오름

윤애 묘

제주대학교 아열대농업 생명과학연구소

돈내코 원앙폭포

석주명 나비공원

게우지코지

당처물동굴

김녕굴

용천동굴

만장굴

대림굴

벵뒤굴

웃산전굴

거문오름

8월

8월	오름 위의 공기는 맛있다

자연

#가 보면 좋은 곳 :
다랑쉬오름, 노꼬메오름, 따라비오름, 새별오름, 산방산

제주에는 모두 368개의 오름이 있다. 1년 동안 하루에 하나씩 매일 올라도 다 못 올라갈 만큼 많다. 그래서 제주를 오름의 왕국이라고 부른 다. 왕국이라고 했으니 당연히 왕이 있어야 하지 않겠는가. 하지만 제주 오름 왕국엔 왕이 없었다. 단 하나, 다랑쉬오름이 오름의 여왕이란 별명을 가지고 있으니 제주는 역시 오름까지도 여인 천하였다.

사실 왕인들 어떻고 백성인들 어떠냐만, 굳이 서열 짓기를 좋아하는 호사가들이 왕과 여왕을 만들어 냈다. 보통 오름은 '동 다랑쉬, 서 노꼬메' 라고 한다. 수많은 오름을 거느린 자태가 동쪽에서는 다랑쉬오름, 서쪽에 서는 노꼬메오름이 단연 으뜸이다. 그래서 오름 여왕인 다랑쉬에 대응해

노꼬메를 오름의 왕이라고 부르기도 한다. 더 나아가 가을 오름의 왕과 여왕도 만들어 냈다. 가을 오름 하면 역시 억새 아닌가. 억새 명소는 동쪽에서는 따라비오름, 서쪽에서는 새별오름이니, 따라비오름은 가을 오름의 여왕, 새별오름은 가을 오름의 왕이라는 별명을 붙였다. 대체로 서쪽의 오름이 높아서 왕이 된 듯하다.

왕국에 왕만 살지 않으며 왕만 특별하고 고귀하지 않듯이 제주의 오름은 어느 하나 귀하고 특별하지 않은 것이 없다. 오름마다 모양도, 이름도, 생년월일도 다 다르다. 그러나 하나의 공통점이 있다. 그것은 모두 화산 폭발로 만들어진 화산체라는 점이다. 그야말로 한때 제주는 뜨거운 섬이었다.

예전에는 오름을 기생 화산이라고 했지만 지금은 단성 화산이란 말로 부른다. 커다란 한라산에 기대어 있는 화산이 아니라 스스로의 힘으로 폭발을 해냈기 때문이다. 그래서인지 몰라도 제주의 오름들은 그 하나하나 개성이 강하고 당당하다.

오름은 누구나 오를 수 있는 낮고 평탄한 능선을 가지고 있기 때문에 그 이름이 오름이다. 바위산인 육지의 산들과 비교하면 매우 편안하다. 오름을 찾는 사람들이 평화로움을 느끼는 이유는 오름이 아직 어린 화산체라 원형을 그대로 간직한 부드러운 능선을 가졌기 때문일 것이다.

동서로 왕이니 여왕이니 하며 자태를 뽐내지만 사실 따지고 보면 오름 중의 최고는 따로 있다. 제주에서 가장 높은 한라산 위에 있었다는 전설을 가진 오름인 산방산이다. 전설에 의하면 제주섬을 다 만든 설문대할 망이 한라산이 너무 뾰족하다고 산의 윗부분을 뽑아 던졌다고 한다. 뽑혀 날아가 만들어진 오름이 바로 산방산이다. 신기하게도 갖다 붙이면 똑떨어질 정도로 크기가 비슷한 데다 백록담에서 마지막에 분출한 용암과 같은 조면암으로 이뤄졌다. 모양도 비슷하고 크기도 비슷하고 심지어 돌도 같은 조면암이라니. 이 정도면 우연이 아니라고 믿고 싶은 마음에 전설이 생긴 것이리라. 하지만 전설은 전설일 뿐, 실제로는 백록담보다 훨씬 전에 제주도에서 가장 먼저 만들어진 오름 중 하나이다. 나이가 무려 80만 살이나 된다.

산방산.

산방산은 제주의 다른 오름들과 거의 모든 면에서 다르다. 정말로 한라산 위에서 오기라도 한 것처럼 말이다. 오름이면서 분화구도 보이지 않는 바위산이다. 산방산의 모양을 보면 종을 닮았다. 그래서 이런 화산을 종상 화산이라고 한다. 산방산을 만든 용암은 끈적끈적한 용암이라서 분출하지 않고 그냥 흘러넘치다가 그대로 굳어 버렸다. 그러니 분화구가 보이지도 않는다. 바위 색도 같은 바위산이랄 수 있는 성산일출봉과 다르다. 까만 바위가 노출된 성산일출봉과 다르게 회색 바위가 뒤덮였는데 조면암이기 때문이다. 조면암은 현무암에 비하면 훨씬 색이 하얗고 매끈하기 때문에 화강암이 거의 없는 제주에서는 비석이나 동자석을 만드는 데 쓰였다. 이 근처는 돌담도 까만 돌담이 아니라 하얀색에 가까운 돌담이다.

산의 중턱에 산방굴이라는 굴도 있다. 제주에는 용암 동굴이 무려 160여 개나 있는데 산방굴은 용암 동굴이 아닌 해식 동굴이다. 그러니까 바다가 깎아서 만들었단 얘기다. 해발 200미터 높이에 해식 동굴이라니! 짐작하겠지만 산방산은 한동안 바다에 잠겨 있었다.

한반도의 다른 해식 동굴들은 나이가 억대로 아주 오랜 시간 바닷물에 의해 침식돼서 만들어졌다. 그런데 산방산은 그에 비하면 매우 어린 나이다. 그 짧은 시간에 이토록 커다란 해식 동굴을 만들 수 있었던 이유는 산방산의 아랫부분은 서귀포층이라는 푸석푸석한 사암층으로 되어 있어서 쉽게 깎였기 때문이다. 그런데 왜 골고루 깎이지 않고 산방굴이 있는 부분만 깊고 넓게 파인 것일까? 산방굴의 입구에서 바다를 보면 이해가 된다. 보이는 바다는 태평양이고 그 바다는 적도까지 이어졌다. 태풍이 그대로 그 바닷물을 몰고 들어와 엄청난 속도로 바위를 때린 것이다. 그렇게 만들어진 해식 동굴이 서귀포층의 융기로 지금은 산 위에서 태평양을 바라보는 굴이 되었다.

한라산을 닮은 특이한 생김새에다 한라산을 등진 채 바다를 향하고 있는 굴까지 산방산은 신성성이 느껴질 만하지 않겠는가. 사실 한라산은 산방산보다 늦은 나이에 만들어졌으니 한동안 산방산이 제주 1인자이던 시절이 있었다. 또 한라산 정상에서 보면 산방산이 가장 도드라지게 보인다. 정말 백록담 안에 산방산이 있었던 느낌마저 든다. 보통 오름은 신성한 숲이라 여겨져서 신당이 만들어진 곳이 많다. 그런 오름들은 마을신을 모신다. 그런데 오직 산방산만이 한라산신을 모시는 신당인 광정당이 있었다. 오름끼리 왕이니 여왕이니 하고 있을 때 산방산은 조용히 이렇게 말했을지도 모르겠다. "난 한라산보다 높은 곳에서 왔다고. 그러니까 내가 제주 최고야."

보통 중산간 지대에 있는 오름은 소나 말을 방목하는 곳이라서 나무가 자랄 틈이 없었다. 소나 말은 오름과 오름을 경계로 해서 멀리 가지 않기 때문에 돌보기 편리했다. 오름의 분화구는 제주어로 굼부리라고 하며, 그곳에는 말이나 소가 들어가지 않기 때문에 수풀이 무성했다. 비가 올 때 소나 말은 그곳을 안식처로 삼기도 했다. 지금은 오름도 점점 숲이 우거져 가고 있다. 1960년대부터 산림녹화라는 이름으로 오름에 나무를 심

기 시작했고, 경운기가 보급되면서 소나 말을 더 이상 기르지 않았기 때문이다.

오름에는 산소가 많은데 경작지가 아닌 데다 하늘과 가까워서 그랬을 것이다. 제주의 산소는 보통 방목지에 많이 있었기 때문에 말과 소가 들어가지 못하도록 산담을 둘러쳐 놓는다. 그것도 그냥 돌을 둘러놓은 것이 아니라 네모반듯하게 마치 집 축담을 올리듯 겹담으로 정성껏 만들었다. 이 산소가 제주 사람을 살린 재밌는 일화가 있다.

제2차 세계대전이 끝나 갈 무렵, 제주는 일본과 미국의 전쟁터로 한반도에서 유일하게 세계대전의 무대였다. 일본은 제주에 7만 명 가까운 병력을 집결시켜 점차 다가오는 미국에 맞서 결사항전을 준비 중이었다. 필리핀에 이어 오키나와를 함락한 미군은 제주도 폭격을 준비하기 위해 비행기로 정찰하다가 깜짝 놀랐다. 정찰기는 돌아가서 이렇게 보고했다고 한다.

"산마다 대공포대가 즐비합니다. 자칫 아군의 피해가 극심할 수 있으니 폭격 계획을 재고해야 할 듯합니다."

덕분에 제주는 세계 최첨단 공중무기를 장착한 미군의 폭격으로 초토화될 위기를 넘겼고 우물쭈물하는 사이에 일본에 원자폭탄이 떨어지면서 전쟁이 끝났다. 오름 위의 대공포대는 다름 아닌 산담이었다. 공중에서 보면 영락없이 그렇게 보였던 것이다. 죽은 자가 산 자를 살린 셈이니 오름은 죽은 자와 산 자가 함께 사는 곳이란 말이 딱 들어맞는 셈이다.

바닷가 오름들은 아픈 기억도 간직하고 있다. 일본 제국주의 군대가 미군을 막겠다며 제주 여기저기에 굴을 파서 화약고를 만들고 미로를 만들어 놓았다. 바닷가 오름은 하나같이 진지 동굴이 깊은 상처처럼 파여 있다. 일본인들에게 오름이란 그저 자기 나라를 지키기 위한 도구일 뿐이다. 나라를 빼앗긴다는 것은 그런 것이리라.

오름은 험하지도 않고 높지도 않아서 오르기 어렵지 않다. 오름에 올라가면 바다가 보이고 섬이 보이고 한라산이 눈앞에 펼쳐진다. 그것만으로도 눈도 마음도 시원해지는 곳이다. 무더위가 기승을 부리는 8월에는 오름을 올라갈 때 흘린 땀이 산 위에서 정말 빛의 속도로 휘발되는 경험을 할 수 있다. 오름 아래는 더운 바람이 불어도 오름 위엔 청량한 바람이 분다. 낮은 수풀을 지나온 이 바람 속에는 막 식물이 뿜어 낸 신선한 산소가 가득하다. 물론 작은 들꽃을 보는 것도 가을 억새를 보는 것도 멋지지만 이 공기를 맛볼 수 있는 계절은 여름뿐이다. 식물들이 가장 활발하게 광합성을 하는 시기이기 때문이다. 오름 위에서는 아마 저도 모르게 이렇게 말하게 될 것이다.

"공기가 맛있다!"

제주 화산 여행 °°

화산체는 그 분화 형태에 따라 분석구, 마르, 응회환, 응회구, 용암 돔으로 나눌 수 있는데 이 모든 것을 제주에서 볼 수 있다.

우리가 보통 오름이라고 하면 원추형으로 솟아오른 봉긋한 지형을 말하는데 이런 오름을 분석구라고 한다. 제주 오름의 대부분은 이런 분석구이다. 수성 화산체인 경우 바닷물에 깎여서 내부가 드러난 경우가 많지만 분석구의 경우 속을 볼 수 있는 경우는 흔치 않다. 그래도 굳이 꼭 봐야겠다면 걱정 마시라. 화산 백과사전인 제주엔 없는 게 없으니까 말이다. 차귀도와 섭지코지에 가면 바닷물에 침식되어 드러난 분석구의 내면을 들여다볼 수 있다.

원추형이 아니라 말굽형인 분석구도 있다. 대표적인 것이 거문오름이다. 용암이 낮은 곳으로 흘러넘쳐 위에서 보면 말발굽 모양이다. 흘러넘친 용암은 곶자왈 지대와 용암 동굴을 만들었으니 제주 화산섬의 다양성이 이런 이유로 이루어졌다.

분석구는 불었던 바람의 방향에 따라 오름의 모양이 결정된다. 오름의 모양을 보고 화산 분출 당시 바람의 방향을 상상하는 일도 재밌다. 바람 많은 섬답게 화산 폭발 당시도 바람이 세차게 불었고 그 결과 대부분의 오름들은 약간 비뚤어져 있으며 남북이나 동서쪽의 경사가 다르다. 그런데 가장 완벽한 동그라미를 가진 분석구가 있다. 구좌읍 송당리의 아부오름이다. 마치 로마 콜로세움을 보는 듯한 느낌의 이 오름이 만들어질 때 제주는 아주 부드러운 햇살이 넘치고 바람 한 점 없는 날이었으리라.

서귀포시 서홍동에 있는 하논분화구는 우리나라에 유일하게 있는 마르형 분화구이다. 응회환과 비슷한 형태로 만들어진 뒤 주변에 화산재가 쌓여서 언덕을 이루고 있다. 이곳은 바다가 아니라 지하수가 지나는 곳을 뚫고 마그마가 올라오면서 만들어진 수성 화산체이다. 주변보다 낮기 때문에 주변의 진흙이 쌓이며 물을 가둬 습지가 되었다. 그래서 이곳은 제주에서 드물게 논농사가 가능했다.

용암 돔은 점성이 높아 끈적끈적한 용암이 멀리 폭발하지 못하고 그 자리에 아이스크림처럼 덮여 만들어진 화산이다. 대표적인 용암 돔이 산방산으로, 종 모양이라고 해서 종상 화산이라고도 한다. 산방산이 만들어질 때 같이 만들어진 섶섬, 문섬, 범섬 등도 종상 화산이다. 이런 류의 화산은 끈적끈적한 조면암에 의해 만들어진다. 제주 북쪽의 오름들에 비해 남쪽의 오름들이 뭔가 이국적으로 보이는 이유도 조면암으로 만들어져 하얀색을 띠기 때문이다.

제주에서 오름을 오른다는 것이 단순한 등산이 아닌 이유가 여기에 있다. 오름은 지구가 자기 속살을 내주며 지은 시간과 불과 바람의 시이다. 화산 여행은 지구의 시를 읽는 여행이다.

| 8월 | 거의 완벽에 가까운 제주 갈옷 |

문화

#제주의 전통 의복 : 갈옷(상의는 갈적삼, 하의는 갈중이)

제주에서도 집집마다 심어져 있는 나무가 있다. 바로 감나무이다. 가끔 웃드르라고 불리는 중산간 지대의 밭 구석에도 감나무가 있는 곳이 있는데 이것은 과거에 민가가 있었던 곳이란 증거일 만큼 제주 사람들은 집집마다 감나무를 꼭 심었다. 이 감은 먹기 좋은 단감류가 아니라 고염에 가까운 작고 단단하면서 씨는 크고 매우 떫은 토종감이다. 게다가 감나무로는 가구는커녕 몽둥이 하나 만들기 어려울 만큼 약하다. 그런데도 집집마다 심은 이유는 뭘까? 옷감에 염색을 하기 위해서이다.

7~8월에 딴 풋감을 으깨어서 면직물에 염색하면 처음엔 빨갛다가 차츰 짙은 갈색을 띠게 되는데 이 옷감으로 만든 옷을 갈옷이라고 한다. 제

주 전통 의복을 꼽으라면 제주 사람들은 누구나 갈옷을 꼽을 만큼 대표적인 제주 옷이다.

갈옷은 방수성이 얼마나 뛰어난지 이슬 맺힌 풀밭에서 일을 해도 물방울이 스며들기보다 떨어진다. 그런데 실험에 의하면 감의 항균성은 다른 직물에서도 거의 비슷하게 향상되었지만 방수성은 오로지 면직물에서만 효과가 나타났다. 감즙을 물들인 면직물에서는 자외선이 거의 완벽하게 차단되었고, 세탁 후에도 그 효과가 유지되었다. 따라서 면직물에 천연 염색을 한 갈옷은 방부성, 방수성, 자외선 차단 효과가 매우 뛰어나고 때도 안 타고 통풍도 잘되고 땀에 젖어도 냄새도 나지 않는 완벽에 가까운 옷이 되는 것이다.

1971년 감물 염색을 한 제주 전통의상인 갈옷을 입고 밭일을 하고 있는 사람(사진 ©셀수스협동조합).

하지만 면직물은 제주에선 귀한 옷감이다. 제주는 품질 좋은 목화가 나지 않아서 처음엔 이불솜을 만들었을 뿐 옷감을 짜진 못했다고 한다. 아마 그것이 조선 중기에 제주에 온 외지인들이 남긴 문헌에 갈옷이 등장하지 않은 이유라고 여겨진다. 당시 제주의 상류층은 조선의 백의 문화를 받아들였을 것이고 서민층은 칡베나 삼베로 짠 옷을 입었을 것이다.

제주에서 면직물은 미녕이라고 불리며 매우 성기게 짠 미녕옷에 감물을 들여 입은 갈옷이 노동복으로 정착한 것은 목화 재배가 한림과 대정 등에서 본격적으로 이뤄지는 조선 후기에 이르러서야 보편화되었다. 그 이전에는 아주 드물게 갈옷이 만들어졌을 것이다. 감즙 염색법은 오히려 갈치를 낚는 낚싯줄인 갈치술을 만들 때 더 많이 사용되었다. 갈옷은 내구성이 강하고 오래 입을 수 있기 때문에 옷감이 귀한 제주에는 가장 필요했다. 면직물이 보급되면서 갈옷은 빠르게 제주 사람들의 의생활의 중심으로 자리를 잡고 대표적인 노동복이자 실용복으로 활용되기 시작했다.

때가 잘 타지 않고 세탁이 편리하기 때문에 제주 여성들은 거의 일상복처럼 갈옷을 입고 생활했다. 남자들은 바다 일을 할 때 방수성과 자외선 차단 효과가 뛰어난 갈옷을 입었고 목축 일을 할 때도 가시에 찔리지 않고 이슬에 젖지 않는 갈옷을 입었다. 갈옷은 상의를 갈적삼, 하의를 갈중이라고 하는데 여성들도 치마가 아닌 바지를 입었다. 제주 여성들의 고단한 삶을 보여 주는 것이기도 하다. 치마로는 그 많은 노동량을 감당할 수 없었을 테니 말이다.

이토록 우수한 갈옷을 만드는 데는 단감류가 아닌 떫어서 먹을 수 없고 단단하고 작은 토종감을 써야 한다. 떫은 토종감은 단감에 비해 분자량이 큰 탄닌이 많은데 이것이 섬유와 결합하면 섬유를 뻣뻣하게 하면서 갈옷의 장점을 만들어 낸다. 또한 제주의 토종감이 일본의 토종감에 비해 훨씬 우수한 갈옷을 만들어 낸다고 한다. 갈옷은 습하고 햇빛이 강한 제주에 가장 알맞은 옷이다.

갈옷에 대한 최초의 기록은 1929년 일제강점기 시절 조선총독부에서 펴낸 생활상태 조사에서 보인다. 그런데 제주의 풍토에 대해 시시콜콜 기

갈옷(국립민속박물관 소장).

록하길 좋아했던 조선 시대 관리들의 제주 여행기에는 이상하리만치 갈옷이 소개되지 않는다. 다만 김상헌이 1601년에 펴낸 《남사록》에 "감 또한 제주성 안에 많이 있으나 크기가 새끼 감과 같고 씨가 많으며 맛이 없다"란 표현이 있을 뿐이다. 그러나 현대식 복식이 보급되던 1970년 이전인 1950~1960년대 사진에서 제주의 성인 대부분은 갈옷을 입고 있었다. 그렇다면 제주 사람들은 언제부터 갈옷을 입었을까?

갈옷이란 갈색 옷이란 뜻에서 나온 말이긴 하지만 그 유래는 그리 단순하지 않다. 중국에서는 서민이나 하층민이 입는 옷을 거친 옷이란 뜻으로 갈의라고 불렀다. 칡으로 짠 베는 갈색을 띠었기 때문이다. 또 고구려, 부여, 말갈, 몽골, 선비, 돌궐, 숙신 등 유목민족들의 노동복이 갈의였는데 이것은 품질이 나쁜 모직물로 만든 옷이었다.

제주에 처음 살았던 사람들은 주호, 즉 바다 건너 오랑캐 마을이란 뜻으로 불렸는데 이들의 입은 옷이 동물 가죽으로 만든 옷이었다는 점을 들어 고구려나 부여계 사람들이 제주에 살면서 갈의를 입었다고 보기도 한다. 탐라는 모직물이 많이 생산되는 곳이기도 했다. 원은 탐라에 해마다 모직물을 100포씩 바치게 했기 때문이다. 따라서 탐라인들도 모직물로 만든 갈의나 칡베로 만든 갈의를 입고 살았을 것이라 추측할 수 있다. 왜냐하면 제주에는 삼베가 거의 생산되지 않았기 때문이다.

삼베는 비옥한 땅에서만 자라는 식물인데, 제주에선 그런 비옥한 땅이 많지도 않았고 설령 있다 하더라도 먹거리를 심기에도 빠듯한 형편이었다. 아주 드물게 텃밭에 삼을 심어서 베를 짜 수의를 만드는 데 사용했다. 삼베나 비단, 면화 같은 옷감은 모두 외지에서 수입해야 했고, 그러다 보니 옷감이 귀했다. 그래서 제주 속담에는 이런 말이 있다.

"미쳉 괴쳉 밥 줄 인 셔도 미쳉 괴쳉 옷 줄 인 읏다."

(아무리 가까운 사이라도 밥은 줄 수 있어도, 옷은 줄 수 없다는 뜻으로 그만큼 옷이 귀함을 나타낸 말.)

그만큼 귀하다 보니 서민들의 옷은 말이 아니었다.

"부인은 치마가 없었으며 다만 삼베끈으로 허리를 동이고 두어자 베로 앞뒤를 꿰매서 음부를 덮을 뿐이다."

– 임제, 《남명소승》

"섬사람 가운데 가난하여 옷이 없는 자는 흔히 멍석과 도롱이를 쓰고 추위를 견디고 있다."

– 김상헌, 《남사록》

하지만 우리가 흔히 말하는 갈옷은 갈의와는 조금 다르다. 갈의에서 나온 말이라고는 추측할 수 있지만 갈옷은 고유명사이다. 즉 감물을 들인 옷만을 갈옷이라고 한다.

감물을 들인 옷은 제주만의 고유한 옷은 아니다. 감을 이용해서 염색을 하면 옷감이 질겨지고 방부성과 방수성이 뛰어나기 때문에 한국, 일본, 중국에서도 이미 사용하고 있었다.

'이규태 코너'로 유명한 언론인 이규태에 의하면 한국 남부 지방에서도 오래전부터 노동복으로 갈옷을 많이 입었다고 하였다. 더러움이 덜 타고 세제를 쓰지 않아도 때가 잘 빠질 뿐만 아니라 특별히 손질을 하지 않아도 구겨지지 않으며 좀이나 벌레가 일지 않는 데다 땀에 젖은 옷을 그냥 두어도 썩거나 상하지 않고 통풍이 잘되고 가시 같은 잡물이 들러붙지도 않으며 심지어 화살이나 총탄에도 강해서 방탄복의 구실도 하므로 군복으로도 적합했다고 한다.

1600년대 무덤에서 발견된 세 점의 면직물 중 감즙 염색한 면직물이 다른 섬유에 비해 파손됨이 적고 비교적 완전한 형태로 보존된 것이 확인됨으로써 감즙의 방부성이 확인되기도 했다.

일본 소설 《미야모토 무사시》에서도 감물을 들인 옷에 대한 이야기가 나오는데 특히 여행을 다닐 때 밤이슬을 맞으며 야숙을 할 경우 방수성이 뛰어나 여행복으로 사용한다는 말이 나온다. 다른 문헌에서도 하층민들이 감물을 들인 옷을 입고 있는 모습이 자주 등장한다.

중국은 이미 기원전에 감즙을 가죽 가공에 이용했다. 또 명대 문헌에도 감칠을 어망, 우비나 우산, 부채 등의 염색에 이용한 기록이 있다. 감즙

이 가진 방부성과 방수성은 매우 일찍부터 이용되어 온 것이다.

그렇다면 제주에 감즙 염색법이 넘어온 것은 언제일까? 1382년에 명을 세운 주원장은 원의 제후국인 운남을 평정하고 몽골의 귀족인 양왕의 백백태자와 그의 아들 육십노 등 상류 사회 인물을 탐라에 이주시킨다. 1392년에도 역시 양왕의 후손인 애안첩목아와 그 가족들이 탐라에 합류하여 거주하게 하였다. 고씨 종친회 자료와 제주의 대표적인 향토사학자인 김태능에 의하면 이것이 제주에 감물을 들이는 풍속이 전해진 경로라고 밝히고 있다. 그러나 한국에서 갈옷은 근대 이후 제주를 제외하곤 맥이 끊겼다.

백의민족 유감 °°

최근에는 감즙 염색을 이용한 다양한 제품들이 만들어져 판매되고 있다. 그리고 감즙 염색이 천연 염색으로서 가진 장점에 주목하는 연구도 많이 나오고 있다. 해외 유명 패션쇼에서도 모델들이 감즙 염색을 한 옷을 입고 런웨이 위를 당당히 걷는다. 2022년에는 '제주 갈옷'이 문화재청 무형문화유산 발굴·육성 사업 대상에 선정됨으로써 앞으로가 더 기대된다고 볼 수 있다.

    지금은 이렇게 갈옷 열풍이 불고 있고 습하고 바람 많은 제주에서 이보다 더 좋은 옷은 없었다. 하지만 갈옷은 백의민족이라고 하는 우리 민족의 의복 습관

갈옷 만드는 과정(장소 : 제주민속자연사박물관).

과는 거리가 멀었다. 언어, 종교, 문화도 다른 데다가 심지어 의복까지 다르니 제주도를 같은 민족이라고 보지 않는 일이 벌어졌다. 제주 4.3 당시 제주를 장악한 외지인들의 눈에는 그렇게 보였다. 그것이 잔인한 학살의 원인 중 하나이기도 했다.

　제주 사람들에게 백의란 징벌이고 재앙이다. 물은 염분이 많아서 때가 잘 빠지지 않고, 그렇다고 양잿물에 매일 삶아서 하얗게 만들기엔 시간도 없다. 물론 부유한 집 남자들은 하얀 두루마기를 챙겨 입었다고 하지만 대부분은 옷을 매일 갈아입기도 힘들었다. 섬유가 될 목화나 삼이나 모시풀이나 뽕나무를 심을 땅도 없다. 한 뼘 땅이라도 있다면 보리를 심어야 했다.

　백의민족이란 말이 우리 민족의 이름이 되어서는 안 된다고 생각한다. 생각보다 우리 민족의 범위는 넓고 패션도 다양했다는 걸 인정해야 하지 않을까?

제주의 말 진상과 테우리(목자) 잔혹사

'사람은 서울로 말은 제주도로'라는 말이 있다. 이 말을 증명하듯 지금 사람은 수도권에 몰려 있고, 말은 제주도에 가장 많다. 제주도에 말이 언제부터 있었는지 정확한 기록은 없지만 일단 탐라 건국 신화를 보면 벽랑국 공주가 말과 소를 가지고 온다. 이미 탐라국 초기인 '주호'에 대한 기록에서도 소를 키운다고 했으니 고구려나 부여계 유이민들이라고 생각되는 고을나, 부을나, 양을나 부족이 말을 갖고 왔을 가능성도 있다.

확실한 역사 기록으로는 1073년과 1258년 탐라에서 고려 정부에 제주마를 진상했다는 기록이 있다. 그 후 원나라가 말 목장을 제주에 만들면서 몽골의 말이 들어왔지만 그 말은 엄격하게 관리되었기 때문에 제주 말과 섞이지는 않았다. 그러나 목호(제주 목장의 관리를 위해 파견된 몽골인)의 난으로 제주의 말 목장은 사실상 방치되었다. 《세종실록》에 따르면 목호의 난이 벌어진 지 불과 50년도 못 되어서 말을 관리하는 기관인 병조에서 "제주 목장의 말이 날로 키가 짧고 작아진다"고 우는소리를 한다.

몽골 사람은 말 위에서 태어나서 말 위에서 죽는다는 말이 있을 만큼 그들에게 말은 삶의 일부이고, 그 힘으로 세계제국을 건설했다. 그러나 그들이 가진 선진적인 목마 기술은 제주도에 전혀 전수되지 못했다. 목호들이 전부 사라진 후 말들은 방치되었고, 제주 전통 말과 섞이면서 유전적으로도 다른 말이 나타났다. 이 말이 조랑말이다.

조랑말은 '조르모르'라고 하는 몽골말에서 나온 것인데, 조르모르는 기동력을 얻기 위해 어릴 때부터 말의 다리를 묶어서 훈련시키는 기법이다. 제주 조랑말은 이런 흔적을 갖고 있지만 훨씬 왜소하다. 제주 전통 말은 과하마 또는 토마라고도 하였다. 과하마란 이름은 몸집이 작아서 과수나무 밑을 갈 수 있는 말이라는 뜻에서 유래되었는데 고구려에서 유민이 들어오면서 같이 온 것으로 보인다. 이 말이 제주에서 몽골 말과 교잡이 이뤄지면서 조선 초 조랑말로 새롭게 등장한 듯하다.

조랑말은 영국의 경주마에 비하면 키도 훨씬 작고 다리도 짧고 몸무게도 절반 정도밖에 되지 않는다. 그러나 작다고 무시하면 안 된다. 제주의 초원은 무더위부터 강추위까지 여러 기후를 다 맛볼 수 있는 곳이다. 조랑말은 제주에서 태어나 제주의 환경에 적응하면서 온순하지만 엄청난 근력과 지구력과 힘을 가진 꼬마 장사로 거듭났다. 다른 경주마보다 35퍼센트나 더 무거운 짐을 싣고도 빠르게 달린다.

말만큼 아낌없이 인간에게 유용한 가축은 없다. 제주 땅은 화산회토라 바람이 불면 날리기 때문에 밭볼리기라고 해서 파종 후에 땅을 잘근잘근 밟아 줘야 하는데 이 일을 말이 한다. 말은 밭을 갈거나 수레를 끄는일도 한다. 또 군마로 쓰이기도 하고, 싸움 말로도 이용되며, 부잣집에선재산이 되기도 한다. 말고기는 제주 사람들에게 일종의 구황식품이기도했다. 지금도 제주엔 말고기를 먹는 문화가 있다. 쇠고기에 비해 소화가 잘되고 오래 먹어도 물리지 않고 많이 먹을 수 있기 때문에 쌀이 없는 제주에선 좋은 한 끼 식사이다. 그래서 제주엔 이런 속담이 있다. '말궤기론 떼살아도 쉐궤기론 떼 못산다.'

말도 조선 시대까지는 특별한 취급을 받는 가축이었다. 과거 전쟁에서 말은 전차와 탱크, 그리고 지프의 역할을 했다. 군수용품인 말은 목마장이란 국영목장에서 길렀고, 좋은 말은 나라에 바쳐야 했다. 그런데 좋은말을 얻는 일은 쉽지가 않아서 결국은 전국에서 목마장은 제주에만 있게되었다. 이렇게 귀한 군수용품이니 도축을 해서 말고기를 먹는 것은 있을 수없는 일이다. 그래서 말고기는 다른 곳에서는 식용이 금지되었지만 제주에서만은 맛볼 수 있었다. 죽은 말을 구할 수 있는 유일한 곳이었기 때문이다.

제주 사람들은 말고기를 먹기 위해서 말을 사는 것이 아니라 말 뼈를먹기 위해서 말을 산다. 말고기는 말 뼈에 딸려 오는 부록인 셈이다. 말 뼈가 뼈를 튼튼하게 하기 때문이라는데, 일생을 꼿꼿이 선 채로 있는 모습을 보면 부럽긴 하다. 제주마인 조랑말은 비가 오나 눈이 오나 잠을 잘 때나 서 있다. 제주 사람들은 골절상을 입으면 말 뼈를 고아 먹는다.

말 근육이란 표현이 있듯이 말은 온몸이 근육질이라 비계라곤 한 방울도 없을 것 같지만 말기름은 최근 화장품의 원료로도 이용되고 있다. 또 말가죽으로는 장구와 북을 만들고 목화라는 신발도 만들고 허리띠와 서류 가방도 만든다. 가죽버선은 눈이 많이 왔을 때 짚신 속에 신는 버선인데 이것도 말가죽으로 만든다. 말총으로는 망건이나 탕건을 만들고 갓도 만든다. 이런 것들을 육지에 팔면 쌀이나 소금을 사 올 수 있었다. 말총으로 만든 옷감은 특별한 소장품으로 외국에서 인기가 있었다고 한다. 제주 사람에게 말은 삶도 죽음도 함께하는 사이이다.

말은 이렇게 고마운 존재이지만 그 말을 탐내는 사람들은 제주를 지옥으로 몰아갔다. 조선 초에는 집에서 기르는 말을 팔 수 있게 해 줬다. 말은 뭍에 나가는 즉시 세 배 가까이 값이 오르니 수입성이 꽤 짭짤한 편이었다. 말을 나라에 바치면 쌀이나 콩을 내려 주기도 하고 좋은 음식이나 비단을 보내 주기도 했다. 그러나 좋은 시절은 금방 끝났다.

말은 제일 먼저 제주에서 선정된 진상품이었다. 매해 200필은 기본으로 바쳐야 했고 임금이 탈 말도 20필씩 매해 바쳐야 했다. 무슨 제사는 그리 많은지 그때에 맞춰 바쳐야 했고, 혹시 탈이 날지 모르니 여분의 말도 있어야 했다. 외국에 보내기 위해 바쳐야 하고, 제주목사가 들어왔으니 바쳐야 하고, 제주목사가 나갈 때도 바쳐야 했다. 그러다 보면 1년에 바쳐야 할 말이 500필이 훌쩍 넘었다. 그것도 좋은 말만 보내야 했다.

제주 말 목장의 총책임자는 목사와 그 아래 층층시하 관리들이었지만 실제 말을 기르는 사람은 목자였다. 이 목자를 제주에선 테우리라고 한다. 테우리는 목자란 뜻의 몽골어이다. 테우리는 나라에서 정한 책임을 벗을 수가 없다. 벗고 싶으면 다른 사람에게 그 역할을 넘겨야 한다. 하지만 워낙 일이 고되어서 제주에서도 가장 천한 일로 여겨 아무도 맡으려 하지 않았다. 그야말로 천형이다.

큰 비바람이나 혹독한 추위가 덮치면 말들은 얼어 죽거나 병 걸려 죽는 경우가 많았다. 돌보던 말이 병들거나 죽으면 그때부터 문제가 심각해진다. 말 값이 좀 비싼가. 변상하려면 땅을 파는 것도 모자라 가족을 팔고, 팔 가족이 없으면 자기를 팔았다고 한다. 그렇다고 도망가면 가족이 그 책임을 고스란히 떠안아야 했다.

제주에 유배 왔던 왕족인 이건은 《규창집》에서 이런 현실을 개탄하면서 "목자들의 원한이 하늘에 사무쳤다고 한다"며 안타까워했다. 제주목사 이형상도 《탐라계록》에서 "부모를 판 목자가 5명, 처와 자식을 판 목자가 8명, 자신을 저당 잡힌 목자가 19명, 동생을 판 목자가 26명에 이른다"고 썼다. 목자들의 고통은 제주 사람들이 나랏일을 하느라 받는 6고역 중에서도 가장 큰 고통이었다.

제주의 말은 조선 세종 때 1만여 마리에 달했는데 1861년 철종 때에는 5천 마리로 줄어들었다. 병자호란 이후로 기마병보다 화약무기가 중요해지면서 군사용 말의 중요성이 떨어졌기 때문이다. 그러다 농경과 수레에 쓰기 위해 다시 말이 늘어나서 1940년경 2만 마리가 되었다. 이런 말들은 테우리들이 돈을 받고 관리했다. 경운기가 보급되면서 말은 더 이상 쓸모가 없어졌고 천여 마리로 숫자가 줄자 천연기념물로 지정되었다. 테우리들도 이젠 역사 속으로 사라지고 있다.

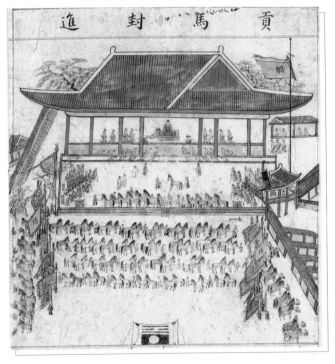

《탐라순력도》 3장 〈공마봉진〉 상단부. 진상에 필요한 말을 각 목장에서 징발하여 관덕정에서 제주목사가 입회한 가운데 최종적으로 확인하는 광경을 그린 그림. 제주특별자치도 소장.

김만일 기념관과 제주마°

제주에서 말로 부와 명예를 이룬 사람도 있다. 의귀리 사람 김만일은 무과에 급제해서 첨절제사로 근무하다 고향으로 돌아와 장인이 준 암말 두 필로 말을 기르기 시작했다. 놀랍게도 산에 풀어놓은 말에 좋은 수말이 따라와 번식했는데 몇십 년이 지나자 수천 필이 되었다. 그러자 수령들은 맡겨 놓은 보따리를 찾아가듯 김만일의 목장에 들러서 좋은 말을 골라 빼앗아 갔다. 말은 재산이기도 하고, 고위 관리에게 보내면 출세에 도움도 되었기 때문이다.

김만일은 꾀를 내서 좋은 말이 보이면 눈을 멀게 하거나 가죽과 귀를 찢거나 해서 빼앗어 가지 못하게 했다. 그렇게 좋은 말을 남겨 번식시켜서 최우량 말만 5천 마리 넘게 길렀고 전쟁이 벌어지자 말을 바쳐서 선조에게 벼슬을 받았다. 광해군 때도 다시 말을 바쳐서 오위도총부 도총관의 벼슬을 받았다. 조선 시대에 제주 사람이 살아서 받은 가장 높은 벼슬이었다. 제주 사람이 한양에서 아웃사이더인 것은 조선 초 세종의 총애를 받았던 고득종부터 시작해서 이때까지도 변하지 않았다. 고려 때 탐라국 출신의 고조기가 재상까지 지냈던 것에 비하면 확실히 조선은 닫힌 사회이다. 제주에서 온 도총관에 대한 시기와 질투가 잇따랐다. 그런 높은 직책은 문관이 맡아야 하는데 굳이 벼슬을 줄 게 아니라 선물로 보상하라는 사헌부의 주장에도 광해군은 의지를 굽히지 않았다. 하지만 김만일은 문벌 위주의 조선 사대부들에게 능멸을 당하느니 그만두겠다며 사표를 내고 결국 고향으로 돌아왔다.

김만일은 말을 이용해서 제주 최고의 부자가 되었는데 돈 버는 재주만 있는 것이 아니라 사람 보는 재주도 있었다. 제주에 유배 온 간옹 이익과 딸을 결혼시킴으로써 제주 사회의 특권층의 반열에 올랐으니 말이다. 이익의 제자들은 줄줄이 과거에 합격했고, 이익의 제자와 후손이란 것만으로도 제주에 유배 온 유배객들로부터 대접받았다. 김만일은 하늘이 내린 부자는 '눈'을 갖고 태어난다는 말에 딱 들어맞는 사람이다. 좋은 종마를 보는 눈, 말이 가장 필요할 때 나라에 바칠 줄 아는 시국을 보는 눈, 이익을 사위로 삼을 정도로 사람을 볼 줄 아는 눈.

후에 김만일의 아들이 효종에게 말을 바치자 나라에서는 세습 감목관 직을 맡겼다. 그것은 지방관의 자리나 마찬가지로 대대손손 말과 함께 부와 명예를 누릴 수 있었다. 그가 나고 자라고 활약한 의귀리에는 헌마공신 김만일 기념관이 있다. 의귀리는 4.3의 상흔도 짙은 마을이라 헌의합장묘, 송령이골 같은 다크투어의 성지도 있다. 동백이 질 때 의귀리 다크투어는 꼭 추천하고 싶다. 동백꽃이 거리에 떨어져 있는 모습은 너무 아름다워서 슬프다.

고단하고 바쁜 제주 여인들을 위한 축제, 백중 물맞이

#가 보면 좋은 곳 : 소정방폭포, 돈내코의 원앙폭포

소로 태어나지 못해 제주 여인으로 태어난다는 말이 있다. 제주 여인들은 딸을 낳으면 슬피 울었다고 한다. 모진 삶을 대물려야 하기 때문이다.

1601년 제주에 왔던 김상헌이 《남사록》을 남길 때까지만 해도 딸을 낳는 게 이토록 슬플 일은 아니었다. 《남사록》에는 김상헌이 제주 사람 손효지에게 들은 이야기도 기록되어 있다.

"우리 제주는 멀리 대해 가운데에 있어 파도가 다른 바다에 비하여 더욱 사납다. 때문에 늘 다니는 배와 상선도 표류하고 침몰하는 것이 열에 대여섯이 되고, 섬사람들은 표류에 죽지 아니하면 반드시 침몰하여 죽는다. 때문에 제주지경 안에는 남자 무덤은 적고 여자는 많기가 남자의 세 곱이나 된다. 이러한 이유로 부모 된 자로서는 여자를 낳으면 반드시 말하기를 애는 우리를 잘 섬길 아이라 하고, 남자를 낳으면 다 말하기를 우리 애가 아니라 곧 고래의 먹이라 한다."

이렇게 남자들의 수가 줄기 시작하면서 불과 100년 만에 성비가 완전히 무너져서 성인 남녀의 비율이 76대 100으로까지 무너졌다. 이렇게 되자 남자가 해야 할 일들이 여자들에게 돌아왔다. 전복을 따는 일이 여자 일이 되었고, 나라를 지키는 일도 여자들의 몫이었다. 온갖 역에 시달리는 것은 물론 가정 경제도 책임져야 했다.

성인 남녀 성비가 깨지면서 첩 문화가 한반도 그 어디보다 발달하게 된다. 심지어 제주에선 거지도 첩을 일곱을 거느리고 승려도 첩을 둔다. 그러나 제주도에서는 첩이란 말을 쓰지 않는다. 본처는 큰각시, 첩은 ᄌᆞ근각시(작은각시)라고 부른다. 그러니까 서열상 위아래가 있을 수는 있지만 차별은 두지 않는다. 부인들끼리 같은 마을에 살면서 왕래하기도 하고 자식들끼리 친하게 지내기도 한다. 즉 첩을 둔다는 것도 첩이 된다는 것도 제주에선 흠이 아니었다.

아내가 많아진 남자들은 생활 무대에서 사라졌고 그동안에 여인들은 혼자서 밭을 매고 땔감을 하고 물질을 하고 집안일을 하면서 아이를 키웠

좌 물구덕(제주민속자연사박물관 소장). 우 애기구덕(해녀박물관 소장).

애기구덕 실연(금능석물원).

다. 이렇게 너무 바쁜 제주 여인들의 상징이 구덕이다. 아침부터 저녁까지 구덕을 끼고 살아야만 했으니까 말이다. 틈만 나면 물구덕에 허벅을 지고 물을 길어야 했고, 그 물구덕을 내려놓을 때엔 애기구덕을 끼고 있어야 했다.

애기구덕은 아기를 그 속에 눕히고 흔들어 잠재우는 요람으로 제주에서만 사용한다. 대를 쪼개 만든 애기구덕의 바닥에는 보리짚을 까는데, 보리짚 위에 요를 깔고 그 위에 아기를 눕힌다. 밭에 갈 때는 애기구덕을 지고 가서 담 밑에 놔두고 일을 한다. 아기가 울고 또 울어도 못 들은 체하고 일을 한다. 한참을 울어서 눈물인지 땀인지 범벅이 된 상태가 되면 그제야 구덕을 흔들어서 조금 달래고 젖을 조금 먹여 놓고 다시 일을 한다. 기저귀를 갈고 빨 여유도 없었기 때문에 아랫도리는 거의 벗겨 놓는다. 그러면 아이 오줌은 보리짚 사이의 빈 공간으로 전부 흘러내리고 금세 마른 상태가 된다. 보리짚만이 가진 특성 때문이다. 일을 마치고 다시 구덕을 지고 집에 온 뒤 가는 곳마다 구덕을 들고 다니며 일을 한다. 밤이 되면 애기구덕을 발로 밀면서 바느질을 하고 옷을 갠다.

애기구덕을 만들어 오는 것은 할머니의 책임이다. 밭은 못 줘도 애기구덕은 구해 주었다. 아기가 다 크면 나중에 버리지 않고 잘 놔뒀다가 다른 아이를 낳으면 애기구덕에서 키우고 또 키운다. 가난한 집에서는 그마저도 구할 수 없어서 빌려다 쓰기도 한다.

고단하기 이루 말할 수 없지만 지금은 이것을 이렇게 표현한다. '생활력이 강하다.' 조선 시대 제주에 온 외지인 여행객들이 남긴 글에는 여인들이 그렇게 발을 동동 구르며 악착같이 살아가는 동안 남자들은 대청마루에서 부채질을 하며 놀고 있다고 전한다. 물론 그런 남자들의 삶을 표현하는 말은 없다.

이렇게 된 이유를 제주 출신 작가 한림화는 정치범의 수형지로 제주섬이 이용되었기 때문이라고 분석했다. 정치범은 대개 왕족과 양반 계층의 인물들로 유형지에서도 일하지 않고 살았다. 이러한 모습을 접하면서 제주의 남성들은 '글 읽는 일'을 선호하게 되었으며, 거친 일을 하지 않게 되었다는 것이다.

해방 직후 제주를 찾은 동아일보 기자는 이렇게 썼다.

"거리에서 보이는 것은 온통 여자들뿐이다. 땔감을 지는 것도 여자들이요, 물을 지고 가는 것도 여자들이고, 장에 가는 것도 밭에 가고 물질을 가는 것도 온통 여자들뿐이다."

제주 4.3을 거치면서 남녀 성비 불균형은 더 심해져서 남편을 잃은 아내는 비가 오나 눈이 오나 밭일을 하고 바다에 들어갔다.

바다에서 물질이 시작되기 전 3~4월에 제주 바닷가 마을에서는 해녀들이 무사히 한 해 물질을 마칠 수 있길 비는 잠수굿이 벌어진다. 고단한 그녀들의 삶이 심방(무당)의 사설 속에 풀어 나오자 앉아 있던 해녀들의 눈에서 눈물이 쏟아진다.

"아파도 누워 있지 못하고 이 바다가 직업이고 이 바다가 돈줄이라 바다에서 시름을 씻으며 사는 자손들입니다. 물아래 내려가 여(물속에 잠겨 보이지 않는 바위) 끝에 돌 끝에 몸을 부딪히지 않게 해 주십시오. 테왁줄, 오리발, 그물코에 안 걸리게 해 주십시오. 나의 목숨이 바다에서 허락하는 날까지 저승과 이승을 드나들면서 물질하기 때문에 바다에 들어가면 편안하게 해 주십시오."

해녀들의 간절한 마음이 굿판의 징 소리와 심방의 춤사위 속에 녹아나고 굿이 끝나면 그들은 바다의 신 용왕님이 보살펴 줄 것을 믿으며 물질을 시작한다.

"우리 어멍 날 낳은 날은 해도 달도 없는 날에 나를 낳았나. 이어도 사나~ 이어도 사나~."

제주도 대표 민요인 〈이어도 사나〉는 해녀들이 차갑고 거친 바다에 물질을 하러 갈 때 부르는 노래다. 힘차게 이 노래를 부르며 검푸른 바다로 뛰어들 때는 씩씩해 보이지만 혼자 부를 때는 눈에 눈물이 그렁그렁하다. 그들은 이생에서 이어도를 꿈꾸지 않는다. 아이들을 키우고 돌보기 위해서 이어도를 포기한 것이다. 힘든 노동을 견디기 위해 부른다는 것부터가 슬픈 일이다. 그래서 〈이어도 사나〉는 더 슬픈 노래다. 제주 여인들의 삶

전체가 그 속에 담겨 있기 때문이다.

이렇게 고단한 제주 여인들에게도 축제와 같은 날이 있다. 그것이 백중 물맞이다. 백중날 차가운 폭포의 물을 맞으면 백 가지 병이 다 좋아진다고 한다. 백중은 음력 7월 14일이니 보통은 여름 막바지이다. 6월이 되면 물질이 끝난다. 장마가 끝나면 그때부턴 밭일이 시작된다. 돌아서면 자라는 잡초 뽑기를 세 번 하면 곧 처서가 닥친다. 이것을 제주에선 '세불검질매기'라고 한다. 검질은 잡초의 제주어다. 제주 속담에 '처서 넘으민 풀도 울멍 돌아간다'고 한다. 처서가 지나면 더 이상 잡초가 자라지 않기 때문에 이제 드디어 뙤약볕에서 풀 뽑기를 하지 않아도 된다. 백중은 처서를 코앞에 두고 세불검질매기를 끝낸 여인들이 백중 물맞이로 더위를 시원하

돈내코 원앙폭포.

게 싹 날려 버리는 것이니 신이 날 수밖에 없다. 아예 솥을 지고 가서 음식을 해 먹으면서 한여름에도 발 담그기 힘들 정도로 시린 물을 며칠씩 맞기도 한다. 제주 여인들에겐 피서이자 휴가인 셈이다.

물맞이 명소는 서귀포시 동홍동의 소정방폭포다. 돈내코의 원앙폭포도 물맞이를 위해 여인들이 즐겨 찾는 곳이었다.

백중날에는 살이 통통한 소라, 보말 같은 바다 해산물이 많이 올라온다고 한다. 백중을 고비로 바다의 물길이 여름에서 가을로 간다고 하는 것으로 보아 바다 생물들도 변화에 반응해서 바위 위로 올라오는가 보다. 백중날 전후로 조수간만의 차가 가장 큰 때인 백중사리는 꼬마들까지도 바다에 보말을 잡으러 가는 날이기도 하다. 뭔가 제주의 백중은 신이 나는 날이다.

제주의 백중이 하루 빠른 이유 °°

한반도에서 백중은 음력 7월 15일이지만 제주는 특이하게도 음력 7월 14일이 백중이다. 원래 백중은 도교에서 유래되었고 불교 의식으로도 치러진다. 하지만 제주의 백중은 테우리들의 전설에서 비롯되었다. 옛날 옥황상제가 바다거북을 불러 태풍을 불게 하라는 명령을 내린다. 이 말을 전해 들은 백중이라는 목동이 농사와 우마에 피해가 클 것을 염려해서 옥황상제의 목소리를 흉내 내어 거북을 불러 방금 명령을 취소한다고 말한다. 결국 태풍은 불지 않았고 그해 농사는 풍년이 들었다. 그러나 목동 백중은 옥황상제를 속인 죄책감으로 스스로 바다에 빠져 목숨을 끊었다. 이 소식을 들은 사람들은 목동을 위해 제사를 지내 주었는데 그날이 음력 7월 14일이라 제주에선 이날이 백중날이 되었다고 한다.

그날 테우리들이 테우리 동산으로 가서 준비한 재물을 조금씩 흩뿌리는 고시레를 하면서 그해 목축이 잘되기를 기원하는 제의가 백중제로도 불리는 테우리코사이다. 자정에 제를 지내기 때문에 그때까지는 잔치와 놀이판을 벌이면서 고단했던 노동의 고단함을 달래고 마소의 건강을 기원한다. 지금은 테우리가 없으니 테우리코사도 없지만 얼마 전까지만 해도 백중날이 되면 동네 남자들은 모두 마을 공동목장으로 올라가 제를 지내고 잔치를 벌였다. 당시만 해도 집집마다 소를 키웠는데 이제는 더 이상 소를 키우는 집은 없다. 마을 백중제도 이제는 지내지 않는다.

세경 본풀이에서는 음력 7월 14일에 자청비가 오곡종자를 가지고 내려왔기 때문에 이날을 기념하기 위해 백중제를 지낸다고 한다. 하늘에서 종자를 가지고 내려온 자청비는 자신과 같은 때 태어나 같은 집에서 살았던 하인 정수남이 굶고 있는 걸 목격한다. 이에 정수남을 목축신으로 삼아 테우리들의 제삿밥이라도 먹게 해 줬기 때문에 테우리코사를 지낸다는 것이다.

어느 이야기가 진짜인지는 사실 중요하지 않다. 왜냐하면 둘 다 사실은 아니고 만들어 낸 이야기일 테니까 말이다. 중요한 것은 제주 사람들에게 백중은 7월 14일이라는 것이다. 아마도 이날 테우리코사를 지내고 물맞이도 한 후 다음 날 백중사리에는 바다에 해산물을 잡으러 가려는 의도가 아니었을까? 내 어릴 적에도 백중사리는 유일하게 마을 사람들이 함께 바다로 가는 날이었다. 이날만은 바다의 주인이 없이 모두가 다 '바릇(해산물)'을 잡을 수 있었다.

화산 여행 📍

용암 돔을 볼 수 있는 산방산

용암 돔은 점성이 높은 꿀과 같은 용암이 멀리 흘러가지 못하고 볼록한 형태로 굳으면서 만들어진 화산체를 말한다.

마르를 볼 수 있는 하논분화구

물과 마그마의 강력한 폭발로 생성된 화산 지형. 분화구가 지표보다 낮은 특징이 있다. 지표면보다 낮은 저지대에 쉽게 물이 고여 습지대가 잘 발달한다.

분석구를 볼 수 있는 아부오름

화산 활동 시 분수처럼 뿜어져 나온 용암이 분화구 주변에 계속 떨어져 쌓이면서 원뿔 모양으로 만들어진 화산체. 제주 오름의 대부분이 여기에 속한다.

함몰 분화구를 볼 수 있는 산굼부리

용암 분출을 일으킨 마그마의 공급이 갑자기 줄어들거나 마그마가 다른 곳으로 이동함으로써 생긴 지하의 빈 공간이 무너져 내리면서 생긴 지형.

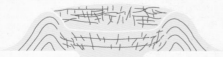

산방산

김만일 기념관 ☑

헌마공신 김만일의 후손인 김남헌이 이재민들에게 양곡 1,340여 석을 나눠 준 데 대한 보답으로 영조가 비단옷을 하사하였다. 귀한 옷을 하사받았다는 뜻에서 이 마을을 '옷귀'라 불렀는데 그것이 의귀(衣貴)리다. 김만일 기념관은 제주의 말 문화를 한눈에 볼 수 있는 곳이다.

백중 물맞이 명소

- 돈내코
- 소정방폭포

9월

제주를 여행하면 다양한 돌들과 만날 수 있다. 제주의 돌담은 구멍이 숭숭 뚫려 있고 규칙도 없으며 무한한 곡선의 향연이다. 사계절 제주의 매력적인 색채와 어울려 그림처럼 아름답다. 그래서 '흑룡만리'라는 멋진 이름이 있다. 까만 용이 1만 리에 걸쳐 이어져 있는 모습과 흡사하다고 해서 붙은 이름이다. 어떤 이들은 불멍, 바다멍처럼 하나의 힐링 용어로서 '돌담멍'이란 말을 쓰기도 한다.

제주 돌담은 무질서해 보이지만 자연재해가 강력한 제주에서도 어지간해선 무너지지 않는다. '그렝이 공법'이라는 한국의 전통 건축 기법으로 지었기 때문에 태풍에도 끄떡없다. 돌들을 반듯하게 깎아서 쌓아 올리면 홍수와 바람, 지진에 무너지지만 자연적으로 돌들이 맞닿게 하면 흔들리면서도 제자리로 돌아와 무너지지 않는다. 오래된 돌다리, 주춧돌 위에 나무를 올려놓아 만든 전통 한옥의 기둥, 지진대 위에 돌을 쌓아 만든 불국사까지, 그렝이 공법으로 만든 우리 전통 건축물들은 오랜 세월을 견뎌낸다.

제주 돌담은 세월에 풍화되어 불규칙한 모양의 돌로 쌓는다. 불규칙한 돌들을 돌리고 돌리다 보면 아귀가 맞는 면이 나타난다. 그래서 '돌에는 귀퉁이가 여덟 개가 있어서 돌리다 보면 아귀가 맞지 않는 돌은 없다'

겹담.

고 말한다. 제주에서 석공을 뜻하는 돌챙이는 다 쌓은 돌담을 한쪽 귀퉁이에서 흔들어 본다. 맞은편 귀퉁이까지 흔들리면서도 담이 제자리로 돌아오는지 확인하기 위해서다. 불규칙한 돌들의 면은 바람을 분산시키고 돌담에 생기는 무수한 구멍들은 바람의 힘을 약하게 만든다. 돌담은 바람 많은 제주에서 바람을 막아 내는 가장 완벽한 건축물이다.

돌담은 제주 사람들의 모든 생활 속에 존재한다. 집을 지을 때는 축담으로, 농작물을 보호하는 밭담으로, 무덤을 지키는 산담으로, 바닷물을 가두는 원담으로, 물질을 끝낸 해녀들을 추위에서 보호하는 불턱의 담으로, 방파제의 구실을 하는 포구담으로, 목장에서 말이나 소가 길을 잃지 않도록 막는 잣담으로, 왜구로부터 마을을 보호하는 성담으로, 집을 비바람으로부터 지키는 울담으로, 집으로 가는 골목의 올렛담으로 만들어졌다.

지금이야 길가에 바투 지은 집을 더 선호하지만 옛날에는 긴 올렛담을 가진 집이 더 가치 있었다. 까만 울담이나 올렛담 아래에는 분꽃, 마농꽃(흰꽃나도사프란의 제주 이름), 봉선화, 수선화를 심어서 집으로 가는 길목을 더욱 운치 있게 했다.

직선이 아니라 곡선인 것도 특징이다. 큰길에서 대문까지 구불구불 이어진 올렛담은 외부에서 안을 볼 수 없게 하여 사생활을 보호해 주는 역할을 한다. 울담은 직선이 아니라 곡선으로 쌓아 바람을 비껴가게 한다. 하늬바람이 휘몰아치는 방향인 북서쪽은 높게, 해가 뜨는 방향인 동남쪽은 낮게 하여 해를 가리지 않으면서도 바람을 막도록 되어 있다.

돌담에 대한 가장 오래된 기록은 961년 중국 송나라 왕부가 편찬한 《당회요》속 〈탐라국조〉 기사에 있다. 여기에는 탐라인들의 집은 "둥글게 돌담을 둘러서 풀로 덮었다"라고 나오는데, 돌이 지천인 제주에서 돌집 짓기는 일도 아니었을 것이다. 그보다 더 이른 시기인 청동기 시대 유적이나 초기 탐라국 시대의 유적지에도 돌로 담을 쌓은 흔적이 있었다.

이런 축담(집담)이나 성담 말고 제주 밭담이나 잣담은 처음 만들어진 시기가 분명하다. 고려 명종 때인 1234년에 제주판관으로 약 5년간 재직했던 김구가 밭담을 쌓아 경계를 분명히 하여 백성을 이롭게 했다는 기록

김구 공적비(돌담학교 마당).

이 있다. 당시 탐라국은 고려의 지방자치 정부처럼 존재하고 있어 토호들의 힘이 강했다. 이들은 자기 밭 주변에서 농사짓는 사람들의 수확물을 뺏어 가기 일쑤였다. 이것을 본 김구가 양민을 보호하기 위해 밭에 울타리를 치도록 한 것이 제주 밭담의 시작이다. 이로 인해 자기 땅의 경계가 분명해져서 힘 있는 자들에게 수확물을 더 이상 뺏기지 않게 되었고, 아름다운 밭담이 제주 전역으로 퍼지게 되었다. 나비박사이자 제주학 연구의 선구자인 석주명은 "후세에 와서 돌담의 효용을 생각하면 김구는 제주도의 은인"이라고 말했다.

잣담은 목장의 말이나 소가 밖으로 나가 길을 잃지 않도록 하고, 남의 밭에 들어가 농작물을 망치지 않도록 하기 위해 쌓은 담이다. 조선 세종 때인 1429년에 당시 상호군인 고득종의 건의로 만들었다. 잣담이란 작지, 즉 자갈로 쌓은 담이란 의미이다.

높은 곳에서 아래로 내려다보면 밭담들의 경계가 제각각이라 마치 모던아트를 보는 느낌마저 든다. 어떤 곳은 아주 작은 세모꼴이기도 하고 울퉁불퉁한 동그라미인 경우도 있다. 경작지가 직선이었을 때 훨씬 효율적인데도 이렇게 다양한 모양을 띨 수밖에 없었던 이유는 화산섬이기 때문이다. 제주는 화산이 폭발한 후 용암이 굳으면서 만들어진 커다란 바위인 빌레가 덮여 있었다. 세월이 지나 풍화된 흙이 낮은 곳에 모이고, 이곳을 경작하다 보니 작고 옴팡한 밭이 불규칙하게 만들어졌다. 이 밭을 '옴팡밧'이라고 하고, 작은 밭의 경우는 '돌렝이'라고 한다. 농기구가 발달하면서 비로소 경작지가 넓어지고 그로 인해 큰 밭이 생겼다. 이런 큰 밭은 '벨진 밧'이라고 하는데, 일을 하다 보면 별이 뜨기 때문에 별을 지고 집에 온다는 데서 나온 말이다.

제주대학교의 송성대 교수는 제주 돌담의 총 길이가 9,700리라 하여 '흑룡만리'란 이름을 지었다. 그렇다면 진짜 돌담의 총 길이는 얼마나 될까? 1930년에 부산상공회의소가 발행한 《제주도의 경제》라는 책에서 우에다 코오이치로라는 일본인은 돌담의 총 길이를 9,900리라고 했다. 일본은 1리가 4킬로미터이므로 3만 9,600킬로미터에 이른다. 2007년에 농림부에서 돌담을 문화자원으로 활용하기 위해 측정한 제주 돌담의 길이는 총 3만 6,355킬로미터, 이 중 밭담은 2만 2,108킬로미터라고 한다. 이것은 일

흑룡만리길.

일이 다 잰 전수조사 방식이 아니라 표본을 이용한 조사였는데, 실제와는 조금 다르다는 주장도 있다. 지적 정보를 이용한 다른 연구에서는 밭담의 총 길이가 2만 3,938킬로미터~2만 9,473킬로미터라는 추정치를 제시하였다. 1995년 유네스코 세계문화유산으로 지정된 필리핀의 코르디레라스 다랭이논의 논둑 길이는 2만 2,400킬로미터인데, 제주 밭담이 이보다 더 길다는 얘기다.

제주 밭담은 '돌, 바람이 많은 척박한 자연환경을 극복하기 위해 밭담을 쌓아 바람과 토양 유실 방지, 농업 생물 다양성, 수려한 농업경관 형성' 등의 가치를 인정받아 2013년에 청산도 구들장 논(1호)과 함께 국가 중요 농업유산 2호로 지정됐다. 이어 2014년 4월에는 세계식량농업기구(FAO)의 세계농어업유산으로도 등재됐다.

제주 돌담 여행 °°

제주에서 밭을 일구는 일은 돌과의 싸움이기도 하다. 밭에는 온통 크고 작은 돌들이 넘쳐 난다. 이런 돌들을 '골채'라고 하는 삼태기를 이용해 밭의 한구석에 모아 두는데 이를 '머들'이라고 한다. 밭담은 이 머들의 큰 돌을 이용해서 쉽게 만들 수 있었다. 큰 암석 덩어리인 빌레의 돌을 깨서 담을 쌓기도 한다.

작은 돌인 자갈을 제주에서는 '작지'라고 하는데, 자갈밭인 작지왓은 바람에 물기가 날아가는 것을 막아 습도를 유지하기 때문에 양배추나 브로콜리 같은 작물의 재배에 아주 좋다고 한다. 제주 서쪽 애월, 한림 지역에선 이런 작지왓을 쉽게 만날 수 있다. 자갈을 이용해서 담을 쌓기도 하는데 이런 담은 잣벡담이라고

영등할망 밭담길.

한다. 이런 잣벡담은 출입구가 없는 안쪽 밭으로 가는 길로도 쓰였다. 집담이나 축담에 자갈을 이용한 것도 이 지역만의 특색이다. 귀덕리 '영등할망 밭담길'은 제주 서쪽의 돌담, 밭담, 집담을 전부 볼 수 있도록 구성되어 있다.

제주 서부 당산봉 – 산방산 – 용머리해안까지는 100만 년 전부터 수성 화산 활동으로 만들어진 토양이라 비옥하다. 이런 땅은 일반 토양에 가까워 '된땅'이라 한다. 흙의 색도 암갈색이다. 한경면 수월봉 앞 고산평야는 인근에 돌이 없어서 돌담이 야트막하거나 아예 담이 없다. 이런 밭을 '무장전'이라고 한다. 반면에 제주 동부 지역 땅은 10만 년 전 이후 마그마성 화산 활동으로 뿜어져 나온 용암이 만든 가벼운 화산회토라 '뜬땅'이라 부른다. 제주 동부 지역은 돗거름이라고 하는 돼지우리에서 나온 거름을 서부 지역보다 2.6배를 더 뿌려야 보리농사를 지을 수 있었다. 그렇게 해도 보리알의 크기가 서부가 훨씬 크고 무거웠다고 한다. 제주 사람들 말로는 한라산이 만들어질 때 바람이 동쪽으로 불어서 화산회토가 전부 동쪽으로 왔기 때문이라고 하는데 그렇다기보다는 화산 활동의 종류와 시기가 달랐던 것이다.

제주 돌담이라고 하면 까맣고 구멍이 숭숭 난 현무암만을 생각하겠지만 의외로 지역마다 다양하다. 돌담을 이루는 담돌은 크게 회갈색 조면암과 검은색이 섞인 현무암이 있다. 조면암은 백록담 일대, 산방산 부근, 그리고 효돈천에 많이 있다. 산방산이 보이는 곳인 대정 지역에선 조면암 돌담을 만날 수 있다. 용머리해안에서 산방산까지 이어진 지질트레일 코스에는 사계리 조면암 돌담을 지나도록 되어 있다.

또 해안가에서는 둥글둥글한 현무암 담돌을 볼 수 있는데 행원 환해장성을 비롯해 바닷가 마을의 돌담들은 이런 돌들이 많다. 특히 제주시 내도엔 알작지

해변이 있다. 알처럼 생긴 자갈이 잔뜩 있어서 알작지 해변이라고 하는데 이곳의 자갈은 바닷물에 의해 동글동글해진 자갈이 아니다. 무려 고향이 한라산 계곡이다. 도대체 한라산 계곡의 돌멩이가 어떻게 제주 북쪽 바닷가에 나타났을까? 제주에서 큰비를 만나 보면 이해가 된다. 한라산에서 내도까지는 무수천과 월대천을 비롯해 여러 개의 하천이 이어져 있다. 경사가 급한 계곡을 따라 큰비가 오면 돌이 쓸려 내려오면서 동글동글해지고 바다에 이르러 파도에 다시 한번 동글동글해져서 몽돌이 된다. 내도의 밭담, 돌담, 집담은 이런 돌들로 만들어져 있다.

(위) 조면암 돌담.
(아래) 행원 환해장성 돌담.

제주 동쪽 비자림 부근에선 붉은색 또는 회청색 용암석 담돌을 만날 수 있다. 이 돌은 화산이 폭발할 때 가스, 화산송이와 함께 나온 돌들로 가스가 빠져나간 흔적인 구멍이 많고 현무암에 비해 가볍고 표면이 거칠다. 표면이 날카로운 아아 담돌은 수국길로 유명한 종달 해안도로에서 만날 수 있다.

하얀 모래, 초록빛 당근잎, 그리고 까만 밭담이 인상적인 제주에서 가장 아름다운 밭담을 가진 곳은 구좌 지역이다. 이곳은 밭의 크기가 크지 않아 오밀조밀하다. 월정리 흑룡만리 밭담길은 지질트레일과 함께 즐길 수 있는 곳이기

㉑ 가벼운 용암석 담돌로 만든 산담.
㉒ 아아 돌담.

도 하다.

제주에 눈 예보가 있을 때 카메라를 들고 나서는 사람들이 찾는 곳은 돌담이다. 하얀 눈이 덮인 들판에 이어진 까만 돌담은 오로지 제주의 겨울에서만 볼 수 있는 풍경이다.

제주 밭담이 세계농업유산에 등재된 것을 기념하여 제주도가 주최하고 한국 농어촌 공사가 주관하는 밭담 축제가 가을마다 열린다. 밭담을 보존하기 위해 제주도에서는 밭담 축제를 여는 것과 더불어 특별히 관리하기도 한다. 도에서 지정 관리하는 마을은 구좌읍 월정리 평대리, 성산읍 신풍리 난산리, 애월읍 수산리 어음1리, 한림읍 동명리, 귀덕1리 등 총 여덟 곳이다.

검푸른 바다의 여신, 해녀

#함께 알아 두면 좋은 날 : 9월 셋째 주 토요일 해녀의 날
#가 보면 좋은 곳 : 해녀박물관

해녀란 말 자체가 관찰자의 시점에서 나온 말이다. 주체의 관점에서는 잠수, 잠녀가 맞는 말이고 1966년 결정된 공식 행정 용어는 잠수다. 여성들이 해산물 채취의 주역으로 등장하기 시작한 것은 조선 시대부터였고, 조선 시대 내내 잠녀가 보편적인 용어였다. 해녀란 말은 일제강점기 이후 도입된 말이다.

일제강점기 시절 해녀항쟁을 통해 자신들의 삶은 물론 사회적 가치도 스스로 바꿔 낸 까닭에 해녀라는 표현은 단순한 직업을 이르는 말이 아니라 생명력을 가진 용어가 되었다. 그 이전까지 집안에 해녀가 있으면 비천한 취급을 받아서 집안 남자들의 향교 출입도 금지했다. 해녀항쟁을 승리로 이끌어 낸 후 해녀들은 제주 경제의 주체이자 자립의 상징이 되었다. 한국 최초의 여성 전문직 스페셜리스트로 인정받은 것이다.

제주가 잠수 어업을 처음 시작한 곳이라고는 하지만 단서는 없다. 그러나 제주 해녀의 물질이 가장 효과적인 잠수 어업 방식인 것만은 분명하다. 제주 해녀들의 물질이 다른 지역보다 우수한 것은 태왁이라는 도구를 이용했기 때문이다. 일본 해녀는 배 아래에서 잠수하다 올라오면 끌어 올려 주는 방식이라서 이동이 자유롭지 못했다. 제주 해녀는 태왁을 들고 먼 바다까지 자유롭게 넘나들며 물질을 할 수 있다. 태왁은 자기 몸에 알맞은 크기의 박을 따서 속을 파내고 말린 후 구멍을 막아 만든 것으로 부력을 이용하여 바다에 띄어 놓을 수 있다. 지금은 박 대신에 스티로폼으

물질하는 제주 해녀(사진 ⓒ한국정책방송원, 1962년).

로 된 태왁을 쓴다.

제주 해녀들은 추위에도 강했다. 여덟 살 무렵부터 얕은 바다에서 수영과 잠수를 배우고 15살이 되면 애기해녀가 되어서 숙련된 해녀에게 폐활량을 늘리고 수압과 차가운 물을 견디는 법을 배운다. 체계적인 훈련이 해녀들의 불턱(해녀가 물질하다 나와서 쉬는 곳)에서 현장학습으로 이뤄졌다. 수온이 낮은 겨울에 일본 해녀들은 한 달에 일주일 정도밖에 조업을 못하는 데 비해 제주 해녀들은 15~20일 정도 물질을 하였다고 한다.

제주 여자들을 비바리라고 부르기도 하는데 원래 비바리는 전복을 캐는 사람이라는 뜻이었고 남자들의 몫이었다. 전복을 캐는 도구를 빗창이라고 하듯이 '비'는 전복의 제주어다. '바리'는 군바리에서 보듯 사람을 속되게 말하는 접미사이다.

남자들만으로는 필요한 양의 전복을 채취하기 어려워지자 여자들이 돕기 시작했다. 제주 여자들은 거친 파도를 두려워하지 않았다. 처음에 여자들은 미역을 캤고 잠녀라 불렸다. 그런데 전복을 딸 책임을 가진 포작들이 목숨을 잃거나 결혼 기피 대상이라 대를 잇지 못하면서 차츰 전복 캐기는 잠녀의 몫이 되었고, 비바리는 제주 여자와 동의어가 되었다.

해녀가 역사 속에 처음 등장한 것은 고려 시대였다. 그것은 마치 이탈리아 화가 보티첼리의 그림 속 비너스와 같았다. 검푸른 바닷속에서 조개와 함께 나타난 아름다운 여신 비너스가 나체였듯이 해녀 또한 그랬다. 옷을 입고 잠수를 하면 불편하기 짝이 없고, 짠물이라 옷감도 금방 상한다. 남자들도 알몸으로 물질을 했다. 음란 마귀에 사로잡힌 사람들에겐 망측한 모습이었을지 모르지만 제주 사람들에게 그것은 성스러운 삶의 현장이었다. 탐라국이 독립된 왕국일 때는 그랬다.

고려 숙종 때인 1105년에 탐라는 고려에 속하게 되고 이때 파견 공무원인 구당사가 제주에 들어왔다. 배운 남자인 초대 구당사 윤응균의 눈에 바닷가에서 발가벗고 물질하는 여인들의 모습은 미개함 그 자체로 보였다. 구당사는 당장 "해녀들의 나체 조업을 금한다"는 금지령을 내리기도 했다.

나체 조업이 제주에만 있는 것은 아니다. 포항 앞바다에서 물질하는 해녀들을 본 정약용은 〈아가사(아가를 위한 노래)〉라는 연민을 담은 노래를 지었다.

"아가는 몸에 실오라기 하나 안 걸치고
짠바다를 연못처럼 드나드네. (후략)"

이들은 제주에서 뭍으로 떠난 두모악의 후손으로 보인다. 두모악은 육지에서 제주 사람들을 차별하며 부르던 말이었다. 제주 밖에서 나체 조업을 하던 여자들은 모두 제주 출신들이었다.

1629년 선조의 손자 이건이 지은 한문 수필집인《제주풍토기》에 잠녀란 말이 처음 등장하는데 그녀들 역시 나체 조업을 했다.

"발가벗은 몸으로 낫을 들고 바다 밑에 있는 미역을 캐는 사람을 잠녀라 부른다. 그들은 생복을 잡아 관가에 바치고 나머지는 팔아서 의식을 해결하고 있다."

유교 관리들은 나체 조업을 미개하게 여겨 거듭 금지했지만 소용이 없었다. 괜히 옷을 입고 잠수하다가 옷깃이 어딘가 걸리기라도 하면 목숨이 위험했고 쉽게 벗겨졌기 때문에 자칫 귀한 옷만 날렸다.

조선 숙종 때 제주목사로 부임한 이형상은 합리주의자답게 나체 조업을 금지하는 것은 의미가 없다고 생각했다. 제주 경제는 해녀들이 없으면 돌아가질 않았다. 진상품인 전복도 따야 하고, 미역은 육지에 나가 팔아서 쌀, 소금을 사 와야 하는 중요한 교환 수단이었다. 그래서 잠수복을 직접 고안해 입혔다. 이 잠수복은 고무 잠수복이 나올 때까지 200년 가까이 장수한 디자인이다.

해녀는 산소 탱크와 같은 기계 장치 없이 바닷속으로 들어가 해산물을 채취하는 여성이다. 기계 장치는 편리하고 안전하지만 마구잡이로 채취해서 생태계를 파괴해 버리기 때문에 쓰지 않는다. 해녀들은 숨이 허락하는 만큼만 욕심 없이 채취한다. 그렇게 해야 바다도 살고 인간도 산다.

해녀 사회엔 계급이 있어서 하군, 중군, 상군으로 구분된다. 하군은 바닷가 가까운 데서 헤엄쳐 가 물질을 하는 해녀들을 말하고, 상군이 되면 뱃물질이라고 해서 배를 타고 먼 바다까지 나가서 물질한다. 상군 가운데에서도 아주 기량이 뛰어난 해녀를 '대상군'이라 한다. 대상군 해녀는 한마을 안에서도 두세 명 있을까 말까 할 만큼 매우 드물다.

해녀들은 능력 위주로 매겨진 계급을 잘 지켰으며 대상군을 존경했다. 약자들을 배려해서 수확물을 나눌 때는 몸이 아파 물질을 나오지 못한 해녀의 몫도 남겨 두었다. 나이 든 해녀들이 물질하는 수심이 얕은 '할망바당'에는 다른 해녀들은 들어가지 않았다.

제주 4.3 이후 많은 남자들이 학살당한 뒤 남겨진 여자들이 제주섬을 다시 희망의 섬으로 일궈 낸 배경에는 이런 해녀들의 강인한 세계관이 있었다. 온평리에서는 아무리 힘들어도 아이들을 공부시켜야 한다는 어느 해녀의 제안에 따라 바다 한쪽을 '학교바당'으로 삼았다. 해녀들은 이곳에서 딴 미역으로 1961년에 온평초등학교를 지었다. 온평리 앞바다는 쿠로시오 해류가 부딪혀 지나는 곳이라 바다가 거세서 미역이 가장 맛있는 바다이다. 학교바당 미역 덕분에 화재가 나서 불타 버린 학교를 다시 세울수도 있었다. 학교에는 해녀 공로비가 세워졌고, 온평리 해녀들은 이것을 매우 자랑스러워한다.

제주 4.3 최악의 학살극이 벌어진 북촌리는 무남촌이라고 불렸다. 전부 여자만 남았기 때문이다. 북촌리 사람들은 앞바다에 있는 다려도를 보물섬이라 부른다. 남은 여인들은 그곳의 미역으로 아이들을 돌봤고 학살극 속에서 겨우 살아남은 아이들을 공부시키기 위해 학교를 세웠다.

'제주 해녀 문화'는 2016년 12월 유네스코 인류무형문화유산으로 등

재되었고, 2017년 5월에는 국가무형문화재 제132호로 지정되었다. 기계
장치를 사용하지 않는 자연 친화적인 작업 방식과 독특한 공동체 문화를
통해 가족과 마을을 지켜 온 강인한 생활력이 많은 현대인에게 감동을 주
었기 때문이다.

해녀박물관과 해녀 축제 °°

게석, 학교바당, 머정(운수).

이 말은 해녀 문화의 상징과도 같은 말이다. 강영봉 제주어연구소장은 소멸 위기의 제주어를 대표하는 단어로 '게석'을 꼽았다.

'게석'은 물질을 구경하다 해녀로부터 조금씩 선물로 받는 해산물이라는 뜻 이다. 나이가 들어 몸 상태가 예전 같지 않은 해녀나 초보 해녀들에게 물질을 잘 하는 해녀들이 자신이 잡은 전복이나 소라를 나눠 준다는 것이다. 구좌 지역에 선 '개숙'이라고 하고 성산, 표선에서는 '번지'라고 한다. 물질이 끝난 후, 망사리 를 가득 채운 해녀가 망사리가 가벼운 동료 해녀에게 자신이 잡은 물건을 조금 나눠 주면 이를 받은 해녀는 '번지 탓져', '번지 받았져'라고 한다. 그날 바다에 입 수하자마자 처음으로 해산물을 채취하면 '머정 좋은 날'이라고 한다. 운수가 좋 다는 말이다. 강영봉은 제주어를 지킨다는 것은 이런 제주의 정신과 전통문화를 지키는 것이라고 주장했다.

해녀는 단순히 직업이 아니라 이런 독특한 공동체 문화를 갖고 있다. 그리고 바다와 더불어 사는 법을 알려 주기도 한다. 그렇기에 해녀 문화가 인류에게 앞 으로 나아갈 길을 보여 준다고 말하는 것이리라. 해녀 문화를 고스란히 담은 해 녀박물관은 그런 취지로 만들어졌다.

제주 해녀 문화를 지속적으로 홍보하여 후세에 전승하고, 제주 해녀들의 위 상과 자긍심을 높일 수 있도록 하기 위해 매해 9월 셋째 주 토요일을 해녀의 날 로 정했다. 이날은 해녀박물관 마당에서 해녀 축제가 열린다. 🪨

9월 목호의 난과 몽골이 남긴 유산

역사

#목호의 슬픈 최후가 있는 곳 : 새별오름, 범섬

1273년에 삼별초의 난을 진압한 후 몽골군은 제주에 눌러앉았다. 처음엔 제주를 일본 정벌을 위한 군사 기지로 쓸 생각이었지만 곧 직할령으로 삼았다. 고려의 제주목이었던 제주는 탐라국의 이름을 되찾았다. 일본 정벌을 포기한 후에도 원은 탐라국을 고려 정부에 줬다 뺏었다 했지만 본질은 바뀌지 않았다. 원의 멸망 직전에는 탐라에 피난 정부를 세울 생각으로 최고급 궁궐 기술자들을 보내기도 했다. 몽골인들은 제주를 '낙토' 즉 파라다이스라고 불렀다.

1276년에 탑자적이 탐라총관부의 우두머리인 다루가치로 부임하면서 몽골말 160필을 가져왔다. 제주는 동서로 길게 늘어진 타원형의 섬이고 특히 동쪽에는 수많은 오름에 둘러싸인 드넓은 초원 지대가 있다. 탐자적은 그곳 수산평(지금의 성읍리-수산리)에 목마장을 설치했다.

몽골족이 가진 선진적인 목축 기술과 제주의 자연환경이 만난 목마장은 대성공을 거뒀다. 이듬해에는 고산평야에도 두 번째 목마장이 설치됐고 말을 관리하는 몽골인 전문가인 목호들도 계속 들어왔다. 세계를 제패한 원 제국의 핵심은 뭐니 뭐니 해도 말이다. 말 목장은 핵심 군사산업 단지였고 탐라는 원의 14개 국립목장 중 하나로 도약했다. 제주의 경제 중심은 이 두 곳의 목마장인 동아막(수산평)과 서아막(고산평)이 된다. 동아막과 서아막은 정의현과 대정현으로 조선 시대까지 이어지면서 제주의 행정구역으로 정착된다. 아막은 주둔지를 의미하는 몽골어의 한자식 표기이다.

총관부의 책임자 다루가치는 정교한 호구조사를 통해 체계적으로 정복지를 관리할 의무가 있었다. 총관부를 설치한 직후 보고한 탐라 인구는 1만 223명이었다. 원이 탐라를 지배한 100년 동안 인구는 폭발적으로 늘어서 3만 명 가까이 된다. 그에 비해 조선 시대에는 오히려 인구가 줄기도 했고, 극도로 인구 증가가 낮았다. 출륙 금지령으로 해양이 막힌 데다 수탈이 심했기 때문이다.

벼농사를 짓기 어려운 척박한 땅 탐라는 원 간섭기 동안 목축업과 수산업, 그리고 중국과의 무역으로 번창했다. 제주에 사는 몽골 귀족들은 이를 바탕으로 목에 힘깨나 주고 살았고, 개경 나들이가 잦았다. 이들을 따라 1천여 명의 탐라인들이 개경을 오갔고 대제국 원과 고려의 문물이 탐라로 들어오고 나갔다. 당시 제주 인구의 10퍼센트가 바깥 문물을 구경한 것이니 탐라는 팍스 몽골리카(라틴어로 '몽골의 평화'를 의미)의 국제도시였다.

목호들은 원 제국 국영목장 경영자라는 지위를 기반으로 탐라 사회의 유력자가 되었다. 그들과 탐라 여인 사이에서 태어난 2, 3세들 또한 권세를 누렸다. 몽골인들은 서아막, 동아막에 성을 쌓고 지내다가 차츰 기후가 온화하고, 중국으로 이어지는 포구가 있는 예래와 강정에 고급 주택단지를 만들었다.

몽골인 목호들과 결혼한 여인들의 기세도 등등했다. 그중에는 고려 여인 정씨도 있었다. 그녀는 외모가 특별히 아름다웠다고 한다. 동아막 소속의 젊고 유망한 젊은 목호 석아보리개와 사랑에 빠졌고, 곧 결혼했다. 둘은 부러울 것 없는 신혼의 단꿈에 젖는다.

그런데 영원할 것 같았던 원 제국이 쇠퇴했고, 명이 일어났다. 그 틈을 타 고려의 공민왕은 반원정책을 펼쳤다. 목호와 고려 정부 파견 관리와의 크고 작은 충돌이 빈번히 일어나기 시작했다.

홍건적과의 싸움도 정적들과의 싸움도 정신을 차리기 힘들었지만 공민왕은 저 멀리 탐라의 일에 극도로 예민했다. 탐라를 둘러싼 거대한 국제분쟁이 놓여 있었기 때문이다.

원이 거의 멸망 직전에 이르자 고려는 명과 정식 국교를 맺었다. 그러면서 떠오른 문제가 탐라의 소유권이었다. 공민왕은 부랴부랴 《탐라계품표》라는 외교 문서를 작성하여 명에 보냈고, 탐라가 고려의 땅임을 분명히 했다.

탐라에 남은 몽골인들은 하루아침에 이방인이 되어 버렸다. 몽골인 목호들은 자기 나라, 즉 원과 싸우는 명에 말을 바치라는 고려 정부의 명령을 거부하며 반란을 일으켰다. 고려 정부는 탐라의 일을 심각하게 생각했다. 만일 목호들이 탐라를 자기들 수중에 넣는다면, 명은 원의 잔존 세력을 제거하기 위해 병사를 이끌고 탐라로 갈 것이고, 그 후 탐라는 명의 정복지가 될 수 있었기 때문이다. 공민왕은 가장 믿는 장수 최영에게 목호의 난을 진압하라고 명령한다.

출정군은 총 2만 5,505명으로 당시 탐라 인구와 맞먹는 숫자였고, 삼별초 토벌 때의 두 배가 넘는 규모의 대군이었다. 이들을 실은 전함 314척이 한림 명월포 앞바다를 까맣게 메웠다. 이윽고 탐라 땅에 상륙한 고려군은 끝까지 저항하는 목호들과 25일간 치열한 전투를 벌였다. 최영의 군대는 투항한 목호와 자살한 목호들의 목까지 전부 베어 개경에 보냈고, 도망가는 무리는 최후의 1인까지 쫓아가서 전부 죽였다. 정씨의 남편인 석아보리개도 목숨을 잃었다.

고려 최고의 무장들로 구성된 최영 군대가 목호의 난을 진압하는 동안 텅 빈 개경에서 공민왕이 시해되었다. 뒤를 이은 우왕은 두려움 속에서 최영 곁을 떠나지 않으려 했다. 그 바람에 요동 정벌군은 이성계가 이끌었고, 위화도 회군을 통해 고려를 멸망시켰다. 목호들이 고려에 남긴 복수 아닌 복수인 셈이다.

한때 원의 속국이었던 탐라국은 다시 고려의 제주목으로 바뀌었다. 살아남은 몽골인들은 빠르게 탐라인 속으로 녹아 들어갔다. 대제국 원의 일원임을 자랑스럽게 여기며 대원 본관이란 몽골 성씨를 고수하던 그들은 우리식 본관으로 족보를 바꾸며 몽골의 흔적을 지웠다. 석아보리개의 아내 정씨는 최하층 빈민으로 떨어져야 했다. 그래도 꿋꿋하게 독립된 여성으로서의 삶을 선택했고, 그것이 많은 이들에게 강렬한 인상을 남겼는지 열녀비가 세워졌다.

탐라에 온 몽골인들은 황족을 비롯한 상류층들이었다. 목호의 난은 제압되었지만 여전히 탐라에는 몽골인들의 생활 인프라가 존재했다. 원의 멸망 이후 명은 일종의 배려 차원에서 원의 황족들을 탐라로 유배 보냈다. 그런 까닭에 제주도만큼 몽골의 귀족과 황족의 풍습이 많이 남아 있는 곳은 없다고 한다. 제주의 언어와 음식 문화 속에서 몽골인들이 남긴 강렬한 흔적을 찾을 수 있다.

고렴(조문), 고적(부조떡), 구덕(바구니), 복닥(껍질,모자), 허벅(동이), 호랑(처마), 술(줄), 살래(찬장), 눌(낟가리), 출래(반찬) 같은 제주어는 몽골어에서 나온 말이라고 한다. 안채와 바깥채를 제주에서는 안거리, 밖거리라고 하는데 여기에 쓰이는 '거리'도 몽골 전통 천막인 게르에서 빌려 온 말이다. '웡이자랑'도 몽골의 자장가였다고 한다. 몽골어 '모르'는 제주어 '몰(馬)'

로 정착된다. '혼저'도 '빨리'라는 몽골어에서 유래했고, 아기, 마누라 등도 몽골어라고 한다. 겉으로는 지금의 제주에서 몽골의 흔적을 쉽게 찾을 수 없을 것이다. 그러나 대제국 원의 번성한 도시로서 100년을 지냈으니 제주인들의 삶 깊은 곳에 그 흔적이 남겨져 있는 것은 당연한 일일지도 모른다. 제주는 사방이 열린 섬이고, 세계의 일부이니까 말이다.

목호의 난을 따라°°

목호의 난을 진압하기 위해 최영이 대규모 군사를 이끌고 들어온 곳인 명월포는 협재해수욕장 부근 옹포포구라고 한다. 비양도가 보이는 이곳이 대규모 부대 상륙지로 선택된 이유는 제주 북쪽 포구 중 백사장이 있어서 암초에 걸리지 않고 접근할 수 있는 제주의 몇 안 되는 포구이기 때문이다. 삼별초를 토벌하기 위한 여몽연합군의 상륙지도 여기였다. 이형상 목사는 제주의 해안을 '검석속립' 즉 검은 바위가 칼처럼 잇대어 서 있다고 표현했다. 큰바람이 불어도 다른 동네 바다로는 피항할 수 없을 만큼 제주의 바다는 바닷길을 모르는 배들은 감히 접근도 불가능할 정도로 살벌했다. 사면이 바다인 섬이지만 외지인들의 상륙지가 정해져 있는 것은 이 때문이다.

이곳에서 최영의 부대에게 패한 목호들은 새별오름으로 도망쳤다. 왜 새별오름인지는 제주도 지도를 펼쳐 보면 안다. 명월포에서 한라산까지 직선 코스의 중간, 즉 해안에서 산악 지대로 넘어가는 길목에 있는 오름이기 때문이다. 이곳을 뺏기면 해안 지대도 뺏기고 산악 지대로 내몰려야 한다. 삼별초 최후의 장수 김통정도 산악 지대에 배수진을 치고 싸웠는데 그곳이 붉은오름이다. 삼별초군의 피가 붉게 물들어서 붉은오름이란 이름을 얻었다고 하니 그날의 참상이 짐작된다.

물론 목호들은 패했다. 상대는 최영이니까 말이다. 이제 두 갈래의 길이 남았다. 산으로 갈 것인가, 바다로 갈 것인가. 삼별초는 세상 어디에도 갈 데가 없었으니 한라산 외에는 선택의 여지가 없었다. 그러나 목호는 바다, 즉 고향인 중국으로 갈 길을 선택했다. 서귀포 남쪽에는 중국으로 가는 대포포구가 있었고 그 부근 예래, 강정, 호근에는 중국인 마을이 있었다. 목호들은 그 앞 바다에 있는 범섬에 들어가 진을 쳤다. 성산일출봉의 복제품같이 생긴 범섬을 목호들이 최후의 선택지로 삼은 이유는 그곳에 물이 있었기 때문이다. 용천수가 나오는 곳이니 견디면서 배를 구해 고향으로 가려고 했을지, 아니면 버티고 버티면 고려군은 돌아갈 것이고, 대제국 원의 군사들이 자신들을 구하러 올 거라고 믿었는지는 모르겠다. 그러나 이미 멸망의 길에 들어선 초라한 원에서 구원병이 올 리 없었고 고향으로 가는 길 또한 그리 쉬운 길이 아니었다. 게다가 상대는 최영이었다. 전쟁터에서 장수의 칼은 자비심이 없는 법. 모두 고려군의 칼 아래 죽거나 범섬 아래 바다로 뛰어들어 자결했다.

목호의 난을 진압한 후 제주는 대혼돈의 시대였다. 목호는 탐라의 지배자였으니 지배층의 변화가 온 것은 애교였다. 목호가 제주에 머문 기간은 약 100년이었다. 많은 제주 여인들이 목호와 결혼했고, 아이들이 태어났다. 몽골 다리강가에는 제주 여인과 몽골 장군 간의 애끓는 사랑을 묘사한 노래가 있다. 사랑이란 국경도 시간도 초월하는 법이다. 목호인 석아보리개의 아내 정씨의 열녀비가 세워진 것은 '사랑한 게 죄는 아니라서'가 아니다. 그곳이 동아막의 영향 아래 있었던 마을로 목호들과 탐라인들이 잘 어울려 지냈기 때문인 듯하다.

시간이 지나며 탐라 사람들은 점차 목호 잔존 세력을 배척하고, 더 나아가 목호와 더불어 살았던 사실의 흔적 자체도 부정하기 시작했다. 몽골의 후예란 뜻을 가진 '몽근놈의 자식'이라는 말은 악담 중의 악담이었다.

조선 건국 직후 제주목 판관을 지낸 하담은 목호의 난이 휩쓸고 간 제주에 대해 이렇게 썼다.

"우리 동족이 아닌 것이 섞여 갑인의 변을 불러들였다. 칼과 방패가 바다를 뒤덮고 간과 뇌는 땅을 가렸으니 말하면 목이 메인다."

　목호의 난의 여파가 이어지는 30년 동안 제주와 육지부를 오가는 상인의 발길도 끊어졌다. 하지만 제주에는 말이 있었고, 탐낼 만한 특산품이 잔뜩 있었다. 상인의 발길은 끊어졌어도 진상품을 걷으러 오는 배는 끊이지 않았다. 제주 사람들은 탐라총관부 시절에는 상상도 못 했던 숫자의 말을 조선 정부에 바쳐야 했다.

9월	궤네기 오디세이와 용왕국 따님의 해피엔딩
 문화	#제주에만 있는 축제 : 돗제

똥돼지가 출현하기 전까지 돼지는 제주인들에게 환영받지 못했다. 당시 돼지는 멧돼지여서 포악했고 기껏 농사를 지어 놓으면 침범해서 쑥대밭을 만들어 놓기 일쑤였다. 무엇이든 다 먹어 치우는 돼지야말로 인간의 적이었다. 이 때문에 돼지고기가 제주에서도 금기 음식이던 시절이 있었다. 제주에서 돼지를 먹게 된 과정과 그것을 금기하던 시절의 이야기가 매력적인 제주 신화로 표현되어 있다. 그것이 탐라국판 〈오디세이〉인 궤네기 신화이다.

궤네기 신화에는 송당 본향당 신화에도 등장했던 소천국과 금백주가 나온다. 둘은 슬하에 아들 18명, 딸 28명을 둔 부부였는데 소천국이 밭 갈던 소를 잡아먹은 일로 이혼을 하게 된다. 임신 중이었던 아내 금백주는 홀로 아들을 낳아 키우는데 그 아들이 바로 궤네기이다. 궤네기는 새로운 시대를 연 인물답게 부모 모두를 거부한다. 궤네기는 농경만 고수하는 금백주 부족에 반기를 들다 아버지 소천국에게 보내졌지만 수렵 생활을 하는 소천국 부족 역시 맘에 들지 않았다. 제주엔 맘모스 같은 큰 동물이 없었는데 수렵으로 어떻게 많은 식구들을 먹여 살린단 말인가. 궤네기는 옛것만 고수하는 소천국의 수염을 잡아당기는 불경한 짓을 했다. 이는 권위에 대한 도전이었고 결국 추방당할 수밖에 없었다.

섬 밖으로 쫓겨난 궤네기는 물 위를 표류하다가 해안가 마을에서 구해졌다. 신화에선 어머니와 같은 언어를 쓰는 마을이라고 했으니 농경 문화가 발달한 포상8국 중 하나일 것으로 여겨진다. 포상8국은 남해안 지역에 있던 소국들로 제주에서 배를 타면 북서풍과 조류로 인해 닿는 곳이라고 한다.

당시 남해안은 수많은 소국들이 우후죽순 일어나고 심지어 일본의 왜국까지 출몰하며 어지러울 때였다. 궤네기는 그 어지러운 소국들 사이 전쟁에서 두각을 나타내며 신임을 얻었고, 작은 땅덩이 하나쯤 가지라는 말을 들었을 무렵 고향인 제주섬으로 돌아오기로 결심한다. 철기 문화가 섬을 구할 수 있다고 생각했기 때문이다.

궤네기는 배에 군사를 싣고 들어왔다. 소천국 부족이나 금백주 부족은 놀라서 도망갈 수밖에 없었다. 철기 문명은 정복의 문명이니 제주는 궤네기에 의해서 손쉽게 정복되었다. 제주도 신화에 따르면 그때는 서기 65년이다. 1세기 전후에 탐라국이 건국되었다고 하는 역사책의 서술과 같다. 한반도에 수많은 소국과 부족 국가가 만들어지던 원삼국 시대의 일이니 제주 또한 시대의 분위기를 비껴가지 않았다. 그들을 중국의 역사서인 《삼국지》위지 동이전과 《후한서》에서는 '주호'라고 불렀다. 주호란 바다 건너 오랑캐 마을이란 뜻이다. 제주의 천 년 왕국 탐라국은 그렇게 시작되었다.

그러나 피비린내 나는 정복 전쟁이 일어난 것은 아니다. 여전히 제주는 사람이 귀한 땅이다. 사람이 있어야 자연을 극복하고 먹거리를 만들어 낸다. 탐라국이 받아들인 철기 문화란 결국 교역이다. 주호국은 '한'이라하는 한반도 삼한 시대의 여러 소국들과 교역하는 해상 국가였다.

탐라국의 수장이 된 이후 궤네기가 직면한 현실은 녹록지 않았다. 하늘에 제사를 올릴 수 있는 권리가 수장의 조건이었으니 궤네기 또한 제물을 갖추고 하늘에 제사를 올리려고 했다. 그런데 탐라 사람들의 탄원 소리를 듣는다. 그동안 소천국이 지배하던 탐라국의 제물은 소였는데 가난한 백성이 소를 잡아 바치기 어렵다는 것이었다. 그간 제사 의식이 끝난 뒤 모두가 소고기를 나눠 먹었다. 신화에서 소천국이 엄청난 대식가로 표현된 것은 제천 의식에 참가하는 사람들이 많았기 때문이다.

제천 의식이란 하늘에 올린 제물을 나눠 주는 데 의미가 있었다. 수장의 권위가 이 제물에 있다. 커도 너무 큰 한라산을 무대로 뛰어 다니는 사슴 사냥은 쉽지가 않고 노루는 고기가 많지 않았다. 소는 집에서 기르는 가축이지만 밭을 갈아야 했다. 고심 끝에 궤네기는 전통을 부수고 돼지를 제물로 바치기로 결정한다. 이때의 상황은 궤네기가 훗날 깃들었다는 김녕 궤네기굴과 김녕에서 벌어지는 돼지고기 축제인 돗제로 남겨져 있다.

멧돼지는 수확 철에 밭을 헤집고 다니는 난봉꾼이니 멧돼지를 증오하는 부족들이 많았다. 그들이 모시는 신은 고기를 먹지 않아 미식신, 즉 곡식을 먹는 신으로 불린다. 미식신을 모시는 곳에서는 돼지고기는커녕 돼지고기 냄새만 맡아도 불경한 일이었다. 미식신을 모시는 부족들은 궤네기의 결정을 받아들이지 않는다. 결국 미식신과 육식신으로 신들이 나뉘고 만다.

돼지를 잡아 제사를 올리기로 했지만 쉽지 않은 일이었다. 멧돼지는 소와 달리 순하지가 않아서 무리 지어 다니고 포악하기가 이를 데 없었다. 이것을 가축으로 만들 생각이라니. 먹성 좋고 포악한 애들을 뭘 먹여서 키운단 말인가. 그러나 궤네기는 과감하게 가축화를 시작한다. 이때의 일을 《삼국지》와 《후한서》에서는 이렇게 말한다.

"마한 서쪽 바다 가운데 큰 섬에 주호가 있는데, 소와 돼지 기르기를 좋아한다."

돼지가 화장실로 들어와 만든 돗통시 문화가 생긴 이후로 돼지는 제주 사람들의 삶에 가장 중요한 일부가 되었다. 물론 미식신을 섬기는 이들도 미식신과 만나지 않는 날에는 돼지고기를 먹고, 돗통시에서 일을 본다. 제주에서 살려면 돼지와 거리를 두고 산다는 것은 불가능했다. 그 때문에 중동 지역과 같은 절대적 돼지고기 금기가 제주에는 없다. 제주의 신은 꽤 유연하고 관대하다. 신들에겐 금기가 있지만 인간에겐 금기가 없으며 심지어 두 집단이 공존하는 일도 허다하다. 제주란 섬에 절대적 유일신이 없이 1만 8천 신들이 함께한다는 것부터가 이미 배타성과는 거리가 먼 문화이기도 하다.

궤네기 신화에는 또 하나의 주인공이 있다. 뭍에서 표류할 때 도와준 여인인 용왕국 따님이다. 제주에서 용왕국이라고 하면 바다 건너에 있는 나라를 뜻한다. 궤네기 신화에 의하면 궤네기는 용왕국 따님에게 구해져 그녀의 도움으로 무공을 세운다. 섬에서 추방된 낯선 이방인이 당시 전쟁에서 대활약을 펼칠 수 있었던 것은 조력자 용왕국 따님이 신녀였기 때문에 가능했다. 신녀란 신의 딸이므로 용왕국의 따님이란 말은 아귀가 맞다. 바보온달과 평강공주 이야기의 탐라국 버전인 셈이다.

궤네기가 용왕국 따님과 결혼하고 섬으로 돌아왔지만 토착민들은 이방인을 거부했다. 낯선 문화를 가진 자와 문화 충돌이 벌어지는 것은 흔한 일이기도 하다. 결국 궤네기는 용왕국 따님을 버리고 토착민의 딸과 결혼한다.

버려진 용왕국 따님은 꿋꿋한 여인이라 절망하지 않았다. 그녀는 용왕국의 신녀였고, 그 시절 신녀는 산파이거나 치료 능력을 가진 사람이었다. 그녀에겐 아픈 섬사람들이 보였고, 아이를 낳을 때 도움을 받아야 할 사람들이 있었다. 용왕국 따님은 독립해서 그들을 돕기 시작한다.

고대 사회에서 신녀는 치료술이 있는 사람이기도 했다. 용왕국 따님도 약초를 잘 다루는 사람이었겠지만 낯선 곳에서 자신이 아는 약초를 구하기란 쉽지 않은 일이다. 그러나 그것이 문제가 되진 않았다. 그녀 또한 바닷가 마을 출신이고 그곳에서 가장 많이 걸리는 질병이 부스럼이었다. 그 부스럼을 치료하는 데는 돼지고기 기름이 특효였다. 부스럼은 영양실조에서 오기 때문이다. 임산부나 산모, 그리고 다른 환자들에게도 단백질과 지방을 공급해 주니 어렵지 않게 건강해졌다. 이런 치료 능력에 힘입어 용왕국 따님은 신으로 모셔졌고, 그에게는 제물로 돼지고기를 바쳤다. 왜 아니겠는가. 신의 권능이 아픈 자를 낫게 하는 것이니 말이다.

제주에서 돼지고기를 먹는다는 것은 맛있는 음식이기도 하지만 제주의 문화와 신화를 만나는 일이기도 하니, 멋진 일이다.

돗제 °°

궤네기는 굴을 뜻하는 제주어 '궤'와 사람을 뜻하는 '내기(시골내기, 신출내기 할 때의 접미사)'가 합쳐져서 만들어진 것으로, 굴에 사는 사람이란 뜻이다. 궤네기란 이름을 얻은 것도 이 부족이 굴에 살았기 때문일 것이다. 궤네기 신화를 간직한 부족이 정착한 곳은 김녕으로 이 마을엔 궤네기굴이 있다. 굴을 발굴해 보니 발견된 동물 뼈는 91퍼센트가 멧돼지 뼈이다. 제의 장소였던 궤네기굴에서 제물로 바쳐진 고기가 돼지이고, 그 돼지를 다 같이 나눠 먹는 의례가 지금의 돗제로 남겨졌다. 돗제는 제주에서도 구좌읍 마을 일부에서만 벌어진다. 마을 사람들은 돗제를 도새기식개(식개는 제사를 뜻하는 제주어)라고 부른다. 마을 의례인 돗제는 차츰 집안에 우환이 있으면 돼지를 잡고 심방(무당)을 초청해 굿판을 벌여 액운을 막고 가족들의 평안을 기원하는 의식으로 바뀌었다. 최근 김녕에선 유네스코 세계지질공원 핵심 마을 활성화 사업으로 돗제가 마을 축제로 재현되기도 했다.

제주 동쪽 해안은 겨우내 소금바람에 시달리는 화산토라서 농사가 잘 안되고 큰 물고기도 잘 잡히지 않는 곳이다. 영양실조에 걸리기 딱 좋은 환경이었으니 돼지고기는 이들을 살릴 음식이었을 것이다. 아마 이것이 구좌읍 일대에만 돗제가 벌어지는 이유일 것이다. 풍요로운 마을엔 굳이 포악한 멧돼지를 사냥할 필요가 없었으리라.

궤네기도 소천국이나 금백주처럼 훗날에 신으로 궤네기굴에 깃든다. '궤네기또'는 백주또처럼 '또'를 붙여 부족장 혹은 신이란 의미이다. 김녕마을을 지켜주던 궤네기또가 굴을 떠난 것은 바로 앞 입산봉이 공동묘지로 변하면서라고 한다. ▰

돌담 여행

제주 돌담엔 검은색 현무암만 있는 게 아니다. 회갈색 조면암도 있고 붉은색 또는 회청색을 띠는 용암석도 있다.

몽돌 돌담과 알작지 - 내도

영등할망 돌담길 - 귀덕

고산평야 무장전 - 수월봉 앞

조면암 돌담길 - 산방산 앞

아아 돌담 - 고망난돌 수국길

화산쇄설물 돌담 - 비자림 부근

환해장성 - 행원

흑룡만리 돌담길 - 김녕, 월정

판관 김구 공적비 - 한라마을 작은도서관 앞

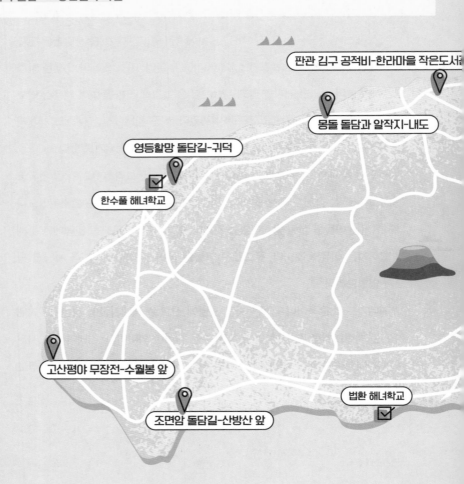

판관 김구 공적비-한라마을 작은도서ㄹ

몽돌 돌담과 알작지-내도

영등할망 돌담길-귀덕

한수풀 해녀학교

고산평야 무장전-수월봉 앞

조면암 돌담길-산방산 앞

법환 해녀학교

해녀 체험 ☑

제주에는 수많은 박물관이 있지만 제주를 이해하는 데 가장 좋은 곳은 해녀박물관이다. 해녀의 삶과 생각 그리고 인류 공동체와 자연을 동시에 살펴볼 수 있고 해녀 체험도 가능하다. 주변에는 숨비소리길이라는 걷기 코스도 있다. 해녀항쟁이 벌어졌던 연두망 동산에는 해녀항쟁 기념탑도 있다. 해녀박물관이 이곳에 세워진 이유가 바로 그 때문이다.

해녀박물관

한수풀 해녀학교

법환 해녀학교

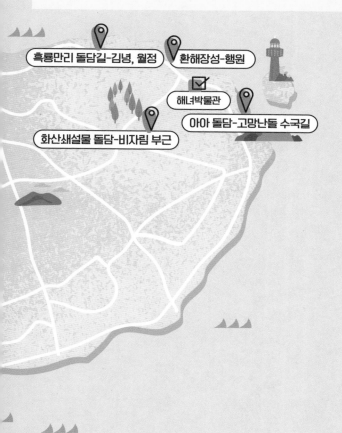

흑룡만리 돌담길-김녕, 월정

환해장성-행원

해녀박물관 ☑

아아 돌담-고망난돌 수국길

화산쇄설물 돌담-비자림 부근

10월	서귀포층이 보내 준 선물, 용천수
자연	#가 보면 좋은 곳 : 서귀포층, 어승생저수지

강수량이 그 어느 곳보다 많은 제주도이지만 제주에서는 하천을 보기도 어렵고 설령 있다고 해도 물이 바짝 마른 건천이다. 육지에서는 오랜 시간 쌓이고 쌓여 만들어진 퇴적층이 발달해서 물이 빠지지 않고 고인다. 이 물을 저장해 둔 호수나 하천이 상수원이다. 하지만 나이가 어린 제주의 얇디얇은 지표층은 물이 잘 빠지는 화산회토이고 그 아래는 거대한 암반층인 용암층으로 덮여 있어 우물을 팔 수도 없다. 물이 많으면서도 물이 없는 곳이 제주인 셈이다.

그런데도 제주에는 사람들이 1만여 년 전부터 정착 생활을 시작했다. 더군다나 지금 제주는 삼다수라는 유명 브랜드의 물을 팔기까지 한다. 집집마다 수도를 틀면 물이 콸콸 쏟아져 나온다. 도대체 이 물은 어디서 나오는 것일까? 이 의문을 풀어 줄 열쇠가 바로 서귀포층이다.

서귀포층은 일제강점기인 1928년에 일본인 지질학자에 의해 세상에 알려졌다. 그때만 해도 서귀포층의 정체는 신생대 말엽의 패류화석을 많이 포함한 지층으로서 단순히 지질학자의 학문적 호기심이나 채워 주는 것에 불과했다. 화산섬 제주에서 100만 년 전 화석을 발견할 수 있다는 것은 매우 흥미로운 일이었으니까 말이다. 그러다 1970년에 지하수 개발을 위해 땅속 깊이 구멍을 파다가 아주 놀라운 사실이 드러났다. 서귀포층이 단지 서귀포 천지연폭포 옆에만 있는 것이 아니라 제주도 전체에 걸쳐 지하에 넓게 펼쳐져 있었던 것이다. 한마디로 서귀포층은 제주섬을 어여쁘게 받치고 있는 접시였다.

서귀포층은 수성 화산 폭발이 으레 그렇듯 바다 밑에서 화산재가 계속 가라앉아 만들어졌다. 진흙처럼 촘촘한 접시(서귀포층) 위로 용암층이 덮쳤다. 이 용암층은 육상 폭발로 용암이 여기저기 흐르면서 만든 바위층이라 5미터 내외의 판들이 시루떡처럼 켜켜이 쌓여 있다. 비가 많은 제주에서 빗물이 감쪽같이 사라지는 마법이 일어나는 이유는 이 용암층 때문이다. 그 빗물이 계속 내려가다 서귀포층을 만나고 더 이상 아래로 흐르지 않고 고인다. 지하수가 머무는 이곳을 '대수층'이라고 한다. 대수층의 물은 화산 암반층이 정수해 준 덕분에 아주 깨끗하고 맑다. 물은 약 20년간 저장되었다가 서서히 경사면을 따라 바다로 흘러간다. 서귀포층은 바닷물이 역류해서 지하수와 섞이는 것도 막아 준다. 완벽하게 안전한 물이 지하에 고여 있으니 제주도는 거대한 천연 정수기인 셈이다.

지하 암반층에 있는 이 물은 암반 사이의 균열이 있으면 압력차에 의해 솟구치는데, 이것이 용천수이다. 땅에서 솟구친 물이라는 뜻을 가진 용천수는 조사에 의하면 제주에 1,023개소나 있다고 한다. 용천수는 해안가에 많이 있다. 이 물이 있었기 때문에 제주에 사람이 살 수 있게 되었고, 그래서 제주의 마을은 용천수가 있는 해안을 중심으로 만들어졌다.

암반을 뚫고 물을 뽑아내는 관정 기술이 발달하자 서귀포층에 의해 보존되는 천연 암반수를 뽑아내서 마시고 팔기 시작했다. 이것이 삼다수이다. 삼다수를 뽑아내는 깊이는 자그마치 지하 420미터이다. 이 두터운 용암층을 뚫고 물을 뽑아내는 일은 지금에서나 가능한 일로, 아무리 얕은 곳이라도 용암 대지 아래 지하 50미터 정도까지 파야 지하수를 뽑아낼 수 있으니 제주엔 우물이 거의 없었다. 그래도 곳곳에서 뿜어져 나오는 용천수는 제주에 사람들이 살게 해 줬다. 모두 서귀포층의 선물이다.

용천수가 없는 곳에서는 봉천수를 이용했다. 봉천수는 빗물이 고여 만들어진다. 중산간 지역에서는 낮은 지대에 진흙이 쌓여서 생긴 습지가 있는데 그곳의 물을 떠다 마시거나 습지 곳곳에 연못을 파서 소나 말을 먹였다. 이런 습지는 귀해서 사람이 먹는 물, 빨래를 하는 물, 그리고 나서야 소나 말을 먹이는 물로 나누고 절대 영역을 침범해선 안 되었다.

먹을 물이 고이는 습지조차 없는 곳에서는 춤항(춤항)에 의지하기도 했다. 촘은 짚을 이용해 만든 물받이도구로 그 아래에 물을 받기 위한 항아리가 촘항이다. 촘항은 잎이 넓은 활엽수 아래에 설치하는데 활엽수는 증산 작용이 활발해서 그 아래가 늘 습하기 때문이다. 촘항에 모인 이슬방울은 식수로 활용하였다. 고인 물은 썩을 수 있기 때문에 개구리를 넣어서 식수와 썩은 물을 구분하였다고 한다.

용천수와 봉천수에 의존하던 제주에 수도가 들어오기 시작한 것은 일제강점기 때였다. 용천수가 멀어 고생하던 서귀포 사람들이 돈내코와 절곡지 물처럼 맑은 물이 언제나 고여 있는 곳에 수도관을 만들어 물을 끌어왔다.

조천 상동두말치 용천수.

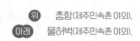 촌함(제주민속촌 야외).
아래 물허벅(제주민속촌 야외).

해방 이후 도시가 커지면서 물 문제는 더 심각해졌다. 1964년의 가뭄은 민심마저 흉흉해질 지경이 되었다. 따지고 보면 한라산의 강수량은 한국의 연평균 강수량의 네 배가 넘는 곳이다. 이 빗물을 받아서 쓰면 되지 않을까 생각해서 만들어 낸 것이 어승생저수지이다. 한라산에 쏟아진 빗물은 어승생오름 곁 Y계곡을 따라 끊임없이 흐른다. Y계곡은 보호구역이라 들어갈 수 없지만 이끼로 뒤덮인 이곳은 마치 영화 〈아바타〉 속 그곳처럼 신비롭고 아름답다. 저수지를 만들어 이 깨끗하고 맑은 물을 담겠다는 구상이었다. 엄청난 수압을 견뎌 낼 저수지를 만드는 일은 쉽지 않았지만 끈질긴 노력 끝에 1971년에 완공했다. 제주시 북쪽 지역에 이 수돗물이 공급되기 시작하면서 제주도에선 물허벅이 사라지기 시작했다.

어승생저수지는 제주 전역에 물을 공급하기도 어렵고 관리도 힘들었다. 그래서 지하에 있는 물을 찾기 시작했는데, 이 과정에서 서귀포층이 제주도 전 지역 용암층 아래 있고, 지하수를 보호하고 있다는 것을 알게 되었다. 이 발견은 축복이었다. 기술만 있다면 제주도 어디서든 구멍을 뚫어서 물을 끌어 올릴 수 있다. 그 결과 1985년에는 수도 보급률이 전국에서 가장 높은 곳이 되었으니 이제 더 이상 제주는 물이 부족한 섬이 아니다. 그리고 이 지하수는 삼다수로 개발되어 전 세계로 팔려 나가고 있다. 언젠가 제주 사람들은 삼다수를 팔아서 나온 돈으로 기본 소득을 받아 살 수 있을지도 모른다. 물은 제주 사람들의 공동 재산이니까 말이다.

그런데 이 꿈을 깨기라도 하듯 최근 제주 지하수에 문제가 생겼다. 지

금 제주 바다는 난리도 아니다. 미끄러워서 걸어 다닐 수조차 없을 만큼
바위에 구멍갈파래가 뒤덮여 있다. 이 파래는 질소 먹는 하마나 다름없다.
바닷물 속에 있는 질소 성분을 재빨리 빨아들여서 성장하고 있다는 이
파래가 최근 제주 바다를 점령 중이다. 그만큼 바다에 질소가 넘쳐 나고
있다는 것이다.

이 질소는 제주 지하수 속에서 섞여 나온 것이다. 제주는 곳곳에 밭
이 있고 축사와 돈사와 같은 가축 사육장이 있다. 모두 질소가 배출되는
곳이다. 지금 바다에 흘러들어 온 지하수는 농사지으며 질소 비료를 무한
정 사용하기 시작하고 가축 사육장이 곳곳에 생기기 시작한 20년 전 그
때의 지표 위에서 온 것이다. 미래 재앙은 이제 현실이 되어 가고 있다.
자연은 정직하다. 오늘 내가 버린 질소가 20년 후 내게 돌아올 것이니 말
이다.

서귀포 칠십리 °°

제주의 지질 구조는 중생대 무렵 만들어진 화강암 위주의 기반암이 있고, 그 위에 1억만 년 가까이 바닷속에서 퇴적물이 가라앉아 갯벌 바닥같이 된 U층이라고 하는 굳지 않은 층이 있다. U층은 굳어 있지 않다고 해서 미고결 퇴적층이라고 하는데 Unconsolidated Formation의 앞 글자를 따서 이름 지어졌다. 바로 그 위에 바닷속 화산이 폭발하면서 화산재가 가라앉아 만들어진 서귀포층이 있다. 서귀포층이 만들어진 후 다시 화산 폭발이 계속 일어나 지금의 제주섬을 만들었는데 육상에서 만들어진 이 화산은 용암층을 만든다.

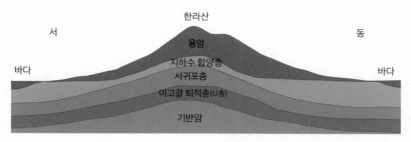

제주도를 구성하는 암석들의 모식도와 지하수 함양층.

100만 년 전 지구가 보낸 편지인 서귀포층을 육상에서 볼 수 있는 곳은 서귀포 천지연폭포 서쪽 100미터 구간이 유일하고 새연교 입구에서 볼 수 있다. 바다 밑에서 만들어진 서귀포층이 육상으로 올라온 것과 서귀포에 폭포가 많은 것은 같은 이유 때문이다. 약 40만 년 전에 이곳에서 단층운동이 일어나 땅이 솟구쳐 오른 것이다. 이때의 단층운동은 표선에서 모슬포까지 해안선을 따라 일어났고 그 결과 서귀포 해안이 융기하게 되었다. 박수기정, 용머리해안이 우뚝 솟아올랐고 폭포가 이곳에 집중되어 있다.

지진과 화산은 재앙일지 모르지만 지구가 더없이 아름답고 푸르게 하는 원천이기도 하다. 따지고 보면 인류도 화산의 후예이다. 화산 활동을 통해 지하에 숨겨 있던 수증기를 뱉어 내지 않았다면 지구는 달처럼 퍼석퍼석한 행성이었을 것이고 생명이 탄생할 수 없었을 것이다. 땅속 지구가 보낸 편지에 지질학자들이 매달리는 것은 이런 메시지를 읽어 내기 위해서일 것이다.

지구가 보낸 아름다운 편지글이 가득한 이곳에서 가을마다 서귀포 칠십리 축제가 열린다. 칠십리란 서귀포가 과거 정의현에 속했을 때 서귀포 포구에서 정의현청이 있는 성읍까지의 거리가 칠십리라서 붙은 별명이라고 한다. 과거에는 제주목 관아에서 몇 리, 정의현청에서 몇 리, 대정현청에서 몇 리와 같이 거리로 마을의 위치를 표현했다. 서귀포 칠십리란 말이 지금은 아름다운 서귀포를 뜻하는 대명사가 되었는데, 일제강점기 때 나온 〈서귀포 칠십리〉라는 노래 때문이라고 한다. 서귀포 사람 말고는 아무도 모르던 작은 마을 서귀포는 이 노래 덕분에 전 국민에게 알려졌다. 일제강점기에 사람들은 향수를 자극하는 노래로 나라 잃은 설움이나 일자리를 찾아 고향을 떠나야 하는 마음을 달랬다. 대표적으로 〈타향살이〉와 〈목포의 눈물〉은 엄청난 인기를 끈 노래였다. 레코드판을 찍을 플라스틱이 모자라서 고물상에서 낡은 레코드판을 사들여 찍었을 정도라고 한다. 그런 분위기에서 〈서귀포 칠십리〉도 나왔다. 100년 전 작명이 아직도 서귀포 대표 축제의 이름에 붙은 것을 보면 흥미롭다.

제주 허벅을 아시나요?

#제주에만 있는 공예품 : 허벅, 지새그릇

조선 시대에 제주에 유배 온 외지인이나 해방 후 취재를 온 기자들이 남긴 답사기를 보면 제주 여자들이 물동이를 지고 다니는 모습에 놀라워하는 외지인들이 나온다. 제주도는 길에 자갈이 하도 많아서 육지에서처럼 물동이를 이고 다니다간 돌부리에 채여 넘어진다. 그래서 제주 사람들은 모든 것을 '구덕'이라는 바구니에 넣고 '배'라고 하는 멜빵으로 지고 다닌다.

물동이 모양도 한반도 본토와는 전혀 다르다. 본토에선 동이라고 하는 둥글고 배가 부르며, 아가리가 넓고 양옆에 손잡이가 달린 옹기를 머리에 이고 물을 날랐다. 그러나 이런 그릇에 물을 긷고 울퉁불퉁 돌길을 걸어 다닌다면 물이 남아 있질 않을 것이다. 그래서 탄생한 것이 주둥이가 작은 허벅으로 이것은 오로지 제주에만 있는 독특한 민속 공예품이다.

　조선 초기까지도 제주는 질그릇을 만드는 기술이 없었다. 제주에서 물을 길어 나르기 위해 사용한 것은 통나무에 구멍을 낸 나무통이다. 이것을 구덕에 넣고 지어 날랐다. 17세기 중엽에 유배 온 이건도, 18세기 초 제주목사로 온 이형상도 질그릇 허벅을 보지 못했다.

　　"섬 안에 물을 길어 오는 여인들은 머리 위에 이지 않고 등에 진다. 벌통 모양과 같은 긴 통을 만들어 물을 길어 등에 지고 간다."

― 이건, 《제주풍토기》

　　"물을 길어 올 때도 나무통을 지고 다니는 사람은 있지만 머리에 이고 다니는 사람은 없다."

― 이형상, 《남환박물》

　지금과 같은 형태의 질그릇으로 된 허벅이 등장한 것은 빨라야 18세기 말로 그제야 제주에도 허벅을 만들 정도로 높은 도기 기술력이 생겼다. 그릇을 만드는 기술자들인 물레장인들 중에서도 허벅을 만들 수 있어야 '온착(완전한)대장'이라고 해서 명성을 얻었다. 좁고 높은 부리를 만드는 것이 어렵기 때문에 육지의 도기대장들은 만들 수 없었다고 한다.

허벅은 물을 긷는 것 말고도 쓰임이 다양했다. 어릴 적 외할머니 장례식에서 허벅에 담긴 팥죽을 나눠 먹은 기억이 있다. 장지까지 긴 거리를 이동할 때 허벅에 담긴 죽은 쏟아지지도 않고 입구가 좁아서 식지도 않는다. 죽허벅 외에도 술허벅, 간장허벅 등 허벅의 용도는 다양하다. 허벅은 제주의 민속 타악기로도 사용되었다. 부리 부분과 배 부분을 대나무 가지로 두드리면서 고저장단을 맞추었다. 제주 질그릇은 현재까지 발견된 것만 해도 100여 종이 넘는데, 그중에서도 허벅만 무려 36종류로 압도적으로 다양하게 만들어졌다. 허벅은 가장 대표적인 제주 질그릇이다.

흙벽돌을 이용하는 육지의 가마와 달리 제주 질그릇을 만드는 가마

1971년 제주도 바구니 물구덕(© 셀수스협동조합).

는 돌로 만든다. 현무암은 구멍이 숭숭 뚫려 있어서 그 자체로 우수한 기공을 갖고 있는 좋은 단열재이면서 열에 강한 내화재이다. 넓적한 돌로 쌓아 만든 돌가마는 섭씨 1,200도까지 올릴 수 있기 때문에 구운 질그릇의 겉은 유약을 바른 듯이 반질반질하고 단단해진다. 이것이 제주 질그릇이 가진 우수한 점이다. 유약을 바르지 않아도 겉은 도자기처럼 변하고 안은 흙의 성질이 남아 있게 되는데 그러면 물을 정화시키고 발효식품을 저장해도 발효가 자연스럽게 일어난다. 맛을 보존하고 부패를 막는 제주 질그릇은 인간이 만들 수 있는 가장 과학적이고 자연 친화적인 질그릇이다.

제주에서 도기를 굽는 가마는 굴이라고 부른다. 굴은 굽는 방법과 만들어진 도기의 빛깔에 따라 노랑굴과 검은굴로 나뉜다.

노랑굴에서 구워진 허벅은 노란색(갈색)을 띤다. 잿물 유약을 바르지 않고 도자기가 만들어지는 온도인 섭씨 1,100~1,200도에서 굽기 때문에 붉은색과 노란색이 아름답게 발색한다. 이런 색을 얻기 위해서는 불 조절을 잘해야 하고 불 때는 시간도 길게 잡아야 한다.

반면에 검은굴에서 아궁이로 땔감을 잔뜩 집어넣고 900도 내외의 온도로 밀폐시키면 타고 있던 장작에서 연기가 만들어져서 도기의 표면에 스며든다. 쉽게 만들 수 있지만 만들어진 도기는 진한 회색 또는 검은색으로 변하여 광택이 없고 쉽게 부서진다. 이렇게 만들어진 그릇은 지새그릇이라고 한다. 지새는 검은굴에서 기와를 굽듯 굽는 방법을 의미한다.

노란굴에서 구울 때는 아래에 허벅을 놓고 자배기를 닮은 장태를 엎

알데기허벅(국립민속박물관 소장).

어 놓고 그 위에 다시 허벅을 놓고 장태를 덮지 않고 굽는다. 이때 아래 허벅을 알데기허벅, 위의 허벅을 웃데기허벅이라고 한다. 알데기허벅의 장태를 덮은 부분은 색이 그대로 붉게 남아 있고, 잘 구워진 부분은 갈색으로 변해서 자연스럽게 두 층으로 나뉜다. 웃데기허벅은 재가 날아와 붙으면서 발색하기 때문에 은하수 같은 모양이 박혀 있기도 하고 다양한 무늬가 자연스럽게 만들어져 매우 아름답다. 흙과 불이 빚은 예술품 그 자체이다.

노란굴에서 만들어진 그릇은 높은 온도에서 흙 속의 금속 성분이 녹아 흘러내리는 자기화 과정이 일어나기 때문에 구멍이 막히는 데 반해서 검은굴에서 만든 지새그릇은 틈이 그대로 남아 있다. 이 구멍에 뜨거운 공기가 숨어들었다가 뿌려 주기 때문에 온도를 일정하게 유지할 수 있다. 시

루 안의 떡은 설익은 부분이 없어 골고루 찔 수 있고, 화로는 온기를 오래 간직할 수 있다. 물항아리의 경우에는 기공을 통해 물이 증발하면서 증발 열을 흡수하여 물을 시원하게 해 주는 역할을 하기도 한다. 인디언들은 일 부러 물을 보관하는 토기를 구멍이 숭숭하고 성기게 만들었다고 한다. 이 렇게 하면 냉장고 역할을 해서다.

지새허벅은 가볍고 값도 싸기 때문에 소녀들을 위한 작은 허벅으로 만들기도 했다. 아이들이 넘어져서 허벅이 깨지는 일이 일어나더라도 그다 지 경제적 타격을 입지 않았다. 여자아이들은 열 살 정도가 되면 부모님 을 도와 허벅을 지고 물을 길러 다닌다.

허벅이란 이름은 허벅다리, 허벅지 모양에서 땄다고도 하고 몽고의 가

죽물병인 '허버'에서 왔다고도 하지만 그 유래가 정확하지는 않다. 허버는 몽골에서 사용하는 바가지 또는 두레박을 일컫는 몽골어라고 한다. 허벅이란 말의 유래가 워낙 부근에서 유사한 언어를 찾기 어려운 점을 고려할 때 가장 비슷한 말로 보이긴 한다.

　　허벅은 제주 사람들의 삶에 가장 없어서는 안 될 생활용품이었다. 물이 없으면 살 수 없기 때문이다. 용천수가 있는 곳에서 마을까지는 가까워야 2킬로미터 정도가 보통이었다. 심지어 오십리 즉 20킬로미터를 가서 물을 길어 오는 일도 있었다. 하루에도 두 번씩 물 긷기를 게을리하지 않았다. 제주의 부엌엔 물항아리가 있고, 부엌 앞에는 물팡이라고 하여 지고 온 허벅구덕을 부리는 곳이 있다. 여기에 허벅을 부린 후에 구덕 안에서 허벅을 꺼내서 물항에 물을 붓고 항아리가 찰 때까지 다시 물을 뜨러 갔다. 상수도 시설이 집집마다 설치되기 시작한 1970년대가 되면서 비로소 허벅도 역사 속으로 사라졌고, 이제는 민속박물관에서나 볼 수 있게 되었다.

불과 흙이 빚은 예술품 제주 옹기°

제주의 민속품을 전시한 모든 박물관에서 빠짐없이 만날 수 있는 민예품이 허벅이다. 제주에만 있었지만 제주 사람들에게 가장 중요한 질그릇이기 때문이다.

제주에는 화강암이 없기 때문에 자기를 만들 흙이 없다 보니 청자나 백자는 만들지 않았다. 그러나 제주 질그릇은 그 자체로 아름답고 자기처럼 보존성이 우수해서 자기를 대신해 다양하게 만들어졌다. 보관용 항아리, 허벅, 병, 사발, 단지, 화로, 벼루, 연적, 그물추 등을 모두 질그릇으로 만들어 썼다.

허벅이나 질그릇의 종류는 크기에 따라(바룻, 대배기, 애기 등) 그리고 부리 모양에 따라(허벅, 능생이, 등덜기 등) 다양한 이름이 있다. 먼 거리 이동을 위해 크게 만든 맞춤 허벅은 바룻이란 접두어가 붙어서 바룻허벅이라고 부른다. 소녀들을 위해 작게 만든 것은 대배기(대바지)라고 하고, 그보다 작으면 애기대배기라고 한다. 부리가 좁으면 등덜기라고 하고, 부리가 허벅보다 낮고 넓은 허벅은 능생이라고 한다.

제주 질그릇은 열 개를 묶어 하나의 세트인 줄(족)로 판매했다. 춘두미(웃통개) 알동(알통개) 허벅, 망대기, 동이, 장태, 대바지, 소능생이, 허벅능생이, 셋재비(셋째비), 조막단지, 독사발 등이 포함된다. 통개는 항아리, 망대기는 작은 항아리 종류, 셋재비와 동이는 장태 종류이다.

제주의 옹기를 굽는 굴은 제주 서쪽에 집중되어 있다. 제주는 동쪽과 서쪽의 흙이 다른데 서쪽의 흙이 찰진 진흙이라 옹기를 만들 수 있다. 옹기 마을 중 하나인 무릉리는 마을 사람들이 모두 옹기일에 종사하기도 했다. 옹기는 고가품이라서 경제적으로 큰 도움이 되었다. 이곳에는 그릇을 만들어 내는 도공을 비롯하여 불을 때는 불대장과 질 좋은 점토을 찾아내고 관리했던 질대장, 제주 전통 가마를 만들어 내는 굴대장에 이르기까지 전문가들이 모여 있었다. 지금은 이곳에 제주옹기박물관이 들어섰고, 매해 10월에 제주 옹기굴 축제를 벌인다.

10월

한반도 최초의 신석기 마을

역사

#가 보면 좋은 곳 : 고산리 선사 유적지, 삼양동 선사 유적지,
용담동 제6호 고인돌

제주도는 절대 고립된 섬이 아니다 지도를 펼쳐서 컴퍼스의 한쪽 바늘 끝에 제주도를 놓고 동심원을 그리면 놀랍게도 동아시아의 중심에 제주도가 있다. 태평양, 중국, 러시아, 필리핀까지 동심원 안에 다 들어온다.

지리적으로만 그런 것이 아니다. 세계 곳곳을 누비던 구석기인들도 제주를 찾아왔고, 저 멀리 러시아 아무르강 유역 신석기인들도 찾아왔다. 곰도 찾아왔고 바다에서 표류하던 다양한 인종과 국적의 사람들도 찾아왔다. 쿠로시오 해류가 지나가고 서해 난류도 드나든다. 심지어 적도에서 만들어진 태풍도 제주도를 거쳐 간다. 한반도 본토 남해안과 일본 나가사키에서는 한라산이 보인다. 수많은 동식물과 바람과 조류와 사람들이 거쳐 가기에 제주는 고립된 섬이 아니라 열린 곳이다. 그것이 제주가 독특하지만 다양한 생태계와 장대한 문화유산을 이뤄 낸 바탕이다.

제주에 처음 살기 시작한 사람은 누구일까? 예나 지금이나 제주도는 도보 여행객들이 좋아하는 글로벌한 곳이다. 제주에는 구석기인과 곰도 찾아왔었다. 따뜻하고 먹을 것도 풍부했으니 곰도 오고 사슴도 오고, 사냥감이 왔으니 구석기인도 따라왔다. 그때는 빙하기라서 바닷길이 열려 있었다. 제주에는 궤라고 불리는 동굴이 많았으니 사냥터 근처 동굴에서 지내면 되었다. 세계에서 가장 긴 동굴로 기네스북에 이름을 올린 빌레못동굴에는 4만 년 전 그들의 흔적이 남겨져 있다. 하지만 그들을 제주 최초의 거주자라고 하지 않는다. 구석기인들은 단지 잠시 여름 사냥용 임시 거처로 제주를 이용했을 뿐이기 때문이다.

제주에 주소를 둔 최초의 정착인은 1만 년 전 제주에 온 고산리 신석기인이다. 그들은 아주 오래전 저 멀리 아무르강 유역에서 온 신석기인이다. 그 정도 거리쯤은 아무렇지도 않게 돌아다니던 진정한 지구의 도보 여행객들이었다. 한반도에서 그들보다 더 오래된 신석기인은 없다. 그래서 이들을 한반도 최초의 신석기인이라고 한다. 그다음 발견된 한반도 내 신석기 유적지는 양양 오산리와 고성 문암리로 무려 3천 년이나 뒤에 만들어졌다.

한반도 최초의 신석기인들이 선택한 고산리 신석기 유적을 찾아가 보면 깜짝 놀랄 것이다. 제주도인데 제주도 같지 않다고 생각할지도 모르겠다. 오름, 초원, 돌담… 이런 것들이 없고 대신 드넓은 평야가 있다. 그래서 '역시 신석기인들은 농사짓기 좋은 곳을 찾아온 거야!'라고 생각했다면? 틀렸다. 그들은 이곳에서 농사짓고 살지 않았다.

우리는 신석기혁명 하면 농업혁명이라고 배웠다. 즉 마땅히 신석기인이라면 농사짓고 가축 기르며 살았다고 생각한다. 그런데 사실 농사나 목축은 아주 오랜 시간 어쩌면 1만 년쯤이나 지나서의 일이고, 신석기인도 처음에는 수렵 채집을 했다. 고산리 정착민들도 농사나 목축을 하진 않았지만 어엿한 신석기인이다. 신석기인과 구석기인을 가르는 차이는 우선 정착 생활이기 때문이다.

구석기인들은 덩치 큰 먹잇감을 따라다니고 제주의 굴속에 머물면서 사냥을 했다. 지금 생각해 보면 인류 최초의 노마드족이 그들인 셈이다. 제주시 애월읍 빌레못동굴, 서귀포시 천지연폭포에 있는 생수궤 유적들은 구석기인들이 애용했던 캠핑촌이다.

반면 신석기 유적지는 하천이나 바닷가에 있다. 사냥감이 올 만한 곳도 아니다. 그럼 농사짓고 살 것도 아니면서 왜 머물렀을까? 그 해답을 고산리 신석기 유적지는 보여 준다.

구석기식으로 수렵 채집을 하면서도 신석기식으로 정착 생활을 했던 사람들을 중석기인이라고 한다. 그렇다면 도대체 뭘 어떻게 해야 신석기인이 되는 것일까? 그 기준은 토기이다. 뭘 해도 좋으나 토기가 없으면 신석기인이 아니고 수렵 채집 생활을 하더라도 토기가 있으면 신석기인이다.

고산리 정착민들이 신석기인인 이유는 그들이 바로 우리나라에서 가장 오래된 토기인 '고산리식 토기'를 만든 사람들이기 때문이다. 제주에서 나온 신석기 유물 가운데 지역 이름을 따서 고유명사가 된 건 고산리식 토기가 유일하고 그만큼 유니크하다. 왜냐하면 짚이나 풀을 섞어서 만든 토기이기 때문이다. 토기는 보통 찰흙에 모래를 섞어 만든다. 모래를 섞으면 자체 온도가 높아져서 조금 더 잘 구워진다. 여기에 짚이나 풀을 섞은 것은 흙집을 만들 때 짚을 섞는 것처럼 무너지지 않게 하기 위한 것이니 그들은 진짜 지혜롭고 지혜로운 호모사피엔스사피엔스였다.

이쯤에서 궁금할 것이다. 토기랑 신석기인이랑 무슨 상관이란 말인가? 우리가 학교에서 배운 신석기는 '농경과 목축' 아닌가? "농경과 목축을 하지 않았으니 고산리 신석기인은 무효!"라고 외치고 싶을지도 모르겠다. 자, 이제 고산리 사람들이 과연 구석기인인지 아니면 새 시대인 신석기인인지 알아보자.

구석기가 끝나 갈 무렵 지구는 따뜻해졌다. 더 이상 큰 동물을 찾아 떠돌아다니지 않아도 되었다. 근처에 작지만 먹을 수 있는 작은 동물이 널렸고, 무엇보다 바다와 강에 물고기와 조개가 지천이었다. 이 시기 유적지에서 조개껍질과 화살촉이 가장 많이 발견되는 것도 이 때문이다.

고산리 유적지가 지금은 허허벌판이어도 옛날에는 숲이 울창했다고 한다. 지금처럼 평야가 된 것은 몽골족이 말 목장을 만들기 위해 불을 질렀고, 일제강점기에 대규모 벌목을 했기 때문이다. 그전까지는 이 숲속에 작은 동물들이 무방비로 살고 있었다. 숲이 있으니 땔감 걱정도 없었다.

고산리 유적지는 자구내포구 안쪽 당산봉과 수월봉에 둘러싸인 평야 지대이다. 당산봉과 수월봉에서 나온 화산재가 이곳을 고르게 덮어서 땅이 비옥하다. 뭐든지 잘 자랐다. 나무 열매와 잎과 줄기와 뿌리는 삶아 먹기만 하면 소화도 잘되고 독도 제거할 수 있고 감염도 막을 수 있다. 조개와 바닷가 생물도 마찬가지다. 즉 안전한 먹거리를 찾아 떠돌아다닐 필요가 없는 곳이 고산리다. 식재료를 삶을 수만 있으면 말이다. 이 모든 걸 가능하게 해 준 것이 토기였다.

중석기인들도 정착 생활을 했다고 하지만 그건 장기간 눌러앉았을 뿐이지 그곳에 뿌리를 내리고 자식 낳고 살진 않았다. 주변에 먹을 것이 떨

제주 고산리 유적 전경(사진 ©문화재청).

어지면 미련 없이 떠났다. 즉 그들은 제주에서 한 달 살기 체험을 했을 뿐이다. 하지만 토기가 생긴 이후로는 그럴 필요가 없어졌다. 먹을 것을 창조해 낼 수 있었으니까 말이다. 삶고 굽고 찌고 말리며 세상 모든 것을 다 먹을 수 있게 된 것은 토기를 가진 신석기인들 덕분이다. 그들이 목숨 걸고 먹어 본 덕분에 어떤 음식에 독이 있는지도 알게 되었다. 그들은 동식물박사가 되었고, 그것이 농업혁명을 이루어 냈다. 그러니까 농업혁명이 신석기인들을 만든 게 아니라 신석기인이 농업혁명을 가져온 셈이다! 그걸 해낸 게 바로 토기다.

고산리 신석기인들이 자연이 준 선물에 만족해 정착 생활을 하는 동안 제주에는 큰일이 벌어졌다. 해수면이 높아진 것이다. 그들은 서남해가 육지거나 얕은 바다일 때 제주섬으로 건너왔는데 갑자기 육지로 나가는 길이 막혀 버렸다. 해수면이 무려 40미터나 높아졌다. 돌아갈 수 없지만 괜찮았다. 날씨도 따뜻하고 산도 있고 들도 있고 바다도 있는 완벽한 파라다이스 제주가 맘에 들었다. 그래서 그들은 그냥 제주 땅에 눌러앉았다.

해수면이 높아지니 좋은 점도 있었다. 날씨가 따뜻해지면서 바다 생물이 더 다양해졌다. 고기가 먹고 싶으면 가끔 울창한 한라산 숲으로 사냥을 갔다 오면 된다. 한라산엔 야생동물이 많았다. 고산리 사람들은 꽤 만족했는지 이곳에서 수천 년을 살았다. 고산리 유적지에서 나온 유물들은 수렵 도구가 절반, 채집된 식물을 가공하는 도구가 절반이다. 아주 조금이지만 바다에서 그물로 물고기를 잡았던 도구도 있다. 그들은 그렇게 살았다. 오랫동안. 그들이 제주에 계속 살아남았을지는 모를 일이다. 3천 년 전 지구는 다시 추워졌고, 그들의 흔적은 사라졌기 때문이다.

제주에는 다양한 곳에서 다양한 문명을 가진 사람들이 들어와 살았다. 돌도끼로 배를 만들 수 있게 된 청동기 문명은 제주로 더 많은 이주민들을 불러들였다. 그들은 따뜻하고 풍요로운 땅을 찾아 바다를 건넜고, 제주에서 미래를 시작했다.

재미있게도 한반도 최초의 토기가 발견된 곳이 제주인데, 최후의 토기가 발견된 곳도 제주이다. 최후의 토기는 8세기 무렵 애월읍 고내리에서 만들어진 고내리식 토기이다. 그때 한반도 다른 곳에선 이미 물레를 돌려 빚은 도기나 가마에 넣어 구운 도기가 있었으니 제주도는 열린 섬이기도 하지만 그 후로 닫힌 섬이 되었다는 뜻이다. 이 무렵 한반도와 제주 사이에는 보이지 않는 경계, 즉 국경선이 있었다. 고내리식 토기는 규격화되고 전문화된 토기라서 장인에 의해 만들어진 것으로 여겨진다. 즉 강력한 사회 집단이 제주에 존재했다는 증거다. 8세기라면 신라가 통일한 후이고, 탐라국이 성주, 왕자의 지배 체제를 갖추고 세습 왕국으로 변해 갈 때이다. 기술이 국경을 넘지 못한 이유가 이해가 된다.

선사 축제는 아이들이 가장 좋아할 만한 축제다. 고산리 선사 유적지에서는 아이들과 함께하기 좋은 계절인 봄이나 가을에 '제주 고산리 유적 선사 축제'가 열린다.

제주의 선사 유적과 고인돌 °°

제주의 선사 유적지 가운데 탐라국 건국 신화와 관련이 있다고 여겨지는 곳은 삼양동 선사 유적지이다. 외부에서 배가 들어오기 좋은 위치여서 벽랑국 공주 혹은 금백주 부족이 건너와 마을을 이룬 것으로 보인다. 탐라 토착 부족들은 수렵 부족인 데 비해 이들은 농경 부족이며, 청동기 문화 중에서도 가장 우수한 문화인 송국리형 문화를 가지고 왔다. 부여 송국리에 있는 유적을 보면 송국리 문화는 높은 단계의 분업 사회를 이뤘고 정치적 수장도 있었으며 농경 능력이 우수했음을 알 수 있다. 삼양동 선사 유적지는 그런 사회가 제주에 만들어졌음을 보여 준다. 집회 광장과 저장 시설을 갖춘 것으로 보아 잉여 생산물이 만들어지고 제사장과 정치적 지도자가 출현하고 있었다.

이런 유형의 주거 단지가 제주 곳곳에서 발견되는 것도 신화를 뒷받침한다. 을나 신화에서 세 개의 마을로 나눠 살았다거나, 본향당 신화에서 소천국과 금백주의 자식들이 제주 전역으로 퍼져서 그곳의 당신이 되었다는 것은 마을 형성을 보여 주는 예다. 그리고 활을 쏘아 세 부족이 사이좋게 마을을 나눠 가졌다는 '삼사석지'가 삼양 선사 유적지가 내려다보이는 곳에 있었던 것도 이런 신화를 뒷받침한다.

이후 더 강력한 부족이 제주에 들어왔는데 그들의 주거지는 용담동 부근인 것으로 추정된다. 이곳은 일단 물이 풍부하고 외부와 교류가 가능하다. 삼한, 중국, 일본과 교역을 통해 성장한 이들은 거대한 고인돌을 만들었고, 제사 유적을 남겼다. 이들이 역사 속 탐라국의 주인공이다. 학계에 따르면 삼양동 선사 부족을 이들이 정복했을 것이라고 한다. 궤네기 신화도 이 내용을 토대로 만들어진 것으로 보인다. 고고학계의 발굴에 따르면 용담동 부근의 무덤 유적지에는 두 개의 다른 집단이 공존했다고 한다. 이 역시 궤네기가 돌아와 용왕국 따님을 버리고 토착민의 딸과 결혼했다는 신화와 일치한다. 정복이 아니라 공존을 선택했던 것이다.

용담동 고인돌을 비롯해서 제주는 고인돌이 많은 곳이기도 하다. 총 22곳에서 150개의 고인돌이 발견되었는데 그중 가장 많은 고인돌이 발견된 곳은 가파도이다. 가파도는 무려 66개의 고인돌이 발견된 제주 최대의 고인돌 밀집 지대이다.

고인돌은 제주 해안 거의 모든 곳에 있는데 구좌읍과 조천읍에만 없다. 대부분 북서쪽에 밀집되어 있는데 아마도 조류와 바람의 영향으로 바다 건너온 사람들의 정착지가 서쪽에 집중되어서인 듯하다. 물론 땅이 비옥하고 물이 풍부한 곳에 고인돌이 있었으므로 이로 보아 제주 동쪽 지역은 예로부터 살 만한 곳이 못되었다. 제주 동쪽에서 나고 자란 나로서는 심히 공감이 된다.

제주시 무수천, 한천과 외도천 주변은 그야말로 고인돌 천지다. 용담동, 외도동, 광령리로 이어지는 이 길에서 고인돌 찾기 놀이만 해도 하루해가 모자란다. 이곳 고인돌은 수도 많지만 크기도 크다. 애월읍 광령리 고인돌은 무려 15톤이나 되는 거대한 돌로 성인 남자 150명이 동원되어 만들었을 거라고 한다. 그러면 그 마을엔 적어도 500명 안팎의 사람들이 살았을 거란 얘긴데, 탐라국 초기라 생각하면 굉장히 큰 마을이다. 고인돌의 무게를 통해서 유추해 보면 당시 한 마을당 인구는 대략 2~300명 정도였다. 꽤 번성한 마을이 많이 있었단 말이다. 961년에 만들어진 《당회요》라는 중국 역사서에는 "탐라는 (…) 다섯 부락으로 나누어져 있다. (…) 호구는 8천가량 된다"라고 했다. 호구수가 8천이면 인구수는 대략 4만 명에 육박한다. 정확하게 알 수는 없지만 생각보다 많은 사람들이 살았던 것만은 분명하다.

가장 특이한 고인돌은 용담동 제6호 고인돌이다. 용담동을 걸어 다니다 보면 마치 선사 시대 사람이 타임머신을 타고 와서 이웃에 살고 있기라도 하듯 주택들 사이에 태연하게 서 있는 고인돌이 있다. 그런 고인돌 중에서도 제6호 고인돌이 특별한 이유는 받침돌 때문이다. 11개의 넓적한 돌을 병풍처럼 둘렀기 때문에 제주도식 고인돌로 불린다. 이것이 고인돌 최후의 형태라고 한다. 고인돌 바로 앞에 대규모 제사 유적이 있고 탐라국성과 가까운 것으로 보아 이곳이 탐라국 초기 지배자들의 공동묘지였던 것만은 분명하다. 고인돌에 개성을 입혔다는 것은 부족장의 야망의 크기를 보여 주는 것이리라.

용담지석묘6호(용담동 제6호 고인돌).
바둑판식 고인돌이며 주위에 11개의 받침돌을 가진 게 특징이다(사진 ©문화재청).

10월	대학 보내 주는 귀한 나무, 감귤나무

문화

#제주의 여러 가지 귤 : 한라봉, 천혜향, 청견, 진지향, 금감, 레드향, 황금향, 남진해 등

제주를 대표하는 과일은 감귤이다. 겨울에 귤 까먹으면서 배 깔고 누워 만화책 보는 것이 최고의 힐링이라 말하는 사람이 있을 정도로 귤은 까먹으면서 뭐든지 할 수 있다. TV도 볼 수 있고 핸드폰 동영상을 볼 수도 있고 책을 읽을 수도 있고 수다를 떨 수도 있다. 굳이 "과일 먹자" 하고 말하지 않아도 되고 칼이나 접시가 필요하지도 않다. 그냥 바구니에서 척척 하나씩 꺼내 들고 까먹는 과일은 아마도 감귤이 유일할 것이다.

겨울 대표 과일이라지만 제주에서는 가을부터 온통 감귤이다. 까만 돌담 너머로 초록빛 잎과 주황색 열매가 강렬한 보색 대비를 이루고 있는 모습은 제주에서만 볼 수 있는 풍경이다. 이 풍경에 취한 풍류객이 귤이

익어 가는 제주성에 올라 주렁주렁 매달린 귤을 바라보며 감상하는 일을 '귤림추색'이라고 이름 지었다. 우리가 보통 '가을색' 하면 나뭇잎이 노랗거나 빨갛게 물든 모습을 떠올리지만, 제주의 가을색은 열매가 노랗고, 잎과 가지는 새파랗다.

귤림추색이란 말을 지은 사람은 조선 후기 제주의 문인인 이한우다. 그는 100리 넘는 산길을 걸어 유배객 김정희에게 가서 수학할 정도로 지식에 목마른 남자였다. 그가 〈영주십경〉이란 시를 지으면서 그중 하나로 꼽은 풍경이 귤림추색이다. 영주란 신선들이 사는 땅으로 제주를 뜻하는 말이다.

풍류객에겐 귤림추색이고, 관광객에겐 이국적 정취이지만 귤 익는 때가 되면 제주 사람들은 거리에서 사라진다. 모두 귤을 따러 가서다. 감귤밭이 집중된 서귀포에서는 병원에도 사람이 없고 약국도 개점 휴업이다.

감귤은 제주 경제의 상징이었다. 귤나무가 있으면 자식을 대학을 보낼 수 있었기 때문에 귤나무는 대학나무라고도 불렸다. 하지만 제주 사람들에게 감귤이 사랑받게 된 건 아주 최근의 일이다. 오랫동안 귤나무는 고통이 담긴 나무였다. 감귤은 그 역사가 아주 오래되었다.

"탐라에서 세공하는 귤자의 수량을 일백포로 개정 결정한다."

－《고려사 세가》 1052년(문종6) 3월

세공은 특별과세인 별공에 비하면 정기적인 세금이다. 즉 문헌에 따르

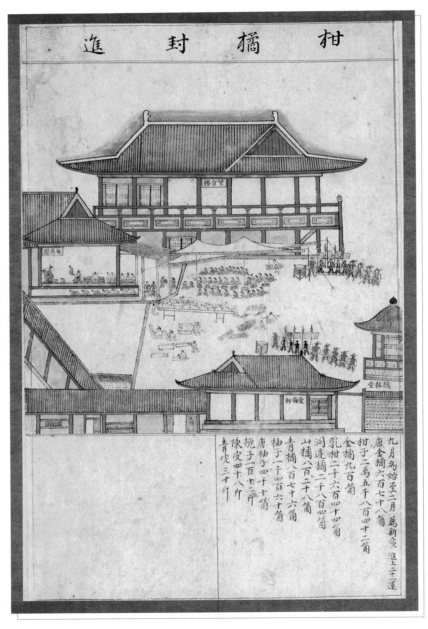

《탐라순력도》 4장 〈감귤봉진〉.
망경루 앞뜰에서 각 종류의 감귤과 한약재로 사용되는 귤껍질을 포장하는 그림. 제주특별자치도 소장.

면 제주 사람들은 천 년 전에 이미 정기적으로 귤을 정부에 보내고 있었다. 그 귤이 어떻게 제주도에서 나게 되었는지는 알려지지 않았다. 하지만 귤은 한반도에서는 구할 수 없는 신기한 과일인 데다 과일이 귀한 겨울에 먹을 수 있었기 때문에 별난 거 좋아하는 왕실의 진상품으로 일찍부터 사랑받아 왔다.

조선 시대에 이르러 중앙집권이 강화되면서 귤 진상도 꼼꼼하게 받아가기 시작한다. 제주목사로 온 이형상은 화공 김남길을 시켜 이 모습을 《탐라순력도》〈감귤봉진〉 편에서 상세한 기록화로 남겼다.

감귤은 익는 정도에 따라 9월에서 이듬해 2월까지 20회에 나누어 10일 간격으로 진상한다. 9월에 제일 먼저 유자가 봉진되고 10월에 감자와 동정귤을 시작으로 늦게는 산귤이 봉진되었다. 청귤은 2월이 되어야 맛이 좋아 2월에 진상하였다. 금귤과 동정귤이 최상품 귤이었다고 한다. 그 외에 귤껍질인 진피도 꾸준히 말려서 바쳤다. 진피는 감초 다음으로 많이 쓰이는 약재였다고 한다. 《동의보감》에 의하면 피로 회복, 위장 장애, 감기 천식에 효과가 있다고 한다.

제주에서 서울까지 가려면 빨라야 한 달이었으니 아무리 겨울이라 해도 가는 길에 상할 수밖에 없어서 귤 포장에 신경을 써야 했다. 대나무 잎으로 싸고 나무상자에 넣어 보냈지만 가다가 썩어 버리는 일이 생기지 않을 수가 없다. 그렇게 되면 귤 진상 책임자인 제주목사가 파면되었다. 진상품은 다른 세금과 달리 왕실에 직접 가는 것이기 때문에 책임자가 분명한 데다 큰 죄를 짓는 일이었으니 좋은 감귤을 걷어서 보내는 일에 더 안달할 수밖에 없었다. 나라의 공식 감귤농장인 과원의 관리자는 죽을 맛이었다.

국영농장이 모두 그렇듯 과원의 귤 품질은 점점 나빠지기 마련이다. 결국 귤을 심어서 바치면 다른 역을 줄여 주겠다는 말에 민가에도 귤나무를 심었다. 하지만 그것이 화근이었다. 봄에 꽃이 피면 일일이 숫자를 세어 가서 가을에 그만큼 바치라고 닦달하기 시작했다. 이를 견딜 수 없는 사람들이 밤에 몰래 뜨거운 물을 귤나무 뿌리에 뿌려서 마치 나무가 고사한 것처럼 보이게 했다. 말 그대로 불행의 화근을 없앤 것이다. 바치기 싫다고 함부로 나무를 베었다간 큰일이 날 것이지만 나무가 저절로 죽는 데야 뭐 어찌할 도리가 없으니까. 조선 후기가 되자 나무들이 하나둘 죽어서 거의 자취를 감추기 시작했다.

1801년 공노비의 해방으로 과원에서 일할 사람이 없게 되자 감귤 진상은 점점 축소되었다. 결국 최하품인 산귤만이 진상되었는데 맛이 쓰고 시어서 약재로나 썼고, 결국 맛있는 귤이란 의미의 감귤은 명맥이 끊긴다. 그러니까 지금 우리가 먹는 감귤은 제주도 재래종이 아니란 얘기다.

감귤이 다시 나타나게 된 것은 프랑스 출신의 타케 신부가 서귀포 서홍동 성당에 오면서부터였다. 제주 왕벚나무를 발견했을 만큼 식물 연구에 온 힘을 쏟았던 타케 신부는 1911년에 제주산 벚나무를 일본에 보내고 그 대가로 온주밀감 15주를 받아 와서 심었다. 이로써 지금 제주 감귤인 온주밀감이 재배되기 시작했다. 서홍리 사람 김진려도 온주밀감을 들여와 심었지만 대대적인 농장은 일본인 미네에 의해서 만들어졌다. 그 역시 서홍동에 감귤농장을 만들었으니 현재 제주 온주감귤의 발상지는 서홍동인 셈이다.

일제강점기에는 밭마다 감귤을 심는 일이 불가능했다. 우선 기술도 모자랐지만 보리나 고구마를 심어서 먹고살아야 했기 때문에 남는 밭도 없었다. 그러니까 남는 밭이 생겨야 감귤농장이 생긴다는 것인데, 그런 일이 가능해진 것은 1970년 새마을운동 때 초가집을 슬레이트집으로 만들기 시작하면서라고 한다. 초가지붕을 만들 띠를 재배하지 않아도 되어서 감귤농사를 지을 땅이 생겼고, 급속도로 감귤밭이 만들어지기 시작했다. 1964년에 413헥타르에 불과했던 감귤 재배 면적이 10년 후인 1974년에는 11,200헥타르에 달하게 되어 27배가 되었으니 이 정도면 상전벽해급이다.

제주도는 표고 해발 200미터 이하는 어지간하면 감귤 재배가 가능하다. 해수 피해가 극심한 해안선을 제외하고는 귤밭이 제주 전역에 있을 정도로 확장되었다. 고소득 작물이었기 때문에 급속도로 퍼진 것이다. 1973년에 감귤 재배 농가가 제주도 전체 농가의 91퍼센트에 달했다고 하니 그야말로 집집마다 귤밭이 없는 집이 없었다는 얘기다.

그렇게 잘나가던 감귤이 시련을 맞은 것은 한미 FTA 조약으로 인해 값싼 오렌지가 대량으로 들어오면서부터였다. 그러나 제주 사람들은 한라봉, 레드향, 천혜향 등 품종 개량으로 위기에 맞섰다. 또 하우스 재배를 통해 1년 내내 맛있는 감귤을 재배하고 있다.

제주 감귤에 대한 모든 것°°

고려 시대 최고의 문제 인물인 이규보는 자신이 아끼는 사람인 최자가 제주의 태수로 가서 귤을 보내오자 너무 기쁜 나머지 시까지 지어서 보내 주었다.

> "아득한 바다 건너기 어렵다 말씀 마오. 귀한 몸이 도달하는데 또 무엇이 어려우리."

말인즉 승진했으니 이제 제주에서 나오란 말이다. 최자는 이규보 덕에 출세할 수 있었으니 귤이 문제겠는가. 귤은 진상품만이 아니라 최상류층 선물용으로 쓰이기도 했다. 얼마나 귀한 과일인지 조선 시대에는 귤이 서울에 도착하면 임금이 신하에게 나누어 주기에 앞서 황감제라는 특별 과거시험을 치르게 했다. 귤을 나눠 주기 위해 특별한 시험을 치르게 하다니! 이런 귤이 이제는 1년 내내 누구나 먹을 수 있는 가장 보편적인 과일이 되었다.

우리가 먹는 감귤은 모양도 맛도 다른데 무엇 무엇이 있는지 알고 먹는 것도 재있을 듯하다. 감귤은 온주밀감과 만감류로 나뉘고 재배 장소에 따라 노지 감귤, 타이벡 감귤, 하우스 감귤, 비가림 감귤 등으로 나누기도 한다.

우리가 먹는 대부분의 감귤은 온주밀감으로 껍질을 벗기기가 쉽고 씨가 없다. 온주밀감도 노지에서 재배한 감귤은 수확 시기에 따라 극조생 감귤, 조생 감귤, 중만생 감귤로 나뉜다.

타이벡 감귤은 토양 피복 자재인 타이벡을 과수원 토양에 덮어 재배한 감귤로 잡초와 해충을 차단하여 농약 사용량을 최소화한다. 또 햇빛을 90퍼센트 이상 반사하여 감귤이 잘 익게 하기 때문에 당도가 일반 감귤보다 높아 맛이 좋다.

하우스 감귤은 비닐하우스에서 난방으로 온도를 조절하며 재배한 감귤로 노지 감귤보다 당도가 높고 산도가 낮은 감귤로 4월에서 10월까지 출하한다. 속껍질과 과육이 부드럽고 과즙이 많으며 산이 낮아 식미감이 좋다.

비가림 감귤은 비닐하우스에서 재배하나 난방은 하지 않는 감귤을 뜻한다. 보통 1월 말에서 2월까지 출하한다.

만감류는 나무에서 완전히 익도록 오래 두었다가 따는 감귤이란 뜻으로 노지 감귤을 제외한 나머지 감귤을 만감 혹은 잡감이라 부른다. 한라봉, 천혜향(세토까), 청견, 진지향, 금감(금귤), 레드향(감평), 황금향, 남진해(카라향) 등이 있다. 한라봉은 청견과 폰칸을 교배해서 육성한 품종으로 생김새가 한라산 정상 모양을 닮아 한라봉으로 이름 지어졌다. 천혜양은 천 리 밖에서도 향이 난다고 하여 천혜향, 백록향, 한라향 등의 이름으로 불리다가 천혜향이라는 공동 상표로 지정되었다. 청견은 궁천조생에 트로비타 오렌지를 교배해서 만든 품종이다. 진지향은 강한 오렌지향과 고운 외관으로 인기가 높은 감귤로 껍질이 얇고 매끈하여 청견보다 껍질을 벗기기 쉽다. 금감은 흔히 낑깡이라 불리며 감귤류 중 가장 작은 종류로 껍질에 단맛이 있고 향기가 풍부해 껍질과 과육을 동시에 먹을 수 있다. 레드향은 한라봉과 서지향을 교배하여 만든 품종이다. 황금향은 유명 여배우의 입술처럼 붉고 탐스럽다 하여 명명된 품종으로 한라봉과 천혜향의 장점만 살린 과일이다. 남진해는 일본에서 카라만다린과 길포 폰깡을 교배해서 육성한 품종이며 카라향, 귤로향이라는 상표로 알려져 있다.

서귀포층과 용천수 탐방

서귀포층은 신생대 말엽의 패류화석을 많이 포함한 지역으로 1928년 일본인 지질학자에 의해 서귀포시 천지연폭포 서쪽 새섬 앞 해안가에서 발견되었다. 약 1킬로미터에 걸쳐 지상에 노출되어 있다. 시간이 지나 1970년대에 제주도 여러 곳에서 지하수 개발 시추가 이루어지면서 지하에도 서귀포층이 분포하고 있음이 알려졌다.

제주에 내린 비는 서귀포층을 만나 더 이상 아래로 흐르지 않고 고인다. 화산 암반층이 천연 정수기 역할을 해 준 덕분에 이곳의 물은 아주 깨끗하고 맑다. 암반 사이에 균열이 있을 때 물은 압력차에 의해 솟구치는데 이것이 용천수다.

조천 용천수 탐방길

어승생저수지

와이(Y)계곡

교래 삼다수마을

서귀포 칠십리공원

천지연폭포 옆

옹기 체험 ☑

제주옹기박물관

구억리 옹기체험관

제주민속촌

제주민속자연사박물관

외도 광령

고산리 선사유적지

제주옹기박물관

구억리 옹기체험관

가파도 고인돌 군락지

선사유적지 여행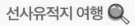

11월

색다른 제주의 가로수 풍경

의외로 제주에서는 가을에 단풍을 보기 힘들다. 이유는 간단하다. 단풍이 고운 낙엽수를 사람들이 사는 곳에 심지 않기 때문이다. 낙엽수들은 부러지기 쉬워서 태풍이나 강풍이 불면 그대로 시속 125킬로미터로 날아가 꽂힌다. 제주에서 가로수가 될 수 있는 나무는 유연성이 좋아서 휘어질지언정 부러지지 않는 나무라야 하는데 예전에는 종려나무가 대표 가로수였다. 지금은 바람이 강한 곳에는 아예 가로수를 두지 않거나 수국을 가로수 대신 심어 놓기도 한다. 가로수는 단순히 거리에 심어져 있는 나무가 아니라 그 지역의 인상이기도 하다. 어떤 곳을 여행하고 나면 때론 그 거리의 인상이 기억에 오래 남듯 말이다. 제주는 특히나 자신만의 독특한 가로수 문화가 있는 곳이다.

　제주에 들어오는 입구인 제주 국제공항 앞 도로에는 후박나무가 즐비하다. 후박나무는 특유의 향 때문에 벌레들이 잘 접근하지 못한다. 제주는 벌레 천국인 데다 바람이 많이 부니 가로수의 나뭇잎이 온전하려면 이런 나무들이어야 한다. 후박나무는 이름부터가 잎이 두껍다는 뜻이다. 다른 곳은 겨울이 되면 잎을 다 떨군 가지만 앙상한 가로수길이지만 제주는 오히려 겨울이 되면 가로수들이 더 찬란해서 이국적이란 말이 저절로 나온다. 상록수이기 때문에 가능한 일이다. 후박나무는 고온다습한 제주에서나 가로수로 쓸 수 있기 때문에 제주 가로수의 상징과도 같다.

　제주의 가로수는 늦가을부터 비로소 눈부시다. 겨울이 되어서야 소나무가 푸르른 줄 알게 된다는 〈세한도〉의 탄생지답게 전국의 가로수들이 잎을 떨구고 앙상한 가지만 남을 때 제주의 가로수들은 한껏 멋을 낸다. 서

잎이 두꺼운 후박나무.

귀포에서 늦가을 눈부시게 파란 하늘과 초록 잎 그리고 빨간 열매가 어우러진 멋진 가로수를 만날 수 있는 것도 이때부터이다. 누군가가 인상적인 그 가로수를 보고 묻는다. "저게 먼(뭔) 나무야?" 이렇게 시작된 언어유희는 "응, 그거 먼나무." "그러니까 먼나무냐고?" "그러니까 먼나무!"로 이어진다. 그 주인공인 먼나무는 눈 덮인 겨울에 빨간 열매가 더욱 도드라져서 탄성이 절로 나오게 하는 멋진 나무로 제주의 겨울 거리를 빛낸다.

먼나무는 제주 사람도 관광객도 모두가 좋아하는 나무라서 제주의 도로에는 먼나무가 빠르게 자리 잡았다. 서귀포 지역에서만 볼 수 있던 먼나무는 이제 곳곳에서 볼 수 있게 되었다. 조만간 후박나무를 따라잡을 것이라고 한다. 먼나무라는 이름이 붙은 이유는 여러 가지가 있다. 멀리서 볼 때 아름다워서 먼나무라는 설, 멋진 나무라서 먼나무라는 설도 있지만 제주 고유의 자생종이기 때문에 제주어에서 유래했을 것이란 추측도 있다. 그 설에 따르면 나무줄기가 검어서 '먹낭'으로 불렸고 이후 먼나무가 되었다고 한다('낭'은 나무를 뜻하는 제주어다). 먼나무는 추위엔 약하지만 해풍엔 잘 견디는 상록수다. 심지어 매력적인 빨간 열매를 모든 게 사위어가는 늦가을부터 볼 수 있다. 그러니 이름의 유래야 '먼'들 어떠랴.

봄에 밤꽃이 잔뜩 피어 있는 것처럼 보이는 가로수를 만난다면 그것은 구실잣밤나무이다. 흉년에 제주 사람들을 살렸다는 구실잣밤나무의 열매는 도토리같이 생겼다. 이름 그대로 구슬 같기도 하고 잣 같기도 한 밤 모양의 도토리이다. 제주에서 자라는 참나무과 나무들이 그렇듯이 이

빨간 열매가 인상적인 먼나무.
(사진 ©부경혜)

나무도 상록수이다. 겨울에 한반도의 산을 보면 참나무과 나무들이 전부 낙엽을 떨구고 헐벗은 모습을 확인할 수 있다. 비교해서 생각해 보면 제주의 참나무과 나무들은 확실히 제주스럽다. 고온다습한 제주에선 열효율과 보습에서 문제가 없으니 굳이 낙엽을 떨구지 않아도 된다는 걸 깨닫고 상록수로 살아가기로 한 것이다. 구실잣밤나무의 자생지로 유명한 곳인 효돈천에 가면 구실잣밤나무 뿌리가 벼랑 끝을 휘감고 있는 모습을 볼 수 있다. 계곡과 어우러진 웅장한 구실잣밤나무의 모습은 신성함마저 느껴지게 한다.

제주 가로수들 중에서 오직 제주에서만 볼 수 있는 귀한 나무가 있다. 바로 제주가 북방한계선인 담팔수다. 여덟 개의 잎 중 적어도 하나 정도는 붉은 게 이 나무의 시그니처로 그래서 이름이 담팔수라고 한다. 이 매력적

천지연 담팔수 자생지의 담팔수 잎 모습.
(사진 ⓒ문화재청)

인 가로수를 가장 많이 볼 수 있는 곳은 제주 시내 거리다. 제주시청 앞을 가로지르는 동광로길을 따라 담팔수가 심어져 있다.

　　많지는 않지만 거리에서 녹나무를 만날 수도 있다. 향이 나서 향장목이라고도 불리는 녹나무는 가장 유용한 나무이기도 하다. 나무가 튼튼해서 이순신장군이 거북선을 만들 때 제주의 녹나무로 만들었을 거라는 추측도 있다. 껍질이나 잔가지는 살짝 계피 맛이 나는데 항암 효과가 있어 우려먹고, 잎은 연한 월계수 향이 나서 녹차처럼 덖어서 차를 만들기도 한다. 가지, 잎, 뿌리를 수증기로 증류하면 장뇌라는 기름을 얻는데 향료, 방충제, 강심제를 만들기 때문에 이 나무를 장뇌목이라고도 한다. 나무의 결이 고와서 다양한 공예품을 만들고 겉면에 기름이 돌기 때문에 항균 효과가 있어서 도마나 수저로도 만들어 썼다. 정말 아낌없이 주는 나무이다. 그러나 그 때문에 이제 점점 사라져 가고 있다. 한때 주인이었지만 점점 뒷전으로 밀리는 인디언 부족처럼 녹나무도 보호수가 되고, 멸종위기식물이 될지도 모른다. 사랑할 시간이 많이 남지 않은 것이다.

어릴 적 가로수였던 종려나무가 사라진 후 비슷한 나무가 심어지기 시작했는데 그것이 워싱턴야자수였다. 제주의 가로수들은 나름대로 일관성이 있다. 최소한 제주가 자생지거나 제주스럽다. 그런데 워싱턴야자수라니! 제주다움에 대한 생각이 없는 행정가가 제주도를 세계 유일의 제주도가 아니라 제2의 하와이로 만들어서 이국적 풍경을 관광객에게 선사하겠다는 생각으로 심은 것이었다. 어떻게 워싱턴야자수가 제주의 가로수가 될 자격이 있단 말인가. 이렇게 생각한 것이 제주 사람만은 아닌 듯하다. 바람신이 어느 날 워싱턴야자수를 무너뜨렸고, 태풍에 속수무책으로 부러지고 뽑혀 나가면서 워싱턴야자수는 가로수로서 부적격 판정이 나기 시작했다. 앞으로 제주의 길에서 워싱턴야자수를 볼 일은 점점 없어질 것이다. 비슷한 종려나무나 최근 인기 급상승 중인 먼나무로 곧 대체될 것이라고 하니 말이다.

제주의 가로수 순위는 대략 이렇다. 2위 후박나무(14.0%), 3위는 먼나무(10.8%), 4위는 배롱나무(8.0%), 5위는 해송(곰솔 6.2%), 6위는 구실잣밤나무(5.4%), 7위는 느티나무(5.0%), 8위는 담팔수(4.7%), 9위는 녹나무(4.0%), 10위는 워싱턴야자수(2.8%) 순이다. 그렇다면 영광의 1위는 무엇일까?

제주 가로수 가운데 가장 많이 심어져 있는 나무는 벚나무로 무려

28.6퍼센트나 된다. 벚꽃길이야 봄이 되면 상춘객들을 설레게 하며 전국 어디에나 있으니 제주라고 왜 특별할까 싶을 것이다. 맞는 말이다. 서울만 가로수 순위 1위가 은행나무였고 나머지 모든 지역에서 가로수 1위는 벚나무가 휩쓸었다. 전국에 무려 150만 그루 이상 심어져 있다고 한다. 그런데 벚꽃 하면 벚꽃의 일본말인 '사쿠라'가 떠오르며 왜색 느낌이 나기도 한다. 실제로 우리나라 가로수들은 일본이 고향인 벚나무들이 대다수이다. 일설에 의하면 일제강점기에 일본인들이 자기들 문화인 봄 벚꽃놀이를 즐기기 위해 대량으로 심었다고도 하니, 따지고 보면 왜색 맞다.

하지만 그거 아는가? 제주엔 제주 왕벚나무라는 고유의 벚나무가 있다. 그렇다. 일본은 한국의 벚나무가 일본산이라고 우기며 우리들의 마음에 스크래치를 냈지만 당당하게 우리 벚나무 고유종이 있다고 말할 수 있는 건 바로 제주 왕벚나무 덕분이다.

제주에 자생하는 왕벚나무가 있다는 것을 찾아낸 이는 (10월 감귤나무 편에서도 이야기했던) 프랑스인 신부 타케였다. 그는 1908년에 관음사 뒷산 해발 600미터 지점에서 왕벚나무를 채집한 후 독일 베를린대학을 통해 제주도가 왕벚꽃의 자생지임을 최초로 알렸다. 1962년에 식물학자 박민규 국립과학관장은 이를 토대로 '벚꽃은 우리 꽃이며 한라산이 원산지'란 주장을 펼쳤다. 일본이 발끈한 것은 말할 것도 없다. 하지만 일본의 식물학자들도 일본이 원조라 할 근거를 찾지 못했다.

유전자 분석 기술이 눈부시게 발전하면서 원조 논쟁은 새로운 국면을

신례리 왕벚나무 자생지에 핀
제주 왕벚나무 모습(사진 ⓒ문화재청).

맞게 되었다. 2018년 국립수목원의 주도 아래 유전자 분석을 한 결과, 일본 벚나무는 일본이 원조인 소메이요시노벚나무이고 제주 왕벚나무는 제주가 원조로 각각 다른 곳에서 독립적으로 탄생했다는 것이 밝혀졌다.

가로수 담당 공무원들은 살짝 골치가 아파졌다. 전국에 심어진 150만여 그루의 벚나무가 일본산 즉 소메이요시노벚나무니까 말이다. 왜색이라면 질색하는 한국인들에겐 민감한 문제였다. 하지만 식물학자들에게 나무는 나무일 뿐, 대수롭지 않은 문제였다. 게다가 150만 그루를 어떻게 제주 왕벚나무로 바꾸겠냐는 현실적인 문제까지 대두되었다. 그래서 (아마도) 벚꽃을 가로수를 바꾸자는 주장은 나오지 않을 것으로 보인다. 이미 한국 사람들은 벚꽃의 원산지 따윈 관심 없다. 식물에 국경이 어디 있단 말인가.

아무리 그래도 제주는 왕벚나무의 원산지다. 왕벚나무의 자생지는 전 세계에 한라산이 유일하다. 일본의 벚나무는 자생한 것이 아니라 1700년 대 도쿄 근처에서 자생종인 올벚나무와 오오시마벚나무를 인위적으로 교배해 만든 품종이기 때문이다. 한국의 식물학자들이 식물 고유종으로서 제주 왕벚나무에 대해 자부심 넘치는 것은 이 때문이다. 왕벚나무는 해발 450~900미터 사이 비교적 고도가 높은 산간 지대인 한라산에 자생한다.

제주에서도 길에서 보이는 벚나무는 일본에서 온 소메이요시노벚나무이고 제주 왕벚나무를 보려면 한라산으로 가야 한다. 한라산에는 어린 나무에서 200년 이상 된 거목과 특산 벚나무 3종에 이르기까지 60여 그루 이상의 벚나무가 자생한다. 그중 가장 유명한 자생지는 관음사 왕벚나무 자생지, 제주시에서 서귀포시로 가는 길목 산자락에 위치한 신례리 왕벚나무 자생지, 제주시 봉개동 왕벚나무 자생지가 있다.

제주도는 앞으로 점차 제주 가로수를 일본산에서 제주 왕벚나무로 바꿔 갈 것이라고 한다. 어쩌면 다른 지역도 바꿔 갈 생각일지도 모른다. 언젠가 사람들은 벚꽃놀이를 하면서 그 나무가 제주 왕벚나무라는 당당한 이름을 가진 한국산이란 것에 자부심을 가질지도 모르겠다.

제주가 단풍이 고운 낙엽수를 가로수로 별로 심지 않는다고 해서 아름다운 단풍길이 없는 것은 아니다. 어리목에서 영실로 이어진 1139번 지방도로와 일명 5.16도로라고 알려진 1131번 지방도로는 나무 터널이 환상 그 자체인 데다 늦가을 단풍 또한 말로 표현할 수 없이 아름다운 곳이다.

사오기나무 °°

왕벚나무는 제주 사람들과 오랜 시간 함께해 온 나무로, 제주 고유어로 사오기 낭 또는 사오기나무라고 한다. 결이 단단하고 색이 아름다워 굴무기나무라고 불리는 느티나무와 함께 집을 짓거나 가구를 만드는 데 쓰였다. 습하고 바람 많은 제주에서는 가구를 만들거나 집을 지을 때 사오기나무를 써야만 썩지도 않고 오래갔다. 초가집의 마루나 문, 귀틀은 물론 곡식을 저장하는 궤, 제주식 찬장인 살레도 사오기나무로 만들었다. 사오기나무는 붉은색이 도는 색감이 훌륭하고 나이테의 간격이 좁아서 그 자체로 뛰어난 미감을 갖고 있다. 그래서 손때가 묻을수록 더 아름답다. 반닫이 같은 제주 목가구들은 못을 사용하지 않고 나무끼리 짜 맞추기 때문에 잘 썩지 않고 웬만해서는 틀어지지도 않는 사오기나무가 가장 알맞았다. 현대 목가구 장인들도 나무의 질감이 탁월한 사오기나무를 선호한다. 하지만 가구를 만들 만큼 자란 나무를 구하기도 어렵고, 함부로 벨 수도 없어서 제주의 옛 가옥을 개량하며 뜯어낸 나무들을 재활용한다. 사오기나무는 오래된 나무일수록 더 품격이 높고 진가가 발휘된다고 하니 어릴 적 마을을 돌아다니던 골동품 상인들이 왜 집 문짝을 뜯어 갔는지 이해가 된다.

물론 제주에서도 최고의 가구재나 목재는 느티나무인 굴무기나무이다. 바람에 시달리다 보니 성장이 늦어서 다른 곳보다 나이테가 촘촘하다고 한다. 굴무기나무는 '살아 천년 죽어 천년'이란 별명이 있다. 수령이 오래돼도 잘 죽지 않으니 가구를 만들 나무를 얻기 쉬웠다. 도자기를 만들 수 없었던 제주도 사람들은 굴무기나무를 이용해서 가구도 만들고 식기도 만들고 바가지도 만들고 방아도 만들고 도고리라고 하는 다양한 용도의 함지박도 만들었다. 죽어 천년이니 이 그릇들은 도자기처럼 깨지지도 않으면서 도자기만큼 수명이 길었다.

낭푼밥상을 구성하는 밥그릇인 낭도고리는 사오기나무나 굴무기나무, 팽나무, 가시나무로 만들었는데 바짝 말린 다음 나무 밑동을 옆으로 켜고 크기와 용도에 맞게 나무를 파내 만들었다고 한다. 그 투박함과 손때가 묻은 색감이 탁월하다. 여기에 밥을 퍼서 먹다가 손님이 와도 따로 밥상을 차릴 필요가 없다. 국만 한 그릇 떠 오면 되니까 말이다. 낭도고리만 있으면 '숟가락만 얹어서' 밥을 나눠 먹을 수 있는 제주 특유의 낭푼밥상이 만들어진다.

뭐여, 국에 갈치를 넣는다고?

#제주의 가을 음식 : 갈칫국, 고등어죽, 날콩가루로 만든 콩국,
둠비, 호박잎국

제주에는 신혼여행객이나 오던 시절, 육지 태생인 선배는 갈칫국 얘기를 듣고 이렇게 말했다.

"뭐시여? 국에 갈치를 넣는다고? 거기에다 늙은 호박도 넣는다고? 그냥 제주 사람들 독립해 부러. 딴 나라여, 딴 나라."

온갖 것들을 다 먹어 봤다고 하는 자칭 전라도 미식가인 그 선배에게도 갈칫국이란 말은 도저히 상상이 안 되는 듯했다. 그 비린 걸 어떻게 먹냐는 반응이었다. 중국의 취두부나 스웨덴의 수르스트뢰밍처럼 느껴졌나 보다. 물론 지금은 제주를 찾는 관광객들도 그 선배도 맛있게 즐기는 대표적인 로컬 푸드다.

갈칫국은 가을에 갈치와 늙은 호박을 넣어 만드는 국이다. 둘 다 가을이 제철이기 때문에 갈치처럼 비린 생선으로도 감칠맛 나고 시원한 국을 만들 수 있다.

갈칫국.

이런 식으로 도저히 이해할 수 없는 조합의 음식은 또 있다. 생선죽이다. 생선죽이야 어디든 있는데 그게 뭐 특별하다고? 하는 사람도 고등어죽이란 말에는 고개를 갸웃할 것이다. 보통 생선죽은 흰살생선으로 만드는 것이 한국의 문화이니까 말이다. 고등어는 가을부터 기름이 많아져 맛있기 때문에 고등어죽은 가을부터 겨울까지 먹는 음식이다.

고등어죽까지 받아들일 수 있다고 해도 콩국 앞에선 멈칫할 것이다. 에이 콩국은 알지, 할지도 모르겠다. 대부분의 지역에서 콩국이란 콩국물을 이용한 것이다. 콩국물에 우뭇가사리를 넣은 냉콩국, 찹쌀도넛을 넣어 말아 먹는 대구 콩국처럼 말이다. 그런데 제주식 콩국은 전혀 다르다. 콩국물이 아니라 날콩가루를 이용해서 굵은소금으로 간을 해 마치 순두부처럼 몽글몽글하게 만들어 먹는다. 여기에 무를 채 썰어 넣거나 배추를 잘라 넣을 뿐 그 어떤 복잡한 과정도 없지만 고소한 콩 맛을 느낄 수 있다. 추운 날 뜨뜻한 콩국 한 그릇은 제주 사람들에겐 속도 풀어 주고 마음도 풀어 주는 힐링 푸드이다.

콩가루를 이용한 음식으로는 두부도 있다. 아니, 날콩을 갈아서 만드는 게 아니라 콩가루로 두부를 만든다고? 믿기지 않겠지만 그렇다. 이걸 제주에선 '둠비'라고 한다. 우선 날콩가루에 물을 넣어서 콩국을 끓이듯 끓인 다음 여기다가 바닷물을 붓는다. 우리가 흔히 아는 두부를 만들 때는 날콩을 갈아서 끓인 후 간수를 넣지만, 제주엔 간수를 만들 소금이 극히 귀하고 어차피 간수도 바닷물에서 뽑은 것이니 바닷물을 응고제로 쓴다. 소금을 넣은 콩국처럼 바닷물을 넣은 콩물이 몽글몽글 뭉쳤을 때 이걸 틀에 넣어 물을 짜면 둠비가 된다. 둠비는 제주 제사상이나 잔치의 필수 음식이다.

여기까진 양보한다고 해도 호박잎국 앞에서 다시 혼란스러워질지도 모르겠다. 물론 호박잎국이 다른 지역에 없는 것은 아니다. 가을로 접어들 무렵 야들야들한 호박잎과 된장을 풀어 넣거나 고추장을 풀어 넣고 갖은 양념에다 들깻가루를 넣은 호박잎국은 전라도와 경상도에서 즐기는 향토 음식이다. 심지어 날콩가루를 넣어서 콩국과 호박잎의 맛을 동시에 내는

제주의 호박. 호박잎도 식재료로 다채롭게 사용된다.

지역도 있다. 그런데 제주의 호박잎국은 호박잎을 밀가루에 묻혀서 끓는
물에 넣어 별다른 양념도 없이 끓이면 끝이다. 무슨 맛으로 먹나 싶겠지만
제주 사람들에겐 별미 중의 별미다. 특히 한여름 호박잎국은 식혀서 먹으
면 더 맛있다. 혹시 전날 과음을 했다면 여름 해장국으로서 차가운 호박
잎국이 최고라고 감히 말할 수 있다. 그 효과를 경험해 봤으니 말이다! 밀
가루가 익으며 약간 수제비 느낌이 나는 탓에 요즘 제주 아이들은 호박잎
국을 호박잎 수제비라고 부르기도 한다.

호박잎은 여름 식재료이지만 늦가을 호박잎국은 또 다른 별미다. 이때의 호박잎국은 노루고기랑도 바꾸지 않는다는 말이 있을 정도다. 노루고기가 가장 맛있는 계절이 늦가을인데 이것과도 안 바꾼다니! 고작 호박잎과 밀가루뿐인데 말이다. 제주를 떠난 사람들에게 가장 먹고 싶은 음식을 꼽으라면 꽤 많은 사람이 호박잎국을 꼽을 정도다. 호박잎국은 제주 사람의 소울 푸드라 할 수 있다.

제주에만 있는 음식 중 가장 고개를 갸우뚱할 음식은 고도리젓일 것이다. '고도리? 무슨 화투 이름인가? 젓갈류라고 했으니 생선 이름일 듯도 한데…' 그렇다. 고도리는 생선 이름이다. 고어인데 어쩌다 보니 제주에만 남아서 마치 제주어처럼 보이지만 사실 당당하게 표준어대사전에 올라 있는 순우리말이다. 고도리는 고등어의 새끼를 말한다. 그러니까 고도리젓이란 고등어의 새끼로 만든 젓갈이다. 늦가을부터 지천으로 잡히는 고도리는 아직 어리다 보니 기름기가 적어서 맛이 없다. 이것을 젓갈로 담가 두었다가 추운 겨울날 뜨뜻한 보리밥에 고도리 살을 찢어서 올려 먹으면 밥도둑이 따로 없다. 등 푸른 생선을 삭혀 먹다니(수르스트뢰밍도 청어를 삭힌 것이고 따지고 보면 밴댕이나 멸치도 흰살생선은 아니지만). 이쯤 되면 갈칫국을 먹는다고 탐라국으로 독립하라던 선배의 말처럼 같은 한국인이 맞는가 싶을 것이다. 음식 문화란 일정한 집단이 공유하는 식품을 이용하는 방식이라고 했다. 제주가 독립적인 문화를 갖고 있었다는 것을 제주의 음식 문화가 잘 보여 준다.

제주 제사상 차림 °°

조선 시대 제주에 온 목사는 한결같은 신념을 가진 유교 근본주의자인 경우가 많았다. 그래서 미개한 제주 사람을 교화하는 것을 사명으로 삼았다. 제주에는 유교 사상에 맞지 않게 신들이 많고 그들을 모시는 신당이 마을마다 몇 개씩 있었다. 탐라국 자체가 신화에 의해 유지되는 나라였다.

제주목사들이 강력한 유교 문화의 세례를 퍼부은 결과 그나마 가장 성공한 것은 제사 의례로, 가문 중심의 조상신 숭배 문화를 정착시키고 남성 중심의 가부장제 질서를 만들 수 있었다. 제사에 여자는 참석할 수 없었다. 집안에서는 대를 잇는 일이 가장 중요한 문제가 되었다. 양자 문화, 축첩 문화가 제주에서는 아주 최근까지도 존재했고 아직도 벌초 문화가 존재한다. 제사엔 못 가도 벌초에는 가문의 남자들이라면 반드시 참여해야 한다.

당쟁이 격화되는 조선 후기에 서로 경쟁하듯 상차림 문화를 만들었지만 가문에 따라 다르고, 지역에 따른 것이 제사 상차림법이다. 그 때문에 제주목사들은 제주에 유교식 제사법을 정착시키는 데 혼란을 겪었다. 유교 경전에도 상차림 규칙은 나와 있지 않았다.

이런 딜레마로부터 벗어나는 데 도움을 준 격식이 왕실 제사법이고 그중에서도 떡차림이었다. 제주의 여염집에서 구할 수 없는 음식들은 어쩔 수 없지만 떡은 만들 수 있을 테니까 말이다. 이것이 유교식이란 보증은 사실 없지만 그래도 증명 가능한 유일한 규범이었다. 물론 육지의 양반들은 감히 상상도 할 수 없는 일이었다. 어찌 감히 왕실의 예법을!

이토록 유교 문화 정착에 공을 들였지만 제주에서 제사상은 늘 두 개가 차려졌다. 하나는 조상을 위한 것이고, 다른 하나는 문전상이라고 해서 대문을 지키는 문신(門神)을 위한 상이다. 제주는 1만 8천 신들의 땅이고, 그것은 제주 사람들이 자연을 경외하고 더불어 살아가는 방식이었다. 형식을 바꿀 수 있지만 정신을 바꾸기란 이토록 어려운 일이다.

문화인류학자 레비스트로스는 "한 사회의 요리는 그 사회의 구조를 나타내는 말"이라고 했다. 제주의 음식 또한 기록되지 않은 탐라사이자 제주 향토사인 셈이다.

유교 문화가 제주 사회에 남긴 가장 강력한 흔적은 제사상 위의 떡차림이다. 무속 의례에서 쓰이는 돌래떡이 퇴출되었고, 다양한 모양의 떡이 규칙에 따라 차려졌다. 떡 돔베라고 하는 접시 위에 땅-구름-달-해-별을 상징하는 제편-은

제주 제사상(장소 : 제주민속자연사박물관).

절미–솔변–절변–우찍을 차례대로 올려놓는 것이 기본이다. 이런 떡차림은 제주만이 유일하다.

맨 밑에 깔리는 떡은 땅을 상징하는 제편으로, 육지에서는 백병 혹은 백편이라고 부르는 일종의 멥쌀 시루떡이다. 구름을 상징하는 은절미는 일종의 인절미처럼 찹쌀가루로 만들지만 육지처럼 떡메로 치지 않고, 익반죽(곡물의 가루를 뜨거운 물로 반죽하는 것)해서 정사각형으로 잘라 찐 떡이다. 소나무가지에 걸린 반달에서 영감을 얻어 반달 모양으로 만든 솔변은 육지에는 없는 떡으로 제주만이 유일하게 유교식 제례 규칙을 철저히 지켰다는 증거이기도 하다. 부잣집에서는

제주 제사상에서 떡차림
(장소 : 제주민속촌).

솔변을 두껍게 만들어서 부를 과시했고 설날에는 떡국떡으로 쓰기도 했다. 우찍은 별을 상징하는 것으로 별 모양의 틀로 찍어서 만든 뒤 기름에 튀기는 기름떡이다. 제주 사람들이 가장 좋아하는 제사떡이다.

해를 상징하는 둥그런 모양의 절변은 쌀로 만든 떡인데, 두 개가 한 쌍으로 되어 있다. 이 떡이 잘못해서 둘로 나눠지면 부모가 갈라선다고 해서 아이들이 매우 조심했다고 한다. 쌀이 귀한 동쪽 지역에선 하나로 된 절변을 올렸다.

떡을 제외하고는 지역이나 집안, 시대마다 상차림이 조금씩 다르다. 제주 외의 지역과 가장 큰 차이점을 들자면, 밤과 대추가 올라가지 않는다는 점과 배를 갈라 말린 생선을 쓴다는 것이다. 그리고 고기를 균등하게 직사각형으로 잘라서 꼬치에 꿰고 구운 고기적도 다른 지역과 다르다. 이렇게 고기를 균등하게 잘라서 꼬치에 꿴 이유는 제사가 끝난 후 나눠 주는 '반' 때문으로 보인다. 고기, 생선, 과일, 떡을 균등하게 넣은 접시를 반이라고 하는데 제사 음식을 모두에게 골고루 나눠 주기 위한 제주만의 풍습이다. 제주의 고기적은 꼬치에서 빼서 접시에 올리기만 하면 되므로 빠른 시간에 균등하게 배분할 수 있다. 다른 건 몰라도 고기만은 균등해야 하는 것이다.

제주 제사상은 원래는 단출했지만 지금은 다른 지역과 경계가 거의 없다. 그래도 많은 사람이 놀라는 것이 있으니 바로 제사상에 빵이 올리는 것이다. 제물빵이라고 하는 이 빵은 보통 하얀 찐빵을 사용하지만 카스테라나 심지어 단팥빵을 올려도 상관없다. 어릴 적 우리 집 제삿날 찾아오는 친척의 차롱 속에 제물빵이 있으면 그렇게 좋을 수가 없었다. 지금도 제주의 빵집 메뉴엔 제물빵이 있고, 보리빵이나 찐빵, 카스테라가 제물빵으로 쓰인다. 다른 지역에서 제사란 '지내거나 치르거나 드리는' 것이지만 제주에선 '먹으러 간다'고 한다.

"어디 감수꽈?"

"식게(제사) 먹으러 감쪄."

제주 사람에게 제사는 잔치 먹으러 가는 일이다. 얼마나 솔직한가. 1만 8천 신들의 땅에 살면서도 당당하게 신이 아니라 자신이 먹는 일이라고 말하는 게 제사가 아닌가.

뺏고 빼앗기는 제주 왕자의 자리

#왕자 자리가 바뀌는 이야기를 담은 본풀이 :
양이 목사 본풀이, 세경 본풀이

아직 한반도에 반란의 기운이 일어나기도 전인 1168년 11월, 탐라에서 반란이 일어났다. 양수의 난이다. 이것이 기록된 민중 반란으로는 고려 최초이자 제주사 최초의 반란이다. 양수의 난이 벌어진 때는 제주가 탐라군으로 편입되어 고려의 직접 지배를 받기 시작한 지 50년이 지나서다. 그동안 파견 왔던 지방관들은 합리적으로 세금을 거둬 간 경우도 있지만 대체로 탐라국을 마치 정복지 다루듯 했다. 처음 탐라에는 정규직 관리가 아니라 순환 별정직 관리인 구당사가 파견되었다. 구당사는 변방이나 서울로 쌀을 실어 나르는 나루터에 파견되는 관원이니 세금 징수원이다. 탐라는 김부식이 자신의 문하에 있는 오인정에게 구당사 자리를 마련해 주면서 "너는 가난하니 제주도에 가서 한몫 챙겨 나오라"고 말할 정도로 가렴주구 땅이었다. 가난한 관리라도 제주에 오면 부유해져서 나가는 전통이 이때부터 생겨서 조선 말기까지 이어진다. 탐라국이 독립성을 잃은 대가였다. 서울에서 이 먼 제주까지 와서 본전을 찾으려는 관리와 탐라국의 지배자는 서로를 견제하기는커녕 이중권력의 시대를 열었다. 오죽하면 고려에서 제주판관으로 온 김구가 밭 사이에 돌담을 쌓아 토호들이 힘없는 백성의 땅을 빼앗아 가는 일을 막도록 했을까.

고려 정부의 편에 선 성주 가문(고씨 가문)은 백성들의 고통을 외면했고 더 나아가 토호로서 위세를 떨쳤다. 보다 못한 탐라국 백성들이 민란을 일으켰으니, 이게 바로 양수의 난이다. 고려 조정은 양수를 포함한 장수 두 명과 주모자 다섯 명을 처형하는 대가로 오히려 민란에 참가한 사람들에겐 포상을 내려 집으로 돌려보낸다. 반란이 일어나면 제주 사람 전부 참가하고, 이때 백성의 지도자들이 주모자가 됐다. 주모자들의 죽음을 대가로 백성은 숨을 돌린 셈이다. 이런 제주 민란의 전통은 조선 시대 말까지 이어졌다. 대한제국 마지막 민란인 제주 신축민란을 일으킨 이재수, 강우백, 오대현은 1901년 10월 9일, 우리나라 최초로 서양식 재판을 받고 교수형을 당했다. 당시에도 제주 사람들의 요구는 받아들여졌고 주모자의 가족은 건드리지 않았다. 하지만 해방 후 제헌헌법을 가진 대한민국 정부에 의해 고려도 조선도 하지 않았던 재판 없는 처형과 가족 살해가 제주 4.3 기간 내내 이뤄졌다.

양수는 성이 양씨인지 아니면 그냥 이름이 양수인지 불분명하다. 신라에서는 양씨 가문에 성씨를 내려 주며 한자를 良(양)에서 梁(양)으로 바꿨다고 한다. 성씨를 내려 준다는 것은 지방 호족으로 인정한다는 의미다. 그러니 성주직을 고씨 가문에 탈취당했다는 양씨 가문의 내력이 아주 없는 얘기는 아니었을 것이다. 하지만 신라 진흥왕 당시 사성정책이 있었는가는 의문이 남는다. 역사적 상상력을 보태자면 양수가 참형을 당한 후 양수의 성이 바뀐 것이 아닐까 생각한다. 고려 첫 번째 반란치고는 양수의 난은 매우 조직적이고 질서정연했다. 이로 보아 양수가 평범한 인물은 아니었을 것이다. 탁월한 리더십을 갖췄고 백성이 그를 따랐던 것으로 보아 제주의 유력 가문 사람이었을 것으로 추측된다.

어찌 되었든 이후 성주 가문과 고려 정부를 견제할 세력으로 새롭게 부상한 가문은 양씨 가문이었다. 제주에서 고씨 가문을 제외하고 독자적인 세력을 가진 가문이 양씨 가문이었다. 이 무렵 양씨 가문은 2인자인 왕자의 자리를 차지했으며 민심을 등에 업고 세력을 키운 것만은 분명하다. 마침내 무신정변이 일어나면서 양씨 가문은 고려 정부와 인연이 끊어진 성주 가문을 고립시키는 데 성공한다. 몽골과의 전쟁으로 어지러운 틈을 타 마침내 양호는 제주의 대표 자격으로 고려 임금을 알현하고 원 세조 쿠빌라이 칸과도 인연을 맺는다. 이토록 승승장구하던 양씨 가문은 삼별초의 침략으로 한순간에 몰락하고 그 자리는 탐라 성주의 초청을 받고 제주에 들어온 문씨 가문이 대신 차지한다.

귀족을 인정하지 않는 조선이 건국되면서 성주와 왕자의 직위도 더이상 인정받지 못했다. 탐라국의 마지막 성주 고봉례가 1402년에 태종에게 성주 작위를 반납했다. 당시 마지막 왕자는 문충세였다. 대신 성주는 왼쪽인 제주 동부를 다스리는 좌도지관, 왕자는 오른쪽인 제주 서부를 다스리는 우도지관이란 토관직을 받았다(1404년). 그러나 그마저도 곧 없어지고 제주는 제주목, 정의현, 대정현이라는 세 개의 행정구역으로 나뉘며 이를 총괄하는 제주목사가 중앙에서 파견되었다. 이로써 탐라국의 모든 기득권이 사라지게 된다.

이렇게 왕자의 자리가 바뀌는 과정은 두 개의 이야기로 이어져 내려온다. 하나는 양씨 가문의 몰락을 그린 양이 목사 본풀이이고 다른 하나는 문씨 가문이 제주 왕자가 되는 세경 본풀이이다.

제주 무속 신앙에서 신은 세 가지 층위로 나뉜다. 우주와 인간의 삶의 원리와 철학을 담은 일반신, 마을신으로서 마을 공동체의 이념을 담은 당신, 그리고 한 집안을 보살피는 조상신이 있다. 각 신들은 자신들의 이야기를 담은 신화 즉 본풀이를 갖고 있다. 신화는 역사의 한 단면을 들여다보는 도구이기도 하다. 그것이 신화학자 엘리아데가 신화가 허구가 아니라 실제로 일어났던 것에 대해서만 말한다고 한 이유이다.

양이 목사 본풀이는 조상신 본풀이지만 양씨 가문의 위치상 제주 역사를 담고 있다. 내용은 이렇다. 제주목사 양이는 원래는 탐욕스런 인물이었으나 제주도 사람들이 백마를 진상하는 일로 고통받자 이에 저항하다 중앙 정부에서 온 관리에게 잡혀서 죽임을 당한다. 이때 양이 목사를 고발한 사람은 뱃사공 고동지이다. 중앙 정부에서는 양이 목사의 희생을 가슴 아파하며 말 진상을 면제해 줬다. 양이 목사는 죽으면서 자신을 추모해 달라는 부탁을 남긴다. 그리하여 제주 양씨 가문에서 양이 목사를 가문의 수호신으로 모신다. 이 이야기 속에서 뱃사공 고동지는 고씨 가문 사람이다. 고씨 가문 사람이 양이 목사를 배신한 것은 성주 가문이 중앙권력과 결탁하여 왕자의 자리에서 양씨 가문을 밀어낸 것을 고발하는 내용이다.

제주목사에 제주 출신은 임명되지 못한다. 상피제[1] 때문이다. 그렇기에 양이 목사는 단순히 한 가문의 조상신이라기보다는 오랜 수탈에 지친 제주 사람들이 만들어 낸 영웅이다. 양씨 가문은 탐라국 건국 주체인 양을나 가문이지만 (양씨 가문 내력에 따르면) 고씨 가문에 성주직을 뺏겼고 문씨 가문에게 왕자직을 뺏겼다. 드러나는 역사적 인물들은 민중의 편에 서서 반란을 일으켰던 양수, 탐라국 독립을 꿈꿨던 성주 양호, 조선 후기 아전들의 기득권 조직인 상찬계에 맞섰던 양제해까지 양씨 가문 인물들은 흔히 말하는 '혁명'적 모티브를 갖고 있다. 이 모든 것들이 하나의 이야기로 담긴 것이 양이 목사 본풀이인 셈이다.

---

1 일정한 범위 내의 친족 간에 동일한 관아 또는 통속 관계의 관아에 근무하지 못하게 하거나 연고지의 벼슬을 피하게 하던 법.

세경 본풀이는 일반신 본풀이다. 즉 가문이나 마을의 규범이 아니라 한 사회의 이념에 대한 이야기이다. 세경 본풀이는 당시 역사를 바탕으로 구성되었다. 신화의 주인공 자청비와 정수남은 같은 나이의 동네 친구이지만 신분이 다르다. 같은 탐라국 사람이지만 지배 계층과 피지배 계층을 의미한다. 또 다른 주인공인 글공부하는 문도령은 고려 문벌귀족 출신으로 제주 성주 가문의 구애를 받아 제주로 오게 된 문씨 가문이다. 본풀이에서 문도령이 자청비와 결혼해서 결국 세경신이 되었듯이 문씨 가문도 성주 가문의 사위 가문으로서 왕자의 자리에 올랐다.

성주 가문인 고씨 가문은 문씨 가문을 영입하고 왕자 가문인 양씨 가문을 축출하는 데 성공했지만 곧바로 몽골이 탐라총관부를 설치하는 일이 벌어졌다. 제주는 이중수탈을 넘어 몽골이 세운 원, 고려 정부, 성주 왕자 가문까지 삼중수탈을 당했다. 성주와 왕자는 지방관의 탐욕으로부터 제주 사람을 지키기는커녕 더 몰아붙였다. 고려와 원에 보낼 물자를 거두는 일을 그들이 담당했기 때문이다. 나름 고려 말기 성군이라 일컬어지던 충선왕이 이 소식을 듣고 매우 우려할 정도로 심각한 상황이었다.

결국 견디지 못한 사용과 엄복이 반란을 일으켰다. 그 둘은 한라산에 있는 별의별 동물의 가죽을 원나라에 보내는 일을 하던 사냥꾼이었다. 반란군은 삽시간에 기세를 올려서 성주와 왕자까지 자리에서 끌어내렸다. 그러나 강력한 군사력을 갖춘 왕자 가문이 군사를 이끌고 이 반란을 진압했다.

사용과 엄복의 난 등 여기까지는 역사 속 실제 사건을 다루었지만 이후의 이야기는 사람들의 이념을 신화적으로 구성한 것이다. 세경 본풀이는 자청비가 서천국 환생 꽃으로 정수남과 문도령을 살리고, 악심 꽃으로는 반란군을 진압하여 이 공으로 옥황상제에게 오곡종자를 얻어 내려온 뒤 세경신이 되는 것으로 끝을 맺는다. 원-고려-탐라국 사이의 어지러운 왕자 쟁탈전 속에서 살아남은 왕자는 문씨 가문, 즉 문도령이지만 그렇다고 탐라국 피지배 계층이 죽은 것은 아니었다. 자청비는 정수남을 살리고 그를 목축신으로 앉혀 테우리들로부터 제삿밥을 먹게 해 준다. 그에게 잘해 준 사람들에겐 오곡종자를 나눠 주고 농사법을 알려 줬다. 뒤늦게 메밀을 가져왔다는 것만 봐도 이 이야기가 만들어진 시점이 몽골(원) 지배기임을 알 수 있다. 삼중수탈의 시기에 그래도 탐라국 사람들은 희망을 보려고 했던 것이리라. 세경 본풀이는 그 희망을 선진농법, 오곡종자, 목축으로 보았다. 그것이 상세경신, 중세경신, 하세경신의 의미일 것이다. 사용과 엄복의 죽음을 가슴 아파한 제주 사람들이 만들어 낸 이야기일지도 모르겠다.

제주 여성 신화 °°

제주 신화는 그리스 신화, 북유럽 신화에 이어 상상력 고갈 직전의 문화 콘텐츠 계에 새로운 바람을 불러일으키고 있다. 이야기 구조가 워낙 다양하고 동양의 모든 이야기가 담겨 있는 듯하면서도 완전히 새롭기 때문일 것이다.

제주 신화에서 가장 매력적인 것은 여성 캐릭터이다. 한국의 거의 모든 신화나 설화 속에서 여성 주인공은 순종적이고 가부장적인 체제를 받아들이는 인물로 등장한다. 하지만 제주 신화 속 여성들은 그야말로 미래 지향적이라서 당대는 물론이고 지금 시대에도 의미가 있다.

세경 본풀이의 주인공은 자청비이다. 그래서 보통 '자청비 이야기'라고도 한다. 자청비를 농사의 신으로 등극시킨 이 이야기를 들여다보면, 자청비를 도저히 한국 고전 캐릭터라고 볼 수가 없다. 우선, 사랑하는 사람인 문도령을 만나자 저돌적으로 돌진한다. 요즘이야 별난 일이 아니지만 이 이야기가 21세기 여성의 이야기가 아니란 점에 주목하자. 정수남은 사랑하는 문도령과 헤어진 자청비의 그리움을 이용해 그녀를 겁탈하려 하고, 이에 자청비는 정수남을 죽여 버린다. '살인자 아냐?'라고 생각한다면 명심하시길, 이건 어디까지나 신화이다. 무슨 일이 일어나도 놀라서는 안 되는 세계인 신화. 자기를 겁탈하려던 정수남을 죽였지만 오히려 일꾼을 죽였다고 집에서 쫓겨난 자청비는 해결 방법을 찾아 서천국으로 간다. 서천국 꽃밭에는 온갖 꽃들이 다 있는데 그중에는 사람을 살리는 환생 꽃도 있다. 이 꽃을 얻기 위해서는 서천국 꽃밭을 지키는 꽃감관의 허락을 받아야 한다. 여기서 자청비는 미인계를 쓴다. 꽃감관을 유혹했다고 생각했다면 당신은 아직도 자청비의 매력을 1퍼센트도 이해 못 한 것이다. 자청비가 유혹한 사람은 꽃감관의 막내딸이다. 물론 남장을 해서 꽃감관의 사위가 되었다고 나오지만 그건 모를 일이다. 분명한 것은 막내딸이 홀딱 반해서 환생 꽃을 줬다는 것이다. 자청비는 그 꽃으로 정수남을 살린다. 그랬더니 웬걸, 이번엔 사람을 죽였다 살렸다 요망스럽다고 쫓겨난다. 여기까지가 전반부다.

후반부는 그야말로 판타지로, 무능한 남자들과 그 사이에서 고군분투하는 자청비 이야기가 펼쳐진다. 글만 읽는 문도령은 저세상에서 유유자적 사는 것 말고는 아무 일도 하지 않지만 자청비의 노력으로 하늘나라에 올라가 마침내 결혼에 골인한다. 그런데 이제부터 막장 드라마가 펼쳐진다. 자청비가 문도령에게 꽃감관 막내딸과 자청비 둘 사이를 오가는 일종의 중혼 생활을 요청한 것이다. 그걸 또 문도령은 받아들이는데, 꽃감관 막내딸이 더 맘에 들었는지 그쪽에 푹 빠져서 돌아오질 않는다. 자청비는 거짓 편지를 써서 문도령을 돌아오게 하는 데 성공했는데, 이번엔 반대로 자청비를 맘에 들어 하는 사람들에 의해 문도령이 죽는다. 문도령을 살리기 위해 자청비는 다시 (아마도) 남장을 하고 꽃감관 막내딸의 마음을 움직여서 환생 꽃을 얻어 와 문도령을 살린다. '다시 살아난 문도령과 자청비가 마침내 행복하게 살았습니다'라는 결말을 생각했다면 당신은 백설공주나 신데렐라 이야기에 오염되어 있는 것일지 모른다. 자청비는 멋진 왕자님을 만나서 결혼하는 것에 만족할 캐릭터가 아니다. 왜냐하면 자청비는 제주의 여신이니까 말이다!

문도령이 살아나서 한숨 돌렸지만 이번엔 나라에 변란이 벌어진다. 자청비는 악심 꽃을 꽃감관의 막내딸에게서 얻어다가 난을 진압한다. 이쯤 되니 옥황상제도 자청비가 불쌍해진 모양인지 땅을 주려 하지만 자청비는 이를 거절하고 오곡 종자씨를 가지고 지상으로 내려온다. 물론 문도령도 따라왔다.

지상에 와 보니 부모는 죽었고, 정수남은 굶어 죽기 직전이다. 우선 정수남부터 살리기 위해 그를 목축신으로 만든다. 목축신에게는 평생 연금인 '마블림제'가 있으니 먹고살 걱정은 없어진 것이다. 마블림제란 테우리코사, 즉 백중제다. 이후 자청비는 다시 하늘나라에 올라가서 메밀씨를 가져왔고, 그제야 신이 되었다고 한다. 혼자 신이 되어 버리면 문도령은 홀아비가 된단 말인가? 걱정 마시라. 자청비는 마음이 넓기가 하해와 같은 여인이 아닌가. 그래서 문도령을 나란히 신으로 만든다. 그리하여 문도령은 상세경신, 자청비는 중세경신, 정수남은 하세경신이 되었다고 한다. 자청비란 이름부터가 자청해서 비를 부르는 이름이라고 하니, 어쩌면 세경신은 빗속에 깃들어 있는 것일지도 모르겠다.

가믄장아기 이야기에도 매력적인 여신이 나온다. 15살 되던 해 부모가 세 딸에게 누구 덕에 먹고사냐고 묻자 은장아기와 놋장아기는 부모가 원하는 대답을 한다. "부모 덕에 먹고살지요." 하지만, 가믄장아기는 당돌하게 말한다. "제 덕이요."

이제까지 이런 캐릭터는 처음 봤다. 반하지 않을 수가 없다. 적어도 이 정도는 되어야 제주 여신이다. 우리는 흔히 남에게 선의를 베풀고 상대가 잘되면 다 내 덕이라 생각한다. 그러나 선의가 가능한 것부터가 상대가 있기 때문이니 내 덕이 아니라 상대의 덕이다. 가믄장아기는 우리가 흔히 빠지기 쉬운 이런 마음에 대고 이렇게 말한다. '이것 봐, 네가 잘해줬다고 해서 고마워하든 말든 그건 내 맘이라고.' 결국 고마워하지 않는다는 이유로 가믄장아기를 내쫓은 결과 부모의 모든 부귀영화는 한순간에 사라진다. 보답을 바라는 순간 베풀었던 선의는 선의가 아니게 되고, 그걸 고까워하는 순간 행운은 저 멀리 달아나 버리고 마는 것이다. 이렇게 수많은 제주 여신은 우리의 상식을 파괴하며 다가온다. 그 점이 제주 여성 신화가 가진 매력이 아닐까 한다.

기생, 거상, 그리고 할망 김만덕

#가 보면 좋은 곳 : 사라봉 모충사

제주 출신 중 가장 유명인을 꼽자면 김만덕일 것이다. 드라마로까지 만들어지고 기념관도 있고 이름을 딴 만덕상이란 것도 있는 유일한 인물이다. 그녀의 일생을 요약하면 이렇다.

기생 출신으로 거상이 되었고, 제주에 흉년이 들었을 때 구휼을 함으로써 제주 사람들의 존경을 받는 만덕할망이 되었다.

간단하게 말해 그녀의 일생은 '기생, 거상, 그리고 할망'이란 세 개의 키워드로 표현된다. 이것만으로 이미 흥미진진한 드라마가 기대된다.

김만덕은 제주 기생이었다. 기생을 남성의 노리개라고 생각하는 것은 철저히 남성 중심 주의적인 관점이다. 물론 천한 직업이었고 천민인 것도 맞다. 하지만 김만덕은 패션 리더였고 전문직 여성이기도 했다.

관비 즉 관청 소속 여자 노비 중에서 재주와 용모가 뛰어난 사람들이 기생으로 뽑혔다. 기생은 목관아에 있는 교방에서 오랜 시간 전문 훈련을 받는다. 노래, 연주, 춤 등 기예를 전문으로 하는 사람들을 각각 가기, 악기, 무기라고 했다. 그 외에도 목사의 의복을 관리하는 전문 기녀인 침기, 의술을 담당한 의녀가 있다. 다모라고 하는 여성 호위무사는 지금의 경찰과 같은 업무를 했다. 사대부 여인들의 조사와 체포를 담당하기도 했고 살인 사건이 벌어졌을 때 검시에 참관하기도 했다. 이들은 어릴 적부터 장충원에서 교육받은 스페셜리스트이다.

이형상이 제주목사로 근무했을 때 제주에는 66명의 기녀가 있었다고 한다. 기생들은 은퇴할 때가 되면 자기를 대리할 후계자를 두고 나온다. 은퇴한 기생, 즉 퇴기들은 객주를 열어서 남자들의 돈푼깨나 우려먹거나 권세가의 첩이 되거나 했다.

제주 기생에게 좋은 시절은 조선 초였다. 당시 제주는 닫힌 섬이 아니었고 돈도 넘치는 곳이었다. 말 무역으로 큰돈을 번 상인들이 기생에게 돈을 펑펑 썼다. 그러나 그런 시절은 오래가지 못했다. 말 무역은 금지되었고, 한술 더 떠서 출륙 금지령까지 내려졌다. 이때부터 기생들의 상대는 제주에 온 한양 사람들, 즉 관리나 유배객으로 바뀐다.

제주에 온 외로운 유배객들은 자신을 돌봐 줄 사람이 필요했는데, 마침 제주 기생은 목관아 인근에 집이 있었고 인맥 네트워크가 있었다. 기생들도 어엿한 목관아 출신이니까 말이다. 꽤 많은 유배객들이 기생집에 머물거나 교류를 했다. 제주 여성 가운데 오피니언 리더들과 교류하면서 지적 지평을 넓힐 수 있는 이들은 기생뿐이었다.

제주의 유배객들 가운데 김춘택이란 매우 독특한 인물이 있다. 조선 시대 남자들의 스펙에는 가문, 과거시험 합격 이력, 관직 경력 등과 함께 덧붙는 항목이 하나 더 있는데 바로 잘생긴 외모다. 영조의 딸 화순옹주가 곡기를 끊고 자결할 정도로 사랑했던 남자 김한신, 준수한 외모와 아름다운 목소리를 갖춰 궁중의 여자는 물론 환관들에게까지 구애를 받았던 헌종, 그리고 제주에 유배 온 김춘택이 잘생김을 보유한 남자들이었다.

김춘택 초상.

김춘택은 잘생긴 외모 덕에 영조의 친부라는 설까지 나돌았다고 한다. 이들 중 유일하게 초상화가 남겨진 까닭에 얼굴을 볼 수 있는데 당시 잘생긴 외모의 기준이 무엇인지 확인해 보시라.

제주에서도 김춘택은 다정다감한 남자였다. 수많은 유배객에게서 보이는 안하무인 태도나 제주 문화에 대한 혐오 같은 것이 전혀 보이지 않았다. 기생을 대하는 태도도 따스했다. 석례라는 기생이 부르는 〈사미인곡〉을 듣고 〈별사미인곡〉을 지었으며 석례를 자신의 친구라고 했다. 제주에 와서 기생을 친구라고 부를 수 있는 사람, 그가 김춘택이다. 게다가 외지인들은 잠녀에 대해 거리를 두고 관찰한 이야기를 쓰는 데 반해 김춘택은 잠녀에게 다가가서 그들의 고통에 대해 공감하며 이야기를 잘 들어 주고 그들을 불쌍하게 여겼다. 그러자 잠녀가 용기를 내어서 말했다. 전복을 따 봐야 힘 있는 사람들이 빼앗아 기생들에게 줘 버리니 진상을 위해선 그들에게 가서 고가에 사서 바쳐야 한다는 말이었다. 결국 잠녀는 파산하고 가족들마저 고통받는다는 건데, 이 내용을 바탕으로 김춘택이 쓴 이야기가 〈잠녀설〉이다. 많은 제주 사람이 김춘택에 호의적인 것은 그가 지은 〈잠녀설〉에서 느껴지는 따스한 시선 때문이다.

이런 기생들이니 제주 사람들이 곱게 볼 리 없다. 제주는 특히나 관리들이 혈혈단신 부임하는 곳이다 보니 그만큼 기생들에게 휘둘릴 수밖에 없었다. 기생을 두고 제주목사와 판관이 다투다가 파직된 경우도 있었다. 관리들은 기생에게 선물을 주기 위해 뇌물을 악착같이 받았다. 권세 있는 사람들이 기생을 첩으로 삼는 경우도 많았고 첩이 된 기녀는 기세가 하늘을 찔렀다. 숙종 때 제주목사였던 이익태는 이렇게 개탄했다.

"세상에서 제주 기녀의 권세가 막중하다고 칭하는 것도 진실로 빈말은 아니다."

〈배비장전〉 같은 이야기가 거짓이 아니었던 것이다. 비장은 제주에 혈혈단신으로 내려오는 제주목사의 개인 수호무사인데 그가 기생 아랑에게 푹 빠졌다가 혼나는 이야기다. 어쩌면 이 이야기는 제주 사람들이 기생보다는 오히려 기생에 빠진 외지인들에게 보내는 경고장이었을 것이다.

제주 기생 가운데 정의현 기생은 자신이 평양 기생, 진주 기생과 더불어 조선의 3대 기생이라는 자부심을 갖고 있었다. 어지간한 남자들의 혼을 다 빼 버렸다는 정의현 기생들의 비결은 정의현청 안 연못에서 자라는 창포라고 한다. 하지만 정의현 기생들이 그런 꼼수만으로 3대 기생을 운운했던 것은 아니다. 그들은 '마상무'라는 특별한 춤을 전승하고 있었다. 마상무는 드넓은 표선 백사장에서 펼쳐지곤 했는데 장관이었다고 한다. 《탐라순력도》에는 곳곳에 말을 타고 있는 머리 긴 여인들이 그려져 있는데 그들이 바로 기녀이다. 제주 기녀들은 말을 즐겨 탔다. 임제는 《남명소승》에서 표선 한모살 백사장에서 있었던 일에 대해 이렇게 썼다.

"앞에 포구가 있는데 일찍 썰물이 빠져서 넓은 모래밭에 (…) 열 명의 기병이 좌우로 나뉘어 종횡으로 달리는데 말 다루기가 잘 훈련되어 있었다. 홀연히 세 필의 말이 나는 듯이 달려 모래사장 끝으로부터 채찍을 휘두르며 오고 있었는데 모두 얼룩말을 타고 높은 갓을 쓰고 붉은 가죽옷을 입고 있었다. 빠르게 말을 달려 왔다 갔다 하는데 그 날렵함이 원숭이와 같았다. 처음에는 놀랐으나 자세히 보니 모두 여자들이었다."

이런 제주 기생 중에서도 만덕만 한 인물이 없다. 조선 시대 여인으로서는 입지전적인 인물로 제주에서 가장 유명한 실존 인물이기도 하다. 관기에서 벗어난 후 그녀는 산지천 근처에 객주를 차려서 큰돈을 벌었다고 한다. 산지천은 제주목 관아와 가깝다. 사실 제주의 이권 사업은 모두 목관아에서 나오니 돈을 벌려면 그곳에 있어야 한다. 그런데 기생 생활로 거액을 모을 수는 없으니, 이는 곧 장사로 돈을 벌었다는 말이다. 제주는 시장이 발달한 곳이 아닌데 어떻게 돈을 벌었을까? 그때는 출륙 금지령이 살아 있을 때가 아닌가?

다행히 김만덕이 활약한 정조 때에 이르면 상황이 조금 바뀌긴 했다. 출륙 금지령이 내려진 지 100년이 넘어가자 제주 사람들은 거의 숨도 못 쉴 지경으로 처참한 상황에 빠졌다. 게다가 자연재해는 제주를 매해 쉬지 않고 찾아왔다. 그때마다 조선 정부에서 쌀을 보내 보았지만 언 발에 오줌 누기였다. 그쯤 되자 정부도 제주는 자력갱생만이 답이란 걸 처음으로 생각해 냈다. 그래서 경종 때 군산에 나리포창을 설치하고 전라도의 곡식과 제주도의 해산물을 서로 거래할 수 있도록 했다. 안정적인 수입원으로 양태(둥근 갓)를 만들어서 팔 수 있는 독점권도 주었다. 정조 때 이르러 금난전권이 폐지되자 제주 사람들은 더 적극적으로 육지와 교역했다. 김만덕은 제주 사람이 아닌 육지 사람을 상대로 장사했던 것이다.

물론 육지를 오갈 수 있는 상인들은 관에서 허가를 받아야 하고 여자가 그 일을 한다는 것은 상상도 못 하는 일이다. 조선 시대 내내 거상은 많았지만 여자 거상은 없었다. 게다가 출륙 금지령이 엄격하여 여자들이 바다를 건넌다는 건 꿈도 꾸지 못했던 시대였다. 도대체 어떻게 김만덕은 그 많은 돈을 번 것일까?

김만덕이 기생 출신이란 것은 이럴 때 꽤 도움이 되었다. 술을 팔아서 종잣돈을 악착같이 모았다. 오죽하면 그때 제주목사인 아버지를 보러 왔던 심노숭이란 문인이 김만덕에 대해 악평을 남겼을까.

"만덕이 기생 노릇을 할 때 품성이 음흉하고 인색하여 남자가 돈이 많으면 따랐다가 돈이 떨어지면 떠나되 옷가지마저 빼앗아서 그녀가 지닌 바지저고리가 수백 벌이었다고 한다. 그 바지를 늘어놓고 햇볕에 말리는 것을 보고 동료 기생마저 침을 뱉고 욕했다. 그렇게 벌어서 만덕은 제주에서 가장 큰 부자가 되었다."

이렇게 악착같이 돈을 모은 만덕은 육지를 오가는 상인들을 통해 장사를 시작했다. 당시 제주는 출륙 금지령 때문에 모든 포구를 닫고 조천포와 화북포만 열었다. 조천포는 관리들이 드나드는 곳이고 화북포가 상인들이 오가는 곳이다. 이 포구를 오가는 상인들을 산지천 앞 객주집의 VIP 손님으로 모신 것이다.

큰 부자는 하늘이 내린다고 했다. 소설 〈허생전〉에서 드러났듯이 돈을 버는 능력이란 싸게 사서 비싸게 파는 능력이다. 만덕은 그 능력을 가졌다. 그렇게 돈을 불려서 마침내 거상이란 이름을 얻었다.

1794년, 제주 속담으로 아직까지도 전래되는 '갑인년 흉년'이 들었다. 물 외엔 먹을 게 없었다는 속담이 전해질 정도로 엄청난 흉년이었다. 정부에선 급히 진휼곡 2만 석을 보냈다. 진휼곡의 규모만 해도 이전과 자릿수가 다를 정도니 끔찍한 상황이었음이 짐작이 되고도 남는다. 그런데 하늘도 무심하게 진휼곡을 싣고 오던 배가 침몰해 버렸다. 제주 사람들은 앉아서 굶어 죽게 생겼다. 반대로 얘기하면 쌀을 팔아 돈더미에 앉을 기회였다. 게다가 만덕의 능력이 '싸게 사서 비싸게 파는 것' 아닌가. 김만덕은 그때 주머니를 탈탈 털어 쌀 300석을 사들였다.

쌀 300석의 가치는 얼마였을까? 당시 쌀 한 가마니가 5냥 정도이고 병충해, 보릿고개에는 두 배 상승, 흉년에는 세 배 상승했다. 제주의 특수성을 고려하지 않고 계산해도 대략 쌀 300석의 가치는 8,100냥 정도다. 당시 한양 사람들의 가구당 연평균 소득은 180냥 정도였고 15평 기와집은

300냥, 11.5평 초가집은 110냥 정도였으므로, 쌀 300석은 한양에서 기와 집 27채를 살 수 있고 초가집은 73채를 살 수 있는 돈이었다. 이 정도 거액을 들여 사들인 쌀을 비싸게 판다면? 하지만 그런 일은 벌어지지 않았다. 만덕이 쌀을 몽땅 기부했기 때문이다.

제주 부자가 흉년에 기부하는 일이 드문 일은 아니었다. 기부의 대가로 관직과 명예를 얻을 수 있기 때문이다. 그러나 여성인 김만덕은 그 어떤 대가도 기대할 수 없었다. 하지만 기꺼이 모아 두었던 재산을 털어서 굶주린 제주 사람들을 도왔다. 그 대가로 정조에게 요구한 것은 금강산 관광이었다. '고작 금강산 구경이라니' 할지도 모르겠다. 하지만 출륙 금지령으로 여인들은 섬 밖으로 나가는 일이 아예 금지되었다. 그렇게 제주 여인의 발을 묶어 놓았지만 만덕은 그걸 뚫고 돈을 벌었고 마침내 한양에 가서 임금도 만나고 금강산도 구경했다. 그것만으로도 통쾌하지 않은가.

제주에서 할망이란 존경의 의미가 담긴 극존칭이다. 기생 만덕에서 시작해 거상 김만덕을 거쳐 만덕할망. 그것이 그녀가 최후에 얻은 이름이다. 김만덕은 1812년 음력 10월 22일, 양력으로는 11월 25일에 세상을 떠났다.

ᄀᄋᄂᄆ루°°

1971년 10월. 제주 사람을 살린 200년 전 한 여인의 묘소가 방치되고 그 이름이 묻히는 걸 두고 볼 수 없는 사람들이 뭉치기 시작했다. 돈을 모아 평전을 짓고 묘를 보다 안락한 곳으로 이전했으며 기념탑을 세우고 기념관을 지었다. 그곳이 사라봉 모충사이며, 방치된 묘소의 주인이 바로 김만덕이다.

김만덕은 죽기 전에 자신을 ᄀᄋᄂᄆ루에 묻어 달라고 했다고 한다. 일명 가으니마루는 제주어로 숨이 헐떡헐떡 넘어간다는 뜻을 가진 언덕이다. 제주 동쪽에서 무슨 일이 생겼을 때 제주읍성 안에 있는 목관아까지 가서 알리려면 이 언덕을 넘어야 했는데, 그때에 숨이 가웃가웃(까딱) 넘어가기 때문에 붙은 이름이다. 제주 사람의 고된 삶이 그대로 표현된 언덕이라고 볼 수 있다(지금은 버스 정류장이 있어서 그곳이 어디인지는 쉽게 찾을 수 있다). 어느 때고 사는 건 쉽지 않지만 그 언덕을 넘어가지 않으면 안 되는 것이 민초들이었다. 김만덕 또한 기생이 되었다가 면천이 되고 객주에서 남자들의 노리개로 살아야 했던 민초였다. 돈을 벌기 위해 별의별 짓을 다 하면서 겪은 삶의 풍파가 그렇게 느껴졌으리라. 그러니 그렇게 숨넘어가는 이들을 지켜 주고 싶었으리라.

제주 동쪽에 사는 사람들은 사라봉 모충사가 주는 압도감을 잘 안다. 버스를 타고 시내로 들어올 때 거의 제주의 랜드마크처럼 느껴진다. 그러나 모충사에 묘소를 마련하다니, ᄀᄋᄂᄆ루란 멋진 곳에 묻어 달라고 했던 김만덕의 마음을 구겨 버린 게 아닌가 싶었던 적도 있다.

하지만 사실 그게 무슨 문제겠는가. 제주 사람들이 정말로 그녀에게 고마워한다는 것이 중요하지 싶다. 1980년부터 제주에서 가장 큰 행사인 탐라문화제는 김만덕을 추모하며 사라봉 모충사에 있는 그녀의 묘 앞에서 올리는 김만덕제를 시작으로 열린다. 김만덕 봉사상 수상자들은 김만덕제를 봉행한 후 탐라문화제 개막식에 참가, 탐라문화제 개막을 알린다. 제주 사람들에게 김만덕의 의미가 무엇인지 이보다 더 잘 알 수는 없을 것이다.

제주의 가로수 ☑

제주 시내는 후박나무 가로수가 압도적으로 많다. 그러나 전농로와 제주대학 앞 거리는 봄철에 벚꽃길로 유명하다. 연동 신대로는 담팔수 가로수가 유명했던 곳이지만 병충해를 견디지 못하고 후박나무로 대체되고 있다. 제주시청 앞 동광로에서도 담팔수를 볼 수 있다. 서귀포 시내는 먼나무 가로수를 가장 많이 볼 수 있는 곳이다. 그러나 군데군데 하귤나무 가로수를 볼 수 있는 곳도 있다.

❶ 효돈천 – 구실잣밤나무 군락지

❷ 천지연폭포 – 담팔수 자생지

❸ 종달리 고망난돌 – 수국길

❹ 제주 제주시 아라동 산66번지 관음사 – 왕벚나무 자생지

❺ 제주 제주시 명림로 584 (봉개동) – 왕벚나무 자생지

❻ 제주 서귀포시 남원읍 신례리 산2-1번지 – 왕벚나무 자생지

거상 김만덕 발자취 📍

제주시 건입동에서는 사라봉에 있는 모충사를 시작으로 가으니마루 김만덕 객주터, 김만덕
기념관 등 김만덕의 발자취를 좇을 수 있는 장소가 있다. 올레길 18코스와 함께 여행하기에
좋다.

- ● 김만덕 객주
- ● 김만덕 기념관
- ● 모충사
- ● 가으니마루

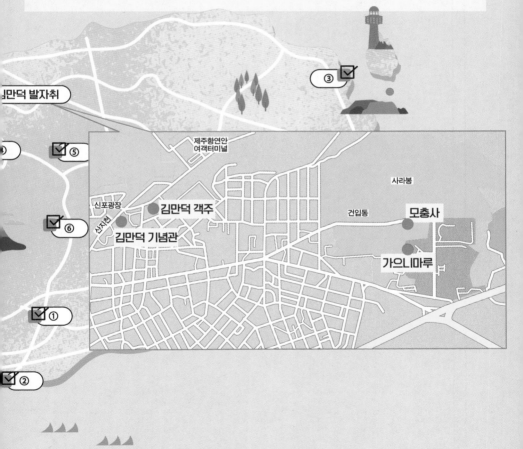

12월

천문학에서는 하나의 주기를 revolution이라고 한다. 새해맞이에 열을 올리는 것은 이렇게 장엄한 혁명의 순간을 맞이하는 일이기도 하다. 사람들은 12월 31일에 리셋 버튼을 누르고 1월 1일에 새로운 삶을 시작하길 바라는 마음으로, 그러니까 내 삶의 혁명을 꿈꾸며 이른 새벽부터 산으로 바다로 해맞이를 떠나는 것이리라.

사실 1월 1일은 늘 뜨던 태양이 한 바퀴 돌고 제자리에 돌아왔다는 것 말고는 천문학적으론 아무 의미도 없다. 오히려 동양의 전통에서는 동짓날 뜨는 해를 새해라고 했는데 이것이 더 천문학적 의미가 있다. 태양고도가 계속 낮아지다가 더 이상 낮아지지 않고 올라가기 시작하는 날, 해의 추락

이 멈추고 비상하는 날이니까 말이다. 해의 부족이었던 부여에선 이날 다 함께 모여서 북을 치면서 해가 다시 새로운 일생을 시작하길 빌었는데 이걸 '영고'라고 했다. 말 그대로 북을 치면서 태양을 맞이하는 날이다.

새해 첫 일출을 보기 위해 오르는 명소 하면 역시 성산일출봉이다. 아예 이곳에선 매해 마지막 날 성산일출봉 축제를 열어서 다음 날 있을 해맞이를 돕는다. 성산일출봉은 해발 고도가 180미터밖에 안 되기 때문에 오르는 데 아무리 늦게 잡아도 30분이 채 안 걸린다. 그 정도 수고로 장엄한 일출을 볼 수 있다는 것은 축복이다. 게다가 어떤 해맞이 장소와도 다른 독특한 일출을 볼 수 있다. 바로 앞바다에서 뜨는 해를 산 위에서 볼 수 있는 것도 엄청난 행운인데 오름 위에는 아흔아홉봉이라고 일컬어지는 솟을바위가 빙 둘러 있어서 더 장엄하다. 해는 주변에 물체가 있을 때 더 커 보이는 착시 효과가 있다. 저녁노을이 붉게 물들 때 서쪽 하늘의 해가 더 커 보이는 것은 건물 같은 배경이 있기 때문이다.

전설에 의하면 성산일출봉의 봉우리가 100개였다면 제주에도 호랑이나 사자 같은 맹수가 살았을 텐데 99개라서 맹수가 없다고 한다. 아마 봉우리가 100개였다면 그 반대의 전설을 만들어 냈을 것이 분명하다. 전설이란 원래 그런 것이니까. 하지만 졸보인 나로선 99개라서 천만다행이다. 지금 제주의 유기견들이 들개로 변한 것만 봐도 다리가 후들거리는데 호랑이나 사자라니….

성산일출봉 정상에 오르면 분화구가 보이는데 백록담과 모양도 비슷한 데다 크기도 거의 같다고 한다. 과거에는 이곳에 나무가 울창해서 푸르른 산인 청산이라고도 불렸지만 지금은 울창한 숲과는 거리가 멀다. 한동안 성산의 나무를 베어다 성을 짓고 방목을 했기 때문이다.

성산이라는 이름은 김상헌이 《남사록》에 "산성과 같은 자연이라 하여 성산이라 불렀다"고 기록한 것으로 보아 그 이전부터 부르던 이름인데 '천길 봉우리가 바닷가에 우뚝 솟아 사면이 암석, 그 위는 오목하게 함지를 이룬 것이 마치 성처럼 보여 성산이라 한다'는 옛말에 따른 것이라고 한다.

해가 막 떠오른 뒤 성산일출봉을 감싸고 있는 우뭇개해안의 모습은

성산일출봉 우뭇개 일출.

또 하나의 장관이다. 일출봉을 배경으로 한 해는 더욱더 커져서 마치 노란빛으로 세상을 전부 물들여 버릴 기세다.

　유네스코 세계자연유산에 '제주 화산섬과 용암 동굴'이 등재된 대상 지역은 한라산, 거문오름 용암 동굴계, 그리고 성산일출봉이다. 그러니까 성산일출봉이 제주의 368개 오름의 대표란 뜻이다. 이런 쾌거가 가능했던 것은 '해안요새와 같은 극적인 경관과 화산 분출을 이해하는 세계적 가치'가 있기 때문이라고 한다. 성산일출봉은 바닷속에서 분화한 화산재가 쌓여서 만들어진 후 채 응고하기 전에 바닷물에 의해 깎여서 지금처럼 아름다운 모습이 되었다. 침식으로 인해 화산체의 속을 드러내기 때문에 전 세계 화산학자들에겐 수성 화산의 내부를 들여다볼 수 있는 좋은 표본이 되고 있다. 옆면을 따라 발달한 층리 구조는 화산체가 만들어질 때를 생생하게 보여 주는 화산의 일기장이기도 하다. 층리 구조가 있다는 것은 물아래서 화산재가 쌓였단 뜻이니 원래 바다 아래에서 만들어진 후 해수면이 낮아졌거나 융기가 일어났다는 증거다.

　성산일출봉도 원래는 우도와 같은 섬이었다. 긴 시간 주변에 모래와 자갈 등이 쌓이면서 모래톱이 해안선을 따라 이어졌다. 그곳을 터진목이라고 한다. 우뭇개도 터진목도 제주 4.3 당시 학살터였다. 서북청년단 출신 특별중대 주둔지가 성산에 있었기 때문에 이곳은 비명과 총소리가 끊이지 않았다고 한다. 그때의 아픔을 뒤로하고 지금은 제주에서 가장 아름다운 곳이다. 바람에 날리는 유채꽃은 그때 속절없이 흔들리던 사람들 같

아 처연하다. 그 모습을 묵묵히 바라보았을 성산일출봉은 그때나 지금이나 변함없다. 성산일출봉과 오조리 식산봉 사이 통밭알에는 제주에선 드물게 넓은 갯벌이 있어서 조개잡이 체험도 할 수 있다.

제주 동쪽 마을의 랜드마크는 오랫동안 일출봉이었다. 외지인은 물론이고 제주 사람들도 내가 구좌 출신이라고 하면 어디? 하는 표정이지만 성산일출봉 근처요, 하면 아! 했다. 물론 지금은 제주의 모든 마을이 구석구석 알려지면서 용눈이오름 아랫마을이요, 하면 알아듣는 사람이 생기기 시작했다. 다랑쉬오름 아래요, 하면 이젠 거의 모르는 사람이 없다. 성산일출봉은 내가 태어난 마을과 행정구역상으론 천지 차이다. 다랑쉬오름이나 용눈이오름은 제주시, 성산일출봉은 서귀포시인데 제주 사람에게 그 차이는 경상도와 전라도급이다. 문화, 언어, 기후가 다 다르고, 서귀포시에서 제주시에 한 번 오는 것을 '부산에서 서울 가는 거리감'이라고 말하기도 한다. 그러니까 제주 동쪽 마을의 대표 명소가 성산일출봉이란 말은 구좌 사람들에겐 살짝 자존심이 상한다는 말이다. 구좌 사람들에게 이 구역의 최고봉은 다랑쉬오름이다. 일주도로를 따라가면 동쪽 일출봉, 서쪽 다랑쉬오름이 마치 달이 따라오듯 따라다닌다. 어릴 적 나는 성산일출봉 왼쪽에서 해가 떠서 다랑쉬오름 오른쪽으로 해가 지는 것을 보면서 자랐다.

다랑쉬오름은 면도날처럼 차가운 남성 귀족의 자태를 하고 있지만 오름의 여왕이라 불린다. 제주에서 나고 자라고 묻힌 산악인이자 언론인인

용눈이오름에서 본 다랑쉬오름.

김종철은《오름나그네》라는 불멸의 저서에서 이렇게 말했다.

"비단 치마에 몸을 감싼 여인처럼 우아한 몸맵시가 가을 하늘에 말쑥
하다. (…) 대부분의 오름이 비대칭적 경사를 가진 데 비해 동심원적 등
고선으로 가지런히 뻗 원추체라는 것도 흔하지 않은 형태다. 빼어난 균
제미로는 구좌읍 일대에서 단연 여왕의 자리를 차지한다."

김종철의 표현만으로도 아찔한 우아함을 느낄 수 있겠지만 직접 올라가 보면 그 말만으로도 표현하기 힘들다. 제법 많은 오름들을 올랐지만 다랑쉬오름과 같은 곳은 없다. 오름을 오르다 숨이 가쁘면 돌아서기만 해도 우도, 성산일출봉, 바다, 은월봉, 지미봉, 두산봉, 용눈이오름, 아끈다랑쉬가 발아래 펼쳐진다. 넓은 바다와 옹기종기 디자인된 밭담으로 둘러싸인 밭들, 멀리 보이는 풍차까지 그야말로 낭만파, 고전파, 인상파, 추상파 같은 미술 사조가 전부 들어 있는 광경이다. 정상에 오르면 기절할 만큼 아름다운 한라산이 눈앞으로 다가오고 그 앞으로 동쪽 오름들이 새까맣게 펼쳐진다. 분화구 주변을 걸을 때는 하늘을 걷는 느낌이다. 게다가 분화구인 굼부리마저 다른 오름들보다 훨씬 깊다. 제주 설화에 의하면 설문대할망이 치마로 흙을 나르면서 한 줌씩 놓은 것이 제주의 오름인데, 다랑쉬오름은 흙을 너무 많이 놓아 도드라진 바람에 손으로 탁 쳐서 패이게 한 것이 지금의 분화구라고 한다. 과연 설문대할망의 스케일이다. 그리고 고맙다. 솔직히 고백하자면 지금보다 높았으면 오르기 살짝 부담스러웠을 것이다.

다랑쉬란 이름은 산봉우리의 분화구, 즉 굼부리가 마치 달처럼 둥글게 보인다고 해서 달랑쉬라고 부른 데서 나왔다는 말이 있다. 그런데 사실 왜 다랑쉬라고 하는지에 대해 똑떨어지는 답은 아직 없다. 언어학자들은 부여와 고구려인들이 제주에 와서 높다는 뜻의 '달'과 봉우리란 뜻의 '수리'를 붙여서 '달수리'라 부른 데서 다랑쉬가 나왔다고도 이야기한다. 하지만 나는 '달이 아름다운 봉우리'라 다랑쉬라는 말에 한 표 던지겠다.

다랑쉬를 이두식으로 바꾼 말이 월랑봉인 것에도 달의 기운이 남아 있다. 그런데 어째서 다랑쉬라고 했을까 하는 의문에 대해 김종철은 《오름나그네》에서 근처 마을인 송당 사람의 말을 이렇게 전하고 있다.

> "저 둥그런 굼부리에서 쟁반 같은 보름달이 솟아오르는 달맞이는 송당에서가 아니면 맛볼 수 없다."

어느 날 새벽, 나는 보고야 말았다. 다랑쉬오름에 보름달이 떠 있는 모습을. 뜨는 달은 송당에서 보이지만 지는 달은 다랑쉬오름이 있는 우리 마을에서 볼 수 있다. 다랑쉬오름의 날렵한 선, 그 위의 보름달. 다랑쉬오름이란 이름을 지은 이유가 이해가 되었다. 달이 걸린 오름이라 다랑쉬인 것이다. 물론 이는 내 생각이다.

다랑쉬 앞 귀여운 오름은 이름마저 귀여운 아끈다랑쉬이다. 아끈은 버금가다는 뜻이니 아끈다랑쉬는 다랑쉬의 아류 오름이란 뜻이다. 하지만 이곳은 억새 철에 제주에서 두 번째 가라면 서러울 만큼 멋진 곳이기도 하다.

용눈이오름은 일출 명소이기도 해서 새벽이면 카메라를 들고 온 사람들로 즐비하다. 성산일출봉보다 이곳에 더 많은 출사객이 모이는 듯하다. 우도 바로 앞 종달리 해안가에는 어쩌면 그럴까 싶을 정도로 다랑쉬오름과 똑같은 오름도 보인다. 지미봉이다. 땅끝 오름이란 뜻인데, 이런 이름이 붙은 이유는 이곳이 조선 시대 행정구역인 제주목의 끝 지점이기 때문이다. 여길 경계로 남으로 가면 정의현, 북으로 가면 제주목이다.

제주 동쪽은 일출봉과 월랑봉이 나란히 있다는 것만으로도 흥미로운 곳인데 새해 첫날 정확하게 성산일출봉 위로 뜨는 해를 볼 수 있는 곳은 지미봉이다. 과연 땅끝 봉우리이다.

내 안의 악마를 만나다 – 다랑쉬굴의 비극 °°

1991년 12월. 제주 4.3 연구소 사람들은 제주 곳곳을 돌아다니며 마을마다 당시 피해 상황에 대한 증언을 모으던 중 깜짝 놀랄 만한 소식을 듣는다. 다랑쉬굴에 사람들이 숨어 있다가 피해를 당했을 것이란 말이었다. 제주에는 굴이 많고 많은 사람들이 굴을 은신처로 삼았다. 다랑쉬굴도 그중 하나일 뿐이었지만 그 이야기가 놀라운 것은 도저히 믿기지 않는 잔인함 때문이었다. 당시 토벌대가 굴 속으로 연기를 넣은 뒤 굴의 입구를 봉쇄해 버리고 떠났다는 것이다.

제주 4.3 연구소는 그 이야기를 토대로 굴을 찾아 나섰다. 이미 43년이나 지난 후라 그 일대는 덤불이 우거지고 억새가 가득했다. 겨울이니 누렇게 빛바랜 억새를 헤치고 굴이 있을 것으로 짐작되는 곳을 뒤진 끝에 마침내 사람 하나가 겨우 들어갈까 말까 한 구멍을 찾아냈다. 굴로 들어간 그들은 백골이 된 시신 11구를 발견했다. 시신들은 나란히 누워 있었다.

그때만 해도 제주 4.3에 대한 이야기는 금기의 영역이었다. 혹시라도 다랑쉬굴의 이야기를 묻어 버리려는 이들에 의해 현장이 훼손될 것을 염려한 연구소 사람들은 조용히 굴을 빠져나온 후 전문가들을 대동하고 다시 본격적인 발굴에 나섰다. 그리고 마침내 다랑쉬굴의 진실이 드러났다.

진실은 이렇다. 1948년 11월 17일 제주에 계엄령이 선포되었고 정부의 학살극은 잔인함의 도를 넘기 시작했다. 1947년 3.1절 집회에 참가한 사람은 전 도민의 2할인 6만 명에 육박했다. 집회 참석자들은 그날 이후 도망갔다. 돈이 있으면 육지나 일본으로, 없으면 산으로. 당사자가 도망을 가면 그 가족은 도피자 가족이 된다. 정부는 도망간 사람을 대신해서 도피자 가족을 재판 없이 무조건 처형하기 시작했다. 사람들은 처형을 피하기 위해 굴에 숨었다. 시간이 지나면 군인들이 떠나고 다시 평화가 찾아오리라는 희망을 안고서. 그러나 토벌대는 마을 사람들을 동원해서 주변에 굴이란 굴을 다 뒤지기 시작했다. 제주 전역에서 굴에 숨어 있던 사람들이 희생되었다. 밀고를 거부하고 스스로 목숨을 끊은 사람도 있지만 살기 위해 굴의 위치를 알려 주고 고통받은 사람들도 있다. 그래도 제주 사람들은 굴을 고마운 존재라고 했다. "우리를 품어 주었잖아"라고 그들은 말했다. 제주 사람이라면 세상 끝까지라도 쫓아가서 다 죽일 것 같았던 대학살의 시기, 어느 곳에도 의지할 수 없었던 이들은 굴에서 굴로 도망 다니며 견뎠다. 그들이 그나마 숨 쉬고 잠자고 얘기를 나눌 곳은 굴 안이었다. 구좌읍 종달리와 하도리 사람들도 다랑쉬오름 부근을 전전하다 다랑쉬굴로 들어왔다.

1948년 12월 18일. 함덕 주둔 2연대 3대대, 즉 서북청년단 출신들로 이뤄진 특별부대가 주축이 된 토벌대는 다랑쉬 부근을 뒤지기 시작했다. 결국 그들에게 다랑쉬굴이 발견되었다. 당시 굴에서 나오면 살려 주겠다는 말을 믿고 나왔다가 총살당하고 고문당해 죽은 사람이 제주 전역에 있었다. 어디 그뿐인가. 굴에서 나온 사람 중 한두 사람을 살려 둔 뒤 그들에게 다른 은신처를 밀고하도록 했다. 살아도 죽어도 치욕이었다. 다랑쉬굴에 살던 사람들은 살 수 있을 것이란 희망을 버린 채 서로 부둥켜안고 죽기로 맹세했다.

토벌대가 굴속 사람들을 죽인 방식은 인간이 인간에게 할 수 있는 가장 잔인한 방법 중 하나였다. 태우면 가장 매운 연기가 난다는 꼴과 메밀짚 연기를 굴속으로 집어넣었다. 주변에는 연기가 덜 매운 억새도 많았고 덤불도 많았다. 그래도 굳이 그걸 선택했다.

누가 죽었는지 알아는 둬야 하니까 사건 발생 다음 날 굴속에 들어가 흩어진 시신들을 나란히 눕혔다는 목격자가 나타났다. 그의 말에 의하면 굴 안에는 그때까지도 연기가 가득 차 있었다. 희생자들은 고통을 참지 못한 듯 돌 틈이나 바닥에 머리를 박은 채 죽어 있었다. 코나 귀로 피가 흘러나온 시신도 있었고 고통을 이기지 못해 손톱에 피가 나도록 땅을 팠던 흔적도 남아 있었다고 한다.

시신 11구에는 젊은 남자와 함께 여인 세 명과 어린아이까지 포함되어 있었고, 그들이 밥을 해 먹던 취사도구도 발견되었다. 어디에도 그들이 무장했던 흔적은 없었다. 토벌대는 떠나면서 입구를 막아 버렸고, 굴에는 아무도 접근할 수 없었다. 그렇게 그들은 1992년 발견되어 세상에 공개될 때까지 44년간 어두운 굴속에 남겨져 있었다.

다랑쉬굴 입구.
학살을 자행한 후 막아 버렸다.

우리 민족은 근현대에 많은 비극적 사건을 겪어 왔고, 제주 4.3도 그런 사건들 속에 파묻혀 공감을 일으키지 못하고 있을 때였다. 그러나 4.3 당시 학살터가 44년 만에 공개되자 사람들은 경악했다. 도대체 인간이 인간에게 어떻게 이렇게 할 수 있단 말인가. 아우슈비츠 대학살과 다를 바 없었던 끔찍한 비극의 현장이 눈앞에 있었다. 인간은 언제든 악마가 될 수 있고, 이걸 덮어 둔다면 그 악마는 언제든지 다시 나타날 것이다. 사람들은 제주 4.3이 묻어 두어선 안 될 이야기란 것에 공감하기 시작했고 마침내 진상 규명은 급물살을 타기 시작했다.

다랑쉬굴은 다랑쉬오름 아래 있다. 가는 길에는 대나무가 무성하다. 대나무가 있다는 것은 인가가 있었단 말이다. 이곳은 제주 4.3 당시 사라진 마을인 다랑쉬마을이 있었던 곳이기도 하다.

대비마마 어머니의 술, 모주

　　겨울은 유독 술이 생각나는 계절이다. 제주의 전통주로는 고소리술, 오메기술이 있지만 모주 또한 제주에서 태어났다. 어머니의 술이란 이름답게 이 술은 제주 사람들에게 사랑받았고, 술을 만들어 판 노씨 부인도 제주 사람들의 사랑을 받았다.

　　노씨 부인은 제주 사람도 아니고 기생도 아니었다. 오히려 딸이 왕후, 즉 임금의 아내가 되었으니 노씨 부인은 손에 물 한 방울 안 묻히고 살아야 했다. 그런데 어쩌다 사대부집 여인이 제주까지 와서 술을 만들어 팔아야 했을까? 이야기는 멀리멀리 광해군 시대로 거슬러 올라가야 한다.

　　당시 광해군이 세자가 되기엔 몇 가지 불리한 조건이 있었다. 일단 장남이 아니고 서자였다. 하지만 임진왜란이 기회를 줬다. 만일의 경우를 대비해 광해군을 세자로 책봉하고 정부를 둘로 나눴는데(이걸 분조라고 한다) 광해군이 평안도·강원도·황해도 등을 돌면서 눈부신 활동을 보인다. 장남인 임해군은 일본군에게 포로가 되기나 하고 난폭했기 때문에 민심은 광해군으로 몰렸다. 그런데 선조 임금이 뒤늦게 새장가를 가서는 죽기 2년 전에 아들을 떡하니 낳았다. 그가 영창대군이다. 영창대군은 적자였으니 이는 곧 불행의 씨앗이 되었다.

광해군을 통해 정권을 잡은 무리는 반대파를 없애기 위해 영창대군을 이용했다. 그들은 영창대군을 왕위에 올리기 위해 반란을 꾀했다는 이유로 영창대군과 외갓집을 박살 내기 시작했다. 영창대군은 폐서인 즉 평민 신분으로 강등되어 강화도로 유배되었고, 영창대군의 어머니인 인목대비 역시 평민 신분으로 강등되어 서궁에 유폐되었다. 인목대비의 아버지와 오라비 셋은 고스란히 사약을 받고 죽었다. 집안의 대를 이을 손자 하나와 인목대비의 어머니, 즉 영창대군의 외할머니만이 화를 면했다. 그때 살아남은 영창대군의 외할머니가 노씨 부인이다. 노씨 부인은 1618년에 제주도로 유배되었다.

조선은 정치적 이유로 유배형이 빈번했다. 죽이는 것보다는 나으니 인도적인 조치라고 볼 수도 있긴 하다. 조선조 대표적 지식인 4천여 명 가운데 유배인은 대략 700여 명이었으니 무려 18퍼센트가 유배형을 당했다. 그중에서 제주에 유배를 보낸 사람은 200명으로 제주는 유배의 섬이라

할 만하다. 최고령 유배자는 84세의 나이에 제주에 온 신임이었고, 최연소 유배자는 소현세자의 셋째 아들인 석견으로 고작 네 살이었다. 할아버지 인조가 벌인 일이니 그야말로 피도 눈물도 없는 조선 왕실의 흑역사다. 인조는 왕족을 제주에 유배 보내는 일을 밥 먹듯이 했다. 선조의 증손자인 이건도 있었고, 심지어 전임 군주인 광해군도 유배 보낸다. 그런데 인조는 유교에서 최우선적 가치로 여기는 '인(仁)'을 묘호로 얻었다. 이토록 이율배반적일 수가 있을까.

아무튼 별의별 출신들이 제주에 유배를 왔지만 그중에서도 노씨 부인은 최초의 여성 유배인이다. 광해군이 강화도로 유배를 보냈던 영창대군은 그곳에서 강화부사의 손에 죽임을 당했으니 노씨 부인 역시 제주목사에게 핍박을 받을 것은 뻔한 일이긴 했다.

광해군은 노씨 부인을 죽이라는 신하들의 청을 듣지 않고 제주로 유배를 보내는 온정을 베풀었지만 제주목사 양호(과거 제주 왕자 양호와는 다른 인물)는 노씨 부인을 끝없이 박해했다. 그러니 먹고살 길이 막막했다. 대부분의 남자 유배객은 주변에서 어찌어찌 도움을 받기도 했는데, 그건 결혼동맹이라도 맺거나 훗날 돌아가 벼슬길에 복귀할 것을 기대한 토호들이 보험을 들기라도 하듯 잘해 주었기 때문이다. 그러나 여성인 노씨 부인에겐 그런 연줄도 불가능했다.

멀고 외롭고 고달픈 유배지에서 노씨 부인은 다른 유배인들과 다른 길을 걸었다. 스스로 자립의 길을 선택한 것이다. 근처 주막에서 얻어 온

술지게미를 재탕한 막걸리를 팔기 시작했다. 그런데 이 막걸리가 기가 막히게 맛이 있었다. 그냥 막걸리가 아니었기 때문이다. 노씨 부인은 제주에서 쉽게 구할 수 있는 방풍이나 칡뿌리, 오가피, 감초 같은 것을 넣어서 술맛에 향기를 더했다. 달짝지근하면서도 개운하고 뭔가 건강해지는 맛. 바로 그런 느낌의 술이 탄생했다. 일종의 뱅쇼였던 셈이다. 값싼 데다 맛까지 있었으니 잘 팔릴 수밖에 없었다. 이 술이 왕비의 어머니가 만든 술이라 해서 대비모주로 불리다가 훗날 모주가 되었다고 한다.

모주가 꽤나 맛있었던 것은 확실해 보인다. 제주목사 양호가 술에 취하면 종들을 시켜서 대비모주를 가져오라고 술심부름을 시켰다니 말이다. 맛이 없었다면 아마 술독을 깨 버렸을 것이다.

이후 인조반정이 일어났고 노씨 부인은 자신을 돌봐 주던 이웃 사람 전량과 함께 한양으로 복귀했다. 전량과 그의 부인은 목사 양호가 노씨 부인에게 다른 사람의 열 배가 넘는 노역을 시킬 때마다 그녀를 도와준 사람들이었다. 인조는 전량에게 벼슬과 상을 내렸고, 노씨 부인을 박해한 제주목사 양호는 파직했다. 이후 양호가 제주를 떠나자 그의 목을 베고 재산을 몰수해 버렸다고 한다.

노씨 부인의 유배가 풀리기 전 까치가 울었다고 한다. 노씨 부인은 한양으로 돌아갈 희망을 잃었던 터라 이를 매우 이상하게 생각했다. 여기서 잠깐! 까치가 우는 것이 이상한 일이라니, 그게 더 이상하다고 생각하지 않는가? 사실 그때까지 제주엔 까치가 없었다. 물론 지금은 제주에도 까치가 많다. 그냥 있는 정도가 아니라 아주 많다. 농작물을 망치고 아무 데나 새똥을 싸서 제주에서는 골칫덩이다. 1989년 〈일간스포츠〉가 창간 20주년을 맞아 아시아나항공의 협찬으로 3차에 걸쳐 까치 60마리를 제주 도에 수송해 와 방사했고 그때부터 까치가 많아졌다.

그때까지 제주엔 까치가 한 마리도 없었기 때문에 노씨 부인 일화에 서 까치가 울었단 이야기는 사실이 아닐 것이다. 아마 그만큼 노씨 부인이 유배형에서 벗어나 서울로 돌아갈 희망이 희박했단 뜻이리라. 절망의 밑바 닥에서 노씨 부인을 도운 것은 스스로의 의지와 따뜻한 제주 사람의 도움 이었다. 어디 전량 부부가 대가를 바라고 그랬을까. 그러므로 모주 이야기 는 제주 사람들이 가진 선량한 마음에 대한 이야기이기도 하다.

편향수 °°

노씨 부인이 살던 집은 지금 화북 거로마을 안에 남아 있는 대비터였던 듯하다. 이곳의 팽나무는 어머니 팽나무라 불렸다. 아이들이 이 나무에서 자주 놀다가 떨어지곤 했었지만 희한하게도 상처를 입지 않았기 때문이라고 한다. 사람들은 노씨 부인이 덕이 있어서 그렇다고 말했다고 하니 아마도 모주로 생계를 꾸리면서도 인색하지 않았던 모양이다.

제주에서는 팽나무를 폭낭이라고 부른다. 제주의 어느 마을이든 마을 안에는 반드시 팽나무가 보인다. 팽나무는 마을을 지켜 주는 신목이면서 아이들의 놀이터이고 노인들의 쉼터이다. 그리스의 아고라와 같은 곳으로서 마을 일을 논의하는 곳이기도 했다.

대비터의 어머니 팽나무 역시 마을의 신목이며 쉼터이자 놀이터, 마을의 대소사를 논의하는 곳이었다. 여기서 논의된 사항은 불문율이라 할 만큼 신성하게 여겼다. 그런데 1959년 9월 사라호 태풍과 2002년 태풍 루사에 의해 나무가 부러져서 죽었다고 한다. 나무가 부러졌을 때에도 사람들은 신이 깃든 나무라 하여 선뜻 치우지 못했다고 한다. 그것이 굳이 대비터 팽나무여서만은 아니다. 마을마다 팽나무는 마을을 지키는 나무라서 신성시한다.

바람 많은 곳에서도 잘 자라는 팽나무는 바람을 견뎌 내면서도 꺾이지 않기 위해 가지 끝이 말랑말랑 유연하고 구불구불하게 되어 있다. 이런 것을 제주어로는 '몽그라지다'라고 한다. 몽그라진 팽나무는 안전하기 때문에 태풍이 와도 부러진 가지에 누군가 다칠 염려가 없다. 또 바람에 맞서지 않고 바람을 타고 자라기 때문에 한쪽으로 기울어진 모양이 되는데 이를 '편향수'라고 한다.

편향수.

바람 언덕에 있는 구좌읍 동복리의 팽나무는 가장 멋진 편향수이기도 하다. 하지만 이곳 역시 4.3 당시 아픈 기억을 간직하고 있다. 북촌리 대학살을 마치고 돌아가던 서북청년단 출신의 2연대 3대대 소속 군인들이 분이 풀리지 않았는지 바로 이웃 마을인 동복리에 들러서 사람들을 팽나무 아래 모이게 했다. 그리고는 젊은 남자들 86명을 근처 굴왓이란 곳으로 끌고 가 처형했다. 나머지 주민들은 혼비백산해서 이웃 마을 김녕공회당으로 도망갔지만 군인들은 찾아가서 다시 30명을 처형했다. 그날 그들이 죽인 숫자는 북촌, 김녕, 동복을 합해 무려 650여 명이나 된다.

동복리만이 아니라 많은 곳의 팽나무는 제주 4.3 당시 학살터였다. 당시 학살 방식에는 은밀하게 처형해서 시신을 찾아가지 못하게 하는 방식과 관광 총살이라고 해서 사람들을 모아 놓고 본보기 처형을 하는 방식이 있었는데 팽나무 아래는 본보기 처형이 이뤄지는 장소였다.

 편향수는 대부분 팽나무이지만 꽝꽝나무도 못지않게 많다. 종달리 고망난돌 근처에는 꽝꽝나무들이 바람을 등지고 줄지어 앉아 있는 듯한 모습이 인상적이다. 꽝꽝나무는 불에 탈 때 잎에서 꽝꽝 소리가 난다고 하여 붙여진 이름이다. 이 길은 수국길로 더 유명하지만 내겐 꽝꽝나무가 더 재밌는 길이다.

12월	하늘에서 내려온 별의 주인, 제주 성주
🗓️ 역사	#가 보면 좋은 곳 : 관덕정, 삼성혈, 광양당

  예전에는 제주시를 성안이라고 했다. 둘레 3킬로미터 정도의 제주읍성이 둘러쳐진 곳이기 때문이다. 이 성은 일제가 산지항을 대대적으로 확장 보수하면서 성담의 돌을 전부 가져다 쓰는 바람에 사라졌다. 대신 동문, 서문, 남문과 같은 이름만 남았다.

  그런데 성안에 또 다른 성의 이름이 남아 있다. 그것이 무근성이다. 묵은성이란 뜻이므로 제주읍성보다 오래된 성이 분명하다. 그렇다. 그곳이 탐라국성이 있던 곳이다. 탐라국을 다스리는 지배자는 성주였다. 성주는 성곽의 주인인 성주(城主)가 아니라 별의 주인인 성주(星主)를 의미한다.

  탐라국의 궁, 즉 탐라국성은 현재의 관덕정 부근에 있었다고 한다. 이

앞에는 제주 사람이라면 다 아는 오랜 도심의 번화가 칠성통이 있다. 칠성이란 이름을 얻은 것은 이곳에 북두칠성을 본떠 150미터 내외의 간격으로 지름 20미터 정도나 되는 일곱 개의 높은 대를 쌓았기 때문이다. 이것을 칠성대라고 한다. 탐라국을 세운 세 부족 고을나, 양을나, 부을나는 이 칠성대를 경계로 해서 각각 이도, 일도, 삼도에 나눠서 살았다고 한다. 이 때는 대략 서기 400년 전후일 것으로 보인다.

밤하늘에 있는 별 중에서도 아주 특별한 별이 '북두칠성'이다. 북두칠성은 1년 내내 하늘에 늘 떠 있어서 우리나라 어디에서나 밤이면 언제든 볼 수 있다. 달력이 없던 시대에 사람들은 이 별을 이용해서 계절을 가늠했고, 파종과 추수 시기를 짐작했다. 초저녁 해가 질 무렵 북두칠성의 국자자루 끝은 봄에는 동, 여름에는 남, 가을에는 서, 겨울에는 북쪽을 향한다.

이런 식의 천문 달력은 서양에도 있었다. 그리스에서는 처녀자리에 있는 별이 일출 직전에 동쪽 지평선 위에 처음으로 나타나면 포도의 계절이 시작된다. 이 별의 이름도 포도 따는 여인의 별이다. 이집트에서도 시리우스가 해뜨기 직전에 동쪽 지평선 위에 나타나면 나일강이 어김없이 범람하기 시작한다. 그것은 하늘이 선물하는 풍요의 약속이었다. 제사장은 이 비밀을 알았던 까닭에 오랫동안 호의호식했다.

탐라국 성주는 북두칠성의 모양을 보고 때를 가늠해서 씨앗의 파종 날을 정해 주고, 동물들의 번식기를 피해 사냥을 시작하고 끝내도록 했다.

북두칠성은 깜깜한 바다 위에서 방위를 잃지 않게 했으니, 바다를 자유롭게 오갈 수 있는 것도 성주의 능력 덕분이었다. 탐라국 사신들은 백제, 신라, 고려, 일본, 중국 등을 자유롭게 오가며 당시 제주의 일반 백성들은 듣도 보도 못한 선진 문물을 들고 왔다. 그러니 누가 감히 성주의 권위를 부정할 것인가.

지금은 북두칠성을 이용해서 북극점을 찾는 일이 어렵지 않다. 북극성이란 별이 떡하니 그곳에 있기 때문이다. 하지만 탐라국 시대엔 그렇지 않았다. 당시 북극점 위에는 별이 하나도 없었고, 주변의 별들도 희미했다. 수많은 별들이 흩뿌려진 밤하늘에서 북두칠성을 이용하여 북극점을 찾아내고 계절을 가늠하는 이 달콤한 비밀은 성주 가문만이 독점했다(아마도 고구려 선진 천문 기술을 갖고 들어온 것으로 여겨진다). 탐라 성주는 이 특별한 권능이 어디에서 왔는지를 보여 주기 위해 칠성대를 쌓았다. 특별한 날의 행사는 모두 칠성대 위에서 벌였을 것이다.

탐라국 건국 당시 북극점에 가장 가까이 있던 별자리는 기린자리로 여기서 가장 밝은 별도 현재의 북극성보다 여섯 배 이상 어두웠다. 잘 보이지도 않는 데다 정확하게 하늘의 북극점 위의 별도 아니다 보니 생각해 낸 것이 가상의 별자리이다. 가령 당나라의 천문학자들은 기린자리와 그 주위에 네 개의 별을 합쳐서 북극오성이라는 별자리를 만들었다. 당시 북극성이 북극점 위의 별이 아니라는 사실은 탐라국 성주에겐 대단히 유리했다. 왜냐하면 가상의 별자리를 만들어도 되기 때문이다. 북극점 위에 세 개의 별이 있다고 한들 누가 부정할 수 있을까. 고, 양, 부 세 개의 가문은 평화롭게 제주를 지배할 수 있었다. 조금 더 강한 부족이 제주를 찾아왔다면 탐라국 성주는 기꺼이 이렇게 말했을 것이다.

"음, 저 북극점에 이제 보니 별이 네 개였어. 당신 부족도 세상의 중심이 될 자격이 있으니 그냥 싸우지 말고 함께 살아 보자고."

북두칠성은 세상의 중심이 아니라 그 중심으로 가는 길을 안내할 뿐이다. 그런데 탐라국 성주가 하늘이 인정한 별의 주인이라면 칠성대만으로는 모자라지 않을까? 걱정 마시라. 탐라국은 작은 나라일지 몰라도 일국의 성주가 되는 일은 그리 쉬운 일이 아니다. 북두칠성의 일곱 번째 별에서 연장선을 그으면 북극점이 있다. 칠성대의 일곱 번째 별을 따라가 보면 탐라 건국 신화에서 탐라국을 만든 삼을나가 태어난 구멍이 나온다! 바로 모흥혈이다.

북극점은 움직이지 않는 단 하나의 중심이다. 모든 별은 북극점을 중심으로 돈다. 그러므로 모흥혈에서 나온 삼신인은 저 멀리 우주의 중심에서 내려온 자들이다. 그렇기 때문에 별을 지배할 수 있었고 성주가 될 자격을 가졌다. 얼마나 멋지고 자신감 넘치는 세계관인가. 우주의 중심과 통하는 왕이라니. 어찌 별의 주인이라고 하지 않을 수 있을까.

조선의 건국 이후 탐라라는 말은 유교적 가치에 대한 정면 도전이었기 때문에 금기어의 반열에 올랐다. 조선을 국호로 하면서 단군사당마저 금기가 됐으니 하물며 변방의 탐라 신화가 용납될 리 없었다.

조선은 유교 국가였으므로 탐라국의 흔적을 전부 없애 버리고 그 자리에 유교식 건물을 지었다. 성주청이 있던 자리엔 목관아를, 월대가 있던 자리에는 관덕정을 세웠다. 성리학적 세계관에서 우주의 중심은 중국이었기에 하늘에 제사를 지내는 일은 오로지 중국의 천자만이 가능한 일이었다. 칠성대는 방치되며 아이들의 놀이터가 되었다가 우리 민족정신을 말살하려는 일제에 의해 완전히 철거되었다.

탐라국의 건국 시조들이 탄생한 모흥혈을 조선은 한낱 세 가문의 시조 설화로 강등시켜서 삼성혈로 이름을 바꿔 버렸다. 조상을 잘 모시는 것은 유교 원리에 부합되는 훌륭한 전통이니 삼성사를 세워서 조상 숭배의 전당으로 바꾼 것이다. 조선은 성주 가문의 후예인 고득종을 한양으로 불

관덕정에서 바라본 성주청 자리(지금은 제주 우체국이 있다)와 제주목 관아.

러 높은 벼슬을 주었다. 성주 가문인 고씨 가문은 제주의 토호 가문으로 만족했다. 고득종의 집터는 유교의 중흥을 위한 교육기관인 장수당이 되었고, 후에 제주에 이름난 유학자들이 대거 유배를 오면서 그들을 모시는 사액서원인 귤림서원이 되었다.

하지만 탐라의 후예들은 여전히 신화를 보존했다. 그곳이 삼성혈 바로 앞에 있는 광양당이다. 그곳에선 탐라국을 만든 신들이 아직도 좌정하여 사람들의 숭배를 받고 있다. 삼을나 신화는 살아 있는 신화인 것이다.

좌·우 삼성혈 터와 표지석(사진 ⓒ문화재청).
탐라 건국 시조가 탄생한 모흥혈이 조선 시대에 세 가문의 시조 설화로 강등되며 삼성혈이 되었다.

삼성혈 °°

국가 지정문화재 중 한반도에서 가장 오래된 유적이 삼성혈이다. 신화에 따르면 아직 사람이 살고 있지 않던 시기, 신성한 한라산의 기운이 내린 땅에는 삼신인이 솟아났다고 한다. 이곳의 지명이 모흥이라 모흥혈이었다가 조선 유교의 전파자인 이수동 제주목사에 의해 한 국가의 시조가 아닌 한 가문의 시조가 태어났다는 의미로 삼성혈로 바뀐다. 말하자면 박혁거세, 고주몽, 김수로를 고작 박씨, 고씨, 김씨 가문의 시조로 만든 일이 벌어진 것이다. 그래도 이수동 목사가 조선 시대 제주 사람들에게 선정을 베푼 관리 3인에 들어가는 걸 보면, 이 일이 제주 사람들에겐 의미가 있었던 듯하다. 이수동 목사가 이곳 주변에 울타리를 치고 정식 제단을 갖춘 사당으로 만들면서 혈제를 지낸 것이 1526년 12월 10일로, 그 후로 지금까지 500년간 이어져 온 꽤나 내력 있는 탐라국 건국 기념일이다. 개천절을 제외하고 가장 오래된 기념일이 아닐까 싶다.

삼성혈은 위치상 높은 지대에 있으면서도 해안가에서 멀지 않아서 이곳의 '혈', 즉 굴은 최적의 주거 장소였다. 아무리 비가 많이 내려도 물이 고이지 않으며 폭설에도 눈이 쌓이지 않는다는 것으로 보아 제주 곳곳에 많이 있는 풍혈이 아닐까 싶다. 풍혈은 물 빠짐이 좋고 여름에는 찬 공기가 겨울에는 따스한 공기가 올라온다. 과연 탐라국을 만들 왕이 나올 명당이다! 지금은 나무들이 우거져 신성한 숲의 느낌도 나는데 이를 두고 '오래된 고목들이 마치 허리를 낮춰 예의를 갖춘 듯 나뭇가지들이 혈을 향해 뻗어 난 모습이 경건하게 느껴진다'라고 한다. 물론 그것은 신성화하려는 사람들이 하는 말이다. '가로수들이 서로를 향해 가지를 뻗고 나무 터널을 만드는 것에서 볼 수 있듯 나무의 속성 때문이다'라고 한다면 너무 까칠한가? 어찌 되었든 나도 엄밀하게 말하면 모흥혈에서 나온 고을나의 후손이긴 하다. 할아버지 만세!

삼한이나 삼국을 건설한 부족이 하늘에서 내려왔다고 하는 것에 비해 탐라국의 건국자들은 땅에서 솟아났다고 한다. 하늘은 하나이며 나눌 수 없지만 땅은 그렇지 않다. 제주에 온 많은 이주민들을 받아들여 탐라국을 건국하고 발전시킨 힘은 여기에서 나왔다. 제주는 열린 섬이니까 말이다. 섬이란 교역이 없이는 살아갈 수 없는 곳이기도 하다. 물물교환이 성립하려면 상대를 인정해야 한다. 땅은 상대를 인정하는 열린 가치관의 상징이다.

조선 시대에 삼성혈에서 지내던 혈제는 지금은 이름이 건시대제로 바뀌었다. 건시(乾始)는 만물의 근원이란 뜻이니 탐라국 건국 기념일이란 의미이다. 제주도민의 무사 안녕을 기원하는 제주도제로 지내므로 첫 술잔을 올리는 초헌관은 제주도지사가 맡는다. 탐라 입춘굿, 탐라문화제와 같은 행사 이름에서 보듯이 탐라는 특정 가문의 나라가 아니라 제주도의 뿌리이다. 개천절이 한국인에게 갖는 의미가 그러하듯이 말이다.

그녀들의 항거, 제주 해녀항쟁

역사

#기억해야 하는 날 : 1931년 12월 20일 제주 해녀항쟁 시작일

연인원 1만 7,130명이 참여하고 238회에 이르는 집회와 시위를 거듭한 결과 승리를 따냈을 뿐 아니라 이를 계기로 비천한 신분에서 경제의 주역으로 새로운 삶을 살기 시작한 사람들이 있었다. 일제강점기 제주 해녀들의 이야기다.

1919년 3.1운동을 시작으로 1920년대를 휩쓸고 간 항일운동이 잦아들 무렵인 1932년, 제주의 해녀들은 여성만의 힘으로 가장 완벽한 전략과 전술을 구사하면서 일본 제국주의에 대항해 이겼고, 그로 인해 자신과 가족의 삶을 바꾸고 제주도의 경제 지도도 바꿨다. 제주 해녀항쟁이 한반도 변방 제주섬에 있었던 3대 항일운동 중 하나에 그치는 것이 아니라 '우리나라 역사상 가장 위대한 여성운동이자 항일운동의 하나'가 되어야 하는 점은 이 때문이다.

조선 시대 내내 고달픈 삶을 살아야 했던 잠녀들은 조선이 망하자 오히려 살 만해지는 듯했다. 진상이 없었으니까 말이다. 일본인들은 그동안 조선 정부나 관리들이 거들떠도 보지 않던 해초들을 좋아해서 그들에게 해초를 팔면 수입이 좋았다. 그런데 환금성을 갖는 상품이라는 것이 문제였다. 1883년 7월 25일 한일통상장정이 체결되며 제주 바다에서 일본인들의 조업이 가능해졌다. 잠수기선을 몰고 온 일본 어민들은 바다 밑바닥까지 훑어서 해산물이란 해산물은 모조리 긁어 가기 시작했다. 1870년대 말까지만 해도 껍질 크기가 24~30센티미터 되는 거대한 전복도 많았으나, 10년이 지나자 전복은 평균 18센티미터 정도로 작아지고 말았다.

결국 해녀들은 외부로 진출하게 되는데 이를 '출가 해녀'라고 한다. 1887년 부산으로 바깥물질을 떠난 이후 한반도 남부 지역뿐만 아니라 북부 지역, 일본, 중국의 따롄과 칭다오, 러시아의 블라디보스토크까지 출가한 해녀들의 활동 반경은 넓어져 갔다. 이들이 밖에서 벌어 오는 돈은 제주에서 물질을 하는 것보다 네 배는 많았다. 제주 어장이 그만큼 황폐화된 것이다.

바깥물질을 떠난 이들의 삶도 비참하긴 마찬가지였다. 외지에서 생활하기 위해서는 출가 해녀를 모집해 가는 객주들에게 미리 돈을 빌릴 수밖에 없었다. 그 돈은 이자가 높았고 또 해산물도 객주에게만 팔아야 했다.

일본 상인과 손을 잡은 객주들은 저울과 물건값을 속였다. 해녀들은 고생만 하고 빈손으로 돌아와야 했다.

이를 보다 못한 제주의 뜻있는 사람들이 해녀조합을 만들었다. 해녀가 생산한 물건을 공동으로 팔게 하며, 중개도 하고, 자금을 융통하는 일도 해 주었다. 그 덕분에 해녀들의 바깥물질은 늘어났고 경제적으로도 도움이 되었다.

경제 불황이 전 세계를 덮친 1920년대가 되자 일제는 한국에서의 수탈을 강화하기 위해 각종 조합을 이용했다. 그중에서도 가장 쥐어짠 곳이 해녀조합이다. 일본인 제주도사가 제주 해녀조합장을 겸임하고 직접 해녀를 쥐어짜는 일에 앞장섰다. 제주도사는 지금의 제주도 도지사의 전신 격이지만 그 권력은 막강했다. 사법과 경찰력까지 장악하고 있었기 때문에 작은 총독부와 같았다.

해녀조합은 조합비를 올리고 일본인 상인이나 조선인 중간 상인을 이용하여 지정 가격제를 시행했다. 가격을 미리 정해서 넘기겠다는 것인데 그 가격이 시세보다 엄청 낮았다. 해산물 통조림 공장은 군수산업이었기 때문에 해녀들로선 저항하기 쉽지 않았다. 게다가 해녀들이 글을 모르는 점을 이용해서 저울을 일상적으로 속였다.

고통스러운 해녀의 삶을 바꾼 것은 해녀 자신이었다. 그 계기가 바로 야학이다. 하도 보통학교 부설 야학강습소 1기 졸업생이면서 해녀항쟁의 주역인 김옥련은 자신의 인생을 바꾼 일로 야학에서 글을 배운 것을 꼽았다. 글을 읽을 수 있게 되었다는 것만으로도 그들의 삶이 변한 것이다. 그들은 자신을 지키고 돌보기 위해 뭉쳐야 한다는 것을 알았고 해녀회를 조직해서 일사불란하게 움직이기 시작했다.

1930년 성산포에서 또 저울을 속인 사건이 벌어졌고 이를 계기로 해녀항쟁의 불길이 타오르기 시작했다. 해녀들의 투쟁 방식은 놀랍기 그지 없었다. 우선 연대투쟁을 시작했다. 하도리 해녀뿐만이 아니라 같은 처지의 해녀들이 있는 구좌·성산 지역의 해녀들을 만나 상황을 설명하고 행동을 같이하기로 뜻을 모았다. 누구와 협상을 해야 할지도 정확하게 알았다. 해녀조합장인 일본인 제주도사와의 담판을 시도한 것이다. 자신들의 요구를 홍보하는 방식도 기가 막혔다. 유니폼을 착용하고 행진했다. 해녀복과 머릿수건, 호미와 빗창은 해녀의 상징인데 이런 복장으로 가장 사람들이 많이 모이는 세화장날을 시위와 행진의 장소로 이용했다. 장을 보러온 사람들은 이 유니폼만 보고 궁금해서 까닭을 물었고, 곧 너무나 정당한 주장을 한다는 것을 많은 사람들이 알게 된다.

무엇보다 정보를 활용하는 능력이 가장 놀라웠다. 이들의 야학 선생들은 제주 지역의 항일운동가로 전도에 걸친 네트워크와 정보력을 갖고 있었다. 이 덕분에 해녀들은 제주도사이자 해녀조합장인 다구치가 전도를 순시하다가 세화장날인 1932년 1월 12일에 구좌면을 통과한다는 것을 알아냈다.

이날이 되자 세화경찰관 주재소(지금의 구좌파출소) 동쪽 네거리에 1천여 명의 해녀들이 일시에 모여들었다. 시위대는 호미와 비창을 휘두르면서 만세를 외치며 세화장으로 향하였다. 그리고 다구치가 탄 자동차를 포위해서 시위를 벌였다.

결국 다구치는 해녀와의 대화에 응했고, 1만여 명의 구경꾼이 지켜보는 가운데 요구 조건을 들어주겠다고 대답한다. 완벽한 승리였다. 이후 해녀들은 해산물을 제값 받아 팔 수 있게 되었고 해녀조합비가 현실화되었다.

해녀항쟁에서 승리하는 과정은 해녀들이 가진 무기가 무엇인지 잘 보여 준다. 깊은 바다에서 물질을 하면서 키운 강인한 정신력과 상군, 중군, 하군으로 구성된 완벽한 조직력, 그리고 무엇보다 해녀를 하나의 운명 공동체로 보는 끈끈한 단결력을 갖췄다. 일제강점기 전국을 통틀어 이보다 강한 운동 조직은 없었다. 완벽한 승리를 이끌어 낸 것은 사실 놀라운 일이 아니다. 그들은 마땅히 그럴 만한 자격이 있었으니까 말이다. 그러므로 1931년 12월 20일 제주 해녀항쟁이 시작된 그날을 한국 여성의 날로 해야 하지 않을까 싶다.

해녀항쟁의 승리로 이뤄 낸 것은 단지 해산물 값을 제대로 받게 된 것만이 다가 아니다. 그간 비천한 존재로 여겨졌던 해녀가 제주 경제의 주역이 된 것이다. 해녀는 보통 15살에 물질을 시작하는데 돈을 벌면 집에 밭을 하나 사 주고 결혼했다. 결혼하고 나서도 가족을 부양하고 아이들을 공부시키고 밭을 사고 집안을 일으켰다. 출가 해녀들은 제주 경제의 숨통

연두망 동산에 있는 제주 해녀항일운동 기념탑.
정면에는 해녀 동상이 있고, 탑 동쪽 하단에는 물질하는 해녀의 모습이, 탑 서쪽 하단에는
야학당의 계몽교육 장면이 양각으로 표현되어 있다(사진ⓒ대한민국역사박물관 현대사아카이브).

을 트게 해 주었다. 1930년 우체국을 통해 송금해 온 액수가 110만 엔으로 일본과의 입출입 적자 폭을 메우고도 70만 엔 정도 경상수지 흑자였다. 그러니까 제주도에 들어온 일본 물건을 전부 사고도 그만한 돈이 남았단 말이다.

해녀항쟁으로 제주도의 부의 지도가 바뀌면서 바닷가 마을이 부촌이 되었다. 더 이상 그 누구도 해녀를 비천하다고 생각하지 않았다. 누가 감히 집안을 살리고 자식들을 공부시키고 마을을 부유하게 하는 해녀들을 무시하겠는가. 제주에서 가장 능력 있는 전문직 여성이 된 것이다.

믿고 속는 세화오일장 °°

해녀항쟁의 무대는 세화오일장이다. 어릴 적 세화오일장이 서는 날이면 어머니는 고팡(광)에서 좁쌀이나 보리쌀을 한 되 덜어 구덕에 담아 지고 장으로 가셨다. 장에서 돌아오신 어머니의 구덕에는 제수와 제철 과일, 싱싱한 생선 등속과 함께 내가 기다리던 맛있는 풀빵이나 강냉이가 있었다. 냉장고가 없었던 그 시절, 배지근한 밥상과 코시롱한 군것질거리를 선물하는 세화오일장이야말로 내겐 5일마다 받는 산타클로스의 선물 같았다. 세화오일장은 해녀항쟁 당시에도 그렇듯 지금도 언제나 큰 장이 선다.

"이젠 시에(제주시) 오일장도 여길 못 따라가. 제주에서 1등!"

단골 생선가게 아주머니는 밀려드는 손님에 치여 돈도 싫다는 표정으로 물건을 막 퍼 주며 손가락을 치켜세웠다. 세화오일장에 큰 장이 서는 이유는 이곳이 시내에서 가장 멀어서다. 세화오일장은 제주 동쪽 사람들에게 유일한 대형마트이자 백화점이다. 제주 시내 상권과 겹치는 함덕오일장의 경우는 별명이 '흐지브지 함덕장'이었다.

가장 부지런해서 장수 마을이 즐비한 곳에 위치한 오일장답게 예전에는 오전 9시면 파장이었다. 새벽에 장을 본 뒤 전부 바다로 밭으로 가 버렸기 때문이다. 지금은 오히려 9시 이후 더 성업 중이다. 관광객들이 가장 많이 찾는 오일장이기 때문이다.

우리나라 시장의 역사는 삼국 시대로까지 올라간다. 신라 소지왕 때인 490년 경주에 시장을 개설했다는 기록이 있다. 고려도 조선도 건국과 함께 궁 앞에 시장을 만들었다. 과거 동양에서 시장이란 도성이나 읍성에만 있었고 궁궐이나 관청, 도시 사람들에게 필수 공간이었다. 그러다 오일장이라는 독특한 장시가 만들어진 것은 조선 후기로 보인다. 영조 때엔 이미 전국에 1천 개가 넘는 오일장이 세워졌다. 시장과 시장의 거리는 하루 걸어갈 거리라고 하니, 장돌뱅이들이 장에서 장으로 이동하는 거리에 맞추고, 생선을 두고 먹을 수 있는 시간에 맞추고, 그러다 오일장으로 정착된 것이리라.

세화민속오일장 풍경(사진 ©한국관광공사).

제주는 원형의 섬이라서 오일장이 만들어지기 어려운 조건이라고 한다. 그래서인지 사고팔 물건이 없어서인지 꽤 늦게 오일장이 만들어졌다. 1909년 대한제국 탁지부의 세금 담당 기관인 사세국 조사에서 제주군 주성시장은 음력 2, 7일에 관덕정 광장에서 오일장이 열린다고 했고, 제주 생활사 연구가 고광민 선생은 1905년 관덕정에서 오일장이 처음 생겼다고 했다. 이 무렵 오일장이 생긴 듯하다.

이후 제주 오일장은 빠르게 확산되어서 1910년 10월 30일 조선총독부에서 편찬한 자료에 따르면 16군데로 늘었다. 해방 이후 시장은 더 활성화되어서 1958년 23개소에까지 이르렀지만, 지금은 대형마트나 상설시장 등의 영향으로 아홉 군데만 열리고 있다.

오일장은 아직도 제주 시골 마을에선 만족스런 쇼핑 공간이다. 노인들에게 꼭 필요한 물건, 제주살이에 꼭 필요한 물건을 찾을 수 있기 때문이다. 세화오일장에선 노인 할인은 일상이다. 게다가 고사리 앞치마 같은 것을 어디 가서 산단 말인가? 믿고 속는 세화오일장에서는 삶의 농담을 만나거나 행복을 만날 수 있다. 그것은 5일마다 제주를 만들고 지켜 온 1만 8천 신들이 보내는 선물이다. 오로지 시간이 느리게 흐르는 제주에서만 가능한 멋과 맛이다.

제주 3대 항일운동 성지

조천 만세동산

1919년 서울에서 3.1 운동에 참가했던 당시 휘문고보 학생 김장환이 태극기와 독립기념서를 가지고 와서 집안 어른들과 함께 만세운동을 계획한다. 3월 26일 동네 사람들과 함께 만세동산에서 시작, 주변 사람 500명이 합세하며 세를 불렸으나 경찰에 의해 시위 주도자 13인이 체포되었다. 조천 만세운동은 제주에서 유일하게 벌어진 3.1 만세운동이며 이후 조천은 제주에서 민족항일운동의 중심지가 된다.

법정사 항일운동 발상지

1918년 10월 7일에 도순리 법정사를 중심으로 주변 마을 주민 700명이 벌인 항일운동. 3.1 운동이 벌어지기 전 일어난 최대 규모의 무장 항일투쟁이다. 일제는 주동자 김연일에게 징역 10년을 선고하고 나머지 가담자 46명에게 실형을 선고한 다음, 법정사를 불태워 버렸다. 일제강점기에도 징역 10년형은 극히 드물었다.

조천 만세동

법정사 항일운동 발상지

제주 해녀항일운동 기념탑

당시 세화오일장은 지금의 구좌파출소 우측에 있었다. 그래서 이 동네 이름은 시장동이다. 해녀항일운동 기념탑이 세워진 곳은 연두망 동산으로 이곳에 집결한 해녀들이 세화오일장으로 행진했다. 해녀들이 행진했던 길은 지금 해녀항쟁로란 이름으로 바뀌었다.

제주 해녀항일운동 기념탑

세화민속 오일시장

세화해수욕장

제주해녀박물관

구좌파출소

제주 해녀항일운동 기념탑

참고 자료

단행본

J.D 버날 저, 김상민 역, 《과학의 역사 1 : 고대, 중세편》, 한울, 1999.

강문규, 《일곱 개의 별과 달을 품은 탐라 왕국》, 한그루, 2017.

강수경, 허남춘, 허영선 공저, 《할망 하르방이 들려주는 제주 음식 이야기》, 이야기섬, 2015.

강정효, 《바람이 쌓은 제주돌담》, 각, 2015.

강창언, 《20세기 제주박물지 : 논문편》, 도서출판 가시아히, 2016.

고광민, 《제주 생활사》, 한그루, 2016.

고광민, 《돌의 민속지》, 각, 2006.

고창석, 《제주의 역사문화와 고문서》, 제주대학교 탐라문화연구소, 한국고문서학회 공동학술회의, 2006.

국립제주박물관 엮음, 《제주의 역사와 문화》, 통천문화사, 2001.

김동만 글, 김기삼 사진, (사)제주민예총4.3문화예술제 사업단 편, 《다랑쉬굴의 슬픈 노래》, 각, 2002.

김봉옥, 《제주통사》, 제주발전연구원, 2013.

김석익 저, 홍기표 역, 《역주 탐라기년》, 제주문화원, 2016.

김순이 글, 김동연 그림, 《그리운 제주 풍경 100》, 서귀포문화원, 2018.

김순이, 표성준 공저, 《제주 유배인과 여인들》, 여름언덕, 2012.

김유정, 《제주 돌담》, 대원사, 2015.

김일우, 《고려시대 탐라사연구》, 신서원, 2000.

김종철 글, 고길홍 사진, 《오름나그네 1~3》, 다빈치, 2020.

김찬흡 편, 《제주 향토문화 사전》, 금성문화사, 2014.

김훈, 《칼의 노래》, 문학동네, 2012.

나카야마 시게루 저, 김향 역, 《하늘의 과학사》, 가람기획, 1991.

나카자와 신이치 저, 김옥희 역, 《신화, 인류 최고의 철학》, 동아시아, 2003.

단국대학교 석주선기념박물관 편, 《나비 박사 석주명의 아름다운 날》, 단국대학교출판부, 2021.

더글라스 알렌 저, 유요한 역, 《엘리아데의 신화와 종교》, 이학사, 2008.

문순덕, 《제주 여성 속담의 미학》, 민속원, 2012.

미야 노리코 저, 김유영 역, 《조선이 그린 세계지도》, 소와당, 2010.

박종기, 《새로 쓴 오백년 고려사》, 휴머니스트, 2020.

스티븐 에프 메이슨 저, 박성래 역, 《과학의 역사 1》, 까치, 1990.

신동흔, 《살아있는 한국 신화》, 한겨레출판, 2014.

양정심, 《제주 4.3항쟁》, 선인, 2008.

양진건, 《제주 유배길에서 추사를 만나다》, 푸른역사, 2011.

양진건, 《그 섬에 유배된 사람들》, 문학과지성사, 1999.

원수일, 《이카이노 이야기》, 새미, 2006.

유홍준, 《나의 문화유산답사기 7 - 돌하르방 어디 감수광, 제주도편》, 창비, 2012.

유홍준, 《완당 평전 1~3》, 학고재, 2002.

이강회 저, 현행복 역, 《탐라직방설》, 각, 2013.

이병철, 《석주명 평전》, 그물코, 2002.

이영권, 《새로 쓰는 제주사》, 휴머니스트, 2020.

이윤형, 고광민 공저, 《제주의 돌문화》, 제주돌문화공원, 2006.

이형상, 《남환박물》, 푸른역사, 2009.

이형상 글, 김남길 그림, 고창석·김동전 해설, 《탐라순력도(耽羅巡歷圖)》, 제주시, 1994.

장징 저, 박해순 역, 《공자의 식탁》, 뿌리와이파리, 2002.

재레드 다이아몬드 저, 강주헌 역, 《총 균 쇠》, 김영사, 2023.

정운경 저, 정민 역, 《탐라문견록, 바다 밖의 넓은 세상》, 휴머니스트, 2008.

제민일보4.3취재반, 《4.3은 말한다 1~6》, 전예원, 1994-1998.

제임스 조지 프레이저 저, 로버트 프레이저 편, 이용대 역, 《황금가지》, 한겨레신문사, 2003.

제주문화원, 《제주생활문화 100년》, 제주문화원, 2014.

제주사랑역사교사모임, 《청소년을 위한 제주역사》, 각, 2009.

조동일, 《동아시아 구비서사시의 양상과 변천》, 문학과지성사, 1997.

조현설, 《동아시아 건국 신화의 역사와 논리》, 문학과지성사, 2003.

카렌 암스트롱 저, 이다희 역, 《신화의 역사》, 문학동네, 2005.

케네스 C. 데이비스 저, 이충호 역, 《세계의 모든 신화》, 푸른숲, 2008.

클로드 레비-스트로스 저, 안정남 역, 《야생의 사고》, 한길사, 1996.

현기영, 《변방에 우짖는 새》, 창비, 2013.

현기영, 《순이 삼촌》, 창비, 2015.

현용준, 《제주도 마을 신앙》, 보고사, 2013.

휴 터스톤 저, 전관수 역, 《동서양의 고전 천문학》, 연세대학교 출판부, 2010.

자료집

국립제주박물관, "제주 유배문화를 바라보는 시각", 2020.

김익렬, "김익렬 장군 실록 유고 〈4.3의 진실〉", 제주특별자치도.

이성돈, "제주농업의 뿌리를 찾아서", 제주특별자치도 농업기술원 서부농업기술센터, 2021.

전용문, 고정군, "비양도 지질탐방로 활성화를 위한 지질 연구", 제주특별자치도 세계유산본부 한라산
연구부, 2018.

제주4.3사건진상규명및희생자명예회복위원회, "제주4.3사건진상조사보고서", 2003.

제주관광공사, "산방산 용머리해안 지질트레일 해설집"

제주돌문화공원, "제주의 수문장, 돌하르방", 제주돌문화공원, 2007.

제주특별자치도, "유네스코 3관왕 제주"

제주특별자치도, "제주 세계자연유산과 지질공원"

제주특별자치도, "화산이 빚은 제주도 지질공원"

제주특별자치도 농업기술원 서귀포농업기술센터, "감귤이야기", 2020.

제주특별자치도 세계자연유산관리단, 제주관광공사, 제주도 세계지질공원 국제트레일추진위원회,
"바람의 언덕 수월봉"

제주특별자치도 국립민속박물관, "허벅과 제주 질그릇", 2007.

제주특별자치도 민속자연사박물관, "제주, 자연유산과 민속문화", 2008.

제주특별자치도 지도편찬위원회, "제주특별자치도지 : 제1-3권", 2019.

제주특별자치도, "제주항일독립운동사"

논문

T.테무르, "명초 유배지로서 탐라", 제주도연구 제48권, 2017, pp. 27-48.

강권용, "돼지를 통해 본 제주도 당신의 식성 갈등", 민속학연구 14, 2004, pp. 5-32.

강만익, "고려말 탐라목장의 운영과 영향", 탐라문화 52호, 2016, pp. 67-103.

강성기, 정광중, "고문헌 속 제주도 돌문화 내용 분석과 특징", 제주도연구 제52권, 2019, pp. 159-205.

강성기, 정광중, "제주도 구좌읍 하도리 밭담의 존재형태와 농가인식에 대한 연구", 한국지역지리학회지 제22권 4호, 2016, pp. 809-825.

강소전, "제주도 무가·무속 연구의 성과와 과제", 제주학회 2018년 전국학술대회 발표집, 2018, pp. 154-171.

강영봉, "제주어와 석주명", 탐라문화 22호, 2002, pp. 1-13.

강영봉, "석주명의 제주어 연구 의의와 과제", 탐라문화 40호, 2012, pp. 7-32.

강영봉, "석주명, 〈제주도 수필〉의 분석과 평가", 제주학회 2018년 전국학술대회 발표집, 2018, pp. 67~95.

강정효, "제주 돌담", 어항어장 제 80권, 2002, pp. 69-75.

강지연, "제주도 일반신본풀이를 통해 본 악(惡)의 의미와 양상", 한국고전연구42집, 2018, pp. 215-244.

강창화, "동북아에서 제주 고산리 신석기문화의 위치", 제주학회 2009년 전국학술대회 발표집, 2009, pp. 23-37.

강현정, "한국 고대 신화 속 여성성의 신화화 과정과 변용", 탐라문화 55호, 2017, pp. 45-73.

고광민, "제주도민구(II) : 제주도의 떼배와 그 어로행위들", 탐라문화 4호, 1985, pp. 231-270.

고광민, "도토리와 열매의 기술민속", 탐라문화 22호, 2002, pp. 127-132.

고기원, 박준범, 박원배, "제주도의 지하지질구조와 지하수 부존특성", 제주학회 2021년 전국학술대회 발표집, 2021, pp. 229-245.

고기원, 전용문, 박준범, 박원배, 문수형, 문덕철, "제주도 화산활동에 관한 역사 기록의 이해", 지질학회지 55(2), 2019, pp. 165-178.

고부자, "제주의 전통직물", 한국전통과학기술학회지, 1996, pp. 95-116.

고용규, "해상왕국 건설을 향한 꿈과 좌절 - 진도 삼별초유적의 고고학적 성과", 제주학회 2015년 전국학술대회 발표집, 2015, pp. 37-57.

고창석, "조선조의 유형제도와 제주도", 탐라문화 5호, 1986, pp. 51-69.

권용철, "13~14세기 원 탐라 관계 연구 동향 분석", 탐라문화 60호, 2019, pp. 41-73.

권인혁, "조선후기 지방관아 재정의 운영실태 : 제주의 사례를 중심으로", 탐라문화 16호, 1996, pp. 85-112.

권인혁, 김동전, "조선후기 제주지역의 수취체제와 주민의 경제생활", 탐라문화 19호, 1998, pp. 179-198.

권태효, "여성거인설화의 자료 존재양상과 성격", 탐라문화 37호, 2010, pp. 223-260.

권태효, "지형창조 거인설화의 성격과 본질", 탐라문화 46호, 2014, pp. 7-38.

권태효, "제주도 서귀본향계 본풀이의 자료적 성격과 양상", 한국무속학 22, 2011, pp. 137-165.

김경주, "탐라전기의 취락구조와 사회상", 탐라문화 57호, 2018, pp. 37-85.

김경주, "신석기시대 고산리유적과 주민집단의 성격", 탐라문화 61호,2019, pp. 5-43.

김경주, "고고학으로 살펴 본 고대 제주의 해양교류 양상", 제주문화26, 2020, pp. 104-119.

김경호, 최병길, 이성은, "설문대 신화의 의미분석과 수용자의 시각적 인식분석", 제주도연구 제25권, 2004, pp. 323-353.

김나영, "조선후기 제주지역 포작의 존재양태", 탐라문화 32호, 2008, pp. 5-74.

김동섭, "제주 말과 관련 민속에 관한 연구", 제주도연구 제28권, 2005, pp. 37-60.

김동윤, "현대소설에 나타난 제주해녀", 제주도연구 제22권, 2002, pp. 167-205.

김득중, "제2차 세계대전 후 미국의 군사점령 논리와 냉전", 동북아역사논총51, 2016, pp. 93-123.

김미숙, "입사식 원형으로서 버림/버려짐 모티프와 상자 모티프 - 궤네깃당본풀이를 중심으로", 구비문학연구 28, 2009, pp. 32-46.

김새미오, "〈탐라별곡〉에 표현된 제주목사의 책무와 그 시선", 제주도연구 제54권, 2020, pp. 1-21.

김석준, "제주도 '척박성 담론'의 재검토", 탐라문화 54호, 2017, pp. 45-65.

김수희, "조선시대 잠수어민의 활동양상 - 제주 잠수어민을 중심으로", 탐라문화 33호, 2008, pp. 105-138.

김순이, "역사 속의 제주기녀", 제주발전포럼 40호, 2012, pp. 84-91.

김영숙, "궤네깃당본풀이에 나타난 가족간의 갈등과 신화적 성격", 우리말글, 2003, pp. 53-75.

김영익, 김민철, "돌하르방과의 비교를 통한 동자석의 가치제고와 동자석의 지물연구를 통한 설치의 동기분석", 탐라문화 27호, 2005, pp. 1-26.

김영화, "김통정의 활동과 문학적 상상력", 탐라문화 21호, 2000, pp. 1-17.

김오진, "조선시대 제주도의 기상재해와 관민의 대응 양상", 대한지리학회지 43(6), 2008, pp. 858-872.

김오진, "전통시대 제주도의 바람과 문화", 제주학회 2021년 전국학술대회 발표집, 2021, pp. 55-66.

김용덕, "제주 항파두리성의 조사 성과", 제주학회 2015년 전국학술대회 발표집, 2015, pp. 61-76.

김유정, "제주의 무신도 : 현존하는 내왓당 무신도 10신위 연구", 탐라문화 18호, 1997, pp. 183-214.

김유정, "돌하르방 북방·남방 기원설에 대한 재론", 탐라문화 31호, 2007, pp. 203-236.

김일우, "고려시대 탐라 주민들의 거주지역과 해상활동", 한국사학보 18, 2004, pp. 9-35.

김일우, "고려시대 탐라 주민들의 생업활동과 그 유형", 국사관논총 106집/한국사학보18, 2004, pp. 1-41.

김정선, "옹중석 : 돌하르방에 대한 고찰", 탐라문화 33호, 2008, pp. 199-244.

김정선, "제주도 옹기가마의 구조와 그 연원", 탐라문화 37호, 2010, pp. 353-393.

김진하, "송당 신화의 기원에 대한 고찰", 탐라문화 29호, 2006, pp. 67-97.

김진하, "송당 신화의 분화와 새로운 영웅 문곡성의 탄생", 탐라문화 30호, 2007, pp. 5-38.

김진하, "송당 신화의 분화 방식에 대한 고찰", 탐라문화 32호, 2008, pp. 219-250.

김창윤, "한국과 일본의 미군정기 치안정책 비교 연구", 경찰학연구 9(2), 2009, pp. 39-72.

김채리, "본풀이와 전설에 나타난 신들의 전쟁양상 – 김통정사례를 중심으로", 한국무속학 43, 2021, pp. 29-55.

김태일, "제주마을의 공간구성 특징에 관한 연구", 제주학회 2006년 전국학술대회 발표집, 2006, pp. 77-94.

김태일, "제주의 전통 건축과 바람", 제주학회 2009년 전국학술대회 발표집, 2009, pp. 147-158.

김헌선, 강정식, "제주도 당본풀이의 계보구성과 지역적 정체성 연구", 비교민속학 29, 2005, pp. 243-287.

김헌선, 변남섭, "제주도의 신화와 서사시 연구", 탐라문화 33호, 2008, pp. 287-321.

김현선, "제주도 돗제와 궤네깃당 본풀이 연구", 탐라문화 31호, 2007, pp. 109-173.

김희만, "신라와 탐라의 관계기사 재검토", 한국고대사탐구 28, 2018, pp. 285-319.

노명호, "10~12세기 탐라와 고려국가", 제주도연구 제28권, 2005, pp. 173-214.

문무병, "탐라 고문화와 칠성신앙", 민족미학 11(2), 2012, pp. 15-50.

문순덕, "제사 의례로 추모되는 제주 여성의 역사·문화적 의미 – 김만덕, 고씨, 박씨, 홍윤애를 중심으로", 탐라문화 63호, 2020, pp. 59-89.

박남수, "탐라국의 동아시아 교섭과 신라", 탐라문화 58호, 2018, pp. 33-64.

박영철, "황해남로와 '동아지중해' – 원·명교체기 제주도의 해양사적 위상", 탐라문화 60호, 2019, pp. 7-40.

박원길, "제주습속 중의 몽골적인 요소", 제주도연구 제28권, 2005, pp. 215-246.

박원길, "조선시대 유학자들이 본 제주의 유목문화", 제주도연구 제48권, 2017, pp. 73-136.

박원길, "몽골사에서의 탐라의 가치", 제주도연구 제51권, 2019, pp. 5-53.

박종준, 권윤구, "지적 정보를 이용한 제주 밭담 길이 추정", 농촌계획, 2019, pp. 37-44.

박종천, "상제례의 한국적 전개와 유교의례의 문화적 영향", 국학연구 17, 2010, pp. 363-396.

박찬식, "19세기 제주 지역 진상의 실태", 탐라문화 16호, 1996, pp. 255-272.

박찬식, "제주해녀투쟁의 역사적 기억", 탐라문화 30호, 2007, pp. 39-68.

박찬식, "제주해녀의 역사적 고찰", 역사민속학, 2004, pp. 135-164.

변숙자, "〈칠성본풀이〉에 나타난 칠성신앙의 양상", 탐라문화 46호, 2014, pp. 39-74.

부정민, "돌하르방의 상징적 의미에 관한 연구", 탐라문화 42호, 2013, pp. 189-213.

송상용, "석주명의 삶과 학문", 제주학회 2018년 전국학술대회 발표집, 2018, pp. 3-7.

신석하, "제주도 초가의 비례 구성에 관한 연구", 제주도연구 제5권, 1988, pp. 163-174.

안웅산, "고문헌에 기록된 제주도 최후기 화산활동에 관한 연구", 암석학회지, 2016, pp. 69-83.

양영수, "제주신화에 나타난 여성성의 특징들", 탐라문화 38호, 2011, pp. 109-156.

양영수, "세경본풀이 자청비의 휴머니즘적 성격", 제주학회 2019년 전국학술대회 발표집, 2019, pp. 9-12.

양정필, "석주명, 〈제주도자료집〉의 분석과 평가", 제주학회 2018년 전국학술대회 발표집, 2018, pp. 96-116.

양정필, "원 간섭기 탐라인의 해상활동과 이어도", 제주도연구 제49권, 2018, pp. 1-30.

양종렬, "제주의 오일장", 제주문화 27, 2021, pp. 104-121.

양진석, "18, 19세기 제주의 수취제도와 특징", 탐라문화 24호, 2004, pp. 38-65.

오수정, "조선 전기 제주 목사의 역할과 권한", 탐라문화 62호, 2019, pp. 5-41.

오수정, "조선 초기 제주 통치 체제 고찰", 제주도연구 제50권, 2018, pp. 257-284.

오영주, "탐라와 몽골음식문화", 동아시아식생활학회 학술발표대회논문집, 2020, pp. 45-81.

오영주, "원대명초 몽골족 제주이주 연구", 제주학회 2015년 전국학술대회 발표집, 2015, pp. 15-47.

오영주, "제주 전통두부 '둠비'의 제조방법", 제주도연구 제22권, 2002, pp. 369-389.

오영주, "제주 전통혼례와 음식문화에 관한 민속지적 묘사", 제주도연구 제29권, 2006, pp. 157-227.

오영주, "동아시아 속의 제주 발효음식문화", 제주도연구 제32권, 2009, pp. 157-203.

원구환, "한국경찰관료제의 대표성 분석 : 미군정기를 중심으로", 현대사회와 행정 제14권 제1호, 2004, pp. 109-132.

유진옥, "제주도 조상신본풀이의 형성과 전승", 석사학위논문, 2018.

윤용택, "제주도 '신구간' 풍속에 대한 기후 환경적 이해", 탐라문화 29호, 2006, pp. 231-261.

윤용택, "석주명의 제주학 연구의 의의", 탐라문화 39호, 2011, pp. 215-263.

윤용택, "석주명의 〈제주도총서〉의 의의", 제주학회 2018년 전국학술대회 발표집, 2018, pp. 151-165.

윤용혁, "제주 삼별초와 몽골 동아시아 세계", 탐라문화 52호, 2016, pp. 105-127.

윤용혁, "삼별초 44년, 강화에서 항파두리까지", 제주학회 2015년 전국학술대회 발표집, 2015, pp. 11-20.

윤용혁, "고려 삼별초의 제주 항전", 제주도연구 제11권, 1994, pp. 41-82.

이근우, "탐라국 역사 소고", 역사와 세계 30, 2006, pp. 445-466.

이기욱, "제주도 사신숭배의 생태학", 제주도연구 제6권, 1989, pp. 181-212.

이남옥, "김통정 설화 연구", 탐라문화 29호, 2006, pp. 263-311.

이병렬, 이종수, "13세기 대원제국의 탐라 다루가치 연구", 한국지방자치학회보26(4), 2014, pp. 269-286.

이상영, "제주 전통돌담의 가치평가 및 보전 방안", 농촌계획, 2006, pp. 27-35.

이성준, "제주신화의 역사성과 반역사성 – 삼을나신화와 궤네깃도당본풀이의 상호 관련성과 그 관계를 중심으로", 국문학논집 제22집, 2013, pp. 299-327.

이수자, "무속신화 이공본풀이의 신화적 의미와 문화사적 위상", 제주도연구 제10권, 1993, pp. 13-65.

이안례, 이은주, "감 추출분말을 이용한 면직물의 염색", 한국생활과학회지, 2013, pp. 461-476.

이욱, "18~19세기 제주의 진상제 운영과 성격", 탐라문화 33호, 2008, pp. 139-166.

이유진, "탐라의 대일교섭 – 〈일본서기〉의 교류기록을 중심으로", 탐라문화 58호, 2018, pp. 65-89.

이은희, "세경본풀이에 나타난 트릭스터 정수남의 존재 양상과 의미 연구", 어문론집 56, 2013, pp. 233-262.

이종수, "13세기 탐라와 원제국의 음식문화 변동 분석", 아세아연구 59(1), 2016, pp. 143-179.

이종수, "탐라와 몽골의 음식문화 비교연구", 탈경계 인문학 제5권 2호, 2012, pp. 211-243.

이청규, "삼성신화에 대한 고고학적 접근", 탐라문화 14호, 1994, pp. 129-137.

이춘선, "해방직후 미군정에 대한 국제법적 검토", 국제법학회논총 62(2), 2017, pp. 177-199.

이혜선, "갈옷에 관한 연구", 박사학위논문, 1994.

임상훈, "14세기 여명관계와 제주도의 귀속 과정", 탐라문화 60호, 2019, pp. 75-102.

장주근, "삼성신화의 형성과 문헌정착과정", 탐라문화 14호, 1994, pp. 101-114.

장창은, "고대 탐라국 연구의 쟁점과 이해방향", 탐라문화 57호, 2018, pp. 87-121.

전경수, "을나신화의 문화전통과 탈전통", 탐라문화 14호, 1994, pp. 115-127.

전경수, "탐라복과 탐라해", 제주도연구 제50권, 2018, pp. 79-118.

전영준, "13~14세기 원 목축문화의 유입과 제주사회의 변화", 제주학회 2013년 전국학술대회 발표집, 2013, pp. 93-112.

정광중, "제주도 생활문화의 특성과 용천수 수변공간의 가치탐색", 국토지리학회지 50(3), 2016, pp. 253-270.

정광중, "제주 돌담의 가치와 돌담 속 숨겨진 선조들의 지혜찾기", 제주도연구 제48권, 2017, pp. 117-203.

정성권, "제주도 돌하르방의 기원과 전개", 탐라문화 50호, 2015, pp. 205-242.

정종석, 박지선, 김태경, "감 탄닌 추출물의 열 발색공정에 의한 면직물의 염색", 한국염색가공학회지, 2008, pp. 25-30.

정진희, "제주도 조상본풀이 〈양이목사본〉의 한 해석", 제주도연구 제32권, 2009, pp. 205-228.

정진희, "설문대 할망 창조 여신설 검토", 제주도연구 제51권, 2019, pp. 89-121.

정진희, "당본풀이로 당본풀 읽기 - 제주 〈세화 본향당 본풀이〉의 사례", 고전문학연구, 2018, pp. 271-297.

조동일, "탐라국 건국서사시를 찾아서", 제주도연구 제19권, 2001, pp. 71-108.

조성윤, "조선시대 제주도 인구의 변화 추이", 탐라문화 26호, 2005, pp. 1-13.

조성윤, "제주도 해양문화 전통의 단절과 계승", 탐라문화 42호, 2013, pp. 75-99.

조성윤, 박찬식, "조선후기 제주지역의 지배체제와 주민의 신앙", 탐라문화 19호, 1998, pp. 199-218.

조현설, "제주 여신신화의 변형체계와 그 의미", 제주도연구 제36권, 2011, pp. 85-119.

조현설, "제주 본풀이에 표현된 집단기억과 제주인의 정체성 연구", 고전문학연구58, 2020, pp. 265-294.

조환진, "제주도 돌담의 지역별 특성과 축조방식", 석사학위논문, 2019.

주강현, "'탐라'와 '제주'의 해양문명사적 성찰", 탐라문화 42호, 2013, pp. 39-73.

주영하, "제주도 음식의 문화콘텐츠화에 대한 일고", 탐라문화 26호, 2005, pp. 1-20.

주영하, "제주 음식문화 연구의 성과와 과제", 제주학회 2011년 전국학술대회 발표집, 2011, pp. 133-144.

주영하, "제주음식의 역사와 문화에 대한 향후 연구과제", 제주도연구 제37권, 2012, pp. 27-53.

진영일, "고려전기 탐라국 연구", 탐라문화 16호, 1996, pp. 163-184.

진영일, "고려기 탐라파견 외관 고찰", 탐라문화 24호, 2004, pp. 117-124.

진영일, "고려기 탐라의 '성주'와 '삼신인' 탐색", 탐라문화 26호, 2005, pp. 1-37.

진영일, "고대 탐라국의 대외관계", 탐라문화 30호, 2007, pp. 217-282.

채미하, "탐라 건국신화에 보이는 3신녀의 역할과 위상", 탐라문화 57호, 2018, pp. 7-36.

최원오, "구비설화에 나타난 혐오감정의 두 양상", 한민족어문학, 2018, pp. 135-172.

최희준, "탐라국의 대외교섭과 항로", 탐라문화 58호, 2018, pp. 7-32.

하순애, "바람, 바람신, 바람신(영등)신앙", 제주학회 2009년 전국학술대회 발표집, 2009, pp. 77-94.

한금순, "17세기 제주도 여정(女丁)의 성격 - 군역 부담에 대한 고찰", 탐라문화 53호, 2016, pp. 47-82.

한상희, "제주 초가의 외형적 특징 연구", 제주도연구 제38권, 2012, pp. 193-230.

한승철, "역사 속의 제주 물류", 제주발전연구12호, 2008, pp. 311-330.

허남춘, "삼성신화의 신화학적 고찰", 탐라문화 14호, 1994, pp. 139-149.

허남춘, "제주 서사무가와 한국 신화의 관련성 고찰", 탐라문화 21호, 2000, pp. 19-38.

허남춘, "제주 전통음식의 사회문화적 의미", 탐라문화 26호, 2005, pp. 1-14.

허남춘, "제주도 본풀이의 원시·고대·중세 서사시적 특징과 변모", 탐라문화 38호, 2011, pp. 157-189.

허남춘, "설문대할망과 여성신화", 탐라문화 42호, 2013, pp. 101-136.

허남춘, "제주 신화 속의 해양교류와 해양문화", 탐라문화 52호, 2016, pp. 7-41.

허남춘, "탐라국 건국신화의 주역과 고대서사시", 한국무속학 28, 2019, pp. 221-255.

허춘, "삼성신화 연구 - 성과와 과제", 탐라문화 14호, 1994, pp. 179-221.

허춘, "설화에 나타난 제주 여성고", 탐라문화 16호, 1996, pp. 1-28.

현승환, "제주도 상·제례의 절차와 신앙적 의미", 탐라문화 17호, 1997, pp. 171-191.

현용준, 현승환, "제주도 뱀신화와 신앙 연구", 탐라문화 15호, 1995, pp. 1-74.

홍기표, "우리나라 옛 문헌 소재 한라산 인식", 한국고지도연구 13(2), 2021, pp. 5-32.

홍희숙, "제주 갈옷과 감물염색", 한국색채학회 학술대회, 2003, pp. 13-17.

황시권, "제주 돌하르방의 제작시기 고찰", 탐라문화 61호, 2019, pp. 45-94.

신비 섬 제주 유산

2023년 08월 07일 초판 01쇄 인쇄
2023년 08월 16일 초판 01쇄 발행

지은이 고진숙

발행인 이규상 편집인 임현숙
편집팀장 김은영 책임편집 강정민
기획편집팀 문지연 이은영 강정민 정윤정 고은솔
마케팅팀 강현덕 이순복 김별 강소희 이채영 김희진 박예림
디자인팀 최희민 두형주 회계팀 김하나

펴낸곳 (주)백도씨
출판등록 제2012-000170호(2007년 6월 22일)
주소 03044 서울시 종로구 효자로7길 23 3층(통의동 7-33)
전화 02 3443 0311(편집) 02 3012 0117(마케팅) 팩스 02 3012 3010
이메일 book@100doci.com(편집·원고 투고) valva@100doci.com(유통·사업 제휴)
포스트 post.naver.com/black-fish 블로그 blog.naver.com/black-fish
인스타그램 @blackfish_book

ISBN 978-89-6833-438-2 03900
ⓒ고진숙, 2023, Printed in Korea